Der Fonds

Rob Copeland

ROB COPELAND

DER FONDS

Ray Dalio,
Bridgewater Associates
und der Blick hinter
die Kulissen einer
Wall-Street-Legende

Börsenbuchverlag

Die Originalausgabe erschien unter dem Titel
THE FUND
ISBN 978 1-250-27693-3

Cover Design: Meryl Sussman Levavi
This translation is published under licence with the original publisher
St. Martin's Press, an imprint of St. Martin's Publishing Group.

Übersetzung: Börsenmedien AG
Gestaltung Cover: Karla Sachs
Gestaltung, Satz und Herstellung: Maja Hempfling
Vorlektorat: Christoph Landgraf
Korrektorat: Sebastian Politz
Druck: CPI books GmbH, Leck, Germany

ISBN 978-3-86470-992-0

Bibliografische Information der Deutschen Nationalbibliothek:
Die Deutsche Nationalbibliothek verzeichnet diese Publikation in der
Deutschen Nationalbibliografie; detaillierte bibliografische Daten
sind im Internet über <http://dnb.d-nb.de> abrufbar.

BÖRSEN MEDIEN
AKTIENGESELLSCHAFT

Postfach 1449 • 95305 Kulmbach
Tel: +49 9221 9051-0 • Fax: +49 9221 9051-4444
E-Mail: info@plassen-buchverlage.de
www.plassen.de
www.facebook.com/plassenverlag
www.instagram.com/plassen_buchverlage

Wenn man reich ist, denken die Leute,
man wüsste wirklich Bescheid.

„Wenn ich einmal reich wär",
Anatevka, 1964

Die Wirklichkeit ist schön.

Ray Dalio, 2013

INHALT

TEIL III

TEIL IV

ANMERKUNG DES AUTORS

Ray Dalio will nicht, dass Sie dieses Buch lesen.

Das hat er mir gesagt. Zu Beginn dieses Projekts wandte ich mich per E-Mail an ihn, um seine Meinung einzuholen. Er äußerte sich skeptisch zu meinen Absichten. Nach langem Hin und Her entschied er sich gegen ein Interview, was sein gutes Recht ist.

Ich bin unendlich dankbar, dass Hunderte von Menschen im Umfeld von Bridgewater Associates mir ihre Zeit und ihre Erfahrungen anvertraut haben. Gestützt habe ich mich zudem auf aktuelle Notizen, E-Mails, Aufzeichnungen, Gerichtsakten, unzählige andere interne und externe Unternehmensdokumente sowie veröffentlichte Interviews und Artikel. Alle Namen, die hier erscheinen, sind echt, mit Ausnahme eines Pseudonyms, das verwendet wurde, um die Identität eines ehemaligen Mitarbeiters zu verschleiern, der sexuelles Fehlverhalten unterstellte.

In einigen Fällen stammen die Dialoge in diesem Buch direkt von der betroffenen Person, in anderen von weiteren Teilnehmenden, von Personen, die im Nachhinein informiert wurden, oder von Personen, die Aufzeichnungen einer Veranstaltung angehört haben. Es sollte nicht davon ausgegangen werden, dass die zitierten Personen mit mir gesprochen haben. Wie der mit dem Pulitzer-Preis ausgezeichnete Autor James B. Stewart schrieb: „Angesichts der Unwägbarkeiten des menschlichen Gedächtnisses sind erinnerte Dialoge selten mit tatsächlichen Aufzeichnungen und Abschriften identisch. Gleichzeitig ist der Dialog nicht mehr und nicht weniger genau als viele andere Erinnerungen."[1]

Was Dalios eigene Erinnerungen anbelangt, so wird die Öffentlichkeit keine Gelegenheit haben, sie zu hören. Er schrieb ein autobiografisches Selbsthilfebuch, das ein Bestseller wurde – „Principles: Leben und Arbeit". In den letzten zehn Jahren hat er Hunderte von Medieninterviews auf fünf Kontinenten gegeben und dabei sein eigenes Evangelium gepredigt. Er war in großen Rundfunk- und Fernsehsendern, in beliebten Podcasts und auf den Titelseiten von Zeitschriften zu sehen. Er wurde sogar von Gwyneth Paltrow interviewt. Zum Zeitpunkt der Veröffentlichung folgen ihm fast 2,5 Millionen Menschen auf LinkedIn. Seine TED-Talks wurden fast sieben Millionen Mal angesehen und sein beliebtestes YouTube-Video mehr als 34 Millionen Mal.

Dalio ist zwar nicht der erste Finanzier, der das Rampenlicht sucht, könnte aber der erste sein, der behauptet, dass er allein die Lösung für das gefunden habe, was er als zwei der größten Herausforderungen der Menschheit ansieht: unsere Abneigung, einander zu widersprechen, und unser Wunsch, ein sinnvolles Leben zu führen. Dalio hat jahrelang an der Behauptung festgehalten, dass alle Bridgewater-Mitarbeiter auf gleicher Augenhöhe beurteilt würden und dass jeder Unterschied im Rang oder in der Kompetenz nur auf ein rigoroses System zurückzuführen sei, das die Verdienste jedes einzelnen Mitarbeiters genau unter die Lupe nehme. Die Wahrheit ist vielmehr eher orwellscher Natur. Bei Bridgewater sind einige gleicher als andere.

Dies ist die Geschichte von Ray Dalio, dem Gleichsten von allen.

Rob Copeland

EINFÜHRUNG

Einige Minuten nachdem er den Hörer aufgelegt hatte, strich Paul McDowell sein Button-down-Hemd glatt und musste erst einmal kräftig schlucken.

McDowell war nicht so sehr verärgert als vielmehr überwältigt. Der glatzköpfige Kanadier neigte dazu, große Risiken zu scheuen, doch er war gerade das größte Risiko seines Lebens eingegangen, indem er mit einem der reichsten Männer der Welt verhandelte – und gewann, so schien es zumindest. Nicht zum letzten Mal fragte er sich, was zum Teufel da gerade passiert war.

Als an diesem Nachmittag sein Handy klingelte, saß McDowell an seinem Schreibtisch in dem winzigen Büro, das als kanadischer Hauptsitz von BearingPoint Consulting galt, jener bedauernswerten Unternehmensberatungsfirma, die die Projekte übernahm, die McKinsey & Company nicht anfassen wollte. Er nahm den Hörer ab und hörte die tiefe, heisere Stimme von Ray Dalio.

„Paul", sagte Dalio und übersprang jeden Small Talk, „es ist so schwer, jemanden wie Sie zu finden."

McDowell spürte, wie in ihm Hitze aufstieg. Dass überhaupt jemand anrief – ganz zu schweigen von den Komplimenten –, war schon eine besondere Leistung. Wenn McDowell bei seinen Kollegen in der Firma überhaupt bekannt war, dann nur als der Kanada-Mann. Im Gegensatz zu vielen anderen Beratern verabscheute er aalglatte Präsentationen oder die für seinen Beruf typische Kundenwerbung. Aber er war geschieden und verschuldet und brauchte seinen gut bezahlten Job. Er war zum Experten für technologische Infrastrukturen, Personalwesen und Vergütungsmanagement geworden – langweilige Themen, aber Bereiche, in denen harte Arbeit und eine hohe Toleranz gegenüber Tabellenkalkulationen das Leben in einem Unternehmen erleichtern konnten. Obwohl McDowell sich oft unterschätzt fühlte, fand er es doch gut, so etwas wie ein Experte zu sein, wenn es darum ging, neue Wege für die Kunden von BearingPoint zu finden, um kleine Änderungen mit großen Auswirkungen auf ihren Betrieb vorzunehmen.

Es war verwirrend und sehr schmeichelhaft, dass jemand wie Ray Dalio ihn kontaktiert hatte. Dalio war nicht irgendein Wirtschafts-Titan; er war der Gründer eines der größten Hedgefonds der Welt, Bridgewater Associates, und eine aufkommende Berühmtheit in der Finanzwelt.

Das war im Dezember 2008, und während der Großteil der Wall Street Prügel bezog, erlebte Dalio das beste Jahr seiner beruflichen Laufbahn. Er war bekannt dafür, dass er vor der Immobilienblase Alarm geschlagen und ein Jahr zuvor öffentlich davor gewarnt hatte, dass die Hypotheken kurz vor dem Zusammenbruch standen. Er wirkte wie ein Orakel, und so beriet sich nun der Chef der Federal Reserve, Ben Bernanke – der wichtigste Banker der Welt – mit Dalio darüber, wie man das Land aus dem Abwärtsstrudel herausziehen könnte.[1] Eine Woche nach McDowells Telefonat schrieb die *New York Post*: „Dalio war hinsichtlich des Zustands der Wirtschaft derart vorausschauend, dass die Lektüre seiner täglichen Beobachtungen so war, als wenn man die Finanzzeitungen zwei Wochen im Voraus lesen würde."[2]

Die Idee, dass Dalio McDowell brauchte, machte wenig Sinn. McDowell war einer von vielen Beratern, die Bridgewater hinzugezogen hatte, und er half nicht bei den Investitionen, mit denen Dalio so viel Geld verdiente, sondern bei der weniger sexy erscheinenden Arbeit, die Backoffice-Prozesse zu bereinigen. Aber als Dalio seine Situation beschrieb, begann McDowell zu erkennen, wie er helfen konnte. Bridgewater wuchs in einem rasanten Tempo, erklärte Dalio, und er bräuchte Hilfe, um das tägliche Management des Unternehmens zu überwachen. Er verbrachte einen Großteil seiner Zeit damit, die Welt zu bereisen, sich mit wohlhabenden Einzelpersonen und Institutionen zu treffen und sie zu beraten, was sie mit ihrem Geld tun sollten. McDowell, so Dalio, könnte genau der richtige Mann sein, um den Laden am Hauptsitz des Hedgefonds in Connecticut zu führen.

BearingPoint hatte Bridgewater beraten und dem Hedgefonds bei der Entwicklung eines Systems zur Analyse von Talenten geholfen, wodurch das Unternehmen Geld sparen konnte. McDowell war der Meinung, dass sein Team gute Arbeit geleistet hatte, denn allein im Jahr 2008 stellte Bridgewater 211 neue Mitarbeiter ein und vergrößerte damit die Belegschaft in nur einem Jahr um mehr als ein Drittel. McDowell hatte nicht viel direkten Kontakt zu Dalio, aber wenn er ihn hatte, fiel ihm sofort auf, dass die Mitarbeiter von Bridgewater den Gründer zu bewundern schienen. Es gab kaum eine Besprechung, bei der Dalio nicht innehielt, um Lehren aus seinen Erfahrungen mitzuteilen, während die Mitarbeiter um ihn herum eifrig Notizen kritzelten. Seine Worte wurden ständig von anderen zitiert, ob er nun anwesend war oder nicht.

Eines Nachmittags, als es draußen sintflutartig regnete und McDowell gerade in einem Konferenzraum des Bridgewater-Hauptquartiers arbeitete, sah McDowell den milliardenschweren Bridgewater-Gründer, wie er Untergebenen half, den Pfützen auszuweichen, während sie die Tabletts mit dem Mittagessen hineintrugen. McDowell merkte sich, dass ein so wichtiger Mann auch dann mit anpackte, wenn scheinbar niemand zusah.

McDowell wusste, dass Dalio den Ruf hatte, die Besten einzustellen, unabhängig vom Lebenslauf. Dalio sagte oft, dass für ihn Werte und Charakter wichtiger seien als bestimmte Fähigkeiten. Er wies die Personalverantwortlichen von Bridgewater an, logisches Denken und Toleranz für offenes Feedback von allen Mitarbeitern einzufordern, von der Führungsetage bis hinunter zum Hausmeisterpersonal von Bridgewater. „Stellen Sie nicht nur Leute ein, die für den Job passen", forderte Dalio, „sondern Leute, mit denen Sie Ihr Leben teilen möchten." McDowell, so Dalio, sei einer der wenigen Menschen, die der Bridgewater-Gründer getroffen habe, der zwischen „Ziel und Aufgabe" unterscheiden könne.

„Ich denke, Sie wären fantastisch", sagte Dalio zu McDowell. „Sie verstehen vollkommen, wie wir sind, und Sie können hier alles tun, was Sie wollen. Sie könnten sogar die Firma leiten."

McDowell war verblüfft und kurzzeitig sprachlos. Das machte aber nichts, denn Dalio fuhr mit seinem Vortrag fort und erläuterte McDowell ausführlich seine künftigen Aufgaben bei Bridgewater. Dazu gehörte auch, einen Weg zu finden, das Personal im gesamten Unternehmen im Einklang mit Dalios einzigartigen Werten neu zu organisieren. Dalio war auf der Suche nach einem neuen Vorstandsvorsitzenden, der die Nachfolge des Gründers antreten sollte, und er sagte McDowell, dass er einer der wenigen sei, die den Job bekommen könnten.

„Paul, ich bin so begeistert von unserer Partnerschaft", schloss Dalio endlich, „was sagen Sie dazu?"

„Ray, meine einzige Sorge ist, dass mir aufgefallen ist, dass viele Leute von Ihnen eingeschüchtert zu sein scheinen. Ich möchte nicht, dass wir eine solche Beziehung haben. Ich möchte, dass wir sehr ehrlich und offen miteinander umgehen können, ohne uns darüber Sorgen zu machen."

Es gab eine lange Pause, bevor Dalio antwortete. „Ich glaube, das Problem mit diesen Leuten, Paul, ist, dass sie nicht zwischen Ziel und

Aufgabe unterscheiden können. Demgegenüber handeln Sie von vornherein zielgerichtet." Endlich, dachte McDowell, hier war jemand, der ihn als Führungskraft ansah.

McDowell fragte nach dem Gehalt und bekam eine großzügige Summe genannt, mehr als eine Million Dollar allein im ersten Jahr, einschließlich eines Bonus. „Sie werden eine irre Menge Geld verdienen, bald werden es *Millionen* von Dollar sein", sagte Dalio.

Dalio fragte dann, was McDowell derzeit verdiene, und im Sinne der Ehrlichkeit, auf die sich die beiden Männer gerade verständigt hatten, antwortete McDowell wahrheitsgemäß: Allein das Grundgehalt von Bridgewater war um 100.000 Dollar höher als sein derzeitiges Gehalt.

„Okay, das ist es, was ich zahlen werde. Ich zahle den Leuten nur das, was sie gerade verdienen", bemerkte Dalio lässig.

McDowells Haut kribbelte. Gerade hatte man ihn an der Nase herumgeführt, und nun hatte er offenbar ebenso schnell verloren, was ihm als kleines Vermögen erschien. „Moment, Sie sagten gerade, was ich wert bin. Warum sollte ich weniger nehmen als das, was ich Ihrer Meinung nach wert bin?"

„Ich kann mir nicht vorstellen, dass 100.000 Dollar im Jahr für Sie einen Unterschied machen, um hier einzusteigen. Lassen Sie sich nicht davon leiten."

Die beiden Männer fingen an, aneinander vorbeizureden, bis Dalios Geduld für dieses Gespräch erschöpft war. „In Ordnung, Paul, ich mache so etwas nie, nie, nie, aber okay, ich zahle Ihnen, was Sie verlangen. Das ist unsere Abmachung."

Der Milliardär wünschte ihm ein frohes Weihnachtsfest und legte auf.

Die folgenden Tage und Wochen waren für McDowell sehr turbulent. Er nahm das Ganze nicht einen Moment lang als selbstverständlich hin. Er war nun 48 Jahre alt und dachte sich, dass es für ihn längst an der Zeit sei, auch mal Glück zu haben.

McDowell, ein Nachfahre von Generationen an Bergleuten in Nordengland, stammte positiv ausgedrückt aus bescheidenen Verhältnissen. Den größten Ruhm hatte seine Familie erlangt, als sein Vater während des Zweiten Weltkriegs kurzzeitig als Wächter in der traditionellen roten Uniform und mit Bärenfellmütze vor dem Buckingham-Palast diente. McDowells Eltern zogen drei Jahre vor seiner Geburt nach Kanada, in eine arme Gegend am Rande von Toronto.

Obwohl sie nördlich der US-Grenze lebten, verkörperte die Familie in vielerlei Hinsicht eine traditionelle amerikanische Arbeitsmoral. McDowells Vater fuhr mit dem Fahrrad zur Arbeit in einer Ölraffinerie und kehrte nach einem langen Arbeitstag verdreckt nach Hause zurück, wo er direkt in den Keller ging, um eine Reihe von Klimmzügen, Liegestützen und Sit-ups zu absolvieren. Er riet dem ganzen Haushalt davon ab, den damaligen Fernsehhit „Hogan's Heroes“ zu sehen, weil die Sitcom deutsche Soldaten verhöhnte. McDowells Vater hatte seine Vorsicht und seinen Respekt vor der anderen Seite nie ganz verloren und impfte seinem Sohn eine anhaltende Wachsamkeit gegenüber ungeahnten Gefahren ein.

McDowell war in seiner Kindheit vielen Gefahren ausgesetzt. Im Vergleich zu seinen Klassenkameraden war er immer etwas schmächtig, was noch deutlicher wurde, als er den größten Teil der vierten Klasse übersprang. Er entging der Aufmerksamkeit von Tyrannen in der Highschool, indem er kostenlose Nachhilfe in Mathe anbot. Seine Stimme hatte sich nicht verändert, als er aufs College ging, wo er einen Großteil seiner Freizeit in der Bibliothek verbrachte und ein Buch nach dem anderen über Amateurfunkgeräte, den sowjetischen Gulag und den Watergate-Skandal las.

Auf der Suche nach einem tieferen Sinn, der seine Karriere untermauern sollte, war McDowell fasziniert von der Forschung darüber, wie man einen Arbeitsplatz durch das umstrittene System der Bedarfsorganisation effektiv verwalten kann. Die Theorie besagte, dass Mitarbeiter nach ihrer Gesamtproblemlösungsfähigkeit geprüft und eingestuft werden sollten – was auch als leistungsorientierte Professionalisierung bekannt ist –, und dass Führungskräfte stets zu komplexerem, breiter gefächertem Denken fähig sein müssten als ihre Untergebenen. Der Nachteil war unter anderem, dass die erforderliche Organisation eine stark strukturierte Unternehmenshierarchie förderte, die an ein Kastensystem grenzte und extreme Gehaltsunterschiede zwischen Führungskräften und den unteren Rängen rechtfertigte. Nach dieser Theorie verrichteten die Beschäftigten der unteren Ebenen nicht nur eine andere Arbeit als ihre Vorgesetzten, sondern unterschieden sich auch in ihrem Wesen von ihnen; den Menschen wurde eine Arbeit zugewiesen, zu der sie von Natur aus fähig waren.

Bei Bridgewater fand McDowell die perfekten Bedingungen für die Umsetzung seiner Interessen. Er begann im März 2009 und wurde sofort in wochenlange Notfallsitzungen gedrängt. Jeder schien in Panik zu sein, um seine Position zu rechtfertigen, was, wie McDowell später erfuhr, mit einer von Dalios regelmäßigen Umstrukturierungen zu tun hatte. Die aktuelle Umstrukturierung, so erfuhr McDowell, ergab sich aus Dalios weitsichtiger Einschätzung der Wirtschaft. In der Überzeugung, dass die globale Finanzrezession noch in den Kinderschuhen steckte, hatte Dalio eine Reihe von „Beatdowns“ genannte Kürzungen bei Bridgewater angestrebt. Die Budgets der meisten Abteilungen, und waren sie noch so klein, mussten um 25 Prozent gekürzt werden.

Am interessantesten für McDowell war, dass Dalio bereit war, in Bezug auf das Personal den gleichen Ansatz zu verfolgen. An einem der ersten Tage von McDowell erinnerte Dalio ihn daran, dass der Hedgefonds des Unternehmens im Kern eine Maschine sei, ebenso wie jeder einzelne Mitarbeiter.[3] Der Schlüssel liege darin, herauszufinden, welche Personen (Dalio nannte sie „Ausrüstungsteile“) am besten zusammenarbeiteten, um den gewünschten Output zu erzielen, und von welchen nicht benötigten Teilen man sich trennen könne.

Obwohl McDowell diesen Ansatz etwas unpersönlich fand, sah er seine Vorzüge. Das Management als Maschine mit der betonten Unterordnung der verschiedenen Rollen in einem Unternehmen war nur eine grobe Version der Philosophie der Bedarfsorganisation. Und eines schien sicher: Dalios Ansatz – inklusive der schmerzhaften Kürzungen – war äußerst erfolgreich. Einen Monat, nachdem McDowell sein Amt angetreten hatte, verkündete das Branchenforschungsmagazin *Alpha*, dass Bridgewater keinen Geringeren als die Blue-Chip-Firma JPMorgan & Co. überholt habe und nun der größte Hedgefonds der Welt sei.[4]

Dalio hielt sich an sein Wort und begann sofort, sich auf McDowells Rat zu verlassen. Er ernannte den Kanadier zum Berater der Geschäftsleitung des Unternehmens, wodurch McDowell bei Entscheidungen, die unter den Top-Führungskräften des Unternehmens diskutiert wurden, sofort einen Sitz am Tisch erhielt. Oft fragte Dalio McDowell um Rat. Bis zum Jahresende beauftragte er McDowell damit, herauszufinden, wer bei Bridgewater in einen anderen Teil des Unternehmensapparats versetzt oder entlassen werden sollte. McDowell schlug vor, dass es sich als hilfreich erweisen könnte, die Mitarbeiter nach ihrer Gruppenzugehörigkeit zu bewerten. Dalio war von der Idee begeistert. „Das sollten wir sofort tun", entgegnete er.

Um den Chef zu beeindrucken, ließ McDowell einen Gruppenexperten einfliegen. Die drei saßen um einen kleinen Tisch herum, als ihr Gast erklärte, dass die Einstufung in bestimmte Gruppen dazu dienen sollte, Menschen in Positionen zu bringen, die zu ihnen passten, Rollen einzunehmen, die weder zu einfach noch zu kompliziert waren. Die Personen wurden psychologisch befragt und dann nach ihrer Fähigkeit, komplexe Aufgaben selbstständig zu bewältigen, in Gruppen von 1 bis 8 eingeteilt. Ein Fabrikarbeiter könnte zum Beispiel der Gruppenstufe 1 angehören, während der ideale Geschäftsführer mindestens der Gruppenstufe 5 zuzuordnen wäre.

Dalio zeigte auf McDowell. „Auf welcher Stufe ist er?"

Der Experte schätzte McDowell auf etwa Stufe 6 und betonte, dass dies ein Maß für kognitives Urteilsvermögen und Temperament sei, das sich im Laufe der Zeit entwickeln könne und nicht feststehe.

Dalio wandte sich schnaubend an McDowell. „Wenn Ihre Gruppenzugehörigkeit so hoch ist, wieso sind Sie dann kein Milliardär?“

McDowell schluckte schwer, bevor ihm eine Antwort einfiel. Die Gruppe, so sagte er Dalio, sei nur ein Maßstab für eine Person. Kein einziges Modell könne das Alter, die gesammelte Weisheit, die Werte oder den Hintergrund einer Person berücksichtigen – ganz zu schweigen von purem Glück.

Selbst ein Mensch mit hohem Lebensstandard, so McDowell, könne arm werden und umgekehrt.

Kurz darauf nahm Dalio McDowell beiseite und sagte ihm, dass ihm die Idee von dieser Gruppeneinteilung zwar gefalle, er aber der Meinung sei, dass sie verbessert und erweitert werden könne. Seine Idee war es, die Mitarbeiter nach verschiedenen Attributen zu bewerten und einzustufen, die er sich im Laufe der Zeit ausgedacht hatte. Insgesamt waren es 77, wie zum Beispiel Entschlossenheit und Eintreten für das Richtige. Die Bewertungen sollten auf einer sogenannten Baseballkarte aufgeführt werden, etwa so wie bei den Spielern der großen Ligen Statistiken über ihre Siege und Niederlagen und Ähnliches geführt würden. Die Baseballkarten würden jedem bei Bridgewater ein Bild von den Stärken und Schwächen der anderen geben. Alle würden sich gegenseitig bewerten, jeder würde eine Stimme bekommen und jeder würde in den gleichen Kategorien beurteilt werden. Und was noch besser sei: Jede Information auf jeder Baseballkarte wäre für alle sichtbar, sodass jeder sofort Rechenschaft ablegen müsse und die Wahrheit nicht verheimlichen könne.

Dalio legte McDowell nahe, eventuell eine führende Rolle bei dieser Aktion zu übernehmen.

McDowell war begeistert. Dies war genau die Art von Projekt, mit dem er sich seit Jahren beschäftigt hatte – und eines, mit dem er sich beim Hedgefonds einen Namen machen könnte.

Der Auftrag bereitete ihm jedoch schnell Kopfzerbrechen. McDowell schuf einen funktionierenden Prototyp nach dem anderen, und Dalio fügte scheinbar nach Lust und Laune neue Kategorien hinzu oder zog sie wieder zurück. Viele schienen wenig wissenschaftlich zu sein; eine wurde als „praktisch" bezeichnet, eine andere als „praktisches Denken". Während es einfach war, einen Profisportler an Bällen oder Strikes zu messen, umfassten Dalios Metriken nebulöse Bereiche wie „Visualisierung". Was war das, und konnte man so etwas oder ähnlich subjektive Bereiche wie Kreativität überhaupt numerisch bewerten?

Ein Vorteil des Chaos war, dass McDowell ständigen Zugang zu seinem Chef hatte. Dalio lud McDowell oft in sein Büro ein, wo der Bridgewater-Gründer sich in seinem Stuhl zurücklehnte, während er nachdenklich auf einem Stück Klebeband herumkaute, dessen Abroller von einem Assistenten regelmäßig nachgefüllt wurde, und die Fortschritte der Karten besprach. Das Ziel aller Bewertungen, so Dalio, war, jeden bei Bridgewater auf einer einzigen Skala einzuordnen. Oft brachte er neue Ideen ein; in einem Fall forderte er ein Bridgewater-Team auf, sich vorzustellen, alle zu Ninjas auszubilden und dann alle in verschiedene Farben statt in Schärpen zu hüllen, um den besten Kämpfer zu kennzeichnen. Bei Bridgewater würde die wichtigste, übergreifende Bewertung „Glaubwürdigkeit" heißen.

Mit McDowell tauschte sich Dalio mehrere Monate aus, dann nahm Dalio eine Karteikarte zur Hand und schrieb das Wort „Glaubwürdigkeit" an den oberen Rand, kreiste es mehrmals ein und zeichnete verschnörkelte Linien, die von diesem Punkt aus nach unten führten. Die Glaubwürdigkeit sollte eine Zusammenfassung aller Bewertungen in jeder Kategorie sein und in fetter Schrift am oberen Rand der Baseballkarten aufgeführt werden. Die Bewertungen von Bridgewater-Mitarbeitern mit hoher Glaubwürdigkeit würden stärker gewichtet werden als die der anderen. Dalio nannte dies „Glaubwürdigkeitsgewichtung". Welchen Sinn machte es, das Wort des Hausmeisters genauso zu gewichten wie das des Firmengründers?

McDowell verstand die Anziehungskraft von übergreifenden Bewertungen, aber er war der Meinung, dass Dalio ein entscheidendes Erschwernis übersehen hatte. „Das können Sie nicht tun", sagte McDowell zu seinem Chef. „Sie können die Zahlen dort nicht mitteln … Das ist so, als würde man seine Schuhgröße nehmen, sie zu seiner Körpertemperatur addieren, sie zur Tageszeit addieren und dann durch drei teilen, das Ganze auf die dritte Dezimalstelle bringen und denken, man hätte etwas entdeckt."

Da diese Analogie nicht zu funktionieren schien, versuchte McDowell eine andere. „Diese Einstufungen sind nicht wie ein Bluttest, der Ihnen tatsächlich sagt, wie viele weiße Blutkörperchen Sie haben. Sie sind Näherungswerte. Es sind nur die Meinungen der Menschen übereinander."

Dalio sah McDowell an, dann deutete er auf die Karteikarte, deren Zeilen sich von oben nach unten schlängelten. „Kaskaden der Glaubwürdigkeit. Das hätten Sie tun sollen. Ich habe gerade Ihren Job für Sie gemacht."

Dalio ging hinaus.

Inzwischen hatte McDowell herausgefunden, dass es am besten war, nicht zu widersprechen, wenn Dalio sagte, er habe eine Lösung für ein Problem. McDowell versprach, der Glaubwürdigkeit eine Chance zu geben.

Monatelang skizzierte und testete er die Idee. Er bat die Top-Mitarbeiter, sich gegenseitig in eine Rangfolge zu bringen, wer in einem bestimmten Bereich das meiste Vertrauen in der Entscheidungsfindung genoss, und zwar von oben nach unten. Das System begann mit einer gewissen Dynamik zu funktionieren. Wenn eine Reihe von Bridgewater-Führungskräften die Glaubwürdigkeit eines Untergebenen insgesamt positiv bewertete, bekam die eigene Meinung des Untergebenen mehr Gewicht. McDowell erkannte, dass Glaubwürdigkeit eine Möglichkeit sein könnte, Talente im gesamten Hedgefonds zu identifizieren. Auch die Mitarbeiter schienen von der Idee angetan zu sein, da sie darin eine Möglichkeit sahen, zu beweisen, dass sie eine Beförderung verdient hatten. McDowell führte in der Firma einen Prototyp ein, bei dem die

Mitarbeiter die Glaubwürdigkeitsbewertungen der anderen auf einer Skala von 1 bis 10 sehen konnten.

Kurz darauf klingelte das Telefon von McDowell und Dalio war in der Leitung.

Es war das erste Mal, dass der Bridgewater-Gründer ihn seit seinem Jobangebot in Kanada unter vier Augen angerufen hatte. McDowell hoffte auf ein Kompliment, aber stattdessen klang Dalios Stimme zornig:

„Warum gibt es bei der Glaubwürdigkeit keinen Kaskadeneffekt?"

Einen solchen Effekt gebe es, erwiderte McDowell. Bei den Baseballkarten-Prototypen würden Zehntausende von Messwerten analysiert.

Dalio schien das nicht so zu sehen. Einer seiner Untergebenen hatte ihn gerade auf eine verdächtige Entdeckung aufmerksam gemacht: Zwei Personen bei Bridgewater – eine aus dem Bereich Investment Research, die andere ein einfacher Informatiker – wiesen höhere Glaubwürdigkeitswerte auf als Dalio selbst. Die Leute begannen darüber zu tuscheln.

McDowell erklärte Dalio, dass dies ein Zeichen dafür sei, dass das System funktioniere, dass Bridgewater die Talente in seinen Reihen herausfische – genau so, wie Dalio ihn darum gebeten hatte.

Dalios Stimme machte keinen Hehl aus seiner Verärgerung. Warum sich seine Glaubwürdigkeit nicht so übertrage, fragte er.

McDowell dachte zurück an Dalios Karteikartenzeichnung. Ihm wurde klar, dass Dalio nicht nur das Konzept der Glaubwürdigkeit an der Spitze skizziert hatte. Er hatte sich selbst buchstäblich an die Spitze gezeichnet, um allen unter ihm Glaubwürdigkeit zu verleihen.

Die Lösung lag auf der Hand. McDowell beauftragte einen Untergebenen, die Software zu bearbeiten und eine neue Regel zu programmieren. Dalio selbst sollte die neue Basis für die Glaubwürdigkeit in praktisch allen wichtigen Kategorien sein. Als die ursprüngliche, höchst glaubwürdige Person bei Bridgewater war Dalios Bewertung nun numerisch „kugelsicher" gegen negatives Feedback. Unabhängig davon, wie alle anderen in der Firma ihn bewerteten, würde das System darauf hinwirken, dass er an der Spitze bleibt.

Es dauerte mehr als zwei Jahre, um das Glaubwürdigkeitssystem zu perfektionieren. Das System wurde dann für den Einsatz auf iPads eingeführt, sodass die Bridgewater-Mitarbeiter ihre Bewertungen gegenseitig in Echtzeit eingeben und sehen konnten, wie ihre Werte sanken oder stiegen. Dalios eigene Bewertungen, die fest mit dem System verdrahtet waren, blieben erstklassig.

Der Mann, der dafür verantwortlich war, Ray Dalio zu einem Inbegriff der Glaubwürdigkeit zu machen, bekam die Beförderung seines Lebens. Zum Jahresende 2011 setzte sich McDowell mit Dalio zusammen, und der Bridgewater-Gründer überreichte ihm ein Blatt Papier, auf dem er McDowells Bonus für das Jahr notiert hatte.

Dalio teilte McDowell mit, dass er nun in den inneren Ring von Bridgewater aufgenommen würde, das heißt in die relativ kleine Gruppe von Mitarbeitern, die eine Beteiligung an der Firma erhielten. Jedes Quartal würde McDowell einen Scheck mit einem Teil der Einnahmen erhalten, die Bridgewater von seinen Kunden erhalten hatte.

Dalio schnappte sich das Papier und strich die Zahl durch, die er ihm gerade eben noch übergeben hatte. Er ersetzte sie durch eine neue Zahl, die 300.000 Dollar höher war. McDowell war fassungslos über den Geldbetrag, der so beiläufig den Besitzer wechselte. Dalio reichte McDowell das Papier und winkte mit der Hand zur Tür, um ihm zu signalisieren, dass er jetzt mit dem geänderten Wisch gehen solle. „Sagen Sie ihnen einfach, dass ich Ihnen mehr gegeben habe."

Als McDowell die Tür erreichte, fügte Dalio noch hinzu:

„Damit gehören Sie zur Familie."

TEIL I

1

EIN GOTTVERDAMMTER ORT

Neun Monate nachdem Paul McDowell den Anruf erhalten hatte, der sein Leben verändern sollte, brach eine andere Bridgewater-Mitarbeiterin in Tränen aus. Dabei handelte es sich nicht um ein gewöhnliches Weinen, sondern um einen regelrechten Nervenzusammenbruch, bei dem sich ihre Brust hob, sie nach Luft rang und animalisch schluchzte.

Bereits über 30, mit schulterlangem blondem Haar, das schlaff herunterhing, war Katina Stefanova nicht daran gewöhnt, in dieser Position zu sein. Sie war, wie es in der Firma hieß, eine von Ray Dalios Lieblingen – und sie war normalerweise die Person, die andere zum Weinen brachte. Ihre Kollegen nannten sie „die Eiskönigin".

Stefanova sah sich kurz am Tisch um; eine stoische Clique von Männern und Frauen starrte sie teilnahmslos an. Die Spätsommersonne strahlte durch die Fenster und beleuchtete die sterilen weißen Wände, den verblassenden Teppichboden und die industrielle Beleuchtung, die die ganze Szenerie unerbittlich scharf stellte. Wenn Stefanova ihren Hals reckte, konnte sie einen Blick auf einen trüben

Fluss – der eigentlich eher ein Flüsschen war – erhaschen, der sich ziellos um den Parkplatz des mittelalterlichen Steingebäudes schlängelte. Das Mittelalter, so dachte sie später, war eine treffende Metapher für das, was sich hier abspielte.

Das war 2009 in Westport, Connecticut, einer unscheinbaren Stadt an der sogenannten Gold Coast von Connecticut, etwa 90 Autominuten nordöstlich von New York City. Ein paar Meilen nördlich des Stadtzentrums lag das Hinterland, ein Dickicht aus massiven Herrenhäusern im Tudorstil und dazu passenden Wachhäusern. Nicht weit von einer Privatschule, die Grundschüler in Latein und Altgriechisch unterrichtete, zweigte eine Zufahrt von der Hauptstraße ab. Auf einem gerade noch sichtbaren Schild stand ohne weitere Angaben ONE GLENDINNING PLACE.

Manche würden später einen anderen Spitznamen prägen: One Goddamn Place.

Man nannte sie nicht von ungefähr „die Eiskönigin". Stefanova hatte viel durchgemacht, und sie war nicht jemand, der leicht zusammenbrach. Die hübsch und große Stefanova mit ihrem langen und glatten blonden Haar und ihren braunen Augen hatte schon früh lernen müssen, sich auf sich selbst zu verlassen. Sie wuchs im kommunistischen Bulgarien als älteste Tochter eines Maschinenbauingenieurs und einer Chemikerin auf. Im Jahr 1989, als sie zwölf Jahre alt war, fiel die Berliner Mauer und „riss" förmlich ihren Vater mit sich. Erst verlor er seinen Job, dann seine Haare und kurzzeitig auch seinen Verstand. Er gründete sein eigenes Metallurgieunternehmen, wurde Multimillionär und verlor 1997 durch die Hyperinflation alles erneut. Ein drittes Mal begann er von vorn.

Zu diesem Zeitpunkt war Stefanova bereits weg. Sie hatte in Bulgarien eine Gruppe von Mormonen-Missionaren kennengelernt, die sie ermutigten, sich an der Brigham Young University zu bewerben. Ohne es ihren Eltern zu sagen, bewarb sie sich und überzeugte ihren Großvater, das Hinflugticket zu bezahlen. Mit 200 Dollar in der Tasche und einem starken Akzent, der es ihr nicht gerade erleichterte, Freunde zu finden, landete sie an einem der Nebengebäude der BYU, einer Schule mit einem zweijährigen Programm in Idaho. Sie nahm alle möglichen Gelegenheitsjobs an, half bei der Pflege des Schulgeländes, arbeitete in der Bibliothek und gab Nachhilfe. Nicht lange nach ihrem Abschluss heiratete sie.

Nach einer Reihe von eher langweiligen Jobs in Unternehmen landete sie schließlich an der Harvard Business School (HBS). Dort entschied sie sich für die Hochfinanz. Obwohl in Film und Fernsehen immer noch Investmentbanker oder Händler die Hauptrolle spielten, strebten die ehrgeizigsten Studenten in Cambridge Mitte der 2000er-Jahre Hedgefonds an – ein Begriff, der so ziemlich alles bedeuten konnte. Einige Hedgefonds gaben vor, einfach nur die besten Aktien auszuwählen und sich Geld zu leihen, um ihre Wetten auf oder gegen Unternehmen zu erhöhen, von denen sie glaubten, dass sie kurz vor dem Durchbruch oder einem Absturz standen. Andere Fonds nutzten die Schwachstellen des Marktes aus und fanden Muster in den Auf- und Abwärtsbewegungen, für die ihre Konkurrenten entweder zu dumm oder zu faul waren. Wieder andere beauftragten Wissenschaftler damit, Computerprogramme zu schreiben, die automatisch entscheiden sollten, was und wann sie kaufen und verkaufen sollten.

Einer der größten Hedgefonds der Welt war Bridgewater Associates, und zum Glück für Stefanova wurde der Fonds von einem HBS-Absolventen, Ray Dalio, geleitet. Bridgewater war mehr als zwei Jahrzehnte zuvor gegründet worden und trotz seines enormen Anlagevolumens von mehr als 100 Milliarden Dollar weltweit unauffällig geblieben. Dalio wurde nachgesagt, dass er über ein außerordentliches Geschick verfügte, wenn es darum ging, globale wirtschaftliche oder politische Veränderungen von großer Tragweite zu erkennen und damit Geld zu verdienen, zum Beispiel, wenn ein Land seinen Zinssatz anhob oder die Steuern senkte. Doch was war es wirklich, das Dalio und Bridgewater so viel besser in der Vorhersage machte als alle anderen auf der Welt, die genau das Gleiche versuchten? Es gab Gerüchte unter den Konkurrenten, dass es irgendwie mit Ex-CIA- und Ex-FBI-Agenten zu tun hätte, die Dalio auf seiner Gehaltsliste führte.

Was auch immer vor sich ging, Stefanova konnte sehen, dass es funktionierte. Dalio war 2005 bereits mehrfacher Milliardär und damit einer der reichsten Absolventen in der Geschichte der Harvard Business School. Das reichte aus, um das Interesse einer Einwanderin zu wecken, die hoffte, nie wieder in ihre Heimat zurückkehren zu müssen.

Im Frühjahr 2005 ging Stefanova zu einer auf dem Campus stattfindenden Rekrutierungsveranstaltung und steuerte auf eine von Bridgewater veranstaltete Präsentation zu. Dalio selbst war nicht anwesend. Er hatte einen seiner besten Stellvertreter, Greg Jensen, geschickt, um die Präsentation zu halten.

Wenn der typische Hedgefonds-Manager scharfe Gesichtszüge, breite Schultern und einen kantigen Kiefer aufwies und oft unaufhörlich über Lacrosse redete, dann schien Jensen dem nicht zu entsprechen. Er nannte sich Bridgewaters Research Director, ein hochtrabender Titel, schien aber selbst gerade erst das College verlassen zu haben – zerzaustes braunes Haar, dunkle Ringe unter den Augen, ungepflegte Augenbrauen, meistens Bartstoppeln und trotz seiner Jugend mit den unverkennbaren Anzeichen eines Bierbauchs.

Es war nicht nur Jensens Aussehen, das nicht zu der Hedgefonds-Fata-Morgana passte. Während er sprach, klang seine Beschreibung des Lebens bei Bridgewater für Stefanova nicht wie die einer hochfliegenden Investmentfirma. Jensen hatte nicht viel über den Kauf oder Verkauf von Aktien, Anleihen oder anderen Vermögenswerten zu sagen. Bridgewater, so stellte er fest, lege den Schwerpunkt auf ein sinnvolles Leben und sinnvolle Beziehungen, die durch einen Weg der Reflexion erreicht würden, der zur Selbstentdeckung führe. Das klang eher nach „Kiffen" als nach Hochfinanz.

Jensen betonte, dass sich die Mitarbeiter von Bridgewater täglich an Meinungsverschiedenheiten abarbeiteten, um zu radikalen Wahrheiten und Antworten auf bis dahin unlösbare Probleme zu kommen. Es sei hart, und es sei nicht für jeden etwas, sagte er und reckte seinen Zeigefinger in die Luft, um dies zu unterstreichen.

Die Eiskönigin hatte keine Angst vor Konflikten, vor allem wenn sie mit einem fetten Scheck verbunden waren. Sie reichte ihren Lebenslauf ein – aber er wurde schnell abgelehnt: zu viele Tippfehler.

Dann hatte sie Glück. Bridgewater pflegte die ungewöhnliche Praxis, Lebensläufe nach dem Zufallsprinzip „auszulosen", um Bewerber für Vorstellungsgespräche einzuladen, und so war Stefanova an diesem Tag eine glückliche Verliererin. Der Hedgefonds umfasste nur ein paar Hundert Personen, und Dalio führte die meisten Vorstellungsgespräche persönlich mit den Bewerbern in Westport. Stefanova wurde gebeten, einen Myers-Briggs-Persönlichkeitstest zu machen, und sie wurde zu einem Vorstellungsgespräch eingeladen.

Als sie in Connecticut ankam, wurde sie schnell zu dem 55-jährigen Dalio geführt. Ihr fiel auf, dass auch er nicht dem typischen Bild eines Hedgefonds-Managers entsprach. Sein graues Haar war wenig vorteilhaft zur Seite gescheitelt und er hatte Geheimratsecken, die man mit etwas mehr Mühe hätte kaschieren können. Sein Doppelkinn und seine vorgewölbten Wangen deuteten darauf hin, dass er kein Fitnessprogramm absolvierte, und seine Kleiderordnung hätte man als Holzfäller-Chic bezeichnen können: Karo- und Kordstil. Ein Bügeleisen schien er nicht zu besitzen. Der *New Yorker* beschrieb ihn später liebevoll als „ein alterndes Mitglied einer britischen Progressive-Rock-Gruppe".[1]

Als das Gespräch begann, war Stefanova sofort in gleichem Maße fasziniert, wie sie overdressed war. Dalio befragte Stefanova nicht zu ihrem Hintergrund oder ihrem Scharfsinn, sondern zu ihrer Psyche. Er ging die Antworten ihres Myers-Briggs-Tests durch und fragte sie, warum sie zum Beispiel angegeben habe, dass sie oft ihren Kopf über ihr Herz walten lasse. Stefanova hatte den Eindruck, dass er wissen wollte, ob sie sich leicht aus der Ruhe bringen ließ. Er sagte, er sei nicht an den Entscheidungen interessiert, die sie getroffen habe und die sie hierhergebracht hätten, sondern daran, warum sie sie getroffen habe.

„Meine Schwäche ist, dass ich mich in Intellektuelle verliebe", sagte sie später. „Ich schätze den intellektuellen Wert mehr als den Charakter, und Ray ist einfach ungeheuer intelligent."

Nach ein paar Minuten beendete Dalio ohne Vorwarnung oder Erklärung das Gespräch.

„Na ja, lassen wir's gut sein. Sie sind eingestellt."

Stefanova begann bei Bridgewater als Senior Investment Associate und arbeitete schon bald mit den Kunden des Unternehmens – darunter große Pensionsfonds und Universitätsstiftungen – zusammen, um herauszufinden, welche breit gefächerten Anlageklassen zu deren Zielen passen. Sie war noch keine 30, fühlte sich aber dennoch alt. Bridgewater stellte in der Regel frisch von der Hochschule kommende Absolventen ein, fast ausschließlich Männer, was einige Mitarbeiter zu dem Scherz veranlasste, in der Cafeteria würden viele so aussehen wie aus einem Werbeprospekt für Herrenmode. Überdurchschnittlich viele kamen aus Dartmouth, wo Jensen Präsident seiner Studentenverbindung gewesen war.

Die Arbeit war hart, und ihre neuen Kollegen waren ein seltsamer, verschworener Haufen, der einen Großteil seiner persönlichen Zeit miteinander zu verbringen schien. Einige konsultierten sogar Dalios persönlichen Arzt, der ins Bürogebäude kam, die Vorhänge in einem leeren Raum zuzog und Patienten, darunter auch den Bridgewater-Gründer, behandelte. Aber Stefanova war es gewohnt, an neuen Orten erst einmal nicht dazuzugehören, und froh, ihre Tage mit Marktforschung verbringen zu können. Voller Ehrfurcht saß sie schon früh bei einer Reihe interner Vorlesungen von Dalio über konzeptionelle Makroökonomie, wenn er stundenlang über die Zusammenhänge zwischen Investitionszyklen in der Geschichte referierte – ein faszinierender Stoff. Dalio gab ihr die beste Note in diesem Kurs: eine Eins minus. Praktisch niemand erhielt eine Eins, was, wie Dalio ihr sagte, eine Note war, die er üblicherweise nur sich selbst geben konnte.

Die beiden wurden Freunde. Sie aßen gern zusammen zu Abend, wobei er sie mit Fragen über ihr Leben im Kommunismus löcherte, und sie lud ihn im Gegenzug zu sich nach Hause ein. Stefanova, die ihren bulgarischen Akzent nicht ganz abgelegt hatte, war erstaunt, dass dieser blaublütige Milliardär sie so ernst nahm. Ihre Gespräche hatten eine Tiefe und Breite, wie sie sie noch nie in einer Arbeitsbeziehung erlebt hatte – sie diskutierten bis tief in die Nacht über Philosophie, Politik, Wirtschaft und Jazz. Er ermutigte sie, ihr Wertesystem infrage zu stellen und zu überlegen, ob es klare Grenzen zwischen Richtig und Falsch gab. In gewisser Hinsicht war er auch sehr an Natur interessiert und sprach immer über das Meer. Viel spendete er für die National Fish and Wildlife Foundation, und die Organisation benannte eine neue Korallenart, Eknomisis dalioi, nach ihm.[2]

Stefanova fand Dalios ablehnende Haltung gegenüber gesellschaftlichen Regeln besonders anziehend. Er erzählte ihr eine Fabel über ein gefräßiges Hyänenrudel, das ein junges Gnu tötete.[3] Das Gnu mochte leiden, aber sein Tod sei notwendig, um die Evolution voranzutreiben. Dalio sah sich selbst als eine Hyäne. „Das Beste ist, im eigenen Interesse zu handeln“, sagte er ihr.

Dalio schien seine Ideale zu leben. Stefanova und andere in ihrem Umfeld erlebten regelmäßig, wie er sich über Untergebene lustig machte, über große und kleine Angelegenheiten; nur wenige Menschen schienen lange in seiner Gunst zu stehen. Hinter seinem Rücken sprachen die Angestellten offen darüber, wer in einer bestimmten Sitzung der Kollege sein würde, der ihm als Zielscheibe zum verbalen „Verprügeln“ dienen sollte.

Stefanova fühlte sich jedoch vor diesem Verhalten sicher – sie war Dalios Schützling und Freundin. Sie arbeitete direkt an Projekten für ihn und schuftete mehr als zwölf Stunden pro Tag. Er pflegte zu sagen:

„Katina ist eine von meinen Leuten", was sie vor Freude fast erröten ließ. Sie stieg in der Firma auf. Ihr Gehalt verdoppelte sich jedes Jahr, und andere wurden ihr direkt unterstellt. Einige bei Bridgewater begannen sogar zu tuscheln, dass sie eines Tages eine Kandidatin für die Nachfolge von Dalio sein könnte.

* * *

Drei Jahre nachdem Stefanova zu Bridgewater gekommen war, trat Dalio mit einer entscheidenden Aufgabe an sie heran: Sie sollte die Gestaltung eines neuen Handelsraums für den boomenden Hedgefonds beaufsichtigen. Stefanova dachte, dass er ihr damit die Möglichkeit gäbe, ihren Wert zu beweisen.

Bridgewater befand sich in einer Phase halsbrecherischer Expansion. Allein zwischen 2003 und 2004, kurz bevor Stefanova zu Bridgewater kam, verdoppelte sich das verwaltete Vermögen von 54 Milliarden auf 101 Milliarden Dollar. Zwei Jahre später waren es sogar 169 Milliarden Dollar. Jeden Monat kamen Dutzende von Mitarbeitern hinzu. Dalios Jahresgehalt stieg auf über eine Milliarde Dollar und machte ihn zu einem der reichsten Menschen der Welt.

Stefanova nahm ihre neuen Aufgaben mit Bravour an. Unter dem Vorwand, verstehen zu müssen, wie man die Abläufe an der Börse optimiert, verbrachte sie Stunden mit Dalio und Jensen und befragte sie, wie Bridgewater tickte. Obwohl sie keinen Einblick in die Details des Livehandels der Firma hatte, bekam sie einen Eindruck von den langen Berichten, die die Firma erstellte und in denen sie vorhersagte, ob sich die Finanzmärkte nach oben, unten oder seitwärts bewegten.

In ihrer erweiterten Rolle sah sich Stefanova bald mit einem Dilemma konfrontiert, das einen Technologen in ihrem Team betraf. Die Frau des Mannes arbeitete ebenfalls bei Bridgewater – intime Beziehungen waren in der Firma üblich – und wenn er im Büro oder anderweitig abgelenkt war, lieferte er seine Arbeit oft zu spät ab. Stefanova hatte den Verdacht, dass ihr nicht gerade das A-Team zugewiesen wurde, und spürte, dass Dalio sie testen wollte. Der Bridgewater-Gründer sprach oft davon, wie wichtig es ist, dass alle Mitarbeiter hohe Standards einhalten. „Akzeptieren Sie keine schlechte Leistung", sagte er häufig.

Wenn es sich um einen Test handelte, bot sich bald eine Gelegenheit, um zu zeigen, dass sie gelernt hatte. Stefanova erfuhr, dass der Technologe einen neuen Berater eingestellt, ihr aber nichts davon gesagt hatte. Als sie ihn damit konfrontierte, gab er zu, dass er es ihr verheimlicht hatte.

Das war alles, was Stefanova brauchte. „Ich höre, dass Sie zugeben, einen Fehler gemacht zu haben, aber jetzt stelle ich mir Fragen zu Ihrem Charakter und zu Ihrer Person." Sie echauffierte sich eine halbe Stunde lang und teilte ihm dann mit, dass sie ihn entlassen wolle.

Aufgrund der engen persönlichen Beziehungen des Mannes zu Bridgewater wurde die Angelegenheit an Dalio und Jensen weitergeleitet. Sie baten Stefanova, sich zu erklären.

„Ich tue nur das, was Ray auch getan hätte", sagte sie.

Jensen stimmte dem zu und sagte, dass das Überwinden von Minderleistung eine Grundüberzeugung von Bridgewater sei.

„Man muss sich vor Augen führen, wie sehr einen ein solches Verhalten anwidert", so Jensen. „Das überwiegt jedes Verständnis für die Gefühle der Person."

Dalio schaute mit scheinbarer Zustimmung zu. Lügen, so sagte er oft, sei eines der schlimmsten Vergehen, die man sich bei Bridgewater vorstellen könne. Er gab sein Einverständnis für die Entlassung und drückte seine Zustimmung in einer E-Mail an den entlassenen Mitarbeiter aus, die an die meisten Mitarbeiter von Bridgewater weitergeleitet wurde.

Die Frau des Mannes erhielt den Brief und die Nachricht zur gleichen Zeit wie alle anderen. Kurze Zeit später erschien sie nicht mehr zur Arbeit.

An der Schwelle zum Frühherbst 2009, an einem der Tage, an denen sich das Wetter nicht so recht entscheiden konnte, ob der Sommer schon vorbei war, schwankte auch Dalios Stimmung hin und her. Die Finanzkrise war ein Segen für Bridgewater, dessen Flaggschiff-Fonds in der schlimmsten Phase der Krise 2008 kräftig zulegte, während 70 Prozent der Hedgefonds Geld verloren. Als sich das herumsprach, wuchs sein Ruhm. Ein paar Monate zuvor hatte es ein beeindruckendes *Fortune*-Porträt gegeben, das ihn als „stämmigen 1,90 m großen Mann" beschrieb, der „in einem schlichten Büro arbeitet, das mit Fotos seiner Frau und seiner vier Kinder vollgestellt ist".[4] Ein Psychologe im Ruhestand, der bei Bridgewater in Teilzeit als Berater tätig war, wurde mit den Worten zitiert: „Wenn man fünf Organisationspsychologen in einen Raum sperren und ihnen sagen würde, sie sollten die perfekte Blaupause für eine Unternehmenskultur entwerfen, würde in etwa das dabei herauskommen."

Dalio erzählte dem Interviewer, dass er den „Heiligen Gral des Investierens" entdeckt habe, eine Reihe von Handelsformeln, die zwangsläufig Geld einbringen, „womit ich meine, dass Sie reich und erfolgreich im Investieren sein werden, wenn Sie dieses Vehikel finden".

„Wenn es einfach wäre", so die Autorin, „würde es jeder tun."

Das Problem war, dass die Quelle des Heiligen Grals offensichtlich versiegt war. Bridgewater hatte Mühe, wieder ins Schwarze zu treffen.

Der Grund hatte nichts mit irgendwelchen Handelsformeln zu tun. Dalio war davon überzeugt, dass ein zweites Kapitel der Krise bevorstand.[5] Er hatte sogar sein eigenes Wort dafür erfunden, einen *D-Prozess*, ein mehrgleisiges Deleveraging oder Abwickeln der Märkte. Dalios Schreibtisch war unter dem Gewicht von 20 oder mehr dicken Bänden über historische Abschwünge, wie „Essays on the Great Depression" und „The Great Crash 1929", zusammengesackt. Der Bridgewater-Gründer machte sich wütend Bemerkungen zu jedem dieser Bücher, klebte Post-it-Zettel darauf und kritzelte handschriftliche Notizen an den Rand, in denen er zahlreiche Parallelen zur Gegenwart festhielt.

Dalio war offensichtlich davon überzeugt, dass er mit der Entdeckung einer weiteren Krise ein weiteres Vermögen machen würde, und trieb Bridgewater zu einer umfassenden Expansion an. Er wollte keine Hilfe bei den Investitionen – Wer braucht schon einen zweiten Heiligen Gral? –, sondern beim Management. Er war jetzt mit 60 Jahren in einem angemessenen Rentenalter, und obwohl er lange Zeit gesagt hatte, dass er Bridgewater nicht vor seinem Tod verlassen würde, teilte er nun mit, dass er einige seiner operativen Aufgaben an Untergebene wie Jensen und Stefanova abgeben müsse. Er sagte den Mitarbeitern, dass man zwar nicht von einer einzelnen Person erwarten könne, ihn zu ersetzen, dass Bridgewater aber angesichts des Wachstums des Unternehmens vielleicht ein System entwickeln könnte, bei dem verschiedene Verantwortlichkeiten auf Teams von Mitarbeitern aufgeteilt würden.

Es oblag Stefanova, eine neue Klasse von Führungskräften für 2009 zu rekrutieren. Sie sollten als Management Associates (im Gegensatz zu Investment Associates) bezeichnet werden und als Versuchskaninchen für die nächste Phase im Leben von Bridgewater dienen. Die Aufgabe, den Bridgewater-Gründer zu ersetzen, war so groß, dass er oft sagte, es würden Hunderte weiterer Mitarbeiter benötigt.

Stefanova versuchte, wie Dalio einzustellen, mit viel persönlichem Engagement, aber das konnte unmöglich in dem jetzt geforderten Umfang funktionieren. Sie konnte das Tempo nicht aufrechterhalten. Dalio verlangte immer mehr, und sie blieb immer wieder hinter seinen Erwartungen zurück.

Schließlich war es genug. Dalio wollte wissen, warum nicht alle Management-Mitarbeiter eingestellt worden waren. Er teilte Stefanova mit, dass er dem Problem auf den Grund gehen wolle – und zwar vor den Augen der Öffentlichkeit.

Stefanova betrat den Konferenzraum, in dem ihre Leistung abgefragt werden sollte, nahm Platz und beobachtete, wie sich die Sitze um sie herum mit den Spitzenleuten von Bridgewater füllten. Unter den etwa zehn Anwesenden waren Jensen, Paul McDowell und eine relativ neue Mitarbeiterin, Eileen Murray, eine ehemalige Wall-Street-Bankerin. Fast alle waren ranghöher als Stefanova.

Dalio saß ihr gegenüber und begann auf eine Art und Weise zu schimpfen, die sie inzwischen von ihm kannte – er verhielt sich aus Gewohnheit so in derartigen Situationen. Stefanova sei mit der Einstellung von Mitarbeitern monatelang im Rückstand und das verzögere nichts Geringeres als seine eigenen Pläne, sich aus der Firma zurückzuziehen.

„Es musste etwas getan werden", sagte er.

„Jetzt trifft es mich", dachte sie bei sich.

Dalio kündigte an, zunächst eine „Sondierung" vorzunehmen und dann eine „Diagnose" zu stellen. Bei der Sondierung forderte er sie auf, zu bestätigen, bei ihrer Aufgabe versagt zu haben. Die Diagnose lautete, dass sie eine Idiotin sei, ein Punkt, den er immer wieder betonte.

„Sie sind einfach dämlich!" Dalio schnaubte verächtlich. „Sie wissen nicht einmal, was Sie nicht wissen."

Niemand sonst gab einen Mucks von sich. Jensen saß mit steinerner Miene neben Dalio, ordnete den Papierberg vor sich und schaute gelegentlich aus dem Fenster. McDowell versuchte angestrengt, seinen Blick auf einen Fleck an der Decke zu richten. Nur wenige der anderen Anwesenden – darunter Konkurrenten, Kollegen und künftige Chefs des Unternehmens – verteidigten Stefanova.

Stefanova dachte an das interne Handbuch von Bridgewater, das von Ray selbst verfasst wurde. „Bridgewater legt Wert auf Vernunft", heißt es darin. „Fehler sind nicht schlecht. Sie sind Gelegenheiten zum Lernen. Wenn du dich dem Fehler nicht stellst, wirst du nicht daraus lernen."

Sie beschloss, diese Logik auszuprobieren. Das Einstellungstempo sei für Dalio nichts Neues, sie hätten schon oft darüber gesprochen, verteidigte sie sich. Stefanova war der Meinung, dass sie seinem Wunsch, hohe Standards zu setzen, gefolgt war.

„Ich habe wirklich hart gearbeitet", sagte sie. „Ich habe mein Bestes gegeben. Was hätten Sie getan?"

Dalio war offenbar nicht in der Laune, Vorträge gehalten zu bekommen. Wenn er das Tempo der Einstellung gebilligt habe, antwortete er, dann sei es ihre Schuld, weil sie ihm nicht gesagt habe, dass er falschliege. Er wiederholte seine Diagnose, nannte sie dumm und hielt sich am Tisch fest, um seinen Worten noch mehr Gewicht zu verleihen. Die Anwesenden erinnern sich, dass er sie anschrie, darauf wartete, dass ihre Lippen zitterten, und sie dann erneut anschrie, weil sie ihre Gefühle nicht unter Kontrolle hatte, während er sie weiter anschrie.

Das war genug für Stefanova. Erst vor vier Jahren hatte sie die Business School verlassen und nun stand sie dem Hüter eines milliardenschweren Vermögens gegenüber. Dies würde das erste und letzte Mal sein, dass sie sich erlaubte, in seiner Gegenwart zu weinen, und sie versuchte es einigermaßen gut zu überstehen. Es begann langsam, nahm dann aber schnell überhand: Wimperntusche, vermischt mit heißen Tränen, floss über ihr Gesicht. Einige im Raum zwangen sich, den Blick abzuwenden, aus Angst, dass auch sie zusammenbrechen würden.

Stefanova schob ihren Stuhl vom Tisch zurück und rannte, immer noch weinend, aus dem Raum. Die Sitzung wurde vertagt.

Stefanovas Zusammenbruch war geradezu melodramatisch. Dalio muss gewusst haben, dass er eines der Alphatiere der Firma, die er mit aufgebaut hatte, zu Fall gebracht hatte. Jetzt würde er dafür sorgen, dass niemand diesen Zusammenbruch vergessen konnte.

Das war einfacher, als es vielleicht den Anschein hatte.

In der Mitte des Tisches stand an diesem Tag ein klobiger schwarzer Kasten, etwa so groß wie ein Videorekorder. Ein Aufnahmegerät, das jedes Geräusch – Schreien, Stöhnen und Wimmern – aufzeichnete, wenn Dalio brüllte und Stefanova in sich zusammensackte. Eine Handvoll von Dalios Lakaien hörte sich die Aufnahme später immer wieder an und markierte ihre Lieblingspassagen.

Kurz nachdem Stefanova den Raum verlassen hatte, teilte Dalio seinem Führungsteam mit, dass er über das, was er erreicht habe, sehr erfreut sei. Dies sei das ideale Beispiel für sein Streben nach Exzellenz um jeden Preis und für die radikale Wahrheitssuche, die Jensen nur wenige Jahre zuvor für Stefanova angekündigt hatte.

Dalio wollte, dass sich jeder Bridgewater-Mitarbeiter die Aufnahme anhörte. Sie wurde daher in einer seiner wertvollsten Schöpfungen hochgeladen, der Bridgewater-Transparenz-Bibliothek – einem elektronischen Archiv mit Zehntausenden Stunden interner Besprechungen, das sowohl Audio- als auch Videomitschnitte umfasste, die von wütenden Debatten im Vorstand bis hin zu langweiligen Wirtschaftsgesprächen zwischen Nachwuchswissenschaftlern reichten.[6]

Es gab so viele Bänder, dass einige nie wieder abgespielt wurden, aber dieses hier würde sicher wieder zu hören sein – Dalio machte das Anhören zur Pflicht. Er wies sein Redaktionsteam an, eine Kurzfassung der Episode zu erstellen, in der er die Hauptrolle spielte. In seiner Version der Ereignisse, die sich hauptsächlich auf Stefanovas heulende Notlage konzentrierte, wurde Dalio als freundlicher, aber strenger Fragesteller dargestellt. Die Untersuchung wurde auf wenige Minuten gekürzt, was Stefanovas Reaktion extrem und unangemessen erscheinen ließ.

Dalio, der nie ein Freund von Spitzfindigkeiten war, schrieb auch den Titel: „Pain + Reflection = Progress“. Nachdem er es an alle rund 1.000 Bridgewater-Mitarbeiter verschickt hatte, ordnete er an, dass eine Version des Bandes Bewerbern vorgespielt werden sollte, damit sie einen ersten Eindruck von der Firma erhielten.

Bridgewater präsentierte den Bewerbern Stefanovas Leiden als Einstieg in ein offenes Gespräch, das gleichzeitig ein Persönlichkeitsquiz war. Denken Sie, dass sie fair behandelt wurde? Fühlen Sie Mitleid mit ihr? Der Weg zu einer hohen Punktzahl war klar. Auf Anweisung von Dalio und seinen Top-Leuten wurden Bewerber, die zu schnell ihr Mitgefühl für Stefanova oder – noch schlimmer – ihre Bestürzung über ihre Behandlung zum Ausdruck brachten, schlecht bewertet und als ungeeignet eingestuft. Diejenigen, die zugaben, dass sie die Darstellung nur schwer verarbeiten konnten, sahen ihre Lebensläufe schnell im Schredder landen.[7]

Es gab ein Geheimnis, das Dalio bei keiner Ausstrahlung des Bandes preisgeben wollte. Der Bridgewater-Gründer, der sich später selbst als Experte für menschliches Verhalten bezeichnen sollte, war offenbar unbeeindruckt von den mildernden Umständen um Stefanovas Zusammenbruch. Sie selbst hatte ihm die Umstände vor diesem schrecklichen Tag erzählt.[8]

Sie verlor nicht nur die Fassung, weil sich ihr milliardenschwerer Chef nur Zentimeter vor ihrem Gesicht aufbaute, maßlos übertrieb und um die Gunst der Zuschauer buhlte. Ihre Emotionen waren nicht nur gestört, weil sie bei der Arbeit einen Fehler gemacht hatte und/oder wegen einer Konfrontation mit ihrem Chef. Sie hatte nicht nur Angst um ihren Job.

Sie war schwanger.

2

MISSY UND DER WIKINGER

Das Erntedankfest 1970 im Doppelhaus von George und Isabel Leib in der Park Avenue war eine großartige mehrgängige Angelegenheit.[1] Der Tag begann mit Bloody Marys unter einem jahrhundertealten Kronleuchter[2], dann ging es weiter mit Bourbon. Als Anna, die irische Hausdame, anfing, kandierten Ingwer und Minzbonbons zu servieren, waren bereits mehrere Generationen von Männern der Familie Leib glücklich betrunken.

Die Leibs waren von adliger Herkunft, selbst nach den Maßstäben ihrer Nachbarn in 740 Park Avenue, der berühmten Art-Déco-Luxus-Eigentümergemeinschaft, die später mehr Milliardäre beherbergen sollte als jedes andere Gebäude in den USA.[3] George, Nachfahre deutscher Einwanderer und späterer Fleischverpacker aus Louisville, war jetzt emeritierter Vorsitzender der Investmentbank Blyth & Co.,[4] die er durch die Große Depression gesteuert hatte, indem er bis auf sieben alle 170 New Yorker Mitarbeiter der Bank entließ. Mit seinen breiten Schultern, die er sich seit seiner Armeezeit bewahrt hatte, wurde der fast zwei Meter große George von seinen Enkelkindern „der Wikinger“ genannt.

Seine Frau Isabel, auch Missy genannt, war etwa 30 Zentimeter kleiner und hatte ein sonniges Gemüt, das durch einen angenehmen Kentucky-Slang ergänzt wurde. Sie war die Enkelin eines prominenten Verlegers aus Louisville und hatte eine gesprächige Ader, die auf Nachbarn wie John D. Rockefeller Jr. und Gäste wie den ehemaligen König Edward VIII. und Wallis Simpson, die damals als Herzog und Herzogin von Windsor bekannt waren, entwaffnend wirken konnte.

An diesem Thanksgiving-Abend waren nur eine Handvoll Leute in Apartment 12A, die nicht mit Missy und dem Wikinger verwandt waren, und die meisten von ihnen waren Angestellte. Da war Anna, die im Speisesaal ihr Unwesen trieb, die finnische Köchin Helen, die allein in der Küche ihr Abendessen verzehrte, und die schwedische Haushälterin Astrid, die oben in den sechs Schlafzimmern zu tun hatte. Das einzige andere Mitglied, das nicht zur Familie gehörte, war der schlaksige, 21-jährige Ray Dallolio, der in Jackett und Krawatte gekleidet mit der Familie am Tisch saß, als gehöre er zu ihnen.

Auf den ersten Blick machte die Anwesenheit von Dallolio wenig Sinn. Er war weder Nachbar noch Gleichaltriger oder der gleichen gesellschaftlichen Schicht zugehörig. Er lebte mit seinem Vater Marino und seiner Mutter Ann in dem New Yorker Vorort Manhasset. Die kaum 20 Meilen zwischen der winzigen Behausung der Dallolios im Arbeiterviertel von Long Island und der Upper East Side täuschten über eine tiefe Kluft in den Lebensumständen hinweg. Während sich die Leibs auf der letzten Yard-Linie eines amerikanischen Erfolgswegs befanden, nahm Marino Dallolio einen eher umständlichen Weg. Er wuchs auf einer Farm in der Nähe der Südspitze New Jerseys auf und machte sich auf den Weg in die Großstadt, nicht wegen des Reichtums, sondern wegen der Kunst.[5] Er studierte Klarinette, Flöte, Piccoloflöte und Saxophon an der Manhattan School of Music und machte sich dann auf den Weg, um in der Big-Band-Ära des frühen 20. Jahrhunderts Solos zu spielen, gelegentlich auch unter dem Namen Mo Dale.[6] Marino konnte vor seiner Familie mit einigen Berühmtheiten aufwarten – er spielte mit Legenden wie Benny

Goodman und Frank Sinatra –, allerdings war er in der 3-Zimmer-Wohnung der Dallolios nicht sehr präsent. Wegen seiner Auftritte in Clubs wie dem Copacabana und dem Empire Room des Waldorf-Astoria kam Marino in vielen Nächten erst um 3:00 Uhr morgens nach Hause und schlief dann bis zum Mittag.

„Wir hatten eine gute Beziehung, aber er war eine sehr starke Persönlichkeit", erinnerte sich Ray Dalio später.[7] „Und ich war fast das Gegenteil. Ich kümmerte mich um kaum etwas; ich lernte nicht in der Schule, ich ging aus, spielte und hatte einen Riesenspaß; in all den Jahren war ich völlig planlos. Und so war er mein Yin zu seinem Yang."

Ray, ein Einzelkind, sagte später, dass er sich wünschte, er wäre mit Brüdern und Schwestern aufgewachsen. Stattdessen entwickelte er eine enge Beziehung zu seiner Mutter, die ihn abgöttisch liebte. An Samstagabenden backte sie Kekse und sie sahen sich Horrorfilme an. Außer ihr waren seine Bekannten meist Erwachsene. Da ihm die Geduld seines Vaters fehlte, um vier Instrumente oder auch nur eines zu lernen,[8] und seine Noten nur mittelmäßig waren, was Ray auf sein schlechtes Auswendiglernen zurückführte, nahm er hauptsächlich körperliche Gelegenheitsjobs an, darunter das Austragen von Zeitungen.[9] Außerdem schippte er Schnee, säuberte Tische im Restaurant und räumte Regale ein. Im Alter von zwölf Jahren ging er zum Links Golf Club und bot sich als Caddy an.[10]

The Links war nicht irgendein Club. Früher war dort eine Farm gewesen,[11] bevor sie von Charles B. Macdonald, der als Vater des amerikanischen Golfplatzdesigns gilt, zu einem 18-Loch-Platz umgebaut wurde. Diese Geschichte zog eine bestimmte Art von Besuchern an – nämlich Typen von der Wall Street, die einen Tag an der Ostküste verbringen wollten. Es handelte sich um Machertypen und Aufsteiger, und ob Ray es damals wusste oder nicht, er lernte damals, wie man sich in der Nähe der Reichen und Mächtigen verhielt und sie ansprach.

Für sechs Dollar pro Tasche, die er auf dem Parkplatz des Clubhauses erhielt, schleppte er Schläger für die damalige Finanzelite.[12] Sie unterhielten sich mit ihm über die Märkte, gaben ihm Aktientipps und ermöglichten ihm einen Einblick in eine Welt, die sich von seiner eigenen stark unterschied. Ein häufiger Golfspieler, Don Stott,[13] war ein Broker der zweiten Generation an der New Yorker Börse, der seltene französische Burgunder-Weine sammelte.[14] Weitere Mitglieder waren die Leibs.

Ray war gelegentlich als Caddie für George Leib tätig, der sich im Golfsport ebenso im Wettbewerb sah wie in anderen Bereichen, aber es war Isabel, die sich wirklich für den jungen Mann begeisterte. Isabel konnte man getrost als Freizeitgolferin bezeichnen. Wenn sie mit ihrem Mann spielte, stellte sie die Sonderregel auf, dass sie ihren Ball an jeder Station auf dem Fairway aufteen durfte. George stimmte ihr zu, da dies das Spiel nur beschleunigen konnte (die meisten anderen Caddies mieden das Duo,[15] da sie fürchteten, stundenlang auf dem Platz sein zu müssen).

Wenn Isabel mit Ray im Links Golf Club war, sprachen sie über andere Dinge als Golf und Finanzen. Er beeindruckte sie mit seinem Wissen über Musik – dieses Wissen hatte er von seinem Vater geerbt. Obwohl Ray noch nie im Ausland gewesen war, hatte er sich bei anderen Spielern ein oberflächliches Wissen über europäische Kunst und Kultur angeeignet, das er mit einer gewissen Leichtigkeit vermittelte. Isabel und George hatten sich in Paris kennengelernt, als sie einen Sommer lang auf Reisen war, und sie war nach wie vor begeistert vom Kontinent und von der Fähigkeit dieses jungen Mannes, darüber zu sprechen.[16]

Isabel und George hatten auch aus anderen Gründen Gefallen an dem jungen Ray gefunden. Zwei ihrer Söhne waren vor Kurzem aus ihren Internaten geworfen und verpflichtet worden, Militärakademien zu besuchen. Der älteste Leib-Junge hatte es bis zum zweiten Studienjahr an der Princeton University geschafft, bevor er das Studium abbrach. Nun drohte die Gammelphase auf eine neue Generation überzugreifen. Isabels ältester Enkel, der nach seinem Großvater Gordon genannt wurde, hatte sich lange Haare wachsen lassen, war von der E-Gitarre besessen und besuchte innerhalb von drei Jahren schon das dritte Internat, nachdem er als Minderjähriger aus den ersten beiden wegen Alkoholkonsums und Kiffens rausgeflogen war. Isabel konnte geradezu dabei zusehen, wie der Ruf ihrer berühmten Familie ramponiert wurde.

Dann war da noch Ray, drei Jahre älter als Gordon. Ihr Caddy war redegewandt, gepflegt und arbeitete schon seit Jahren für die Familie. Wie sie später erzählte, kam Isabel der Gedanke, dass er einen positiven Einfluss auf Gordon haben könnte. Sie fragte: „Wäre Ray bereit, etwas Zeit mit ihrem Enkel zu verbringen?"

Als Anreiz bot sie an, Ray mit Gordon auf eine 6-wöchige Reise nach London, Paris und Rom zu schicken, bei der alle Kosten übernommen würden. Ray würde den jungen Mann in Museen, Konzerte und Restaurants begleiten und generell dafür sorgen, dass er nicht im Straßengraben landete. Es war ein Leichtes, dieses Angebot anzunehmen, und Ray tat es.

„Er verstand, worum es bei Beziehungen geht, lange bevor es jemand anderes tat, und er nutzte dies zu seinem Vorteil", erinnert sich Rick Coltrera, ein Caddy-Kollege von Ray.

Ob durch Rays Vorbild, die Anregungen durch die Reise auf den Kontinent oder einfach durch den unvermeidlichen Verlauf der Zeit in der Teenagerphase: Gordon kehrte von dieser Reise als veränderter junger Mann zurück. Er schnitt sich die Haare, ersetzte die Gitarre durch klassische Musik und begann, ernsthafte Pläne für das College zu schmieden. Seine Großmutter war begeistert. Ray hatte sich in den Ferien einen festen Platz an ihrem Tisch verdient.

Als Ray sich den Leibs näher verbunden fühlte, wurde sein Familienleben plötzlich auf den Kopf gestellt. Eines Nachts erlitt seine Mutter einen Herzinfarkt. Sie lag in ihrem Bett, während Ray vergeblich versuchte, sie durch Mund-zu-Mund-Beatmung wiederzubeleben. Sie starb vor seinen Augen. Ray sagte später, dass er sich damals nicht vorstellen konnte, jemals wieder lächeln oder lachen zu können.[17]

Zum Zeitpunkt des Todes seiner Mutter war Ray gerade 19 Jahre alt und lebte noch zu Hause. Obwohl er in den Augen der Leibs ein Vorbild an guten Gewohnheiten war, führte seine Neigung, die Highschool zu schwänzen, um surfen zu gehen, dazu, dass er nur einen zufriedenstellenden Durchschnitt und nicht viele College-Optionen hatte.[18] Für sein Jahrbuch in der Highschool wählte er ein Zitat von Henry David Thoreau: „Wenn ein Mann nicht mit seinen Kameraden Schritt hält, liegt das vielleicht daran, dass er einen anderen Trommler hört. Lass ihn zu der Musik schreiten, die er hört, egal wie verhalten oder wie weit entfernt sie ist." Ray wurde schließlich auf Bewährung an einem College ein paar Meilen von zu Hause entfernt aufgenommen, dem C.W. Post.

Die „Post" – hauptsächlich studierten hier Werksstudenten und sie nannten das College so – wurde von einem Absolventen der damaligen Zeit als „ein sehr gutes Community College"[19] beschrieben, das vierjährige Abschlüsse vergab. Wenn der Ruf zu wenig versprach, so hielt die Umgebung mehr, als sie versprach. Der gepflegte, etwa 300 Hektar große Campus der Post wurde nach dem Gründer des Post-Cerealienkonzerns[20] benannt und umfasste das Tudor-Revival-Anwesen seiner Familie, das oft mit Jay Gatsbys Anwesen in West Egg verglichen wurde. Ray, ein Finanzstudent, begann in seinem ersten Studienjahr auch mit Meditation, die ihm später helfen sollte, seinen Geist zu öffnen und seine Noten auf eine glatte Eins zu verbessern.[21]

Ray begann auch, das Wissen zu nutzen, das er als Caddy auf den Links erworben hatte. Ermutigt durch seine Golfkontakte, begann er mit einer kleinen Summe auf verschiedenen Märkten zu handeln, die für einen Gelegenheitsinvestor jener Zeit als exotisch galten, ganz zu schweigen für einen College-Studenten. Er verdiente Geld mit Gold, Mais, Sojabohnen, Schweinen und einfachen Aktien.[22] Zu seinen ersten Investitionen gehörten Aktien der Northeast Airlines, die er auswählte, weil sie weniger als fünf Dollar kosteten und die Firma einen bekannten Namen hatte. Das Unternehmen erhielt schnell ein Übernahmeangebot und verdreifachte seinen Wert. Mit solchen Geschäften, die zum Teil durch

Tipps seiner Mitspieler angeregt wurden, hatte er bald ein Aktienportfolio im Wert von mehreren Tausend Dollar. Es war „ein leichtes Spiel“, wie Ray es später ausdrückte.[23]

Ein paar Monate nach dem College erhielt Ray noch etwas anderes: eine neue Identität.[24] Wie so viele Nachkommen von Einwanderern ging er zum Nassau County Clerk's Office und beantragte einen leichter auszusprechenden Nachnamen.

Ray Dalio, der erste seines Namens, profitierte bald von seiner Verbindung mit den Leibs.

Isabel wusste aus Gesprächen auf dem Golfplatz, dass ihr Caddy sich zu einem ausgezeichneten College-Studenten entwickelt hatte, der sich sehr für die Finanzmärkte interessierte. Sie sah eine Chance, ihre Schuld gegenüber dem jungen Mann zu begleichen, der ihren Enkel auf Vordermann gebracht hatte. Daher drängte sie ihren ältesten Sohn, Gordon C. Leib, ihm eine Chance zu geben, wie ihr Enkel Barclay erzählt. Gordon bot Dalio daraufhin einen Sommerjob bei Benton, Corcoran, Leib & Co. auf dem Parkett der New Yorker Börse (NYSE) an, wo er als junger Angestellter arbeitete.

Wer sich im Sommer 1971 in der Broad Street 18 herumtrieb, befand sich im Epizentrum der Finanzwelt. Dies war eine wertvolle Eintrittskarte zu einer Karriere, die manche nicht nur als Privileg betrachteten, sondern als das, was das *Wall Street Journal* als „eine höhere kapitalistische Berufung“ bezeichnete.[25] Dalios Arbeit war äußerst strapaziös – in jenen Tagen wurden Aktien manuell, per Ticket, gehandelt, und erschöpfte Angestellte verbrachten ihre Tage damit, von einer Station auf dem Parkett zur nächsten zu rennen und inmitten einer Kakophonie von Geräuschen Handelsscheine weiterzugeben –, dennoch war er begeistert.[26] Als Präsident Richard Nixon in jenem August den Goldstandard für den US-Dollar aufhob und den Umtausch von Dollar in Gold zu einem festen Preis aussetzte, sah Dalio darin ein schlechtes Zeichen für Aktien,[27] da es das Ende einer Ära der US-Hegemonie andeutete, die sich bis dahin wie im Rausch befand.

Stattdessen erholten sich die Aktien, weil das Ende des Goldstandards den politischen Entscheidungsträgern neue Flexibilität gab, um die Wirtschaft in Schwung zu halten. Dalio verbrachte einen Großteil des restlichen Sommers damit, über die Schwierigkeit nachzudenken, seine Intuition mit der Realität in Einklang zu bringen.[28]

Gordon war nach seinem Sohn und seiner Mutter die dritte Generation der Leibs, die mit Ray Dalio befreundet war. Er war ein begeisterter Spieler, der sich an der NYSE nebenbei als Anbieter von Sportwetten betätigte und Dalio zu Drinks, Abendessen und Backgammon einlud. Gordon, der so begabt im Backgammon war, dass er einmal die Europameisterschaft gewann,[29] brachte Dalio die Grundlagen der Strategie bei, während sie 10 oder 15 Spiele hintereinander spielten. Dalio lernte es schnell.

Gordon sagte später, dass Dalio von seinen Kollegen an der Börse mit gemischten Gefühlen empfangen wurde. „Er war nicht besonders schlagfertig", sagte Gordon zu seinem Sohn Barclay, wie dieser sich erinnerte. „Er hatte nicht viel Sinn für Humor, fügte sich nur schwer in das Team ein und manchmal konnte er die Leute mit einer leichten Arroganz vor den Kopf stoßen."

Dalio war auf dem Weg zu einem Ort, an dem ein Hauch von Arroganz fast schon dazugehörte. Bewaffnet mit guten College-Noten und einem ungewöhnlich umfangreichen Empfehlungspaket für den No-Name-Sohn eines Musikergesellen, machte er sich auf den Weg zur Graduiertenschule in der Nähe von Boston.

Wer in den frühen 1970er-Jahren die Harvard Business School besuchte, erlebte eine Institution, die sich inmitten einer sich verändernden Welt in einem gewollten Stillstand befand. Die Schule hatte selten weniger als 90 Prozent männliche Absolventen.[30] Obwohl es schwierig war, dort aufgenommen zu werden – nur einer von vier Bewerbern schaffte es –, wurde der Wettbewerb später noch deutlich härter.[31] Die meisten Studenten waren wesentlich älter als Dalio[32], viele hatten bereits bedeutende Karrieren hinter sich oder dienten beim Militär. (Dalio entging der Einberufung[33] und dem Einsatz in Vietnam dank eines ärztlichen Attests, das ihm einen zu niedrigen Blutzuckerspiegel bescheinigte.)

Dalio fiel schnell auf. HBS-Studenten orientierten sich in der Regel an sogenannten Value-Investoren,[34] die einzelne Unternehmen untersuchten und nach solchen mit starken Fundamentaldaten oder Wachstumsaussichten suchten: langsam, beständig und vernünftig. Dalio, der frisch von der NYSE kam, schlug ein wie ein Komet, erinnern sich Leute, die ihn damals kannten. Er bezeichnete sich selbst als „Technischen Analysten", im Gegensatz zu jemandem, der aufgrund von Ahnungen handelte, und war mit seinen Methoden auf dem neuesten Stand. In seinem Einzelzimmer mit Gemeinschaftsbad in der aus rotem Backstein errichteten Gallatin Hall, die nach einem ehemaligen Finanzminister benannt worden war, sprach Dalio über Muster in Aktiencharts, Leerverkäufe und Möglichkeiten, gewinnbringende Unstimmigkeiten zwischen scheinbar nicht miteinander verbundenen Märkten zu erkennen. An seine Wände pinnte er Aktiencharts.

„In gewisser Weise war er der Erfahrenste der Unerfahrenen",[35] erinnert sich Joel Peterson, ein Klassenkamerad und Freund. Die beiden hielten einmal eine Gruppenpräsentation ab, und Peterson war mehr als glücklich, Dalio den größten Teil des Vortrags zu überlassen, denn Dalio sagte, er habe die Märkte studiert, seit er ein Teenager war.

„Es gab keine Eifersucht – nur viel Wettbewerb, den Harvard förderte –, bei Ray habe ich so etwas nie gespürt", so Peterson.

Dalio ging zwischen seinen beiden Jahren an der HBS ein Risiko ein. Während andere MBA-Studenten im Sommer prestigeträchtige Angebote in der Unternehmensführung bekamen, ging Dalio zurück in die Trading-Branche, diesmal zu Merrill Lynch. Er entschied sich ausgerechnet für das Rohstoffteam, das damals an der Wall Street als uninteressant galt, weil die Preise für Vermögenswerte wie Gold und Öl seit Jahrzehnten stagnierten. Dalio war der Meinung, dass mit dieser Assetklasse aufgrund ihrer Unbekanntheit leicht Geld zu machen war.

Er irrte sich.[36] Nach einem Sommer, in dem er unter Aufsicht des Leiters der Rohstoffabteilung arbeitete – und nachts auf einem Feldbett in einem kleinen Appartement schlief –, hatte Dalio kaum einen Cent verdient.

Dennoch betrachtete er seinen Sommer als Erfolg. Dalio lernte, dass ihm die Arbeit mit Rohstoffen gefiel, die er als erfreulich schematisch empfand.[37] Der Aktienmarkt bestand im Wesentlichen aus einer Gruppe von Menschen, die wütend Papiere austauschten, und es gab manchmal keinen Grund, warum ein einzelnes Papier an einem bestimmten Tag mehr oder weniger kostete. Warenpreise waren leichter zu definieren. Rindfleisch kostete das, was jemand bereit war, an der Fleischtheke für ein Pfund zu bezahlen.

Als er im zweiten Jahr an die HBS zurückkehrte, tauchte Dalio in die berühmte Case-Methode der Schule ein, die das Lesen von 10- bis 20-seitigen Fallstudien aus der realen Welt verlangte[38], die fast wie Puzzles aussahen[39] und ein kompliziertes Geschäfts- oder Führungsproblem untersuchten, auf das es keine eindeutigen Antworten gab. Die Fälle waren sowohl faszinierend als auch ermüdend, und Dalio war nicht immer ein großer Fan davon. Eines Abends in Dalios zweitem Studienjahr, als die meisten Studenten am Lernen waren, marschierte Dalio ohne Vorwarnung in das Zimmer seines Studienkollegen Mike Kubin.[40]

„Ich arbeite“, sagte Kubin und sah kaum auf.

Dalio nahm die Fallstudie von Kubins Schreibtisch und warf sie in den Papierkorb. „Damit willst du dich nicht wirklich beschäftigen, du solltest das hier tun.“

Dalio nahm Kubin mit in sein Zimmer, wo er einen Tisch aufgestellt hatte, um Backgammon zu spielen. Die beiden HBS-Studenten spielten stundenlang.

Jeder HBS-Jahrgang ist in Tranchen oder Bereiche von etwa 100 Studenten unterteilt, die gemeinsam an den Kernkursen teilnehmen. Viele kommen sich persönlich und menschlich so nah, dass sie ihren Bereich als ihre Familie betrachten.

Für den Bereich H der Harvard Business School des Jahrgangs 1973 waren die ersten sechs Monate nach dem Abschluss aufregend.[41] Bob Cook kaufte ein BMW-Motorrad für eine Reise quer durchs Land. Roy Barber und Marc Tumas gingen zusammen in der Nähe von Montreal campen. Joel Peterson nahm einen Job in Südfrankreich an.

Dalio, so formulierte es sein Klassenkamerad Larry Schwoeri in einer Nachricht an seine Mitschüler, ging einen anderen Weg:

„Ray Dalio hatte die beeindruckendste Berufsbezeichnung in seinem ersten Job – Präsident von Dominick & Dominick Commodities. Ihr könnt jetzt alle in euer *WSJ* schauen, um zu sehen, ob (1) Dominick & Dominick immer noch im Geschäft sind und (2) wie sich der Rohstoffmarkt in den letzten Monaten entwickelt hat. Viel Glück, Ray."[42]

Dominick & Dominick waren noch im Geschäft, wenngleich das Business nur noch an einem seidenen Faden hing. Das 1870 gegründete Maklerunternehmen, das etwa zu der Zeit entstand, als Thomas Edison den ersten modernen Börsenticker entwarf, hatte seine ersten 100 Jahre hinter sich gebracht. Dazu gehörte auch die Rohstoffabteilung. Dalio hatte einen hochtrabenden Titel, ein Jahresgehalt von 25.000 Dollar[43] (was heute einem sechsstelligen Betrag entspricht) und sonst nicht viel, denn das Unternehmen war in eine Schieflage geraten.

Als Dalio zu dem Maklerunternehmen kam, bewegte es sich im Markt gerade nach unten. Das Unternehmen expandierte in den Einzelhandelsbereich,[44] da es zu einem Konkurrenten für bekanntere Markenunternehmen werden wollte. Dann brach der Aktienmarkt ein, und der wichtigste Einzelhandelsfonds von Dominick & Dominick flog ihnen um die Ohren. Um sich über Wasser zu halten, war das Unternehmen gezwungen, vier seiner fünf Sitze an der New Yorker Börse und einen seiner beiden Sitze an der American Stock Exchange zu verpfänden. Viele von Dalios Trades aus dieser Zeit waren Verlustbringer. Es war „dumm von ihnen, mich einzustellen, aber sie taten es", sagte er später zu einer Gruppe von Studenten einer Business School.[45] Niemand konnte Dalio für die Schwierigkeiten des Maklerunternehmens verantwortlich machen, und da er immer noch einen HBS-Abschluss vorweisen konnte, fand er als Nächstes seinen Weg zu dem damals führenden Maklerunternehmen Shearson Hayden Stone.[46] Dalios Job bei Shearson führte ihn weg vom Börsenparkett in die weite Welt des Reichtums, wo er irgendwo zwischen Berater und Verkäufer angesiedelt war. Mit der Ausstrahlung von jemandem, der mit New Yorks Finanzkönigen am Tisch gesessen hatte, beriet er Viehzüchter, Getreideproduzenten und andere rohstoffabhängige Geschäftsleute, wie sie ihr Business durch komplizierte Geschäfte, die als Hedges bekannt waren, stabilisieren konnten. Hedges mussten nicht unbedingt Geld verdienen, durften aber auch kein Geld verlieren. Die Kunden von Shearson liebten Dalio. Eine Gruppe von Ranchern schenkte ihm sogar die Hörner eines Longhorn-Stieres.[47]

Was dann geschah, ist Gegenstand einiger Diskussionen. Sogar die Reihenfolge der Ereignisse ist unklar. Wenn Dalio später Versionen der Geschichten erzählte, drehte er manchmal die Reihenfolge um.

Sicher ist, dass Dalio in der Silvesternacht 1974 in einen heftigen Streit mit seinem Chef geriet. Dalio, wütend und betrunken, schlug seinem Chef wegen einer kurzzeitigen Meinungsverschiedenheit ins Gesicht[48] (ein Finanzkollege hörte später, wie die Konfrontation als „unerwarteter Schlag" beschrieben wurde). Als Dalio ins Büro zurückkehrte, erwartete er, sofort gefeuert zu werden.[49] Stattdessen bekam er jedoch eine zweite Chance.

Einige Monate später, als eine Führungskraft von Shearson an der Jahrestagung der California Grain & Feed Association teilnahm, beschloss Dalio, der Sache mehr Würze zu verleihen. In einer Version der Ereignisse brachte er eine Stripperin zu einer privaten Kundenpräsentation mit.[50] Eine andere Version ist noch etwas „freizügiger": Die Stripperin wurde dafür bezahlt, sich vor dem Publikum auszuziehen.[51] Ein weiteres Narrativ ist eine Kombination aus beiden: Dalio hielt auf der Konferenz eine ansonsten unauffällige Flipchart-Präsentation und beauftragte die Tänzerin mit dem Umblättern der Seiten.

Unabhängig von den genauen Details ist das Ergebnis eindeutig: Dalio hatte sich von seinen Emotionen und seinem Hang zum Dramatischen überwältigen lassen. Die Konsequenz: Er wurde von Shearson kurzerhand entlassen. Jetzt war er fast 26[52], zum zweiten Mal in weniger als zwei Jahren arbeitslos, und er brauchte Hilfe. Sie sollte von seiner Ersatzfamilie kommen.

Gordon B. Leib hatte sich nicht sehr verändert, seit er vor seinen Tagen bei Harvard Zeit mit Dalio verbracht hatte. Leib war immer noch an der NYSE tätig und immer noch ein beliebter Buchmacher für seine Maklerkollegen. Jeden Tag, wenn die Börse schloss, ging Leib in den New Yorker Racquet Club, um ein Dampfbad zu nehmen, zu schwimmen und dann ein paar Partien Backgammon zu spielen.[53]

Der Ray Dalio, der sich mit ihm zu einem Drink verabredet hatte, wirkte auf Leib, als hätte er ein paar harte Jahre hinter sich. Leib wusste nicht, was bei Shearson vorgefallen war, aber er wusste, dass Dalio nicht viel anderes tat, als mit seinem Harvard-Studienkollegen Bob Cook in einer 2-Zimmer-Wohnung in Manhattan zu leben.[54] Das Duo stachelte sich gegenseitig an, trank viel, veranstaltete Partys und zog um die Häuser.[55] Ihr Klassenkamerad Schwoeri hielt die Dynamik im HBS Alumni Bulletin fest,[56] indem er bemerkte, dass die beiden „Amigos" gerade aus Rio de Janeiro zurückgekehrt wären, „wo sie eine umfassende Marktdurchdringungsstudie durchgeführt hätten".

Leib erfuhr bald den Grund für dieses Treffen. Dalio brauchte Geld. Wie Barclay Leib, Gordons Sohn, erfuhr, unterbreitete Dalio dem älteren Leib einen weitreichenden Plan zur Gründung eines Rohstoffimport- und -exportunternehmens, das physische Rohstoffe aus den Vereinigten Staaten zu Käufern in anderen Ländern transportieren sollte.[57] Es sollte Bridgewater heißen, was für ein Unternehmen, das physische Güter wie Sojabohnenöl über die Ozeane transportieren wollte, einen schönen Beiklang hatte.[58]

„Ich brauche 100.000 Dollar, um es ein Jahr lang zu schaffen", sagte Dalio zu Leib und anderen potenziellen Investoren.[59] Dalio hoffte so, von jedem zehn Prozent dieser Summe zu erhalten.

Leib, der schon immer ein Spieler war, wog die Chancen ab, dass der Caddy seiner Mutter ein erfolgreiches Wall-Street-Unternehmen gründen würde, und kam zu dem Schluss, dass die Aussicht darauf gering war. Er lehnte diesen Vorschlag seines vermeintlichen Familienmitglieds zwar ab, bot ihm aber Hilfe an: Er machte Dalio mit anderen Partnern von Benton, Corcoran, Leib & Co. bekannt, die in das neue Unternehmen investierten. Dalio schaffte es, das Projekt auf den Weg zu bringen.

Etwa ein Jahr später kam er zurück und bat um mehr Geld. Das frühere Geld sei weg, sagte er. Sein neues Unternehmen hatte insgesamt zwei Transaktionen durchgeführt. „Es war mehr eine Idee als eine Realität, und ich hatte einen Namen dafür", sagte Dalio später.[60]

Dalio hatte dieses Mal einen neuen, bescheideneren Plan. Er plante, eine Boutique-Beratungsfirma zu gründen, die die Art von Beratungstätigkeit anbieten sollte, die er bei Shearson geleistet hatte.[61] Der Zeitpunkt war klug gewählt, denn die Rohstoffe erholten sich gerade und zogen die Aufmerksamkeit gewöhnlicher Anleger auf sich. Dalio präsentierte sich glaubhaft als einer der wenigen an der Wall Street, der sich in den Märkten für Vieh, Fleisch, Getreide und Ölsaaten auskannte.[62]

Leib war fasziniert[63], aber er hielt es immer noch für töricht, Geld in ein neues Geschäftsmodell eines jungen Mannes zu stecken, der noch eine Menge lernen musste. Leib sah immer noch keinen Sinn darin, sein bequemes Leben weiter mit dem von Dalio zu verflechten. Andere in Leibs Maklerbüro stiegen ebenfalls aus.

Aber Dalio brauchte sie nicht mehr so sehr. Die Freundin seines Mitbewohners vermittelte ihm 1975 ein Blind Date mit einer ihrer Freundinnen, Barbara Gabaldoni. Sie arbeitete in einem Kunstmuseum[64] und sprach kaum Englisch.[65] „Das machte aber nichts", wie er später in seiner Autobiografie schrieb, „wir kommunizierten auf unterschiedliche Weise."

Gabaldoni war kompliziert. Sie wuchs teilweise in Spanien auf, wo ihr peruanischer Vater als Diplomat tätig war, und sie erzählte einmal einem Mitarbeiter von Bridgewater, dass sie als Kind kurzzeitig entführt worden war. Dies war möglicherweise nicht nur eine Folge des Berufs ihres Vaters, sondern auch ihrer Abstammung mütterlicherseits. Obwohl sie ihren Nachnamen ihrer peruanischen Abstammung verdankte, stammte ihr Vorname von ihrer Großmutter, Barbara Whitney, Tochter von Gertrude Vanderbilt und Harry Whitney.

Barbara Gabaldoni war eine Vanderbilt Whitney und arbeitete in dem berühmten New Yorker Museum, das den Namen ihrer Familie trug.

Es war für sie kein Problem, Dalios jungem Unternehmen unter die Arme zu greifen.

3

ABSOLUTE GEWISSHEIT

Eine ganze Weile lang fühlte sich Dalio frei.[1]

Obwohl er ein neues Unternehmen leitete, verspürte er kaum Angst. Das Leben war angenehm. Sein Arbeitsweg war ein kurzer „Spaziergang" von seinem Schlafzimmer in das andere Schlafzimmer, das jetzt als Büro eingerichtet war. Er hatte kein Problem, die Miete zu zahlen. Dalio war immer noch in seinen Zwanzigern und zufrieden damit, von Moment zu Moment zu leben. Er war nicht so sehr davon überzeugt, dass diese Phase oder sein Unternehmen insgesamt ewig Bestand haben würde. Wenn es nicht klappte, würde er sich einfach einen anderen Job suchen.

Zwischen Dalio und Barbara Gabaldoni ging es schnell voran. Eher dem Privatleben zugeneigt, überließ sie ihrem Liebsten im Gesellschaftsleben den Vorrang. Bereits wenige Monate nach ihrem Kennenlernen hatten sich ihre Lebenswege vollständig miteinander vermischt, was Dalio Zugang zu einer neuen Gesellschaftsschicht verschaffte. Im Jahr 1977 heiratete das Paar und zog in ein geräumiges, elegantes Stadthaus in Manhattan. Die beiden Frischvermählten wohnten in den beiden oberen Etagen, während Dalio in den beiden unteren arbeitete.[2] Kurz darauf brachte Barbara den ersten von vier Söhnen zur Welt.[3]

Nicht zuletzt durch den Kontakt mit seinen neuen Schwiegereltern lernte Dalio die gesellschaftlichen Schichten und Nuancen des Reichtums kennen. Diese Erkenntnisse flossen in sein neues Unternehmen ein. Die Leibs waren wohlhabend, aber sie waren zu ihrem Geld erst vor Kurzem gekommen. Der „Wikinger" erzählte seinen Enkeln oft, wie er in den 1920er-Jahren seinen dicksten Mantel verkauft hatte,[4] um das Geld für seine erste Beteiligung an der Maklerfirma zu bekommen, die später seinen Namen trug. Barbara Dalio stammte aus einer Familie mit einer älteren Vermögenshistorie.

Das Vanderbilt-Vermögen geht auf das Jahr 1810 zurück, als Cornelius „Commodore" Vanderbilt einen 100-Dollar-Kredit seiner Mutter[5] in ein Dampfschiff- und Eisenbahnimperium umwandelte. Als er 1877 starb, war sein 100-Millionen-Dollar-Nachlass mehr wert als die gesamte US-Staatskasse. Als Dalio genau 100 Jahre später in die Familie einheiratete, war ein Großteil des Vermögens für Partys, Sportwagen, Villen und Pferde verprasst worden.[6] Dalio trat in eine Familie ein, die in der Defensive war und das zu bewahren versuchte, was von einem der großen, generationenübergreifenden Vermögen Amerikas übrig geblieben war. Barbara überließ Dalio die Verantwortung für ihren Anteil an dem, was noch da war.

Dalio erkannte bald, dass Familien mit Generationenreichtum andere Prioritäten hatten. Die Händler auf dem Börsenparkett sprachen immer über ihre nächste geniale Idee, die unweigerlich darauf hinauslief, vor einer großen Marktbewegung zu stehen, die nur sie sehen konnten. Wenn sie jedoch einmal reich waren, waren die Menschen weniger von der Jagd nach dem nächsten Coup eingenommen. Sie konzentrierten sich eher darauf, reich zu bleiben, als noch reicher zu werden, und ihre Strategie konzentrierte sich auf stetiges, langfristiges Wachstum und die Minimierung des Risikos großer Verluste. Die gleiche langfristige Perspektive galt für Unternehmen und Institutionen wie Hochschulen und Pensionsfonds. Diese riesigen Geldpools wollten ihr Geld stetig vermehren, und zwar mit möglichst geringem Risiko. Ihre oberste Investitionspriorität war es, die Möglichkeit des Ruins zu vermeiden. Wer diese Priorität verstand und wusste, wie sie zu erreichen war, konnte eine Menge Geld verdienen.

Bridgewater Associates gehörte in den späten 1970er-Jahren und bis in die frühen 1980er-Jahre zu den ersten Unternehmen, die sich mit der Feinabstimmung von Methoden beschäftigten, die genau diese Zwecke verfolgten.

Die Fast-Food-Kette McDonald's entwickelte heimlich McNuggets, eine wichtige Erweiterung ihrer Speisekarte. Doch der Preis für die Hauptzutat Huhn schwankte wie nie zuvor. McDonald's konnte nicht einfach ein Produkt an seine 3.000 Restaurants in der ganzen Welt ausliefern und erwarten, dass sie den Preis jeden Tag ändern würden. Dalio vermutete, dass der Hähnchenmarkt aufgrund der Schwankungen auf dem Mais- und Sojamarkt volatil war. Hühner fressen Mais und Sojabohnen, und wenn die Landwirte mehr für das Futter bezahlen mussten, trieben sie unweigerlich den Preis für Geflügel in die Höhe. Dalio riet McDonald's, die eigenen Kosten mithilfe von Finanzinstrumenten, sogenannten Futures, zu fixieren. Wenn Mais und Sojabohnen teurer wurden, würden die Kosten für McDonald's gleich bleiben. Das gab dem Unternehmen ein Zeitfenster zum Kauf von genügend Geflügel zu einem stabilen Preis, um McNuggets auf den Markt bringen zu können.

Bezeichnend für den Ansatz von Bridgewater und Dalio war auch der Vertrag mit dem Snack-Food-Riesen Nabisco.[7] Die Probleme des Konglomerats überschnitten sich mit denen von McDonald's: Für die Produkte von Nabisco wurde eine schwindelerregende Vielfalt an Rohstoffen verwendet, deren Preise stark schwankten, was die Gewinne beeinträchtigen konnte. Dalio half Nabisco bei der Strukturierung von Geschäften, die denen von McDonald's ähnelten, aber umfassender waren. Er zeigte den Führungskräften von Nabisco, wie man Geld so anlegen konnte, dass nicht nur die Kosten für Rohstoffe fixiert, sondern auch das

Risiko verringert wurde, mit einer Schachtel Oreo-Kekse, die in einem Land verkauft wurde, dessen Währung an Wert verloren hatte, weniger Geld in US-Dollar zu verdienen als erwartet. Für diese komplexe Beratung übertrug Nabisco Dalio die formale Befugnis, einen Teil seiner Ersparnisse zu verwalten, ohne die tägliche Aufsicht übernehmen zu müssen. Dies war ein großer Schritt nach vorn: Es machte ihn im Wesentlichen zu einem der unabhängigen Investmentmanager des Unternehmens – im Gegensatz zu einem bloßen Berater. Und in einer für die damalige Zeit relativ neuen Vereinbarung erhielt Dalio einen Prozentsatz der Gewinne, die Nabisco mit den von ihm geleiteten Geschäften erzielte. Das eröffnete ihm enorme Möglichkeiten, einen Teil dessen zu verdienen, was Nabisco verdiente – potenziell weit mehr als eine einfache Pauschalgebühr für die von ihm beaufsichtigte Geldmenge.

Als er ein globaler Händler wurde, begann Dalio davon zu profitieren, dass er sich nicht nur als Berater von Unternehmen etablierte. Er profilierte sich als Wirtschaftswissenschaftler mit einem wissenschaftlichen Ansatz für seine Arbeit und als globaler Denker, der Einblicke in die Geschichte der Konjunkturzyklen hatte. Er schrieb Artikel für obskure Fachpublikationen,[8] die von Finanziers und Anlegern gelesen wurden, wie zum Beispiel eine Zeitschrift für Viehzucht, in der er sein Geschick für esoterische Märkte unter Beweis stellen konnte. Er begann, in Kladden zu schreiben,[9] aus welchen Gründen er einen Handel tätigte, und führte anschließend eine tabellarische Auflistung der Ergebnisse durch,[10] um festzustellen, ob er richtig- oder falschgelegen hatte. Er überprüfte auch die Historie,[11] um sicherzustellen, dass seine Ideen immer wieder funktionieren würden. Dalio entdeckte, dass es besser war, eine große Anzahl kleiner Wetten zu platzieren,[12] sodass, wenn eine Wette schiefging, sie nicht das gesamte Portfolio in Mitleidenschaft ziehen würde.

Um seinen Ruf als Vordenker weiter auszubauen, begann Dalio mit dem Verkauf eines täglich erscheinenden Marktkommentar-Newsletters,[13] der seine Meinung zu den drängenden makroökonomischen

Fragen des Tages enthielt. Der Newsletter, der per Fax und Telex verschickt wurde, war ein Hit, und das schon Jahrzehnte, bevor solche Newsletter per E-Mail üblich wurden. Mithilfe eines kleinen Mitarbeiterstabs, den Dalio aufgebaut hatte, versandte Bridgewater den Newsletter überregional an seine Kunden – zu denen auch Bunker Hunt,[14] ein Ölmagnat und damals der reichste Mann der Welt, gehörte – und an die Medien. Er hielt Treffen im New Yorker Harvard Club ab. Einigen Kunden stellte Dalio den Newsletter als Teil eines Forschungspakets für 3.000 Dollar pro Monat in Rechnung.

Als Dalios Ruf immer besser und seine Kundenliste immer umfangreicher wurde, zog er mit Barbara und seiner wachsenden Familie in einen Vorort von Connecticut, wo er sich einen neuen Titel zulegte. Obwohl er keine formale Ausbildung auf diesem Gebiet hatte, nannte sich Dalio fortan „Ökonom von Bridgewater Associates".[15] Dieser Wirtschaftswissenschaftler vertrat eine ganze Reihe unkonventioneller Meinungen über das, was bald passieren würde.

* * *

An der Wall Street und in Washington erregt man todsicher Aufmerksamkeit, wenn man Alarm schlägt, und im Jahr 1981 sah Dalio nichts Geringeres als eine Katastrophe voraus.

Er reiste kreuz und quer durch das Land und schürte Ängste, indem er Kunden und Medien vor dem beunruhigenden Gegenwind warnte, dem die Weltwirtschaft ausgesetzt sei. Die Märkte waren in Aufruhr,[16] der Goldpreis schoss in die Höhe, die Arbeitslosigkeit nahm zu und die Ölpreise hatten sich in nur einem Jahr mehr als verdoppelt. Aus Angst vor einer Inflation erhöhte die US-Notenbank 1981 die Zinssätze auf bis zu 21 Prozent, in der Hoffnung, das Sparen statt das Ausgeben zu fördern. Die Wirtschaft stürzte in eine Rezession. Während die Reagan-Regierung hartnäckig darauf beharrte, auf dem richtigen Weg zu sein, sah Dalio das anders.[17] Die Vereinigten Staaten steuerten auf einen historischen wirtschaftlichen Zusammenbruch zu, den schlimmsten seit dem Zweiten Weltkrieg, und Dalio sagte dies jedem, der zuhören wollte. „Wir könnten die Hälfte der Immobilienbranche, Pan Am, Chrysler, vielleicht Ford und viele andere Unternehmen verlieren", warnte er in einem Interview mit der *New York Times* im März 1982. „Es gibt keine Hoffnung. Das ist harte Realität", sagte er einige Monate später.[18]

Dalios „Tour" sollte viel Geld abwerfen, wenn auch nicht sofort. Die Organisatoren des Contrary Opinion Forum,[19] einer Gruppe von selbst ernannten Berufspessimisten, luden Dalio ein, zusammen mit einem leitenden Angestellten von Dean Witter Reynolds auf ihrem jährlichen Treffen am Ufer des Lake Champlain in Vermont zu sprechen. Dalios Ausführungen waren selbst für dieses Publikum düster. „Warum kann der Untergang nicht schrittweise erfolgen?",[20] fragte ein Teilnehmer.

Eine noch größere Gelegenheit ergab sich einige Monate später in der Hauptstadt des Landes, als Dalio eingeladen wurde, vor einem Ausschuss des Kongresses über die steigende Arbeitslosigkeit zu sprechen.[21] In einem schwarzen Anzug und mit einer grau gestreiften Krawatte marschierte er voller Elan in das riesige Rayburn House Office Building, wobei die ersten Anzeichen von Geheimratsecken fast vollständig von seinem dunkelbraunen Haar verdeckt wurden. Mit seinen 33 Jahren sah er jünger aus.

Dies war ein großer Moment für Dalio, und er wusste, dass er sich bemühen musste, aus der Reihe der Schwergewichte, die aussagten, hervorzustechen. Paul Volcker, der Vorstandsvorsitzende der Federal Reserve, sollte erst in einem Monat zu Wort kommen. Während Dalio nach dem Mikrofon griff, war Parren J. Mitchell, Abgeordneter des Staates Maryland, noch vom Anzünden seiner Zigarette abgelenkt. Dalio zog jedoch bald die Aufmerksamkeit aller Anwesenden auf sich.

„Die Wirtschaft der letzten Jahre zu verfolgen ist wie ein Krimi, in dem man die Gefahr hinter der nächsten Ecke lauern sieht und eine

Warnung aussprechen möchte, aber weiß, dass sie nicht gehört wird", begann Dalio.[22] „Die Gefahr ist in diesem Fall die Depression."

„Obwohl es schon lange her ist, dass die Wirtschaft an einer Depression litt, gibt es eine solche Krankheit, die wir als Wirtschaftswissenschaftler diagnostizieren können sollten. Die Ökonomen von heute kennen sich mit Depressionen ungefähr so gut aus wie die Ärzte von heute mit lange inaktiven Seuchen."

Seit 1800, so Dalio, hätten die Vereinigten Staaten 14 große Depressionen erlebt, die alle demselben historischen Muster folgten. Die 15. stehe offensichtlich unmittelbar bevor. „Wir nennen dies den Depressionsprozess", sagte er.

Ein Kongressabgeordneter bezeichnete Dalios Verhalten bei der Anhörung als „grimmiger als der Geist von Hamlets Vater".[23]

Denn wenn die Rezession eine Sache ist, dann ist die Depression eine andere. Nicht viele Analysten waren mutig genug, diese Prognose zu stellen.[24] Mit einer der beängstigendsten Vorhersagen, die ein Investor machen kann, landete Dalio einen Platz in der *Wall $treet Week*, dem landesweit führenden Wirtschaftsfernsehprogramm. In den drei Wochen seit seiner Aussage vor dem Kongress war Dalio nur noch selbstbewusster geworden. Er saß entspannt vor den Kameras, die Arme weit ausgebreitet. Während er sprach, blinzelte er nicht.

„Ich kann mit absoluter Sicherheit sagen, dass, wenn man sich die Liquiditätsbasis in den Unternehmen und in der Welt insgesamt anschaut, die Liquidität so stark reduziert ist, dass man nicht in eine Ära der Stagflation zurückkehren kann."[25]

In einfache Sprache übersetzt bedeutete dies: Es gab nicht mehr genug Geld auf der Welt, um uns zu retten.

Alles Vertrauen in die Welt konnte Dalio nicht davor bewahren, die Augen vor der Realität zu verschließen. Im selben Monat, in dem er im Fernsehen auftrat, endete die Rezession.[26] Der Aktienmarkt hatte seinen Tiefpunkt im August erreicht, ein paar Wochen vor Dalios Rede vor dem Contrary Opinion Forum.

Die Depression, die nie stattfand, kam Dalio teuer zu stehen. Er verlor Kunden und sein eigenes Geld. Er entließ seine kleine Belegschaft und reduzierte das Unternehmen auf einen einzigen Mitarbeiter, nämlich sich selbst. Um sich davon zu erholen, musste er mehr als eine „Kassandra-Nummer" durchziehen.

Er war offensichtlich gut darin, Unternehmen dabei zu helfen, die komplizierte Dynamik der Weltwirtschaft zu durchschauen, also stürzte er sich kopfüber in die Forschung. Der Wirtschaftsnewsletter, den er geschrieben hatte, wurde zu seinem Hauptanliegen. Er steigerte die Verbreitung der sogenannten „Daily Observations". Er schickte sie an alte Kunden, an Menschen, die er noch nie getroffen hatte, und an Journalisten, die nach Story-Ideen suchten. Nur wenigen Leuten sagte er im Voraus, um welche Themen es sich handeln würde, und so war es ein bisschen wie das Auspacken eines Überraschungsgeschenks, wenn die Berichte per Fax eintrafen. Einer der anschaulicheren Artikel trug den Titel „Was ist ein Juwelier?"[27] Der Artikel stellte die These auf, dass sich Juweliere mit ihren Sammlungen teurer Produkte, die darauf warten, verkauft zu werden, nicht wesentlich von Wall-Street-Händlern unterscheiden, die „long" sind oder auf Gold und Edelsteine wetten.

Ähnliche Thesen hatte Dalio auch McDonald's und Nabisco vorgelegt, die ebenfalls hofften, bei unerwarteten Marktschocks kein Geld zu verlieren. Wenn der Marktpreis für Gold steigt, umso besser für Juweliere, die auf Ringen und Halsketten sitzen, die plötzlich mehr wert sind. Aber auch das Gegenteil war der Fall – selbst ein ansonsten erfolgreicher Juwelier konnte in Konkurs gehen, wenn der Markt einbrach. Dalios Lösung waren Futures-Instrumente. Er empfahl den Juwelieren den Handel mit Gold-Futures, also Verträgen, die ihnen das Recht einräumten, später Gold zu kaufen. Diese Verträge sollten im Wert steigen, wenn der Goldpreis fiel. Die Gewinne aus den Termingeschäften würden die Verluste abfedern, die die Juweliere erlitten, weil sie mit den goldhaltigen Gegenständen in ihren Vitrinen „long" waren. Auch wenn sich Dalio als weniger guter Vorhersager eines wirtschaftlichen Zusammenbruchs erwiesen hatte, war diese Art von gezielter Absicherungsstrategie genau sein Ding.

Diese Erkenntnisse brachten Bridgewater nach und nach auch außerhalb von Manhattan ins Geschäft. Ein leitender Angestellter der Banks of MidAmerica in Tulsa, Oklahoma, begann, sie mit seinen Untergebenen zu teilen. Er nannte es das Beste, was er je über die Funktionsweise der Wirtschaft gelesen hatte.[28] Die Bank engagierte Bridgewater für 18.000 Dollar im Jahr, unter anderem, um Dalio als Berater zu haben, der bei Bedarf über die größeren Probleme sprechen konnte. Als Kunden wie die Banks of MidAmerica begannen, nach detaillierteren Ratschlägen zu fragen, fügte Dalio dem Newsletter eine Matrix mit Anweisungen hinzu,[29] welche Anlagen an einem bestimmten Tag je nach der Richtung der verschiedenen Märkte gekauft oder verkauft werden sollten.

Ein Newsletter landete auf einem wichtigen Schreibtisch nur wenige Kilometer von Dalio entfernt in Stamford, Connecticut. Paul Tudor Jones, fünf Jahre jünger als Dalio, war ebenfalls ein Außenseiter an der Wall Street – Jones stammte aus Tennessee – und wie Dalio hatte er seine ersten Schritte als Rohstoffhändler gemacht. Während Dalio sich jedoch abmühte, hatte sein Freund Jones eine Glückssträhne. Er verzichtete auf ein Studium an der Harvard Business School, um eine gleichnamige Investmentfirma zu gründen, die fast sofort ein Erfolg wurde.

Jones wusste, dass Dalio durch seine Depressions-Vorhersage angeschlagen war, aber der Südstaatler sah in Dalio einen potenziell unterbewerteten Vermögenswert. Jones witterte eine Chance und lud seinen Freund zu einem Gespräch ein.

„Hast du darüber nachgedacht, die Dinge, über die du schreibst, zu verkaufen?“, fragte Jones.

Jones erläuterte den Plan. Dalio würde vollen Zugang zu den Ressourcen der Tudor Investment Corporation haben, und sie würden zusammenarbeiten, um etwas zu entwickeln, das ein Investmentfonds werden könnte. Das Ziel war nicht, in kürzester Zeit so viel Geld wie möglich zu verdienen, sondern ein System zu entwickeln, das stetige und nachhaltige Gewinne bei möglichst geringem Risiko erbringt. Das ultimative Barometer sollte die Sharpe Ratio des Programms sein,[30] eine jahrzehntealte Berechnung der Rendite eines Portfolios im Verhältnis zur Volatilität, das heißt, wie stark es schwankt. Je höher, desto besser. Eine gute Sharpe Ratio lag bei 2,0, obwohl eine Ratio von 3,0 oder noch höher für Top-Investoren nicht außer Frage stand.

Dalio fasste seine Erkenntnisse aus jahrelanger Arbeit an Newslettern zusammen. Er destillierte sie zu einer Trading-Methode, die im Wesentlichen auf dem Prinzip „wenn dies, dann das" beruhte. Wenn zum Beispiel die Zinsen in einem Land stiegen, verkaufte Dalio automatisch Anleihen in einem anderen Land, um dies auszugleichen. Dieser Ansatz schien wirklich systematisiert zu sein, da er Dalios tägliche Entscheidungsfindung aus dem Anlageportfolio herausnahm. Er konnte nur Änderungen vornehmen, indem er gründliche Nachforschungen anstellte und die Regeln selbst auf der Grundlage historischer Daten änderte, anstatt einmalig auf jede momentane Marktbewegung zu reagieren.

Nach mehrmonatiger Überarbeitung des Entwurfs war Dalio zufrieden. Er brachte ihn zurück zu Jones, der es seinem Team zur Analyse übergab. Das Ergebnis: Dalios Ansatz ergab eine Sharpe Ratio von weniger als 1,0.

Jones' Südstaaten-Akzent konnte seine spürbare Frustration kaum verbergen: „Was zum Teufel soll ich damit machen?", fragte er Dalio.

Jones hatte einem Freund eine faire Chance gegeben und war mit einem Entwurf belohnt worden, der das wichtigste Kriterium nicht erfüllte. Später erzählte Jones einem Mitarbeiter, dass er Dalio zwar für unbestreitbar intelligent, aber nicht gerade für einen Investmentmanager gehalten habe – und schon gar nicht für einen, der dem Niveau der Tudor Investment Corporation entsprach.

„Was ist mit dem Trading-System?", fragte Dalio auf dem Weg nach draußen.

Jones schnaubte: „Nimm es mit."

Dalio machte weiter, offenbar überzeugt davon, dass er etwas herausgefunden hatte. Er war auf der Suche nach jemandem, der fast zu jedem Treffen zusagen würde.

Hilda Ochoa-Brillembourg trug einen hochtrabenden Titel, der nicht ganz der Realität entsprach: Chief Investment Officer in der Abteilung für Rentenanlagen bei der Weltbank. Ihre Aufgabe war es, über die Altersvorsorge von Tausenden von Mitarbeitern des strengen Finanzinstituts zu wachen.[31] Dieser Job, bei dem es nichts zu gewinnen gab, lag im Hinterzimmer einer Organisation, in der jeder Mitarbeiter glaubte, es besser machen zu können. Auch die Räumlichkeiten erinnerten sie daran, dass sie nicht gerade die aufregendste, weltumspannendste Arbeit des Unternehmens verrichtete. Die Hauptbüros der Weltbank waren mit fein gearbeiteten Böden und Holzschreibtischen ausgestattet. Ochoa-Brillembourg saß an einem Metallschreibtisch, der auf Linoleumboden stand, und las Dalios tägliche Forschungsnotizen.

Sich selbst hielt Ochoa-Brillembourg für eine genaue Talentbeurteilerin. Sie vermittelte das Geld der Weltbank gern an junge Investoren, die sich einen Namen machen wollten. Unbedeutender als Bridgewater Associates konnte man nicht werden; laut internen Firmendokumenten aus dieser Zeit hatte das Unternehmen damals keinen Cent Eigenkapital.

Doch als Dalio kam, um nach einer Investition zu fragen, war er alles andere als ein Fremder. Ochoa-Brillembourg hatte in Harvard studiert, und so fiel ihnen der Einstieg in das Gespräch leicht. Je mehr er redete, desto mehr fiel ihr sein brillanter Verstand auf. Er erinnerte sich an kleinste wirtschaftliche Details aus Ländern und Branchen, die sonst nichts miteinander zu tun zu haben schienen, und kombinierte beispielsweise die neuesten Devisenkurse mit den Kursen von Eisenbahnanleihen aus dem 19. Jahrhundert.[32] Er erkannte Zusammenhänge und schien vorhersagen zu können, welcher Dominostein an einem entlegenen Ort anderswo zu gewaltigen Problemen führen würde. Nach Ochoa-Brillembourgs Eindruck schien ihr Besucher schnell zu erkennen, welche Messwerte wichtig und welche unwichtig waren. Sie hatte noch nie von Dalios Vorhersage einer Wirtschaftsdepression gehört,[33] die sich ein paar Jahre zuvor als unrichtig herausgestellt hatte. In seinen Newslettern wurde dies nie erwähnt, und Dalio brachte es nicht zur Sprache.

Ochoa-Brillembourg war der Meinung, dass Bridgewater Associates eine enorme Kraftanstrengung wert sei, allerdings mit einigen Vorsichtsmaßnahmen. Der Pensionsfonds der Weltbank würde Bridgewater einen Teil seiner Ersparnisse in Höhe von fünf Millionen Dollar überlassen, die nur in den relativ harmlosen Bereich der inländischen festverzinslichen Wertpapiere investiert werden sollten. Ochoa-Brillembourg erlaubte Dalio, internationale Wetten abzuschließen, beharrte aber auf ihrem Standpunkt, dass Bridgewater nur nach seiner relativen Leistung im Vergleich zum US-Anleihemarkt beurteilt werden würde.[34] Wenn Dalio „sein letztes Hemd" in der Ferne verlieren würde, gäbe es keine Ausreden.

Als es schließlich um die Gebühren ging, hatte Ochoa-Brillembourg alle Trümpfe in der Hand. Dalio erklärte sich bereit, das Portfolio für eine pauschale Jahresgebühr von 0,20 Prozent zu verwalten, also 10.000 Dollar pro Jahr.[35] Das war weniger, als er allein für den Newsletter verlangte. Aber immerhin war es ein neuer Anfang.

4

PURE ALPHA

Das gefrorene Gras knirschte unter Dalios Stiefeln, als er es sich auf der Holzbank bequem machen wollte. Die Wahl des Schauplatzes – draußen, in der Nacht, mitten im Winter in Connecticut – war nicht seine Entscheidung gewesen. Aber die Person, um die es in diesem Artikel ging, war nicht in der Lage, zu verhandeln. Die *Forbes*-Redakteure wollten ein Bild, das dem Thema des Artikels entsprach, also zog Dalio Bluejeans und eine Madras-Jacke an und setzte sich auf die Bank, wobei er die Anweisungen des Fotografen befolgte.[1] Auf dem finalen Foto, das gedruckt wurde, war sein Gesicht halb verschattet. Das Ganze sollte keine subtile Botschaft sein.

„Liegt eine Depression vor uns? Verdammt noch mal, sie ist längst da, sagt Raymond Dalio", begann *Forbes.*

Es war im Februar 1987, und Dalio hatte wieder den Blues. Diesmal war seine düstere Stimmung durch nichts Geringeres als die amerikanische Lebensweise ausgelöst worden. Der amerikanische Verbraucher nahm zu viele Kredite auf, sparte zu wenig und verschwendete sein Geld für neue Fernsehgeräte, so Dalio. Obwohl sich der Aktienmarkt in den vorangegangenen zwei Jahren verdoppelt hatte, verschloss das Land die Augen vor der Wahrheit und die Rechnung wurde fällig. „Wenn man sich reich fühlt, beginnt man, seinen Reichtum zu konsumieren“, sagte er. „Die Menschen müssen pleitegehen und wirtschaftlichen Schmerz spüren, um die Vorteile von Sparen und harter Arbeit zu verstehen.“

Wenn die trübe Stimmung kennzeichnend für Dalio war, so vermittelte der Apparat hinter ihm einen ganz anderen Eindruck. Seit er das Unternehmen 1985 auf insgesamt drei Mitarbeiter verkleinert hatte, war Bridgewater inzwischen zu einem respektablen, mittelgroßen Unternehmen herangewachsen, wie es das Magazin beschrieb. Dalio leitete nun laut *Forbes* einen Stab von 44 Mitarbeitern in Büros in New York, Los Angeles, London und Hongkong.* Die Firma verwaltete etwa 20 Millionen Dollar, das Vierfache der Summe von vor zwei Jahren. Globale Kunden wie die Citibank und die sowjetische Presseagentur TASS gehörten zu denjenigen, die Dalios jüngsten Forschungsbericht mit dem Titel „The Decline of the American Empire“ erhalten hatten.

„Wie lange haben wir noch Zeit bis zum Crash?“, fragte *Forbes*.

„Etwa ein weiteres Jahr“, antwortete Dalio.

Acht Monate später, am 19. Oktober 1987, dem sogenannten Schwarzen Montag, konnte der 38-jährige Dalio sagen, dass er den größten Tageseinbruch vorausgesagt hatte, den es je auf dem US-Aktienmarkt gegeben hatte.[2] Die Aktien fielen an einem einzigen Tag um fast 23 Prozent und ließen große und kleine Investoren schockiert zurück. Die Bürgersteige der Upper West Side von Manhattan waren voll mit jungen Händlern, die mit ausdruckslosen Augen herumliefen und aussahen, als wären sie gerade vor einer Naturkatastrophe geflohen, wie das *Wall Street Journal* schrieb.[3]

50 Meilen weiter nordöstlich zählte Dalio seine Gewinne. Zum ersten Mal seit einem Jahrzehnt hatte sich die Baisse für ihn und

* Das war nicht korrekt – Bridgewater hatte nicht annähernd so viele Mitarbeiter oder Büros –, Dalio hatte jedoch offensichtlich nicht auf eine Korrektur gedrängt.

für Bridgewater ausgezahlt. Er hatte seinen eigenen Rat befolgt und war vor dem Schwarzen Montag mit Aktien short gegangen beziehungsweise hatte gegen sie gewettet. Bridgewater hielt auch US-Staatsanleihen, traditionell ein sicherer Hafen, der sich in Stresszeiten gut entwickelte. Zum Jahresende lagen die Konten von Bridgewater 27 Prozent im Plus,[4] mehr als das Zehnfache der Rendite des Aktienmarktes.

Auch wenn die reine Performance beeindruckend war, fiel Dalios Gewinn relativ bescheiden aus. Mit 20 Millionen Dollar an Kundengeldern hatte Bridgewater einfach nicht genug in der Kasse, um für einen Geldregen zu sorgen. Viele Kunden lasen gern Dalios Forschungsberichte, aber nur wenige hatten ihm ihr Geld anvertraut. Bridgewaters Anlageberatung wurde offenbar als „nice to have" und nicht als „need to have" angesehen. Nach dem Schwarzen Montag beobachtete Dalio, wie Paul Tudor Jones weltberühmt wurde, nachdem er in etwa die gleiche pessimistische Einschätzung der Märkte abgegeben hatte. Der Unterschied bestand darin, dass Jones ein Vermögen von 250 Millionen Dollar hatte, als der Markt zusammenbrach.[5] Jones selbst verdiente in jenem Jahr schätzungsweise 100 Millionen Dollar[6] mit seinem Anteil an den Handelsgewinnen. Dalio sah Clips seines Freundes in der PBS-Dokumentation „Trader", die Jones zu seinem Wochenendhaus folgte, das 18 Schlafzimmer hatte.[7]

Um eine Chance auf diese Art von Leben zu haben, musste Dalio nicht nur öfter recht haben. Er musste in weitaus größerem Umfang richtigliegen.

Die erste Station war eine Rückkehr zum Fernsehen.[8] Dalio wurde als Gast für eine Diskussionsrunde gebucht, die von einer charismatischen, aufstrebenden Talkshow-Moderatorin aus Chicago geleitet wurde, die ihn so vorstellte:

„Mein nächster Gast warnt davor, dass wir uns besser daran gewöhnen sollten, vollständig von Japan abhängig zu sein, oder aber einen kompletten Einschnitt in unseren Lebensstandard hinnehmen sollten.

Es ist Ray Dalio, Wirtschaftswissenschaftler, Vermögensverwalter und CEO der Bridgewater Group."

Die Folge trug den Titel „Ausländer übernehmen Amerika". Das Studiopublikum, zu dem auch entlassene Stahlarbeiter und Menschen mit einem ähnlichen Werdegang gehörten, war verärgert über eine Flut japanischer Gelder, die die Preise für US-Immobilien in die Höhe trieben. Die Zuschauer wussten nicht recht, was sie von Dalio, der einen eleganten blauen Nadelstreifenanzug trug, halten sollten. Er vertrat die Ansicht, dass die amerikanische Wirtschaftsmacht in den letzten Zügen liege.

„Du kommst in die Phase, in der du anfängst, ärmer zu werden, und du hältst dich immer noch für reich ..."

„Das ist wirklich schlimm", schaltete sich Oprah Winfrey ein.

„Das ist wirklich schlimm. Und genau das ist die Situation in den Vereinigten Staaten. Man beurteilt seinen Lebensstandard danach, dass man in teuren Autos herumfährt und sagt: ‚Wenn ich so konsumieren kann, muss ich reich sein, egal wie viel ich mir dafür geliehen habe.' Es ist eine Frage der Einstellung, das will ich damit sagen."

„Seid ihr alle damit einverstanden? Seid ihr mit dieser Theorie einverstanden?", fragte Winfrey das Publikum.

Mehrere schrien: „Nein!"

Dalio ließ sich nicht entmutigen: „Was wir hier sehen, haben wir schon seit Hunderten von Jahren erlebt. Wir haben den Aufstieg und den Niedergang von Zivilisationen erlebt. Das liegt an der Tatsache, dass wir zu viel konsumieren. Wir tauschen unsere Freiheit gegen Videorekorder ein."

Winfrey nahm einen Anrufer entgegen, der meinte, dass Rassismus im Spiel sein könnte. Die Japaner waren die ersten People of Color, denen es erlaubt wurde, in den Vereinigten Staaten in großem Umfang zu investieren. Winfrey wandte sich an Dalio: „Was ist mit dem Punkt des Anrufers, Ray, dass er die Japaner anspricht, weil sie die ersten People of Color sind, die so viel Land aufkaufen?"

Dalio, der bis zu diesem Zeitpunkt in der Diskussion kaum in Erscheinung getreten war, nutzte die Gelegenheit, um auf sich aufmerksam zu machen. „Um das klarzustellen: Die Japaner sind Rassisten. Es gibt keinen Zweifel an der Tatsache, dass die Japaner Rassisten sind", entgegnete er Winfrey.

Dies brachte ihm vereinzelten Beifall ein.

Winfrey schoss direkt zurück. „Das klingt wie eine rassistische Aussage."

„Nein, ich denke, das ist einfach eine Tatsache. Ich habe eine Menge japanischer Kunden. Ich gehe mit ihnen aus, esse und trinke mit ihnen, und ich kenne diese Leute daher und sage Ihnen, dass sie rassistisch sind. Das ist eine Tatsache. Das ist Realität."

Er hob die Arme in Kopfnähe, das universelle Zeichen für Kapitulation, als wollte er sagen: „Schießt nicht auf den Überbringer der Botschaft."

Dalio hatte sich erneut ins Rampenlicht gerückt, indem er sagte, was nur wenige andere sagen würden.

Inoffiziell musste Dalio sich nicht so sehr anstrengen, denn der Schwarze Montag hatte ihm einen unmittelbaren und dauerhaften Gefallen getan. Er hatte eine ganze Generation von Anlegern in Angst und Schrecken versetzt.

Dalio nutzte die Gunst der Stunde. Etwa zwei Jahre zuvor hatte er als einen der ersten Mitarbeiter von Bridgewater einen Vollzeit-Marketing-Profi namens Chris Streit eingestellt,[9] einen älteren Mann, der Geschäftsführer bei Merrill Lynch gewesen war – man hatte dort in Erwägung gezogen, Geld in Dalios Firma zu stecken. Streit war bekannt genug, um diese Personalie von Bridgewater öffentlichkeitswirksam verkünden zu lassen beziehungsweise mit mehr als nur ein wenig Übertreibung zu veröffentlichen: In einer Mitteilung in einer Fachzeitschrift zur Einstellung des neuen Mitarbeiters wurde angegeben, dass Bridgewater 700 Millionen Dollar verwaltete. Streit wusste, dass diese atemberaubende

Summe nicht einmal annähernd korrekt war. Er nahm an, dass Dalio das Vermögen aller Empfänger des Bridgewater-Newsletters gezählt hatte – obwohl die meisten der Firma kein Geld überlassen hatten.[10] „Es wurde damals enorm übertrieben", erinnerte sich Streit später.

Streit lernte schnell, dass für seinen neuen Chef der äußere Schein zählte. Dalio lebte und arbeitete in einer weitläufigen, umgebauten Scheune in Wilton, Connecticut, und obwohl er sich Jahrzehnte später wehmütig über die ländliche Umgebung äußerte, entsprach sie im Moment nicht ganz dem Eindruck, den er zu vermitteln versuchte. Er hatte bereits sehr statusbewusste Kunden im Visier: die Chinesen.

Weniger als ein Jahrzehnt zuvor hatte Deng Xiaoping begonnen, die chinesische Wirtschaft zu liberalisieren, und nun reiste Dalio mit seiner Frau viele Sommer lang nach China, wo er mit Unternehmen zusammentraf, die noch weit vom Radar des finanziellen Mainstreams entfernt waren. Einer seiner ersten Kunden war die China International Trust and Investment Corporation oder CITIC, ein staatliches Konglomerat mit engen Verbindungen zur regierenden Kommunistischen Partei. Als ein CITIC-Manager Dalio bat, seine Tochter während einer einwöchigen Amerikareise bei sich aufzunehmen, willigte Dalio ein – und bat dann den grauhaarigen Streit, sie stattdessen in Streits Greenwich-Villa unterzubringen und sie in seinem Mercedes zu fahren, erinnert sich Streit. Es war wichtig, dass sie zu Hause ihren Eltern erzählte, dass Dalio und seine scheinbar erfahrenen Kollegen Erfolg ausstrahlten.

Das größte Ziel für Dalio und seinen neuen Marketing-Profi waren die sogenannten institutionellen Anleger. Im Gegensatz zu Kleinanlegern oder Einzelpersonen, die auf eigene Rechnung kaufen und verkaufen, werden diese Großanleger von professionellen Geldmanagern geführt, die Entscheidungen für eine größere Gruppe von Begünstigten, wie zum Beispiel Pensionsfonds, treffen. Anfang der 1990er-Jahre kontrollierten institutionelle Anleger fast 40 Prozent der Aktien von Amerikas Großunternehmen und auch einen Großteil der Schulden.[11]

Sie waren die „Wale“ der Wall Street, von ihrer Größe her gewaltig, aber schwierig zu erreichen. Die Männer und Frauen, die für diese Investitionen verantwortlich waren, konnten pedantisch, konservativ und sogar provinziell sein und waren ebenso besorgt, ihr Gesicht zu verlieren wie Geld zu verlieren.

Dalio erkannte die Lage der Dinge. Seine risikoscheue Einstellung passte gut in diese Zeit, und obwohl man seinen Ansatz leicht als Marketing-Gag abtun könnte, gab es viele namhafte Konkurrenten, die ähnliche Anstrengungen unternahmen, ohne entsprechende Ergebnisse zu erzielen. Dalio warb vor allem um Pensionsfonds, bewaffnet mit einem „Strategiebuch“, das alle ansprechen sollte, die sich vor einem weiteren Börsencrash fürchteten.

Rusty Olson[12] war einer von ihnen. Der Leiter des Pensionsfonds für die Mitarbeiter von Eastman Kodak brauchte dringend einen neuen Plan. Mehr als die Hälfte der Gelder des Pensionsplans war in Rentenpapieren angelegt,[13] sodass die Zahlungsfähigkeit Tausender Rentner in Rochester, New York, von der Wertentwicklung eines komplizierten Wall-Street-Produkts abhing – ein Thema, das nach dem Schwarzen Montag in aller Munde war. Jetzt fielen die Zinssätze so schnell, wie sie einige Jahre zuvor gestiegen waren, was die Renditen der Rentenpapiere gefährdete. Olson nahm durchschnittlich alle drei Tage an einem Treffen mit Verkäufern teil, die behaupteten, die Antworten zu kennen. Auf Empfehlung seiner Freundin Ochoa-Brillembourg von der Weltbank stimmte Olson zu, Dalio zu treffen.

Obwohl sich die Märkte seit dem Schwarzen Montag stetig erholten, hätte das niemand gemerkt, wenn er dem Bridgewater-Gründer zugehört hätte. Dalio verbreitete bei jedem Treffen Angst und Schrecken, weil er schlimmere Tage voraussah („Er glaubt fest an die Korruption der Seele der Wirtschaft“,[14] notierte ein Interviewer). Dalio sprach 1988 von einer bevorstehenden Depression,[15] 1989 von einer 3-jährigen Rezession,[16] 1990 von einer erneuten Depression,[17] 1991 hielt er immer noch an der Depression fest[18] und 1992 hatte er seinen Aufruf zu einer

„modernen Version einer Depression … wie ein Kater nach einer dieser tollen Partys, der aber nie wieder weggeht“, weiterentwickelt.[19] „Die US-Wirtschaft verhält sich im Wesentlichen wie in den 30er-Jahren“, sagte Dalio. „Dies ist keine Rezession, es ist eine Depression.“[20]

Das traf nicht zu. Aber Dalio „bearbeitete“ Olson nicht nur aufgrund der Genauigkeit von Dalios öffentlichen Prognosen. Er kam mit kontraintuitiven Forschungsergebnissen an. Dalio sagte, dass Kodak das Risiko seiner starken Ausrichtung auf den Aktienmarkt nicht dadurch verringern könne,[21] dass es weniger wettete, sondern indem es mehr wettete, indem es auf Hebelwirkung setzte oder geliehenes Geld verwendete. Was Dalio empfahl, war für die damalige Zeit sowohl kontraintuitiv als auch innovativ, da der Einsatz von Hebelinstrumenten normalerweise als riskant galt. Aber er erklärte Olson, dass Kodak in einer Reihe von relativ stabilen Märkten außerhalb von Aktien, wie zum Beispiel US-amerikanischen und internationalen Anleihen, sicher „hebeln“ könne. Einzeln betrachtet würden diese Wetten vielleicht nicht die Rendite von Aktien erreichen, aber durch die Verstärkung der Wetten mit Hebeln würden sich die kumulativen Wetten summieren. Wichtig war, dass der Gesamteffekt risikoarm blieb, da die Märkte, in denen Dalio Hebelwirkung einsetzte, so ruhig waren, dass sie kaum schwankten. So lautete der Refrain, den Dalio mehrmals pro Woche an Olson und andere richtete, um für das Geschäft zu werben.

„Wenn Sie diese Sache zum Erfolg führen, werden Sie ein Vermögen machen. Sie werden den Topf voller Gold am Ende des Regenbogens bekommen“, verkündete Dalio.[22]

Olson war überzeugt. Er steckte das Geld der Pensionskasse in Dalios Firma. „Eine neue Art des Denkens“ nannte Olson das später.[23]

Jemand anderes begleitete Dalio auf dieser Reise nach Rochester. Bob Prince, der Schatzmeister der Bank in Tulsa, dessen Chef sich für die Forschung von Bridgewater begeistert hatte, hatte ein Angebot angenommen, in den Nordosten zu ziehen und für das wachsende Unternehmen zu arbeiten. Prince war fast zehn Jahre jünger als Dalio und wurde schnell zur wichtigsten Stütze des Gründers.

Der gut aussehende Mann mit den blauen Augen aus dem Mittleren Westen spielte Golf an der University of Tulsa und absolvierte dort seinen MBA und CPA. Der unkomplizierte Prince schloss leicht Freundschaften,[24] auch mit den Mitgliedern seiner Lieblingsband, den Ushers, einer New-Wave-Alternative-Rock-Gruppe, die in den 1980er-Jahren stecken geblieben war. Prince wirkte auf seine Freunde wie ein junger Streber, der schließlich einmal für sein lebenslanges Engagement in der Kirche seiner Gemeinde geehrt werden würde, aber nicht unbedingt als jemand, der eine Kirche finanzieren würde.

Prince war nicht gerade der Großstadttyp, als er für seinen Job bei Bridgewater mit seiner Freundin nach New York zog. Er lebte in einer typisch unterdimensionierten Wohnung in Manhattan und war erstaunt, dass selbst sein Kiosk um die Ecke eine so große Auswahl an Obst und anderen Waren hatte. Als ein Freund aus Oklahoma zu Besuch kam, um sich die neue Wohnung anzusehen, schwärmte Prince von Dalio und sagte, sein neuer Chef habe hohe Erwartungen an alle, die für ihn arbeiteten, und verlange von ihnen, dass sie ihn auch so behandelten. Fehler durften nicht verschwiegen werden – sie wurden sofort erkannt und angegangen. Für Prince, der bei einer langweiligen Bank im Mittleren Westen gewesen war, war dies eine erfrischende und aufregende Veränderung. „Ich lerne so viel“, sagte Prince zu seinem Freund,[25] „es ist ein neuer, einzigartiger Managementstil.“

Vom Aussehen her waren Dalio und Prince ein komplementäres Paar. Während Dalio stetig an Gewicht zulegte und sich wie ein Highschool-Lehrer in Khakihosen kleidete, war Prince dafür bekannt, zu Meetings in einem sauberen weißen Polohemd zu erscheinen, das seinen Bizeps zur Schau stellte. Auch vom Temperament her ergänzten sie sich gegenseitig. Dalio neigte dazu, zu schwafeln, während Prince einen konzentrierten, gleichmäßigen Tonfall hatte.

In Tulsa studierte Prince bei Professor Richard Burgess, einem Finanzprofessor mit ungewöhnlich scharfsinnigen Ansichten zur sogenannten modernen Portfoliotheorie. Die in den 1950er-Jahren erfundene MPT war eine Technik zur Zusammenstellung eines Anlageportfolios, bei der die vergangenen Renditen und die Volatilität verschiedener Anlageklassen untersucht wurden. Der Trick bestand darin, das Geld auf Anlagen aufzuteilen, die nicht unbedingt miteinander korrelieren oder sich gemeinsam bewegen, um das Risiko zu vermeiden, dass ein einziges Marktereignis eine Katastrophe auslösen könnte. Burgess[26] teilte sein Modell mit seinen Studenten, um ihnen die Möglichkeit zu geben, Anlagen zu mischen und aufeinander abzustimmen – ein Experiment, wie man die höchstmögliche Performance bei einem gegebenen Risikoniveau erzielen kann. Er hätte sich nie vorstellen können, dass seine Lektionen einen Milliardär unter seinen Studenten hervorbringen würden, und es war ein Verdienst von Prince und Dalio, dass nur sie das Potenzial des Modells erkannten.

In den Monaten, nachdem Prince zu Bridgewater gestoßen war, zog die Firma aus Dalios Scheune in ein Büro in einem ein paar Meilen südlich gelegenen Einkaufszentrum um. Dort kümmerten sich Prince, Dalio und ein kleines Team um eine zunehmend beeindruckende Kundenliste und mehrere Hundert Millionen Dollar an verwaltetem Vermögen. Zu Kodak gesellten sich erstklassige US-Unternehmen wie General Electric, Mobil und DuPont sowie staatliche Pensionspläne, darunter die von Connecticut und Wisconsin. Dalio verstand es meisterhaft, alteingesessene Firmen zu umwerben, die sich mehr darum sorgten, ihr Geld zu behalten, als noch mehr davon zu verdienen.

Dalio achtete nicht nur auf die Ratschläge, die er gab, sondern auch auf die Art und Weise, wie er sie überbrachte, und auf das Erscheinungsbild des Erfolgs. Bevor die Kodak-Führungskräfte zu einem Treffen erschienen, bat Dalio seine Mitarbeiter, dafür zu sorgen, dass die Besucher auch im Backoffice von Bridgewater vorbeischauten, damit sie den neu erworbenen riesigen und teuren Kodak-Drucker sehen konnten.

Dalio konnte sehr präsent drin, aber auch entwaffnend unauffällig agieren. Mitarbeiter erzählten gern eine Geschichte, die sich einige Jahre nach dem Eintritt von Prince ereignete, als das Unternehmen weniger als zwei Dutzend Mitarbeiter hatte. Dalio kam krank ins Büro und hatte eine Besprechung in seinem Kalender eingetragen. Nach der Hälfte der Besprechung griff er nach dem Mülleimer, zog ihn neben seinen Stuhl und erbrach sich. „Dann schob er den Mülleimer beiseite und wir setzten die Besprechung fort, als wäre nichts geschehen", so ein ehemaliger Mitarbeiter gegenüber *Maxim*.[27]

Bridgewater und Dalio fanden, dass seine Intensität ein Verkaufsargument war, das die Kunden keineswegs abschreckte. Er war eine frühe Version der Mentalität einer extremen Betriebsamkeit, die Jahrzehnte später das Silicon Valley erobern und Unternehmer, die an ihren Schreibtischen arbeiteten, aßen und schliefen, zu Berühmtheiten machen sollte.

Auch das Trading von Bridgewater war seiner Zeit voraus. In diesen Tagen, bevor immer ausgefeiltere Algorithmen an der Wall Street zum Standard wurden, beruhten die Investitionen von Bridgewater auf einem stark manuellen Ablauf. Dalio und seine Mitarbeiter untersuchten, wie Regierungen in der Vergangenheit auf Marktbewegungen reagierten, und erahnten, ob es Zusammenhänge zu den aktuellen Märkten geben könnte, wobei sie häufig eine frühe Version des Programms Microsoft Excel verwendeten.[28] Auf den Tischen stapelten sich gelbe Notizblöcke[29] mit handgeschriebenen Regeln – im Grunde nur eine Aufzeichnung darüber, ob ein bestimmter Trade Geld einbrachte – und handliche Taschenrechner.

Dalio war der Freigeist der Gruppe. Er konnte stundenlang allein in seinem Büro sitzen, die Haare zerzaust, das Flanellhemd schief herunterhängend, ohne Schuhe, die Füße auf dem Schreibtisch, eine Pfeife rauchend.[30] Die entspannte Pose täuschte darüber hinweg, dass er alles andere als entspannt war. Einmal musste Prince ihn in seiner Einsamkeit stören:

„Äh, Ray", gestand Prince, „ich habe vergessen, die Trades zu machen."

Dalio wurde rot vor Zorn. „Wie konnten Sie das nur vergessen?"

Gegenüber einem Interviewer beschrieb Prince später Dalios Reaktion als die eines „feuerspeienden Drachen".[31]

Für Dalio war ein Fehler nie nur ein Fehler. Es war eine Gelegenheit, in die individualistische menschliche Psychologie einzutauchen, die zu Fehlern führt – insbesondere zu solchen, die Dalio selbst hätte vermeiden können. Er sagte oft, dass er zu Beginn seiner Karriere eine Reihe von Fehlern begangen habe – zum Beispiel, dass er sich bei seinem Streit mit seinem Chef von seinen Emotionen leiten ließ und dass er bei seiner Aussage vor dem Kongress zu kategorisch das kommende Unheil vorhersagte. Er glaubte, die Ursachen dieser Fehler erkannt und korrigiert zu haben, und er war entschlossen, diese Weisheit an seine Schützlinge weiterzugeben, um zu verhindern, dass sich solche Fehler in Zukunft wiederholen würden. Bei einem Treffen mit Prince gab Dalio ein schonungsloses Feedback. Prince müsse sich mehr der Kritik stellen, sowohl intern als auch extern: „Sie überschätzen sich. Sie denken die Dinge nicht richtig zu Ende. Wenn Sie selbstkritischer wären, könnten Sie viel erfolgreicher sein."[32]

Die Tatsache, dass das Feedback unter vier Augen und von einem Mann zu einem anderen, der ihm fast ebenbürtig war, gegeben wurde, verstand Prince zweifellos als hilfreiches Coaching durch den Chef.

Gemessen am reinen Vermögen, das heißt an der Summe der Gelder, die Bridgewater für seine Kunden investierte, wuchs der Hedgefonds Ende der 80er- und Anfang der 90er-Jahre weiterhin rasch. Das verwaltete Vermögen des Unternehmens verdoppelte sich in einem einzigen Jahr auf 1,2 Milliarden Dollar im Jahr 1992 und verdoppelte sich im darauffolgenden Jahr fast noch einmal. Doch hinter diesem Erfolg verbarg sich ein grundlegendes Problem der Firma Bridgewater. Wenn die Firma ihre Arbeit gut machte, war ihr Erfolg nahezu unsichtbar.

Dies war sowohl ein Vorteil als auch ein Fehler, und es ging auf die Art von Arbeit zurück, die Dalio seit seinem ersten Job nach dem Studium der Wirtschaftswissenschaften ausgeübt hatte. Was er damals „Risikomanagement" nannte, hatte sich in den folgenden zehn Jahren zu dem entwickelt, was Bridgewater heute als „Hedge-Portfolio" bezeichnet.[33] Wenn ein Kunde beispielsweise ein Portfolio mit europäischen Aktien besaß, konnte Bridgewater eine Reihe von Geschäften abschließen, um die Auswirkungen von Preisänderungen in europäischen Währungen zu minimieren. Solche Aufträge waren wertvoll, aber nur bis zu einem gewissen Grad. Es war schwierig, als „Superstar" zu gelten, wenn das Ergebnis eines gut erledigten Auftrags eher eine gleichmäßige Rendite als ein großer Erfolg war.[34] Zusätzlich zu den Absicherungsgeschäften begann Bridgewater daher, seinen Kunden sogenannte Overlays oder Zusatzgeschäfte anzubieten, zum Beispiel den Kauf von Währungen, von denen Dalio und Bridgewater annahmen, dass sie an Wert gewinnen würden, oder Leerverkäufe beziehungsweise Wetten gegen andere. Obwohl sich Bridgewater damit vom Bereich der strikten Risikominderung entfernte, wies Dalio darauf hin, dass er selbstverständlich einen Anreiz hatte, vorsichtig zu sein. Bridgewater wurde für diese zusätzlichen Geschäfte nur dann bezahlt, wenn sie gut liefen oder zumindest dazu beitrugen, Verluste zu vermeiden, und zwar als Prozentsatz des insgesamt verdienten oder gesparten Geldes.

Um einen Hedgefonds handelte es sich dabei nur dem Namen nach.

Die Anfänge der Hedgefonds gehen auf das Jahr 1949 zurück,[35] als ein ehemaliger kommunistischer Spion und Soziologe mittleren Alters, Alfred Winslow Jones, den ersten derartigen Fonds mit 100.000 Dollar auflegte. Jones lieh sich Geld, um weitere Wetten abzuschließen, und nutzte einen Teil des zusätzlichen Kapitals für Leerverkäufe von Aktien, von denen er annahm, dass sie sich nicht gut entwickeln würden. Das Ergebnis war „magisch",[36] wie es ein Biograf formulierte: In einem steigenden Markt stiegen die Long-Positionen stärker als die Short-Positionen, weil es sich bei den Short-Positionen um schwächere Unternehmen handelte. Aber auch das Gegenteil war der Fall. Wenn der Markt rückläufig war, fielen diese schwächeren Unternehmen schneller als Jones' relativ robuste Long-Positionen, sodass die Gewinne des Fonds aus den Short-Positionen die Verluste aus den Long-Positionen überwogen. Das ganze „Ballett" beruhte darauf, dass Jones die Effektivität seiner Aktienauswahl exakt überprüfte, in einem ledernen Notizbuch verfolgte er die Entwicklung seiner Auswahl im Vergleich zum Gesamtmarkt genau. Wenn der Markt um zehn Prozentpunkte stieg und seine Long-Positionen im gleichen Zeitraum um 15 Prozentpunkte zulegten, schrieb Jones die Differenz von fünf Prozentpunkten seinem Können zu.

Das funktionierte lange gut. Doch 1970 stürzte Jones' Fonds durch eine katastrophale Aktienauswahl[37] um 35 Prozent ab. In gleichem Maße wie Jones an Bedeutung verlor, verschwand auch die Branche, die er inspiriert hatte. An die Stelle der Hedgefonds-Manager traten in der öffentlichen Vorstellung Investmentbanker und Finanziers von Schrottanleihen. Vor allem dank des in Ungarn geborenen Händlers George Soros erwachte die Branche mit einem Paukenschlag aus ihrem zwei Jahrzehnte andauernden Winterschlaf. Im Jahr 1992 machte Soros Schlagzeilen, als er die Bank of England mit Milliardenwetten gegen das Britische Pfund zu Fall brachte. Als Soros vor dem US-Kongress Rede und Antwort stehen musste,[38] lautete die am häufigsten gestellte Frage: „Was ist ein Hedgefonds?"

Soros antwortete: „Das Einzige, was sie gemeinsam haben, ist, dass die Manager auf der Grundlage der Performance und nicht mit einem festen Prozentsatz des verwalteten Vermögens entlohnt werden."

Soros fügte hinzu: „Ehrlich gesagt glaube ich nicht, dass Hedgefonds für Sie oder die Aufsichtsbehörden von Belang sind."[39]

Dalio muss die Gefahr gekannt haben, mit dieser Art von Angeberei in einen Topf geworfen zu werden. Nach seiner öffentlichkeitswirksamen Pleite von 1982 war das Letzte, was er brauchte, der Ruf eines Showmans. Dalios Kunden waren einige der behäbigsten Institutionen in der Unternehmenswelt. Er würde es langsam angehen lassen müssen.

Wie schon in den vergangenen zwei Jahrzehnten setzte Dalio auf eine Vielzahl von Untersuchungen. Er verkündete seinen Kunden, dass er Tausende von seinen Investment-Erkenntnissen durchgesehen und etwa 19 von 20 verworfen habe. Wenn er von der Fähigkeit einer Regel, Marktbewegungen vorherzusagen, nicht völlig überzeugt war, war sie es nicht wert, beibehalten zu werden. Dalio nannte die daraus resultierende Ansammlung von Finanzprinzipien seine „Top-5-Prozent“[40] und veröffentlichte einen offenen Aufruf für Investoren, die daran interessiert waren, Geld in diese „Crème de la Crème“ zu investieren.

Das Produkt floppte. „Es hörte sich gut an, aber nach einer Weile merkte ich, dass das meiste davon Makulatur war“, sagt Chris Streit, der mit der Vermarktung beauftragt war.

Welche Investmentfirma würde schon damit werben, dass sie Zugang zu den *untersten fünf Prozent* ihrer Entdeckungen hat?

Dalio versuchte es mit einem ungewöhnlicheren Ansatz. Er begann, über die Konzepte von Alpha und Beta zu sprechen. Beta war die Rendite, die ein Anleger allein durch das Engagement an den Märkten erwarten würde. Wenn die durchschnittliche Anleihe um acht Prozent stieg, dann würden die ersten acht Prozent, die man mit einem reinen Anleihenportfolio verdient, als Beta betrachtet. Beta war weder von Natur aus gut noch schlecht – es war einfach nichts Besonderes. Alpha hingegen war das gewisse Extra. Alpha war das, was ein talentierter Investmentmanager zusätzlich zur Beta-Rendite verdienen konnte.[41] Wenn Bridgewaters Anleihenportfolios in dem oben genannten Szenario um zehn Prozent stiegen, dann hatte das Unternehmen ein zusätzliches Alpha von zwei Prozentpunkten erzielt.

Die Aufschlüsselung der Anlageergebnisse auf diese Weise war keine neue Entdeckung. Es war genau das, was Alfred Winslow Jones vier Jahrzehnte zuvor mit dem Notizbuch getan hatte, in dem er seine Aktienauswahl festhielt. Aber Dalio half nicht nur dabei, das Thema wieder auszugraben, er brachte es mit einem glänzenden Etikett zurück: Alpha.[42]

Dalio brachte die Idee von Alpha, oder wie er es nannte, Alpha Overlay, zu seinem ersten Kunden, der Weltbank. Wenn er echtes Alpha produzieren könnte, wäre der Pensionsfonds dann bereit, ihm dafür eine Performancegebühr zu zahlen? Ochoa-Brillembourg wies ihn ab. Dalio war ein kluger Mann, aber aus ihrer Sicht war das älteste Klischee der Wall Street ein Investmentmanager, der mit aufregenden neuen Produkten aufwartet, die eine höhere Gebühr nach sich ziehen. Sie hatte immer wieder gesehen, wie junge Firmen immer größer wurden und sich dann darauf konzentrierten, ihre eigenen Taschen zu füllen. Und sie hatte bemerkt,[43] dass die Geschäfte, die Bridgewater der Weltbank empfohlen hatte, trotz Dalios hochtrabender Ausdrucksweise im Grunde nur Wetten darauf waren, ob die Zinsen steigen oder fallen würden. Jeder Händler an der Wall Street hatte dazu eine Meinung. Da sie nicht mehr davon überzeugt war, dass Dalio einen besonderen Vorteil genoss, zog sie das Geld der Bank von Bridgewater ab.[44]

Ochoa-Brillembourg war überrascht zu erfahren, dass die anderen institutionellen Anleger weniger skeptisch waren. Für sie machte es durchaus Sinn, viel Geld für Alpha zu bezahlen, solange sie glaubten, dass ihr Investmentmanager der Beste und Klügste war. Dalio hatte einen Vorsprung, wenn es darum ging, diesen Eindruck zu erwecken – schließlich hatte er jahrelang einen täglichen Newsletter verschickt, in dem er Prognosen zu einer schwindelerregenden Vielfalt von Märkten weltweit abgab. Eine Handvoll Großinvestoren, darunter Kodak, investierte in Dalios neue Idee mit insgesamt elf Millionen Dollar – keine geringe Summe und eine Bestätigung für Dalios Ansatz.

Der Fonds, in den sie investierten, war eine neue Erfindung von Dalio, ein eigenständiger Fonds namens Pure Alpha. Der Name hatte eine doppelte Bedeutung: Er verdeutlichte, dass Bridgewater sich auf seine besten Top-Ideen konzentrierte, und positionierte das wachsende Unternehmen gleichzeitig an der Spitze beziehungsweise als Platzhirsch unter seinen Mitbewerbern.

Dalio betonte, dass sein Alpha im Gegensatz zu den Renditen von Konkurrenten wie Soros nicht aus der Entscheidungsfindung eines einzelnen Mannes resultierte. Es stammte aus einem Investitionssystem, das Vorrang vor allem anderen hatte.

Pure Alpha war ein heißes Eisen. Bereits in seinem ersten Jahr, 1991, erzielte der Fonds eine positive Anlageperformance; und so ging es weiter. Im Jahr 1993, als der Aktienmarkt um sieben Prozent zulegte, schoss Pure Alpha vor Gebühren um 32 Prozent in die Höhe; im Jahr 1996 stieg er um 34 Prozent, während der Markt um 20 Prozent zulegte. Wichtig ist, dass Pure Alpha zwar in manchen Jahren eine Standardmischung aus Aktien, Anleihen und anderen Vermögenswerten schlug und in manchen Jahren nicht, aber fast nie Geld verlor. Er war bemerkenswert zuverlässig, was ihn für Anleger attraktiv machte, die nicht riskieren wollten, ihr letztes Hemd zu verlieren.

Neue Gelder strömten herein und verdoppelten das Volumen von Pure Alpha fast ein Jahrzehnt lang jedes Jahr auf fast drei Milliarden Dollar im Jahr 1999. Einige der neuen Investoren waren Vermittler – Vermögensverwalter, die die Aufgabe hatten, die besten Geldmanager für ihre Kunden zu finden. Die Nachfrage nach Bridgewater war so groß, dass Dalio seine Mitarbeiter anwies, Gelder von sogenannten Dachfonds abzulehnen, das heißt von Organisationen, die Gelder von Kleinanlegern bündelten, um sie als Gruppe zu vermarkten. Zu marktfern, sagte er anderen bei Bridgewater. Stattdessen nahm Bridgewater Geld von großen institutionellen Anlegern auf, die Dalio seit Langem umworben hatte, darunter auch Unternehmen aus so fernen Ländern wie Australien und Japan.[45] Der Chief Investment Officer von Singapurs größtem Staatsfonds wurde zu einem seiner Gefolgsleute.[46] „Konstant Geld zu verdienen ist der Heilige Gral, und Ray und Bridgewater haben das geschafft“, sagte er später.

Diese Formulierung war keine Übertreibung, denn Dalio sagte oft, er habe das entdeckt, was er den „Heiligen Gral des Investierens“

nannte.[47] Der Gral war eine Abwandlung einer alten Wall-Street-Maxime: die Bedeutung der Diversifizierung. Während Soros seinen Namen – und sein Vermögen – mit einem großen Schlag gegen die Bank of England machte, sah Dalio Bridgewater als Einzelkämpfer. In den ersten zehn Jahren schnitt Pure Alpha nur die Hälfte der Zeit besser ab als der Standard & Poor's 500, ein breiter Index von US-Aktien. Aber Dalio konnte mit Fug und Recht behaupten, dass die Performance seines Fonds mit einem geringeren Risiko verbunden war, weil er so selten Geld verlor. Unabhängig von der jährlichen Performance konnten die Anleger sicher sein, dass der Handel auf die systematischen Regeln von Bridgewater zurückzuführen war und nicht auf einen einzelnen Trade oder eine Vorhersage des Gründers.

„Im Vergleich zu vielen anderen Hedgefonds-Managern verfolgte er einen sehr disziplinierten Ansatz",[48] sagte der berühmte Contrarian-Investor Marc Faber, der sich in dieser Zeit häufig mit Dalio traf.

Dalio hob hervor, dass das Unternehmen den Schwerpunkt auf das Ausloten verschiedener Wetten legte. „Viele Leute denken, das Wichtigste sei, die besten Investitionen zu finden. Das ist wichtig, aber es gibt nicht die eine beste Investition, die mit so etwas konkurrieren kann",[49] sagte Dalio und bezog sich dabei auf den Gral. „Der Zauber besteht darin, dass man nur diese eine einfache Sache tun muss: 15 oder 20 gute, unkorrelierte Ertragsströme finden, mit denen man wahrscheinlich Geld verdienen wird – auch wenn man keine Gewissheit hat, sollte eine hohe Wahrscheinlichkeit bestehen, mit ihnen Geld zu verdienen."

Ein weiterer Vorteil dieses „Spread the Seed"-Ansatzes bestand darin, dass er Dalios makroökonomische Verlautbarungen aus der Vogelperspektive etwas nebensächlich werden ließ.*

Während der Phase des außergewöhnlichen Wachstums von Pure Alpha gab der Bridgewater-Gründer weiterhin häufig Medieninter-

* Ein Anwalt von Dalio sagte: „Im Laufe der Zeit hat Herr Dalio viele Dinge gesagt, die damit übereinstimmen, wie das Bridgewater-System die Firma positioniert hat."

views, in denen er drohende Marktzusammenbrüche vorhersagte, die selten eintraten. Dalio sagte 1994 einen Bärenmarkt voraus,[50] 1995 eine „Blow-off-Phase des US-Aktienmarktes“,[51] 1997 eine „Bombenstimmung“ für den Dow Jones Industrial Average und 1998 eine „deflationäre Implosion“.[52] Jedes Mal erklärte er die Fehlschläge als Lernchance – Bridgewater war ein Ort, an dem Fehler erwünscht waren, weil sie es dem Unternehmen ermöglichten, seine Prognosen um weitere Datenpunkte[53] zu ergänzen und seine Anlageregeln weiter zu verfeinern. Solange die falschen Entscheidungen nicht die Kundenkonten von Bridgewater beeinträchtigten – und im Großen und Ganzen taten sie das nicht –, lenkten sie die Aufmerksamkeit auf eine wachsende Firma. 15 Jahre nach seiner abwegigen Aussage vor dem Kongress stand Dalio erneut für politische Entscheidungsträger zur Verfügung. Die Wirtschaftsberater von Präsident Clinton baten darum, in Bridgewaters Liste für den Research-Vertrieb aufgenommen zu werden. Der Finanzminister der Clinton-Regierung, Larry Summers, bat Dalio um privaten Rat.[54]

Wenn Dalio mit seinen großen Vorhersagen kein Geld für Bridgewater verdiente, was war es dann? Die Antwort war: ein bisschen gutes Management und ein bisschen Glück. Getreu seinem Wort war Dalio nicht der alleinige Entscheidungsträger für die Investitionen von Bridgewater. Er verließ sich auf ein gründliches Research bezüglich der sogenannten „Signale“, das heißt der quantitativen Indikatoren für einen bevorstehenden Marktanstieg oder -rückgang. Wenn die Signale auf bevorstehende Schwierigkeiten oder sogar auf Ungewissheit hindeuteten, kaufte oder verkaufte Bridgewater dementsprechend Anlagegüter – selbst wenn Dalios eigenes Bauchgefühl ihm etwas anderes gesagt hätte. Was Dalio öffentlich verkündete, mochte zwar seinen Gefühlen im Moment entsprechen, aber diese Ansichten übertrug er nicht unbedingt auf das Portfolio von Bridgewater. Die Anwendung eines solchen automatisierten, systematischen Ansatzes war für die damalige Zeit wirklich originell.

Ein weiterer Geldbringer für Bridgewater war Bob Prince. Dalio hatte seinem Partner den Löwenanteil des Researchs für Anleihen oder festverzinsliche Wertpapiere übertragen. Prince machte Anleihen, insbesondere US-Staatsanleihen, die als die sichersten von allen gelten, zu einer Hauptstütze der Kundenkonten von Bridgewater. Dieser Schritt erwies sich als vorausschauend und profitabel. Staatsanleihen verzeichneten eine lange Phase starker Performance,[55] die in manchen Jahren zweistellig war, so auch im Jahr 2000, als der Aktienmarkt stark nachgab und schiefgegangene Währungswetten den Rest des Bridgewater-Portfolios belasteten.

Für seine Arbeit auf dem Gebiet der Anleihen wurde Prince im Bridgewater-Investment-Team der Erste unter Gleichen. Nach und nach, so erzählte Prince Freunden und Kollegen, begann Dalio, Prince Geld zum Kauf von Bridgewater-Aktien zu leihen, wodurch Prince zu einem Minderheitseigentümer wurde. (Bridgewater gab an, dass diese Darlehen von der Firma und nicht von Dalio persönlich arrangiert wurden, obwohl diese Unterscheidung angesichts seiner überwältigenden Eigentumsanteile und der Kontrolle über das Management der Firma in der damaligen Zeit keinen Unterschied machte.) Das Geschenk erwies sich als besonders wertvoll nach dem Platzen der Dotcom-Blase, als Dalio in den Medien für seine Vorhersage gefeiert wurde (nur wenige Reporter bemerkten, dass er praktisch jedes Jahr dieselbe Prognose abgegeben hatte). Bridgewater ist es zu verdanken, dass Pure Alpha im Jahr 2000 nur ein Prozent verlor (als die US-Aktien im Durchschnitt zweistellig fielen) und im Jahr 2001, einem weiteren grauenhaften, rückläufigen Jahr für Aktien insgesamt, neun Prozent zulegte. Seine wohlverdiente Anerkennung nahm zu. Von neuen und alten Kunden floss weiterhin Geld in Bridgewater, und das Unternehmen wuchs von etwa 100 Mitarbeitern im Jahr 2001 auf fast das Doppelte zwei Jahre später an.

So wurde Dalio immer reicher, während viele der Neureichen der ersten Internet-Ära ihr letztes Hemd verloren.

Als er darüber nachdachte, was er mit dem ganzen Geld anfangen sollte, bat er sein Umfeld, ihm bei der Entwicklung eines neuen Produkts zu helfen, das nur die liquidesten, am leichtesten handelbaren Märkte umfasste und mit den riesigen Gehaltsschecks umgehen konnte, die ihn nun erreichten. Das Team entwickelte einen, wie Dalio es nannte, „postmodernen Ansatz für die Portfoliotheorie". Das Portfolio war so konzipiert, dass es ohne aktives Eingreifen über verschiedene Wachstums- und Inflationsphasen hinweg stabil blieb – im Grunde über alle möglichen wirtschaftlichen Bedingungen hinweg. Dalio nannte es das All-Weather-Portfolio, weil es einen Anleger durch raue See steuern konnte.*

Im Gegensatz zum Pure-Alpha-Fonds, der auf praktisch jeden Markt weltweit setzen konnte, bestand der All-Weather-Fonds im Wesentlichen aus einer Vielzahl von Anleihen. Der Anlagemix bestand aus 13 Prozent Aktien und 87 Prozent festverzinslichen Wertpapieren. Außerdem wurden großzügig Hebel eingesetzt. All-Weather steigerte seine Renditen auf relativ niedrig verzinste festverzinsliche Wertpapiere, indem er sich Geld lieh, um die Wetten zu erhöhen. Dieser Schritt entstammte direkt aus Dalios Heiligem Gral sowie aus der Arbeit von Princes ehemaligem Professor in Tulsa, Richard Burgess.[56] Die Hebelwirkung war theoretisch sicher, solange sie nur bei risikoarmen Anlagen eingesetzt wurde.

Der All-Weather-Fonds enthielt noch etwas anderes, das Dalio schon lange vermeiden wollte: Beta. Die Renditen des Fonds ergaben sich daraus, ob die Märkte, in die er investierte, stiegen oder fielen, und nicht aus irgendeinem speziellen Trading-Talent von Bridgewater. Bridgewater kaufte oder verkaufte Anlagen nur, um den Anteil der verschiedenen Vermögenswerte in etwa im Gleichgewicht zu halten (wenn beispielsweise Anleihen stiegen, verkaufte das Unternehmen einige, um zu ver-

* Ein Anwalt von Herrn Dalio sagte: „All-Weather wurde nicht mit dem Ziel aufgebaut, Kundengelder anzuziehen."

hindern, dass sie einen unverhältnismäßig großen Teil des Portfolios ausmachten). Die Kunden, denen Dalio selbst jahrelang erklärt hatte, wie wichtig es sei, nach Alpha zu streben, waren fast durchweg desinteressiert. Es war Prince vorbehalten, Britt Harris,[57] einen Freund, der den Pensionsfonds von Verizon Investment Management leitete, davon zu überzeugen, den neuen Fonds mit 200 Millionen Dollar zu unterstützen.

Dalio ging wesentlich weiter. Er sagte, er habe praktisch seine gesamten Ersparnisse in den All-Weather-Fonds gesteckt.[58]

Wie viel das sein mochte, war außerhalb seines engen Kreises in Westport nicht bekannt. Im Gegensatz zu Investmentfonds und anderen weitverbreiteten Anlageinstrumenten waren Hedgefonds wie Bridgewater nicht verpflichtet, ihre Größe oder Leistung öffentlich zu melden – und nur wenige Hedgefonds gaben diese Informationen freiwillig preis.

Das Geheimnisvolle machte den Reiz der Branche aus; Fachpublikationen versuchten herauszufinden, wie reich diese Händler geworden waren. Im Jahr 2003 erschien Dalio zum ersten Mal in der Institutional Investor's Rich List, einer Rangliste der reichsten Hedgefonds-Manager. Er belegte Platz 15 mit einem geschätzten persönlichen Einkommen von 110 Millionen Dollar, das er größtenteils den Erfolgsgebühren verdankte, die er mit Pure Alpha erzielte. Das nächste Jahr war sogar noch besser: Dalio verdiente 225 Millionen Dollar[59] und lag damit nur zwei Plätze hinter seinem Freund Paul Tudor Jones, der Dalios Anlagesystem so ablehnend gegenüberstand.

Dennoch betonte Dalio, dass es ihm nicht um das Geld ging. Er war fasziniert von der Schönheit und Raffinesse der Natur. Zum Vergnügen unternahm er Angelausflüge nach Kanada[60] und ging mit dem Bogen auf die Jagd nach 2.000 Pfund schweren Kaffernbüffeln und Wildschweinen. In Vermont fuhr er Snowboard.[61] Bridgewater hatte einen neuen Hauptsitz bezogen,[62] einen frei stehenden, maßgeschneiderten Campus aus Glas und Feldstein im Stil der Mitte des letzten Jahrhunderts, versteckt in den Wäldern entlang des Saugatuck River in Westport,

Connecticut. Es sah nicht nach viel aus, und genau so gefiel es Dalio. Er sagte, er hasse protzige Autos und Villen,[63] wie die 2.800 Quadratmeter großen Häuser, die die ehemaligen Landhäuser in seiner neuen Heimatstadt Greenwich verdrängten.

„Bäh", entgegnete er einmal einem Interviewer. „Warum nicht gleich noch funkelnde Diamanten?"[64]

Öffentlich erklärte Dalio, dass er nach einer höheren Ebene als der brachialen Anhäufung von Reichtum strebe. Das Geld war lediglich der Beweis für eine entscheidende logische Kette: Die Anlageregeln von Bridgewater hatten dazu beigetragen, Dalios Reichtum zu erzeugen, sodass man sagen konnte, dass das Befolgen dieser Regeln zu Reichtum führte. Diese Anlageregeln stammten aus der Wirtschaftsforschung von Bridgewater, was Dalio auf seine Neigung zurückführte, Rückvergleiche durchzuführen, Regeln zu hinterfragen und diese bei Bedarf zu ändern. So bewies das Geld Dalio, dass sein philosophischer Ansatz funktionierte. Das eine konnte ohne das andere nicht existieren.

Wie die Titanen des Silicon Valley, die sich einem höheren Ziel verschrieben, als nur online Waren oder Apps zu verkaufen, begann Dalios Lebenswerk wichtiger zu werden als die Leitung einer Investmentfirma. Er widmete sich erneut den ökonomischen Forschungspapieren von Bridgewater, schien aber nun weniger an den Rätseln der Märkte interessiert zu sein als an den Denkmustern, die sie aufdeckten. Er war von der Idee besessen, komplexe Probleme auf eine einzige Antwort herunterzubrechen. „Reife ist die Fähigkeit, gute Alternativen abzulehnen", sagte er oft zu Prince.[65] „Wenn man sie alle verfolgt, hat man nie genug kritische Masse, um eine von ihnen wirklich zu Fall zu bringen."

Wenn der Redakteur des Bridgewater-Newsletters ihm die täglichen Entwürfe zum Durchsehen brachte, bat Dalio ihn, die Papiere beiseitezulegen, während er neue Notizen diktierte. „Was ist unsere Philosophie? Was sind unsere Grundwerte?", fragte Dalio. Nach einigen Gesprächen mit Dalio kam der Redakteur des Newsletters schließlich auf etwa fünf Seiten mit Dalios Philosophie, die im Wesentlichen darauf hinauslief, die Fähigkeit zu schätzen, miteinander zu streiten, ohne Angst vor Beleidigung zu haben. Das Dokument umfasste also etwa fünf Seiten – genug, dachte sich der Redakteur, um diesen übergreifenden Punkt darzustellen.

Dalio sprach häufig davon, sich so bald wie möglich aus dem Tagesgeschäft von Bridgewater zurückzuziehen. Bis zum Jahresende 2005, so kündigte er an, wolle er praktisch alle seine Führungsaufgaben abgeben und als Präsident des Unternehmens zurücktreten.

Prince betrachtete sich eher als Gleichgesinnter denn als Nachfolger – er war nicht daran interessiert, das Unternehmen zu übernehmen –, aber auch er war von Dalios Ansatz überzeugt. „Zuerst habe ich gedacht, dass er so ist, wie er ist, weil er Italiener ist, und dass all diese offenen und direkten Verhaltensmuster nur eine nachträgliche Erklärung seiner Persönlichkeit sind“, erläuterte Prince seinen Kollegen. „Aber mit der Zeit verstand ich den Wert seiner Argumentation und ich glaube, dass diese für den Erfolg wesentlich ist."

In den Schulungsunterlagen, die den neuen Mitarbeitern von Bridgewater ausgehändigt wurden, verglichen beide Männer die Arbeit in der Firma mit dem Dienst im Militär. Dalio erklärte den neuen Mitarbeitern: „Stellen Sie sich vor, mitten im Krieg gibt es einen General, der die Meinung seiner Leutnants über die bevorstehende Schlacht einholt, aber auch darüber diskutieren muss, ob sein Führungsstil ‚angemessen‘ ist. Nun ist es derselbe General, der von seinen Leutnants Meinungen über seine Führung in vergangenen Schlachten einholen möchte. Stellen Sie sich vor, wie entmutigend es für die Leutnants wäre, wenn der General, anstatt auf den Inhalt ihrer Kritik einzugehen, sich über den Führungsstil seiner Leutnants beschweren würde.“

Prince hielt den Rekruten von Bridgewater eine ähnliche Antwort entgegen: „Im Krieg sind der Feind, der Verbündete und die Konsequenzen klar. Stellen Sie sich vor, Sie bitten einen Kameraden, Ihnen Deckung zu geben, während Sie den Feind angreifen, aber dann vergisst er es. Die Kugeln pfeifen an Ihrem Kopf vorbei, während Sie sich in den Schützengraben zurückziehen. Verfassen Sie eine sorgfältig formulierte Anfrage, warum er Sie nicht gedeckt hat? … Nein, natürlich nicht. Sie sagen es ihm offen und direkt. Und genau das würde er auch von Ihnen erwarten. Wir können uns nicht anders verhalten, wenn wir das erreichen wollen, wozu wir fähig sind, und wenn wir in diesem Kampf überleben wollen, in dem alle anderen versagen."

Es sollte noch viele Schlachten geben.

5

DIE HAUPTURSACHE

Klopfen. Rucken. Klopfen. Rucken. Klopfen. Rucken.

Als die entfernten Klopfgeräusche näher kamen, hatte Britt Harris Mühe, nicht zusammenzubrechen. Jedes Geräusch schien bei ihm eine ungewollte Reaktion auszulösen. Harris' Puls beschleunigte sich, sein Gesicht errötete, und Schweißperlen tropften von seiner Stirn auf den Papierstapel vor ihm.

Der stämmige, kahlköpfige, 46 Jahre alte Harris sollte eigentlich auf dem Höhepunkt seiner Karriere stehen.[1] Der Sohn eines Baptistenpredigers[2] war selbst ein religiöser Mann und hatte eine abgenutzte Bibel in seinem Büro. Er dachte, dass er es geschafft hätte und diesen Ort leiten sollte. Stattdessen war er ein Häufchen Elend.

Nach einer gefühlten Ewigkeit erreichte das Klopfen die Tür. Knarrend öffnete sich das Scharnier und Ray Dalio betrat unbeholfen den Raum. Die lauten Geräusche rührten von einem Gipsverband an seinem Unterkörper her, den er wegen einer Hüftverletzung tragen musste. Er hatte sich diese, wie er seinen Untergebenen erzählte, einige Wochen zuvor im Urlaub in Mexiko beim Überqueren eines Flusses zugezogen.

Dalio zog einen Stuhl heran, ließ sich darauf fallen und deutete auf Harris.

„Ich bin nur zum Beobachten hier“, sagte Dalio.

Die Einstellung von Harris war Dalios Idee gewesen. Bridgewater war offiziell ein Gigant: Das verwaltete Vermögen von 55 Milliarden Dollar im Jahr 2003 hatte sich nur ein Jahr später auf 101 Milliarden Dollar fast verdoppelt. Dalio konnte das Unternehmen nicht mehr allein leiten[3] und gleichzeitig den Überblick über die Märkte behalten. Er brauchte nicht lange nach Hilfe zu suchen. Harris war ein enger Freund von Bob Prince[4] und ein wichtiger Kunde, der Verizon Investment Management, den zweitgrößten betrieblichen Pensionsfonds in den Vereinigten Staaten, leitete. Er war der Einzige, der bereit war, das Geld der Rentner in Bridgewaters jungen All-Weather-Fonds zu investieren, als so viele andere abgelehnt hatten. Welches bessere Zeichen von Weisheit könnte es geben? „Wir bei Bridgewater Associates haben viele Jahre lang mit Britt zusammengearbeitet und großen Respekt vor seinen Fähigkeiten entwickelt“, sagte Dalio bei der Bekanntgabe der Einstellung.[5]

Eine andere Botschaft erwartete Harris, als er Ende 2004 zur Arbeit bei Bridgewater erschien. Dalio sagte ihm an einem seiner ersten Tage: „Sie sind nicht der CEO.“

Zumindest nicht, was die Funktion betraf. Dalio blieb Präsident,[6] Chief Investment Officer und Vorsitzender der mächtigen Geschäftsleitung des Unternehmens – mit vetosicherer Kontrolle über wichtige Entscheidungen des Hedgefonds. Harris konnte zwar an Besprechungen teilnehmen, aber er musste sich seinen Weg zu den Hebeln der Macht erarbeiten – um „seine Rolle zu finden“, wie Dalio es ausdrückte. Dalio setzte Harris ganz unten in der Kundenbetreuung ein, wo er die Marketingabteilung beaufsichtigte. Das war kein besonders guter Job. Die Firma hatte eine Regel, die es jedem außer Dalio verbot, mit der Presse zu sprechen. Bridgewater hatte weder Bedarf noch Lust auf umfangreiche Werbung.

Für die Kunden war Dalio selbst vielleicht die effektivste Anlaufstelle. Er erwies sich als Meister im Umgang mit den Wohlhabenden der Welt. Einem Bridgewater-Manager erzählte er, dass er kürzlich mit dem Chef des Staatsfonds von Abu Dhabi auf Tuchfühlung ging, ihn auf Jagdausflüge nach Neuengland mitnahm und ihm bei der Auswahl von Anzügen in der Londoner Savile Row half. Es folgten Investitionen in Milliardenhöhe. Dies war Teil von Dalios fast ständiger Reise rund um den Globus, von Kalifornien, wo das größte öffentliche Rentensystem der Vereinigten Staaten Kunde von Bridgewater wurde,[7] bis nach Norwegen, Schweden und den Niederlanden mit ihren riesigen staatsnahen Fonds. Die durchschnittliche Kontogröße schwoll auf fast 400 Millionen Dollar an. Pure Alpha, der Flaggschiff-Fonds, wurde zu einem raren Gut. Dalio öffnete und schloss ihn regelmäßig für neue Investitionen mit der Begründung, dass der Fonds unmöglich mehr Geld aufnehmen könne – eine Verkaufsstrategie, die ihn auch als attraktiveres knappes Gut erscheinen ließ. Kunden, die mehr Geld bei der Firma anlegen wollten, wurde gesagt, dass Pure Alpha geschlossen, All-Weather aber offen sei.

Harris unternahm einen ehrlichen Versuch mit dem Marketing. Zu Beginn des neuen Jahres probierte er eine ziemlich banale Idee aus, die er bei Verizon angewandt hatte. Er bat alle Mitarbeiter des Kundendienstes, an einem strategischen Bericht darüber mitzuarbeiten, was in den kommenden Monaten verbessert werden sollte. Zwei Wochen später war der Bericht fertig, und Harris spendierte ein Barbecue für das Team, während sie die Ergebnisse durchgingen. Alles schien reibungslos zu verlaufen.

Daher war Harris schockiert, als er sein Blackberry öffnete und eine E-Mail von einem jüngeren Mitarbeiter namens Charles Korchinski vorfand, von dem Harris nicht einmal wusste, ob er ihn jemals offiziell kennengelernt hatte. Das gesamte Managementteam von Bridgewater, einschließlich Dalio, war in Kopie gesetzt worden. „Etwas Feedback", begann Korchinski. Es sei toll gewesen, dass sie Rippchen zum Mittagessen bekommen hätten, sagte er, aber die ganze Übung sei aus dem

Ruder gelaufen. Das Team habe kaum das neue Jahr begonnen und die Hälfte von ihnen sei bereits ausgebrannt. Einige hätten die ganze Nacht durchgearbeitet, um den Bericht im Eiltempo fertigzustellen und die Seiten so umzuformatieren, dass sie Harris passten. Keiner von ihnen wüsste, was der Sinn dieser Übung sei – und sollten sie nicht lieber die Kunden nach ihrer Meinung fragen, als sich gegenseitig zu befragen? Die Schleusen öffneten sich. Auch andere aus dem Team meldeten sich mit ihren eigenen Beschwerden zu Wort. Dalio ging zu Harris.

„Was hast du dazu zu sagen, Britt?"

Was Britt zu sagen hatte, vertraute er einem Kollegen mit erhobener Stimme an: „Wer zum Teufel ist Charles Korchinski?"

Harris konnte es nicht wissen, aber er spielte die Hauptrolle in der Entstehungsgeschichte dessen, was einige bei Bridgewater den „MK-Zyklus" nennen würden. Ein Neuling wurde mit großem Tamtam in die Geschäftsleitung des Unternehmens (MK) berufen und erhielt eine scheinbar hochtrabende Rolle. In den ersten Tagen wurde die Person in der Regel gebeten, eine grundlegende Aufgabe außerhalb ihres üblichen Fachgebiets zu erledigen, wobei die Anweisungen „direkt und ohne Umschweife" erteilt wurden, wie Dalio und Prince zu sagen pflegten. Nach einer angemessenen Zeit des Scheiterns würde Dalio die Person öffentlich zu ihren Unzulänglichkeiten befragen (dieser Schritt kann sich mehrmals wiederholen). Früher oder später würde die neu eingestellte Person wahrscheinlich wieder gehen, und das nächste neue Mitglied der Geschäftsleitung würde vorgestellt werden. Innerhalb des Hedgefonds bezeichnete Dalio diesen Prozess als natürlich – und als eine Möglichkeit, die Unwürdigen von Bridgewater auszusortieren. Er wandte seinen Ansatz für Investitionsregeln – Testen, was funktioniert, und Verwerfen, was nicht funktioniert – auf das Personalwesen an.

Es dauerte nicht lange, bis der MK-Zyklus bei Britt Harris seinen Lauf nahm. Nur wenige Wochen nach seinem Eintritt bei Bridgewater erkrankte er und es begann eine Reihe von längeren Abwesenheiten vom

Büro. Mehrere Wochen lang schlief er keine einzige Nacht, eine Zeit, die er später als „Hölle auf Erden“ bezeichnete.[8] An den Tagen, an denen er auftauchte, war er blass, oft wortkarg, geknickt und ein Abbild der Pflanze in seinem Büro, die durch den Mangel an Aufmerksamkeit langsam einging. Die Mitarbeiter von Bridgewater begannen Wetten abzuschließen, wer länger überleben würde: die Pflanze oder der Chef.

Ähnliche Gedanken gingen Harris durch den Kopf. Sein Vater war im Alter von 53 Jahren gestorben[9] und Harris erzählte seinen Kollegen, dass er befürchtete, er würde noch früher das Zeitliche segnen. Weniger als ein halbes Jahr nach seinem Start kündigte der CEO von Bridgewater Associates. „Um das Ganze für jedermann nachvollziehbar zu machen“, erinnert sich Harris, „bat mich Ray, vor meinem Weggang vor allen Bridgewater-Mitarbeitern zu sprechen … ein paar Minuten, die ich nie vergessen werde. Nichts hätte für einen Mann in diesem Zustand schwieriger sein können.“[10] Jahre später würde Harris sagen, dass sein Zusammenbruch mit anderen Faktoren als seiner Arbeit zusammenhing. Er sagte, dass abgesehen von seiner Frau niemand ihn mehr unterstützt habe als Dalio, und kam zu dem Schluss, dass die letzte Anweisung des Bridgewater-Gründers an ihn „ein Akt der Ignoranz in Kombination mit einer zu weit gehenden Hingabe an die Transparenz“ war.

Dalio gab eine öffentliche Erklärung ab, in der es hieß: „Nach sechs Monaten des Nachdenkens hat Britt entschieden, dass dies hier nichts für ihn ist.“[11]

Harris begab sich direkt von Westport aus in intensive Behandlung wegen Depressionen.[12]

Nachdem Dalio seiner Meinung nach den Aufbau von Investitionsregeln gemeistert hatte, machte er sich daran, dasselbe für das Management zu tun.

Wie Dalio seinem Umfeld mitteilte, hatte er aus dem Experiment mit Britt Harris zwei schnelle Lehren gezogen. Die eine war, dass das

Bridgewater-Managementsystem weitgehend funktionierte. Der Hedgefonds hatte einen ungeeigneten Mitarbeiter aufgenommen und wieder „ausgespuckt". Die zweite Lektion war, dass Bridgewater die richtigen Leute einstellen und sie schnell einarbeiten musste. Für letztere Aufgabe beauftragte er die aufstrebende Führungskraft Katina Stefanova mit der Ausarbeitung eines Schulungsprogramms für die Hunderte von Neueinstellungen.

Ab 2006 drillte Stefanova alle neuen Mitarbeitenden, ihr Verhalten an dem des Firmengründers auszurichten. So wie Dalio seine Hunderte von Anlageregeln akribisch auf die obersten fünf Prozent reduziert hatte, sollten auch die Mitarbeiter von Bridgewater ein kritisches Auge auf die Führung des Unternehmens werfen. Sie fasste die Mentalität von Bridgewater mit einem von Dalios oft gebrauchten Sätzen zusammen: „Koste die Suppe." Alle Mitarbeiter sollten sich selbst als Chefkoch vorstellen, der für das Essen verantwortlich ist, das die Küche verlässt. „Ein guter Manager muss dasselbe tun", würde Dalio sagen.[13] Wenn Mitarbeiter Unzulänglichkeiten feststellten, wurden sie angewiesen, den Moment im „Issue Log" festzuhalten,[14] einem internen, für alle sichtbaren Problemprotokoll, in dem alle großen und kleinen Beschwerden festgehalten wurden.

Obwohl die Personen, die ihre Probleme in das Protokoll eintrugen, gebeten wurden, sie auf einer Skala von 1 bis 5 einzustufen, war der praktische Effekt, dass jedes Problem ein Problem war und alle Probleme gelöst werden mussten. „Niemand hat das Recht, eine kritische Meinung zurückzuhalten, ohne sie auszusprechen", sagte Stefanova zu den Neuankömmlingen und griff damit einen anderen Satz von Dalio auf. „Tolerieren Sie keine Schlechtigkeit."

Als Bridgewater also größer wurde, begann das Unternehmen, sich auf immer geringere Probleme zu konzentrieren.

Die Mitarbeiter überprüften das Problemprotokoll ständig, um zu sehen, wer und was im Unternehmen aufgedeckt wurde. Jeder Eintrag im Protokoll identifizierte sowohl den Beschwerdeführer als auch den

Täter oder, wie Dalio es nannte, „die verantwortliche Partei“, „die RP“ (Responsible Party). Der beste Weg, die Aufmerksamkeit der Kollegen zu erregen, bestand darin, neue Beschwerden über eine bestehende RP anzuhäufen.

Sobald die RP identifiziert war, bestand der nächste Schritt darin, die „Hauptursache“ zu untersuchen. Dalio führte oft das hypothetische Beispiel einer Person an, die einen Zug verpasst.[15] Der unmittelbare Grund für den Fehler könnte darin liegen, dass die Person die Zugfahrpläne nicht überprüft hat; die eigentliche Ursache war, dass die Person vergesslich war. Dalio hatte wenig Geduld mit der Vorstellung, dass es sich bei den Fehlern der Bridgewater-Mitarbeiter einfach um momentane Fehleinschätzungen handeln könnte. Jeder Fehler war nichts weniger als ein Referendum über die Person, die ihn machte.

Die Protokolle „florierten“. Dalio fügte die Anforderung hinzu, dass jede Person in der Firma eine Mindestanzahl von Problemen pro Woche protokollieren musste (10 oder 20 zu verschiedenen Zeitpunkten), ansonsten wurde ihr Bonus gekürzt. Wenn etwas schiefgelaufen war und nicht vorher in das Problemprotokoll eingetragen worden war, wurden alle, die von dem Vorfall wussten und ihn früher hätten melden müssen, mit einer schlechten Bewertung bestraft.[16]

Ein Angestellter soll die Bürotoilette verlassen haben, um danach festzustellen, dass er von einem Unbeteiligten „protokolliert“ worden war, weil er sich nicht die Hände gewaschen hatte.[17] Er musste sich für sein Verhalten rechtfertigen.

Ein anderer neuer Bridgewater-Mitarbeiter, der vor Kurzem sein Studium in Harvard beendet hatte, berichtete über eingedrückt aussehende Erbsen an der Salatbar der Cafeteria. Dalio sah den Beitrag und fragte die neue Chief Operating Officer des Hedgefonds, was sie in dieser Angelegenheit unternehmen würde. Sie antwortete: „Das ist lächerlich. Ich sollte meine Zeit nicht damit verschwenden.“ Dalio war anderer Meinung und sagte, dass es so etwas wie ein kleines Problem bei Bridgewater nicht gebe.

Es entging nur wenigen bei Bridgewater, dass die Erbsen kurz darauf makellos aussahen.

Nicht nur Nachwuchskräfte beschwerten sich. Prince registrierte die Beschwerden und förderte selbst das System. Eines frühen Abends, nach der üblichen Zeit für den Koffeinkonsum, schickte er eine E-Mail an alle Mitarbeiter:

> Von: Bob Prince
> Gesendet: Mittwoch, 7. Juni 2006, 5:23 PM
> Zu: Bridgewater
>
> **Betreff: Die Kaffeekanne**
>
> In etwa einem von vier Fällen, in denen ich eine Tasse Kaffee trinke, ist die Kanne leer. Wenn das passiert, nehme ich mir eine Minute Zeit und fülle die Kanne auf. Wenn man bedenkt, dass eine Kaffeekanne etwa 36 Tassen fasst, sollte ich nur etwa ein Mal in 36 Fällen mit einer leeren Kanne konfrontiert werden. Wenn ich nur wenig Kaffee trinke (was ich tue), dürfte die Wahrscheinlichkeit sogar noch geringer sein. Was passiert, ist, dass viele andere Leute vor mir mit der gleichen leeren Kanne konfrontiert werden und sie leer lassen, damit jemand anderes sie auffüllen kann …
> Es geht nur darum, das Richtige zu tun, ohne dafür bestraft oder belohnt zu werden. Das gleiche Prinzip gilt natürlich für viele Dinge innerhalb und außerhalb der Arbeit.

Danach gab es nicht mehr viele Beschwerden über den Kaffee.

Das Principle von Prince blieb nicht lange einzigartig.

Als sich herumsprach, dass Dalio regelmäßig das Problemprotokoll überprüfte, trat ein Problem der Knappheit auf. Abgesehen davon, dass es nur eine bestimmte Anzahl von Beschwerden über die Cafeteria geben konnte, stieg einhergehend mit den wichtigsten und am stärksten besuchten Sitzungen des Unternehmens das Risiko, dass mehrere Personen dasselbe Problem protokollierten. Dadurch wurde die Möglichkeit verwässert, dass ein einziger Beschwerdeführer sich das Lob verdiente. Die Abhilfe bestand darin, seine engsten Mitarbeiter zu Zeiten zu kontrollieren, in denen niemand sonst anwesend war. Eine neu beförderte Bridgewater-Managerin trieb diesen Ansatz auf die Spitze.[18] Zu ihren Aufgaben gehörte die Überwachung der Sekretärinnen, und sie begann, deren Anrufe zu belauschen und sich Notizen über ihre Abwesenheit vom Schreibtisch zu machen. Eine Sekretärin nach der anderen begann zu kündigen. Als Schreibtischarbeitsplätze nicht mehr besetzt wurden, füllte sich das Problemprotokoll mit Aufrufen zur Suche nach der RP (verantwortlichen Partei). Mehrere Ebenen von Managern begannen, ihre Untergebenen zu beobachten, um herauszufinden, wer für die Unruhen verantwortlich war.

Dalio sah die Protokolle und befragte den neuen Manager, wobei er sich Notizen machte, während der Mann sprach. Am Ende hatte Dalio das offensichtliche Problem diagnostiziert. Es lag an ihm selbst. Er hatte sich nicht klar genug über seine Rahmenbedingungen geäußert. Worauf es ankam, sagte er, waren Prinzipien. Seine Investitionsprinzipien funktionierten ganz offensichtlich. Diejenigen, die sich auf das Management und die Bürokultur bezogen, mussten überarbeitet werden. Er schickte eine E-Mail an das Unternehmen mit einigen ersten Ideen.

Die E-Mail war – mit Verlaub – Murks. Dalio hatte verschiedene E-Mails von Untergebenen kopiert, die sich übereinander beschwerten, und sie in ein Microsoft-Word-Dokument eingefügt. Verschiedene Zeilen waren vergrößert oder verkleinert, alle in unterschiedlichen Formatierungen und Farben. Dalio fügte überall seine eigenen Kommentare ein, meist in unvollständigen Sätzen. Die meisten bei Bridgewater ignorierten Dalios E-Mail. Prince sagte einem Kollegen, es handele sich um „Rays Prinzipien“ – die Meinung eines Mannes, nicht viel mehr.

Dalio ließ nicht locker. Jetzt, in seinen späten Fünfzigern, reflektierte er sein Leben und schrieb an die Firma: „Was also ist Erfolg? Es ist nichts anderes, als das zu bekommen, was man will."[19]

Dalio strebte nach etwas, das so nahe zu sein schien und doch so schwer zu erreichen war. Wenn nur alle um ihn herum so handeln würden wie er. Aber, wie er seinen Untergebenen oft sagte, ärgerte es ihn, dass jedes Mal, wenn er in die eine Richtung schaute, ein Insekt am anderen Ohr vorbeizuschwirren schien. Man konnte sich einfach nicht darauf verlassen, dass die Menschen das Richtige taten.

Das Problemprotokoll war zwar nützlich, aber es war nicht die vollständige Antwort. Es war von Natur aus rückwärtsgerichtet und meldete, was bereits zu Problemen geworden war. Bridgewater brauchte ein Regelwerk, wie man sich im Moment verhalten sollte, um suboptimales Verhalten zu verhindern. Dalio begann, Entwürfe von Ideen in Umlauf zu bringen.

„Ich glaube, dass in Fehlern eine unglaubliche Schönheit steckt, denn in jedem Fehler steckt ein Rätsel und ein Schatz, den man bekommen kann, wenn man das Rätsel löst. Wenn Sie erkennen, dass jeder Fehler wahrscheinlich etwas widerspiegelt, was Sie oder andere nicht verstehen, wie man mit der Welt, wie sie ist, umgeht, und wenn Sie herausfinden, was das ist, werden Sie einen oder mehrere Edelsteine gewinnen, oder was ich Prinzipien nenne", schrieb Dalio an die Mitarbeiter des Unternehmens.

Diese Prinzipien wurden zu „The Principles", zwei Worte, die in den nächsten zehn Jahren weltweit zum Synonym für Dalio und Bridgewater werden sollten. Die Arbeit an dieser neuen Liste beflügelte Dalio. Er erarbeitete einige Principles langsam, andere auf einmal. Für die Entwicklung neuer Principles nahm er sich Zeit, und neue Mitarbeiter von Bridgewater arbeiteten mit ihm daran. Die Principles wuchsen von etwa zehn auf Dutzende, dann auf mehr als 200, einige davon umfassten einen ganzen Absatz oder waren noch länger. Sie versprachen nichts Geringeres als die Verbesserung der eigenen Identität, erreichbar durch einen rigorosen Kurs im Kampf gegen die eigenen suboptimalen Instinkte.

Viele bei Bridgewater liebten die Principles, die für einige wie eine natürliche Erweiterung von Dalios regelbasiertem Anlagesystem schienen, das nun über die reine Geldverwaltung hinaus angewandt wurde. Jeder würde nun die Möglichkeit haben, einige von Dalios Erfolgsprinzipien zu übernehmen und sich nach dem Vorbild der Koryphäe in ihrer Mitte zu richten. Nur wenige störten sich daran, dass eine der wichtigsten Lehren der Principles darin bestand, dass Konflikte der Schlüssel zum Erfolg waren. Vor allem in einer Investmentfirma, in der eine falsche Anlageidee Geld kosten kann, lag es auf der Hand, dass Unklarheiten vermieden werden können, indem man Meinungsverschiedenheiten ausdiskutiert, um die bestmöglichen Antworten zu finden. Wie Dalio es in einer frühen Version der Principles[20] formulierte: „Die Leute von Bridgewater müssen es so sehr schätzen, die Wahrheit zu hören, dass sie bereit sind, sich selbst zu demütigen, um sie zu erfahren."

Dalio sagte: „Ich weiß, dass ich in diesen Überzeugungen ziemlich extrem bin. Als Hyperrealist habe ich zum Beispiel ein nicht-traditionelles Verständnis von Gut und Böse. Ich glaube, dass gut zu sein bedeutet, konsequent mit den Naturgesetzen zu handeln."[21]

Das Thema der Ordnung der Natur zieht sich durch die gesamte Serie der Principles. Dalio nahm in einen Entwurf[22] ein Zitat auf, das fälschlicherweise Darwin zugeschrieben wurde: „Es ist weder die stärkste Spezies, die überlebt, noch die intelligenteste, die überlebt. Es ist diejenige, die sich am besten an Veränderungen anpassen kann." Dalio fuhr fort:[23]

> Wenn zum Beispiel ein Rudel Hyänen ein junges Gnu erlegt, ist das dann gut oder böse? Auf den ersten Blick mag das nicht „gut" sein, denn es scheint grausam zu sein, und das arme Gnu leidet und stirbt. Manche Menschen könnten sogar sagen, dass die Hyänen böse sind. Doch diese Art von scheinbar „grausamem" Verhalten gibt es überall im Tierreich. Wie der Tod selbst

> ist es ein wesentlicher Bestandteil des enorm komplexen und effizienten Systems, das schon so lange funktioniert, wie es Leben gibt.
> Es heißt, wenn man einen Frosch in einen Topf mit kochendem Wasser wirft, springt er sofort heraus. Setzt man jedoch einen Frosch in Wasser mit Zimmertemperatur und bringt es allmählich zum Kochen, bleibt der Frosch im Topf und wird zu Tode gekocht, was den Grundsatz widerspiegelt, dass allmähliche Veränderungen viel weniger wahrgenommen werden als abrupte Veränderungen.
> Sagen Sie nie etwas über eine Person, was Sie ihr nicht auch direkt sagen würden. Wenn Sie das tun, sind Sie ein schleimiges Wiesel.

Und dann eine Fußnote:

> Schmerz kann genauso lohnend sein wie Vergnügen, auch wenn er definitionsgemäß weniger angenehm ist.

Die Principles wurden förmlich zu einem „Lexikon“. Dalio nannte es „unsere gemeinsame Sprache“. Einem Außenstehenden würde sie fast undurchdringlich erscheinen. Es gab das „Probieren der Suppe“ oder das Zerlegen einer Aufgabe in ihre Bestandteile. Doppelarbeit bedeutete, dass zwei Personen dieselbe Aufgabe erledigten. Wenn Probleme auftraten, wurde von einem Vorgesetzten erwartet, dass er den wahrscheinlichen Grund „diagnostizierte“ und dann bei den Untergebenen „nachforschte“, um die Ursache zu finden. Nach der Sondierung sollten diejenigen, die für ihre Rolle ungeeignet waren, „ihren Platz räumen“ und in eine Schwebephase eintreten, in der sie eine neue Stelle innerhalb des Unternehmens finden sollten. Wenn sie erfolgreich waren, endete die Reise mit dem „Erreichen der anderen Seite“.[24] Wenn nicht, wurde der Mitarbeiter „aussortiert“ oder entlassen.

Ein großer Teil der Principles legte fest, wie zu entscheiden war, wer wie „einsortiert" werden sollte.[25]

> Wir wollen auf keinen Fall, dass Menschen bei Bridgewater arbeiten, denen das Geldverdienen wichtiger ist als alles andere, weil wir der Meinung sind, dass dies mit dem Gesamtgewinn (das heißt einschließlich aller Formen von Belohnungen) der Menschen, die bei Bridgewater arbeiten, Bridgewater als Unternehmen, unseren Kunden und unserer Branche unvereinbar ist.
> Nicht alle Meinungen sind gleich wertvoll, also behandeln Sie sie nicht als solche. Fast jeder hat eine Meinung, aber diese Meinungen sind eben nicht alle gleich bedeutsam. Viele sind wertlos oder sogar schädlich. Es ist also nicht logisch, sie als gleichwertig zu behandeln. So sind zum Beispiel die Ansichten von Menschen, die keine Erfahrung haben, nicht gleichwertig mit den Ansichten von Menschen, die viel Erfahrung haben.
> Eine Sondierung ist der Prozess, durch den Sie und Ihre Gruppe ein ausreichend tiefes Verständnis der Probleme in einem Bereich erlangen. … Ein „Drilldown" ist eine Form der Sondierung, die breiter und tiefer angelegt ist. Wenn Sie es gut machen, sollten Sie in etwa fünf Stunden Arbeit fast alle benötigten Informationen erhalten.
> Die wichtigsten Eigenschaften für eine erfolgreiche Problemdiagnose sind Logik und die Bereitschaft, Ego-Barrieren (bei sich selbst und anderen) zu überwinden, um der Wahrheit auf die Spur zu kommen.

Eine Fußnote:

> Die Wahrheit auf seiner Seite zu haben, ist in vielerlei Hinsicht so wirkmächtig, dass ich glaube, dass es besser ist, blindes Vertrauen in sie zu haben, anstatt sich zu überlegen, wann es angebracht ist, sie zu nutzen.

> Bleiben Sie ständig im Einklang mit sich selbst – dies ist der Prozess des Kampfes für die Wahrheit … Glauben Sie es nicht, wenn jemand, der bei einem unehrlichen Verhalten ertappt wurde, beteuert, er habe eine plötzliche Einsicht gehabt und werde derartige Dinge nie wieder tun. Wahrscheinlich wird er es doch tun.
> Mit zunehmender Verwendung werden sie nicht nur verstanden werden, sondern sie werden sich von „Rays Prinzipien" zu „unseren Prinzipien" entwickeln, und Ray wird von der Bildfläche verschwinden.

In den Jahren 2006 und 2007 bat Dalio andere Mitarbeiter von Bridgewater um Feedback zu seinen Erkenntnissen und kehrte danach zufrieden zurück. „Es gab so gut wie keine Meinungsverschiedenheiten über die Gültigkeit dieser Prinzipien von Leuten, die sie erforscht haben", verkündete er später.[26] „Es sollte selbstverständlich sein, dass Sie sich frei fühlen sollten, alles, was ich sage, infrage zu stellen."

Nur wenige taten dies, und wenn doch, dann nur auf eine belanglose Art und Weise, wie Generationen von Bridgewater-Mitarbeitern berichten. Die Principles infrage zu stellen, bedeutete nicht nur, Dalios Ideen infrage zu stellen, sondern auch den Grund für seinen Erfolg. Dalio bezeichnete diese Richtlinien als die Bausteine der Bridgewater-Investitionsmaschine, und wer konnte schon sagen, dass sie es nicht waren? Obwohl selbst einige seiner engsten Kollegen vertraulich äußerten, dass einzelne Principles ein wenig exzentrisch wirkten, schienen sie insgesamt vernünftig zu sein, wenn man sie als Teil eines Gesamtpfades zum persönlichen Wachstum betrachtete. Und die Principles entwickelten sich so langsam, dass niemand einen einzelnen Moment ausmachen konnte, in dem sie extrem wurden.

Schon bald spaltete sich Bridgewater in diejenigen, die die Principles als interessanten philosophischen Diskurs betrachteten, und diejenigen, die sie als Kanon betrachteten. Zu den Ersteren gehörten die meisten

Investmentmitarbeiter des Unternehmens, für die das neue Regelwerk kaum Auswirkungen auf ihr tägliches Leben hatte. Die Principles sagten ihnen nicht, welche Volkswirtschaften in der Welt besser abschneiden würden oder wie sie mit Währungen handeln sollten. Es hätte sie vielleicht dazu ermutigt, miteinander zu debattieren, aber eine unrentable Investition konnte durch die Principles nicht rückgängig gemacht werden.

Für andere bei Bridgewater, insbesondere für diejenigen, die keine klare Verantwortung für die täglichen Handelsgewinne oder -verluste des Unternehmens hatten, waren die Principles ein Evangelium. Sie lernten sie auswendig und konnten bestimmte Passagen zitieren.[27] Sie kodifizierten die Sprache und sprachen ständig von der Notwendigkeit, sich gegenseitig „in Einklang zu bringen". Bekannt wurden sie durch andere unter einem Namen: die Principalians.

Jeder bei Bridgewater kannte den Namen des obersten „Principals", denn er schien ein Notizbuch mit den Principles überallhin mitzunehmen.

6

DIE GROSSE KORREKTUR

Greg Jensen war Dalios Goldjunge. Mitte 2007 wurde er weithin als Nachfolger des Bridgewater-Gründers angesehen.

Wie es sich für seine Position gehörte, war Jensens Hintergrund ebenso wenig verheißungsvoll wie der seines Mentors. Er wuchs im Hinterland von New York in Niskayuna auf, einem ausgesprochen bürgerlichen Vorort von Schenectady, in der Nähe der Landeshauptstadt Albany. Schon als Jugendlicher hatte Jensen schwere, dunkle Augenbrauen, die sein kantiges Gesicht vorzeitig altern ließen. Er war ein zurückhaltender Highschool-Schüler, der keinen großen Eindruck hinterließ – weder ein Einzelgänger noch ein Star in der Schulmannschaft. Er hatte eine Freundin und eine unbeholfene Neigung, Insiderwitze zu reißen, die außerhalb seines bescheidenen Freundeskreises nicht ankamen.[1] In seinem Abschlussjahrbuch wurde er unter „Bilder nicht verfügbar" aufgeführt.

Die Niskayuna High School war kaum eine Referenz für die Ivy League, aber Jensen erzielte gute Noten in einer Reihe von Fortgeschrittenenkursen und wurde in Dartmouth angenommen. Besonders zeichnete er sich im Hauptfach Wirtschaftswissenschaften und darüber hinaus auch in angewandter Mathematik aus.[2] Auch in gesellschaftlicher Hinsicht blühte er auf.

Jensen trat einer Studentenverbindung bei,[3] Zeta Psi, und wohnte in einem Haus mit roten Backsteinen und weißen Säulen in Dartmouths Studentenverbindungsviertel. Zete, wie sie genannt wurde, war ein Ort, der die „nice guys" aufnahm, aber das war noch nicht alles, wofür sie bekannt war. In Jensens zweitem Studienjahr, während der Hochsaison, in der neue Studenten verschiedene studentische Organisationen kennenlernen, hing eine anonyme Gruppe von Studenten auf dem Campus Plakate auf, die den Ruf der einzelnen Verbindungen veranschaulichten. Auf einem der Plakate,[4] das vom Erstchargierten der Verbindung verfasst worden war, stand: „Kommt zu Zete – wir lassen nicht zu, dass unsere Trinkgelage und Frauengeschichten unser Image als sensible Kerle beeinträchtigen, das gilt umgekehrt genauso."

Jensen wurde zum Erstchargierten der Studentenverbindung gewählt. An den meisten Abenden war er im Zete-Keller anzutreffen, wo sich eine Tischtennisplatte – manchmal auch zwei – befand, deren Beine aus Plastikmülltonnen bestanden. Ein Abfluss im Boden ließ die Reste von Budweiser und Milwaukee's Best, den bevorzugten Bieren der Studentenverbindung, abfließen. Neben den formellen Aufgaben wie dem Reparieren der Eingangstür und dem Auswechseln des Zapfhahns fungierte er auch als inoffizieller gesellschaftlicher Anführer.[5] Es kam nicht selten vor, dass ein Verbindungsstudent die Treppe hinunter in den Keller ging und Jensen dort mit einer kleinen Gruppe vorfand, der er einen Vortrag hielt. Wenn der Neuankömmling eine Einladung zur Teilnahme ausschlug, bot Jensen ihm an, mit ihm ein Bier zu trinken, um ihn umzustimmen.

Im Gegensatz zu einigen seiner Zete-Brüder beschränkte Jensen seine Freundschaften auf die Studentenverbindung, und Leute, die ihn damals kannten, erinnerten sich, dass er bei Mitgliedern, die

Interessen außerhalb der Studentenverbindung entwickelten, kurz angebunden sein konnte. In seinem letzten Studienjahr kam er den neueren Mitgliedern, die mehrere Jahre jünger waren, näher. Die „Wir gegen sie"-Mentalität, also Verbindungsstudenten versus übrige Studenten, sollte ihm später bei Bridgewater zugutekommen.

Jensen wurde schon früh auf die Probe gestellt, als ein Zete verkündete, er sei schwul und wolle eine Regenbogenfahne aus seinem Fenster hängen. Etwa die Hälfte der Verbindung war der Meinung, dass die Fahne gehisst werden solle, mit der Begründung, dass sie den Wünschen ihres Kameraden Vorrang einräumen sollten. Jensen war anderer Meinung. Die Regenbogenflagge sei für das Ansehen des Bundes schädlich, sagte er seinen Bundesbrüdern. Er habe keine Einwände gegen die Aufnahme eines schwulen Bundesbruders, aber er wolle nicht als Mitglied einer schwulen Verbindung gesehen werden. Die Flagge wurde nie gehisst.

Mehrere von Jensens Bundesbrüdern arbeiteten nach ihrem Abschluss bei Bridgewater, und so war es keine Überraschung, dass er ihnen einige Zeit später als Praktikant folgte. Er begann in der hektischen Trading-Abteilung, die sich seit der Zeit von Bob Prince in den Anfangstagen des Unternehmens nur geringfügig weiterentwickelt hatte. Es konnte schon ein Kampf sein, die Geschäfte abzuschließen, da es immer mehr Kundenkonten zu bedienen gab. Noch vor Ende des Sommers schimpfte der Praktikant über seine älteren Kollegen. „Ihr müsst wie McDonald's sein – jederzeit darauf vorbereitet, dass eine Bestellung eingeht", sagte er einmal. Jensens Bereitschaft, seine Meinung zu sagen, beeindruckte Dalio, und er wurde fest angestellt.

Dalio fand Gefallen an dem jungen Jensen, und vielleicht füllte er eine Lücke in Dalios Leben. Obwohl Ray und Barbara vier Söhne hatten, zeigte keiner von ihnen Anzeichen dafür, das Interesse ihres Vaters an der Finanzwelt zu teilen. Dalios Ältester, Devon, war ein sportliches Naturtalent und in seiner Jugend ein erfolgreicher Amateur-Tischtennisspieler. In einer Geschichte, die er später einem Bridgewater-Mitarbeiter erzählte und die sich weit in der Firma herumsprach, lud Dalio den jugendlichen Devon anlässlich einer Party einmal zu einem Pingpong-Match mit ihm und seinen Freunden ein. Devon, der um eine Generation jüngste Teilnehmer, machte es der Konkurrenz leicht. Dann bot Dalio ihm eine Wette an: Er sollte ein weiteres Spiel mit einem Einsatz von fünf Dollar spielen. Als Devon dieses Spiel gewann, forderte Dalio ihn zum doppelten Einsatz beziehungsweise zum Totalverlust heraus: zehn Dollar für das nächste Spiel. Es folgte eine Herausforderung über 20 Dollar, dann über 40 Dollar und so ging es weiter. Nach Dutzenden von Spielen verlor ein offensichtlich erschöpfter Devon schließlich. Devon weinte in Gegenwart seines Vaters und dessen Freunden, aber, wie es hieß, ließ Dalio seinen Sohn nicht noch ein Spiel spielen, um es wiedergutzumachen. Es war eine Lektion über den Wert des Geldes, sagte Dalio.

Die anderen Dalio-Söhne waren ein vielseitiger Haufen. Einer, Matt, wurde im Alter von elf Jahren für ein Jahr zu einem Freund der Familie nach China geschickt.[6] Ein anderer, Mark, interessierte sich mehr für Umweltwissenschaften als für Investitionen.* Ein weiterer Sohn, Paul, war bipolar, manisch-depressiv und verbrachte Jahre in psychischer Behandlung.[7] Die Familie Dalio half später bei der Finanzierung eines Films, der von Paul geschrieben und inszeniert wurde und in dem Katie Holmes die Hauptrolle spielt. Der Film basiert auf seinen Erfahrungen. In einer Rede vor einer Filmvorführung in Connecticut erzählte Paul Dalio eine Anekdote aus seiner Kindheit: Wenn die Dalio-Söhne ihrem Vater am Weihnachtsmorgen ein Geschenk überreichten, sagte er ihnen sofort, ob es eine gute oder schlechte Wahl war. Wenn es eine schlechte Wahl war, erläuterte ihnen Dalio detailliert, warum sie damit falschlagen.

Greg Jensen wurde im Grunde zu Dalios fünftem Sohn, zusätzlich zu seiner offiziellen Rolle als Researchleiter des Hedgefonds und oberster Investmentbeauftragter des Bridgewater-Gründers.

* Zum Thema Umweltwissenschaften: Abby Schultz, „Mark Dalio and OceanX Combine Science and Storytelling", *Barron's*, 26. März 2019.

Jensen übernahm bald die Verantwortung dafür, die raubeinige Art des Chefs zu „entschärfen". Nach Meetings übersetzte er neueren Mitarbeitern, was Dalio meinte, wenn er Anweisungen gab, und brachte ihnen bei, wie sie mit Dalios Lieblingsphrasen umgehen sollten. Im Jahr 2006 nahm Dalio Jensen auf eine wichtige Geschäftsreise nach Peking mit, um ihn einigen der wichtigsten Kunden von Bridgewater vorzustellen. Dalio schenkte Jensen eines seiner Lieblingsbücher, „The Hero with a Thousand Faces" („Der Held mit den tausend Gesichtern"), es war ein Exemplar des verstorbenen amerikanischen Professors Joseph Campbell. Dalio erzählte Jensen, dass sie sich beide auf einer Reise befänden, die derjenigen der von Campbell untersuchten Helden ähnelte – einer Reise voller Prüfungen, Kämpfe, Versuchungen, Erfolg und Misserfolg.

Bald wurde der junge Mann in die Geschäftsleitung von Bridgewater befördert.

Jensen war einer der ersten bei Bridgewater, der die strengen Anweisungen der Principles auf seine Arbeit anwandte. Als Leiter der Forschungsabteilung hatte er eine stetige Verschlechterung der Qualität des täglichen Wirtschaftsberichts des Hedgefonds festgestellt – desselben Berichts, mit dem Dalio so viele Jahre zuvor Kunden und Medien beeindruckt hatte. Die Erkenntnisse waren veraltet, und die Entwürfe der mit der Zusammenstellung beauftragten Analysten kamen oft zu spät. Die Lösung, so verkündete Jensen, lag in den Principles. In Anlehnung an eine Formulierung aus Dalios Manifest führte er lautstarke „Drilldown"-Interviews mit allen Mitarbeitern der Trading-Abteilung durch. Er hatte Ideen wie zum Beispiel einen Knopf an jedem Schreibtisch zu installieren, der von den Mitarbeitern gedrückt werden sollte, wenn sie einen Fehler entdeckten, um besser verfolgen zu können, wann beim Trading oder beim Verfassen der „Daily Observations" Fehler gemacht wurden. In jedem anderen Unternehmen wäre dies als normale Arbeit eines Managers angesehen worden, der Probleme in seinem Team ausbügelt. Jensen jedoch wollte die Anerkennung nicht für sich persönlich beanspruchen. Er sagte seinen Kollegen, dass die Anerkennung Dalio und den Principles gebühre.

Nicht nur die Abteilung von Jensen brauchte Hilfe. Nach dem Raketenstart ins neue Jahrtausend war Pure Alpha in den Jahren 2005 und 2006 kaum noch im grünen Bereich. Dalio war wie immer in Bezug auf das, was vor ihm lag, düster gestimmt. Er teilte den Kunden mit, dass der firmeninterne Krisenindikator,[8] ein Maß für die Bedrohung der Wirtschaft, nahe einem Rekordhoch lag. Die Amerikaner verschuldeten sich zu stark, insbesondere für den Kauf von Häusern. Er empfahl, Geld aus Aktien abzuziehen und Gold zu horten. Die etablierten westlichen Volkswirtschaften,[9] insbesondere in Europa, sah er auf dem absteigenden Ast, weshalb er 2005 und 2006 Short-Positionen gegen den Euro einging. Ein Bereich, der ihm gefiel, waren die Schwellenländer, wo er China und Indien im Aufschwung sah. Diese wachsenden Volkswirtschaften würden eine neue Nachfrage nach Öl schaffen – Dalio verglich die Situation mit dem kräftigen Saugen an einem Strohhalm, aus dem nichts mehr herauskommt[10] – und er sagte voraus, dass die Ölpreise bis Ende 2006 auf über 100 Dollar pro Barrel steigen würden. Tatsächlich stieg der Euro im Jahr 2006 um elf Prozent und übertraf damit die Performance des Dow Jones Industrial Average. Der Ölpreis blieb in diesem Jahr unverändert, und das galt auch für Pure Alpha. Es schien, als sei Dalios Investmentscharfsinn nicht unfehlbar.

Der hartnäckige Pessimismus des Bridgewater-Gründers wurde zu einer Quelle von Spott in den Reihen von Bridgewater. Parag Shah, der Marketingleiter des Unternehmens, eröffnete eine Sitzung mit einem Witz, der nicht gut aufgenommen wurde. „Er hat 15 der letzten Rezessionen mit Nullwachstum vorhergesagt“, meinte Shah über seinen Chef.

Dalio lachte nicht.

Bridgewater hatte viel frisches Kapital eingeworben. Das Unternehmen wuchs von 33 Milliarden Dollar im Jahr 2001 auf 167 Milliarden Dollar im Jahr 2005. Da Bridgewater jedoch eine jährliche Gebühr von bis zu zwei Prozent auf das verwaltete Vermögen kassierte, und zwar unabhängig von der Performance des Investments, erhielten die Spitzenkräfte des Unternehmens immer höhere Gehälter, je mehr sich die Kassen des Fonds füllten.

Allein im Jahr 2006 verdiente Dalio 350 Millionen Dollar.[11] Das war so bemerkenswert, dass im Mai des folgenden Jahres in Bridgewaters Büro ein Anruf des *New York Times*-Reporters David Leonhardt einging. Der Reporter hatte noch nie mit Dalio gesprochen, hatte aber nun einige Fragen dem Mann zu stellen, der so viel selbst verdiente, wenngleich er prozentual nicht ganz so viel für seine Kunden erwirtschaftete. Der Anruf wurde von verschiedenen Personen weitergeleitet, bis er schließlich Dalio erreichte.

Während Shah aus nächster Nähe zuhörte, erklärte Dalio Leonhardt, dass er die Anlagestrategie des Unternehmens missverstanden haben müsse. Bei Bridgewater gehe es nicht darum, jedes Jahr Rekordergebnisse zu liefern: „Wenn wir ein schlechtes Jahr haben, sind wir im Wesentlichen dennoch ausgeglichen. Und wenn wir ein gutes Jahr haben, haben wir ein großartiges Jahr."

Das macht Sinn, antwortete der Reporter. Er fragte, mit wem er gesprochen habe.

Dalio hielt einen Moment inne. „Mein Name ist Parag Shah."

Eine weitere Pause, in der Dalio sich die Folgefrage anhörte.

„Oh. Wie meine Berufsbezeichnung lautet?"

Shahs Herzschlag beschleunigte sich. Er wusste, dass Dalio keine Ahnung von der Antwort hatte. Bei Bridgewater wechselten die Rollen und Berufsbezeichnungen häufig. Shah tastete nach einem Block und kritzelte die Antwort auf den Zettel: Head of Marketing. Er reichte den Zettel an Dalio weiter.

Dalio schüttelte schnell den Kopf. Zu mickrig. „Eine Führungskraft von Bridgewater", antwortete Dalio dem Reporter.

Der Artikel, der am folgenden Tag unter der Überschrift „Worth a Lot, but Are Hedge Funds Worth It?"[12] („Viel wert, aber lohnen sich

Hedgefonds wirklich?“) veröffentlicht wurde, war ein breiter Überblick über die Hedgefonds-Branche. Bridgewater stand nicht im Mittelpunkt, aber in der Mitte des Artikels fand sich das folgende Zitat Leonhardts:

„Wenn wir ein schlechtes Jahr haben, sind wir im Wesentlichen ausgeglichen“, sagte Parag Shah, ein leitender Angestellter von Bridgewater, zu mir. „Und wenn wir ein gutes Jahr haben, haben wir ein großartiges Jahr.“

Nachdem er nicht selbst mit der *New York Times* gesprochen hatte, geriet Shah unter Beschuss. Fast unmittelbar nach der Veröffentlichung des Artikels bemerkte Shah, dass ein Kollege einen neuen Eintrag in das Bridgewater-Protokoll aufgenommen hatte, in dem er darauf hinwies, dass Shah gegen die Unternehmensrichtlinien verstoßen habe, nicht mit den Medien zu sprechen. Shah wusste nicht, ob er die Wahrheit sagen solle. Wenn er zugäbe, dass es Dalio war, der dem Reporter einen falschen Namen genannt hatte, würde Shah den Bridgewater-Gründer implizit beschuldigen, gegen die Lügenregeln der Principles verstoßen zu haben. Shah kam zu dem Schluss, dass es besser sei, die „Prügel einzustecken“.

Andere Ablenkungen gab es viele. Es war Mai 2007, und die Immobilienpreise waren im Sinkflug. Immobilienmakler in ehemals heißen Immobilienmärkten berichteten, dass sie plötzlich keine Geschäfte mehr abschließen konnten. Einige Marktbeobachter sagten ein schweres Unglück voraus.

Inmitten der aufziehenden dunklen Konjunkturwolken sprach Dalio nur fünf Tage nach dem *Times*-Interview mit einem anderen Reporter der Finanzzeitschrift *Barron's*.[13] Dieses Mal verwendete er seinen eigenen Namen.

Der Interviewer fragte, ob die Öffentlichkeit über die Schwäche des Immobilienmarktes besorgt sein sollte.

„Ich betrachte diese nicht als Warnzeichen“, sagte Dalio. Er nannte es „einen kleinen Schluckauf im Zusammenhang mit den Subprime-

Kreditproblemen". Er glaubte immer noch, dass Investoren, insbesondere aus China, die Preise von Vermögenswerten weiter in die Höhe treiben und den Markt in Schwung halten würden. Dabei bezog er sich auf ein Sprichwort der Wall Street, das besagt, dass es da draußen noch größere Narren gibt, die immer bereit sind, jemanden zu einem höheren Preis auszukaufen.

Der Interviewer fragte: „Sehen Sie ein Risiko für eine Rezession in den USA?"

„Nein, nicht jetzt. Es gibt jede Menge im Umlauf befindliches Geld." Dalio fuhr fort: „Jeder sprudelt vor Liquidität und es wäre für mich schockierend, wenn sich dieses kleine Subprime-Problem ausbreiten und die Wirtschaft einbrechen würde."

Das Subprime-Problem sollte sich bald ausbreiten und die Wirtschaft einbrechen lassen.

Zwei Arten von Hedgefonds-Mogulen machten während des Immobiliencrashs ein Vermögen. Da gab es die wahren „Revolverhelden" wie John Paulson,[14] dessen gleichnamiger Hedgefonds 20 Milliarden Dollar verdiente, indem er auf einen Zusammenbruch des Immobilienmarktes setzte. Paulson und seine Brüder waren mentalitätsmäßig die natürlichen Nachfolger von Soros eine Generation zuvor. Sie sahen in der Spekulation nichts anderes als in jeder anderen Form der Investition[15] – einfach eine effiziente Möglichkeit, eine Gruppe von Menschen, die zwangsläufig Geld verlieren wird, von einer Gruppe zu trennen, die zwangsläufig Geld verdienen wird. In Anbetracht der Tatsache, dass die erste Kategorie Einzelpersonen und Kleinanleger umfasste, die alles verloren, was sie besaßen, einschließlich ihrer Häuser, wurden die Paulson-Typen in der öffentlichen Vorstellung nicht gerade gefeiert. Sie blieben meist still.

Dalio war kein Mann der Zurückhaltung. Er prahlte jahrelang damit, dass er die Finanzkrise vorausgesagt hatte. Und das hatte er auch, in gewisser Weise. In den Monaten nach Dalios *Barron's*-Interview verkündete er es überall.

„Das ist die große Korrektur“, schrieb er im August 2007 in Bridgewaters „Daily Observations“. Dennoch erlaubte er sich einen gewissen Spielraum: „Dies ist keine Wirtschaftskrise,[16] sondern eine große Finanzmarktanpassung.“[17] Bridgewater schätzte den Schaden im Vergleich zu früheren Ereignissen als gering ein[18] und bezeichnete ihn als „eine sich selbst verstärkende Panikbewegung weg von risikoreichen Anlagen hin zu risikoarmen Anlagen, bei der schlecht positionierte, fremdfinanzierte Akteure in Bedrängnis geraten“. Der Schmerz, so Dalio, würde hauptsächlich auf spezialisierte Investoren beschränkt bleiben, die sich mit Hypotheken eingedeckt hätten. Eventuelle Folgen würden sich in den nächsten vier bis sechs Monaten schnell legen.[19]

Wie schon seit Dalios erster Vorhersage eines wirtschaftlichen Zusammenbruchs im Jahr 1982 war das, was schlecht für die Wirtschaft war, gut für sein Geschäft. Wenige Wochen nach seiner „Big One“-Vorhersage tauchte Dalio erstmals auf der Forbes-400-Liste der reichsten Amerikaner auf, und zwar auf Platz 82. Das Magazin bezifferte sein Nettovermögen auf vier Milliarden Dollar – sogar größer als das von Paul Tudor Jones. Und obwohl Dalio immer wieder beteuerte, dass er die Zurschaustellung von Reichtum verachtete, schien er seinen eigenen Reichtum zu genießen. Im Dezember 2007, als die Weltwirtschaft ins Wanken geriet, organisierte Dalio eine Veranstaltung, bei der der britische Rock-and-Roll-Sänger Eric Clapton 1,5 Millionen Dollar für ein privates, etwa einstündiges Konzert in einem Country Club in Connecticut erhielt.[20] Eine weitere Spende in Höhe von einer Million Dollar wurde Berichten zufolge an eine Wohltätigkeitsorganisation nach Claptons Wahl überwiesen.

Als sich die Immobilienkrise ausbreitete, verwarf Dalio viele seiner früheren Vorbehalte gegen die bevorstehende Ungewissheit und kehrte zu der düsteren Geschichte zurück, an der er drei Jahrzehnte lang gefeilt hatte. Im Januar 2008 schrieb er an die Kunden von Bridgewater: „Wenn die Wirtschaft einbricht, wird es sich nicht um eine typische Rezession handeln.“[21] Er prophezeite eine Katastrophe, in der „der finanzielle Schuldenabbau eine Finanzkrise verursacht, die eine Wirtschaftskrise auslöst“. Dies brachte ihm nicht nur eine weitere Reihe von Medieninterviews ein, sondern auch zum ersten Mal ernsthafte Aufmerksamkeit aus Washington, D.C.

Er wählte eine Audienz bei Ramsen Betfarhad, einem stellvertretenden Referenten von Vizepräsident Dick Cheney, um Alarm zu schlagen. Dalio erschien mit einem Stapel Papiere,[22] aus denen hervorging, dass die US-Banken auf potenziellen Verlusten in Höhe von Billionen Dollar saßen, was Betfarhad erschreckte. Dalio ermutigte auch die Zentralbanker, mehr Geld zu drucken, um die Wirtschaft anzukurbeln. Er richtete düstere Appelle an den Staatssekretär des Finanzministeriums, David McCormick, und an die New Yorker Federal Reserve Bank und verblüffte damit Bankpräsident Timothy Geithner.[23] Zwei Tage nach dem Treffen mit Geithner brach die „erstklassige“ Investmentbank Bear Stearns zusammen. Dalios gut getimte Warnung besiegelte die Beziehung zwischen dem Bridgewater-Gründer und dem zukünftigen Finanzminister.[24]

Bei diesen und anderen Treffen stellte sich Dalio als freundlicher Bittsteller dar, der ein öffentliches Gut anbot. Da war etwas dran: Indem er die Forschungsergebnisse von Bridgewater mit denjenigen teilte, die in der Lage waren, politische Entscheidungen zu treffen, bot er kostenlos diejenigen Erkenntnisse an, für die Kunden auf der ganzen Welt Bridgewater viel Geld zahlten. Natürlich profitierte auch Bridgewater davon.

Während die automatisierten Handelssysteme von Bridgewater relativ konservativ positioniert waren, ordnete Dalio selbst in den Jahren 2007 und 2008 eine Reihe von manuellen Anpassungen an, damit der Fonds stärker von einem allgemeinen Rückgang profitieren würde, wie sich Mitarbeiter der Investment-Abteilung erinnern. In dieser Zeit platzierte er eine Reihe von Wetten, die sich auszahlten, wenn die Zentralbanken Geld drucken würden, um die Wirtschaft anzukurbeln – genau das, was er empfohlen und vorhergesagt hatte. Bridgewater kaufte Staatsanleihen, Gold und Rohstoffe und setzte auf Leerverkäufe des US-Dollar.[25] Die Maßnahmen zahlten sich aus. Als die Zentralbanker Geld in die Wirtschaft pumpten, führte dies dazu, dass der durchschnittliche Hedgefonds im Jahr 2008 18 Prozent verlor,[26] während Pure Alpha das Jahr mit einem Plus von etwa neun Prozent beendete.[27] Dank der starken Performance des Flaggschiff-Fonds und der Pauschalgebühr, die Bridgewater für die verwalteten Vermögenswerte insgesamt kassierte, verdiente Dalio persönlich in diesem Jahr 780 Millionen Dollar.[28]

Im März 2009 erreichte der Markt seinen Tiefpunkt. Im darauffolgenden Monat überholte Bridgewater seine Konkurrenten und wurde zum größten Hedgefonds der Welt.[29]

Als die Welt am Boden lag, war Ray Dalio an der Spitze.

TEIL II

7

AUSSCHAU HALTEN

Als Paul McDowell im März 2009 aus Kanada in den Vorstand des weltgrößten Hedgefonds wechselte, fiel es dem sanftmütigen ehemaligen Berater schwer, das Elend der Welt mit den Geschehnissen in Westport in Einklang zu bringen.

McDowell schätzte sich glücklich. Die Arbeitslosenquote lag bei über acht Prozent – so hoch wie seit drei Jahrzehnten nicht mehr – und doch hatte er hier einen Job, der mehr einbrachte, als er in seinem ganzen Leben verdient hatte. Das Leben bei Bridgewater schien nicht nur normal weiterzugehen, es florierte. Der Hedgefonds war so stark gewachsen, dass er jetzt fast 1.000 Mitarbeiter hatte, und viele von ihnen schienen Freunde zu sein, sowohl innerhalb als auch außerhalb der Arbeit. Unterstützt durch das gemeinsame Gefühl, dass sie zu den wenigen Glücklichen gehörten, die in einer Zeit globaler Notlagen für ein boomendes Unternehmen arbeiten durften, schienen sie sich mithilfe von Bridgewater jede Woche näher zu kommen. McDowell erfuhr, dass die Firma einen eigenen Reisebus gekauft hatte, der für rund eine Million Dollar zu einer Limousine umgebaut und in „Rockstar Bus“

umgetauft worden war. Der Bus fuhr am Ende des Tages vor dem Hauptsitz des Hedgefonds vor, um die Mitarbeiter in Bars, Restaurants, Casinos oder sogar in eines von Dalios Häusern zu bringen.

Der Bridgewater-Gründer besaß ein Stadthaus in Manhattan und lud manchmal Mitarbeiter ein, ihn zu besuchen. Viele fühlten sich geschmeichelt, andere empfanden es als eher „trauriges" Angebot, Dalio dabei zuzusehen, wie er nach Feierabend in New York den Leuten, die für ihn arbeiteten, von den Principles erzählte, statt in Connecticut Zeit mit seiner Frau oder seinen Kindern zu verbringen. Er erzählte den Besuchern, wie er einmal von der Polizei gescholten wurde, als er auf der Treppe vor dem Haus Gras rauchte. Die meisten lachten über das Bild und hakten es als Erinnerung ab, dass Dalio auch menschliche Schwächen hatte.

Dalios Lieblingsort war ein Anwesen im Kolonialstil in Connecticut, das Bridgewater ein paar Jahre zuvor gekauft hatte. Es lag versteckt an einer langen, kurvigen Auffahrt, die zu einer Klippe mit einem fantastischen Ausblick führte, gleich um die Ecke vom Hauptsitz des Fonds. Bridgewater investierte Millionen in die Renovierung des Hauses und maximierte die Anzahl der am Ende einer Wendeltreppe befindlichen Schlafzimmer, damit die Mitarbeiter dort übernachten konnten, anstatt spät nach Hause zu pendeln. Er schmückte das Haus mit Fotos aus der Anfangszeit von Bridgewater, auf denen oft er selbst zu sehen war, und stellte einen Koch ein, der die Mahlzeiten zubereitete. Es gab einen Pool, einen Jacuzzi und reichlich Alkohol. Die Villa wurde in „The Lookout" umbenannt, obwohl viele Bridgewater-Mitarbeiter angehalten wurden, diesen Namen vor Familie und Freunden geheim zu halten. Dalio kam oft vorbei, auch wenn er nicht ausdrücklich eingeladen war. Das Hauptschlafzimmer wurde fast immer für ihn freigehalten, es sei denn, die anderen Betten waren belegt.

Die Nutzung des „Lookout" war ausschließlich Erwachsenen vorbehalten. „Exotische" Unterhaltung war so alltäglich, dass Bridgewater beschloss, die Regeln schriftlich festzuhalten. „Stripper Policy at The

Lookout", hieß es in dem offiziellen Dokument. „Alle Gäste müssen bei der Reservierung darüber informiert werden, dass es an diesem Abend ‚Special Entertainment' geben wird."

Je weiter ab vom Schuss, desto größer der Spaß. Dalio besaß ein, wie er es manchmal nannte, „Häuschen" im ländlichen Vermont, das er für Kunden und Mitarbeiter gleichermaßen öffnete. Er brachte einen der wichtigsten Investoren von Bridgewater aus Japan auf einen Jagdausflug dorthin mit, und gemeinsam schossen sie etwas, das Dalios persönlicher Assistent als „einen sehr großen und einzigartig aussehenden Vogel" beschrieb.[1] Dalio ließ ihn ausstopfen und an die Wand hängen. Die Taxidermie, die Kunst des Ausstopfens, wurde hier beherrscht. Unter den gewölbten Decken im Hauptraum des Hauses im Blockhausstil befanden sich ausgestopfte Tiere in allen Größen von Dalios Jagdausflügen rund um den Globus.

Kurz nach seinem Einstieg wurde McDowell zu einer Klausurtagung in das Haus in Vermont eingeladen. Er fühlte sich zunächst geschmeichelt und erzählte Freunden, dass er sich spätnächtliche strategische Gespräche mit dem Bridgewater-Gründer vorstellte, Mann gegen Mann. McDowells Begeisterung wurde gedämpft, als er die Anweisung erhielt, einen Schlafsack mitzubringen. Etwa 70 meist jüngere Mitarbeiter würden dort sein, die meisten halb so alt wie er. Er tröstete sich damit, dass Dalio ebenfalls anwesend sein würde, zusammen mit einem neuen leitenden Angestellten, David McCormick, der kürzlich bei Bridgewater eingestellt worden war, nachdem er Dalio im Finanzministerium kennengelernt hatte. Es machte sicherlich keinen Sinn, die Chance auf ein persönliches Gespräch mit seinem neuen Chef abzulehnen, wie kurz es auch sein mochte – vor allem nicht, wenn ein potenzieller Rivale anwesend war.

Als McDowell mit einem Buch von Bertrand Russell als Plan B für eventuelle Langeweile auftauchte, waren die Böden mit Luftmatratzen übersät. Dalio hockte vor dem Kamin und zog die versammelte Gruppe, die zu seinen Füßen saß, in seinen Bann. Er war entspannt und selbstbewusst und strahlte, als er eine neue Erklärung für seinen Erfolg lieferte, der auf der Idee beruhte, dass er sich nicht von anderen unterscheide. „Alles, was ich bin, ist ein Pokerspieler", sagte er – „ein Pokerspieler mit vielen Chips". Alle lachten.

Die Stunden vergingen, und Alkohol floss reichlich. McDowell schnappte sich sein Buch und seinen Schlafsack und machte sich auf die Suche nach einem ruhigen Plätzchen. Die angrenzende Remise war belegt, ebenso wie die Schlafzimmer im Haupthaus. McDowell sah sich um, bis er ein kleines Fitnessstudio fand, das glücklicherweise leer war. Er rollte seinen Schlafsack aus, nahm eine Taschenlampe und las sein Buch, während in der Ferne Jubelgeschrei zu vernehmen war. Schließlich schlief er ein.

Gegen 4:00 Uhr morgens wurde McDowell durch etwas geweckt, das er später gegenüber Kollegen als „das Geräusch menschlicher Fortpflanzung" neben ihm auf dem Boden des Fitnessstudios beschrieb.

McDowell wog seine Optionen ab. Er befand sich in einem neuen Land, in einem neuen Job und mitten in einer globalen Finanzkrise. Lohnte es sich, das Wort zu ergreifen, ohne zu wissen, wer nur Zentimeter entfernt war und wen er in Verlegenheit bringen könnte? Er atmete tief durch, hielt sich mit den Händen die Ohren zu und wartete darauf, dass alles vorbeigehen würde.

McDowell lernte, die meisten der zukünftigen Festivitäten, zu denen er eingeladen wurde, auszuschlagen. Er hatte eine praktische Ausrede: Er war in einer Beziehung mit der Frau, die bald seine Ehefrau werden sollte. Eine inoffizielle Selbsthilfegruppe für Ehefrauen, die von einigen langjährigen Bridgewater-Mitarbeiterinnen organisiert wurde, konnte seine zukünftige Ehefrau über das Unternehmen und dessen Auswirkungen auf ihr Privatleben aufklären, aber McDowell hatte berufliche Implikationen nie zu Hause angesprochen.

Katina Stefanova versuchte, so stoisch wie sonst zu bleiben, was ihr nicht gelang. Sie kannte McDowell – er war bei ihrem berüchtigten

Verhör durch Dalio anwesend gewesen –, hielt aber nicht viel von dem neuen Mitarbeiter, abgesehen davon, dass sie sich gemerkt hatte, dass er zu den Männern gehörte, die schweigend dagesessen hatten, als sie weinen musste. Da sie immer noch schwanger war, hatte sie dringendere Sorgen. In den Tagen und Wochen nach ihrer Untersuchung im Jahr 2009 kehrte sie nicht zur Arbeit zurück. Immer wieder spielte sie den Vorfall in ihrem Kopf ab, er hielt sie nachts wach und ließ sie in der Dunkelheit schweißgebadet aufschrecken.

Dalio rief sie mehrmals an und hinterließ Sprachnachrichten, in denen er sie bat, zu bestätigen, dass sie den Vorfall als Teil ihrer natürlichen Entwicklung betrachte, und sagte, er versuche nur, ihr zu helfen, ihre Schwächen zu überwinden. Es kam ihr oft so vor, als gäbe es kein Entkommen.

Von zu Hause aus wurde Stefanova klar, dass sie, obwohl sie das Gefühl hatte, dass Dalio den Markt für Schmerz beherrschte, kurzzeitig etwas Gleichwertiges besaß: Macht. Sie fühlte sich geschmeichelt – auch nicht zum letzten Mal –, dass ein Milliardär ihr hinterhertelefonierte. Und sie wusste, dass Dalio schon seit Monaten angedeutet hatte, dass er sich von der Leitung der Firma zugunsten eines anderen zurückziehen könnte. Stefanova dachte: „Wenn ich es richtig anstelle, könnte ich das sein." Sie schien davon auszugehen, dass sie, wenn sie in Dalios Narrativ mitspielte, ein Beispiel für seine Vorstellung sein könnte, dass Schmerz plus Reflexion gleich Fortschritt ist. Deshalb kehrte sie zu ihrem alten Job zurück und arbeitete unter Dalio, als ob nichts geschehen wäre. Aber etwas hatte sich geändert. Sie musste ständig Rückfragen von Kollegen zu ihrem Video beantworten, welche „die Eiskönigin" mit einem eisigen Lächeln beantwortete. Sie hatte eine neue, wenn auch unwillkommene Art von Berühmtheit erlangt. Jedes Mal, wenn Neuankömmlinge nach Bridgewater kamen, schauten sie sich zweimal um, wenn Stefanova an ihnen vorbeiging. „Das ist die Frau von der Videoaufnahme!"

Stefanova brauchte eine neue Verbündete, und sie fand sie in Eileen Murray.

Murray, 51 Jahre alt, war wie McDowell eine neue Mitarbeiterin von Bridgewater, die hoffte, das Unternehmen selbst leiten zu können. Sie war der Prototyp einer hochrangigen Angestellten bei Bridgewater, die einen ausgezeichneten Lebenslauf vorweisen konnte und vielen zu diesem Zeitpunkt ihrer Karriere ein wenig verzweifelt vorkam, und sie hatte wohl ihre Gründe, auch Demütigungen hinzunehmen. Die meiste Zeit ihrer Karriere hatte sie bei der riesigen Investmentbank Morgan Stanley verbracht und sich im Backoffice des Unternehmens hochgearbeitet, dem unattraktiven Bereich für Bürohengste mit hoher Arbeitsmoral und geringem Intellekt. Murray hatte einen Abschluss in Rechnungswesen vom Manhattan College und war vor allem dafür bekannt, dass sie zu Besprechungen Cowboystiefel und kein Make-up trug. Sie war das mittlere Kind einer Schar irisch-amerikanischer Kinder. Murray war nie verheiratet; sie reiste häufig nach Disney World und zitierte gern aus der Harry-Potter-Reihe. Ein leitender Angestellter von Morgan Stanley, der später erfuhr, dass Murray für den größten Hedgefonds der Welt arbeitete, bemerkte nur: „Sie?"

Murray verließ Morgan Stanley im Jahr 2007 genau zum falschen Zeitpunkt. Sie hatte Millionen an Aktienoptionen angesammelt, die während der Finanzkrise drastisch fielen. Ihr nächster Job als Geschäftsführerin eines neu gegründeten Hedgefonds kam ebenfalls zur Unzeit. Der Fonds, der versuchte, Geld zu beschaffen, während es weltweit abwärts ging, wurde nach weniger als einem Jahr geschlossen.

Murray und Stefanova waren bereits miteinander bekannt. Am ersten Tag ihres Vorstellungsgesprächs bei Bridgewater wurde Murray eingeladen, Stefanova bei der Befragung eines anderen Mitarbeiters zuzusehen. Als Murray den Raum betrat, hielt Stefanova ein paar Sekunden inne, stellte sich freundlich vor, verbannte dann das Lächeln aus ihrem Gesicht und schaltete wieder auf Verhörmodus. Murray erschrak sofort; sie blickte reflexartig zu den Türen,[2] weil sie befürchtete, dass diese verschlossen waren. Murray dachte noch jahrelang über diesen Moment nach und fragte sich, was passiert wäre, wenn sie ihrem Instinkt vertraut hätte und zur Tür gegangen wäre.

Einige Wochen nach ihrer Rückkehr zu Bridgewater kam Stefanova auf die Idee, dass sie sich der neuen Mitarbeiterin anschließen sollte. Stefanova bat darum, mit Dalio unter vier Augen sprechen zu dürfen. Er schenkte ihr nur seine halbe Aufmerksamkeit, als sie sein Büro betrat.

„Ich glaube, es ist das Beste für mich, wenn ich wieder für Eileen arbeite", sagte sie langsam.

Er hörte ihr kaum zu. „Warum?"

„Weil ich sie bewundere."

Das erregte seine Aufmerksamkeit. Dalio erhob sich von seinem Stuhl, stützte sich mit beiden Händen auf seinem Schreibtisch ab und blickte zu Stefanova hinüber. Seine braunen Augen blitzten mit einer Mischung aus Wut und Schmerz. Stefanova hätte schwören können, dass sie auch einen Hauch von Verwirrung wahrnahm.

„Und mich bewundern Sie nicht?", fragte er leicht stotternd.

Stefanova fühlte eine Mischung aus Verwirrung und Spott. Wie konnte Dalio nicht merken, dass sie immer noch von ihrer demütigenden Befragung verletzt war? Aber sie wusste, dass er immer noch der Chef war – und wenn Dalio sich über etwas aufregte, dann war es, wenn einer jemand anderem als ihm ein Kompliment machte.

„Natürlich tue ich das", sagte Stefanova zu Dalio in einem beruhigenden Ton.

Nachdem Dalios Ego zumindest vorübergehend besänftigt war, wurde Stefanova gestattet, direkt an Murray zu berichten.

Nicht lange nach Stefanovas Wiedersehen mit Dalio lud er sie und Murray ein, mit ihm und einer Gruppe im „Lookout" zu feiern. Anwesend war auch eine Gruppe von Mitarbeitern des Managements – die Leute, deren schleppende Einstellung zu Stefanovas aufgezeichnetem Verhör geführt hatte. Sie konnte sich des Verdachts nicht erwehren, dass die Einladung dazu diente, dass Dalio ihr vor der Menge demonstrierte, dass man ihr verziehen und sie wieder in den Kreis der Mitarbeiter aufgenommen hatte.

Stefanova war zu diesem Zeitpunkt sichtlich schwanger und eine der wenigen, die keinen Alkohol tranken. Sie fühlte sich jedoch sicher. Die Gruppe bestand größtenteils aus Frauen, die sie selbst angeheuert hatte, da sie davon ausging, dass der Rest von Bridgewater männerlastig genug war, und sie hier einen Ausgleich hatte schaffen wollen. Dass Murray dabei war, half ebenfalls. Die Gruppe genoss ihre Cocktails am Kamin im Wohnzimmer.

Als die Veranstaltung zu Ende ging, brach Dalio das Schweigen: „Singt für mich!"

Daraufhin herrschte Stille, und es wurde höflich gelacht. Dalio war in diesem Jahr 60 Jahre alt geworden, und er war von meist jungen Frauen umgeben, einige im Alter seiner eigenen Kinder. Sie arbeiteten für ihn. Er ließ ihnen offenbar keine Wahl.

Die Damen begannen zu singen. Murray zwang sich zu einem Lächeln. Sie sangen alle abwechselnd Urlaubslieder, eine nach der anderen, ein oder zwei Lieder. Dalio war begeistert. Er lächelte selten, aber das hier gefiel ihm.

Stefanova spürte, wie ihr Gesicht heiß wurde. Jetzt war sie an der Reihe. Sie konnte es nicht tun. Sie würde es nicht tun. Sie war nicht vor dem Kommunismus geflohen, um hier zu landen. Sie entschuldigte sich, um auf die Toilette zu gehen.

Und tatsächlich, kaum hatte sie die Tür geschlossen, vernahm sie Dalios Stimme aus der Ferne: „Wo ist Katina? Ich will, dass Katina singt."

Stefanova war nicht religiös, aber sie schwor ein stilles Gebet. Bevor sie eine Entschuldigung vorbringen konnte, hörte sie Murrays Stimme. „Es geht ihr nicht gut. Sie wissen ja, wie das bei schwangeren Frauen sein kann."

Jemand schlug vor, dass Ray jetzt singen solle. Er sagte, er habe genau die richtige Strophe im Kopf, ein altes Seemannslied, das er als eines seiner Lieblingslieder bezeichnete und das von einem Folksänger unter dem Pseudonym Salty Dick gesungen wurde. Dalio brauchte keinen Liedtext, um sich daran zu erinnern. Er sang es aus dem Gedächtnis:

„A matlow told me before he died
And I've no reason to think he lied.
He knew a whore with a cunt so wide
That she could never be satisfied.
So he built a bloody great wheel
Two balls of brass and a prick of steel.
The balls of brass were filled with cream
And the whole fucking issue was driven by steam.
Round and round went the bloody great wheel
In and out went the prick of steel
Until at last this whore she cried,
"Enough, enough, I'm satisfied!"
Now we come to the sorry bit
For there was no way of stopping it
She was split from cunt to tit,
And the whole fucking issue was covered in shit."

Im Bad konnte Stefanova nicht sehen, wie Dalio es vortrug, aber sie konnte die Genugtuung in seiner Stimme hören und das kurze Lachen, das er zu bestimmten Zeilen hinzufügte. Als das Lied weiterging, erkannte Stefanova einen neuen Vorteil ihres Verstecks. Sie konnte Dalio nicht sehen, und er sie auch nicht. Sonst hätte er bemerkt, dass sie sich nicht nur wegen der Schwangerschaft unwohl fühlte.

Nachdem das Singen beendet war, hockte Stefanova noch eine ganze Weile im Badezimmer und schwor sich zwei Dinge:

„Ich gehöre nicht mehr zu ihm.
Ich steige aus."

8

DER VASALL

Während sich die Weltwirtschaft in der zweiten Jahreshälfte 2009 erholte, herrschte in Dalios Bridgewater-Büros eine anhaltend düstere Stimmung.

Paul McDowell und seine Kollegen vermuteten, dass die Investitionen des Unternehmens etwas damit zu tun hatten. Im selben Monat, in dem McDowell zu dem Unternehmen stieß, versetzte Bridgewater seinen All-Weather-Fonds in einen sogenannten Depressionsmodus,[1] indem es die Kreditaufnahme auf ein Minimum reduzierte, um mögliche Verluste abzuwenden. Dalio glaubte, dass der Aktienmarkt die Talsohle erst im nächsten Jahr erreichen würde;[2] als er stattdessen den größten Teil des Jahres 2009 stark anstieg, waren die Fonds von Bridgewater nicht so gut positioniert, um zu profitieren wie im Vorjahr.

Die Märkte konnten jedoch Dalios mürrische Haltung nicht vollständig erklären. Er schien von seinem Umfeld ständig enttäuscht zu sein, und zwar aus Gründen, die nichts mit Aktien oder Anleihen zu tun hatten. McDowell wurde von seinen neuen Kollegen versichert, dass dies ein Nebenprodukt von Dalios zermürbenden Bemühungen war, die Bridgewater-Kultur für künftige Jahrgänge zu kodifizieren. Allen neuen Mitarbeitern wurde ein 90-seitiger Ausdruck ausgehändigt, der in der oberen linken Ecke geheftet und mit „The Principles" beschriftet war. Befolgen Sie diese, wurde ihnen gesagt, und Sie werden es hier weit bringen.

Obwohl die Principles bereits fünf Jahre alt waren, konnten alle bei Bridgewater feststellen, dass Dalio sie nach Lust und Laune zu ergänzen oder zusammenzustreichen schien. McDowell bemerkte jedoch auch, dass die erfolgreichsten Bridgewater-Mitarbeiter die Regeln so zu leben schienen, wie sie geschrieben wurden. Ein offensichtlicher Favorit unter Dalios neuen Mitarbeitern war eine junge Frau namens Jen Healy.[3] Er bezeichnete sie manchmal als „meine Tochter".[4] Healy, die von der Princeton University kam und direkt eingestellt wurde, nahm die Principles mit Inbrunst an. Einmal ärgerte sie sich stundenlang, nachdem sie bemerkt hatte, dass eine Kollegin einen unvorteilhaften neuen Pullover trug.[5] Verlangten die Principles nicht, dass sie ihr kritisches Feedback weitergab, um der Frau zu helfen, sich zu verbessern? Healy beschloss, dies zu tun, wurde aber im letzten Moment von einem anderen Kollegen davon abgebracht.

Die Einhaltung der Principles erforderte nicht nur Wachsamkeit im Denken, sondern auch in der Sprache. Ein falsches Wort konnte Dalio aus der Fassung bringen. Ungefähr drei Monate nach seinem Eintritt in die Firma nahm McDowell an einem Treffen zwischen Dalio und Daniel Adamson teil, einem in Yale ausgebildeten Anwalt, der kürzlich eingestellt worden war, um das Management der Firma zu überwachen. Es war eine beachtliche Menschenmenge anwesend; zusätzlich zu den eingeladenen Mitarbeitern hatte jede Führungskraft ihren Stabschef mitgebracht (in der Bridgewater-Sprache: ihre „Leverager"). Das Treffen, das in Dalios privatem Konferenzraum mit Blick auf einen Fluss stattfand, in dem Kanadagänse fröhlich schnatterten, geriet aus dem Ruder, als Adamson dem Bridgewater-Gründer mitteilte, dass er immer noch auf das Feedback der verschiedenen Führungskräfte des Hedgefonds zu seinen Änderungsvorschlägen warte. Da Adamson noch ein Neuling war, stand er offenbar noch nicht ganz oben auf der Prioritätenliste der Führungskräfte.

„Ich habe es versucht“, sagte Adamson.

„Leute, die es nur versuchen, sind für mich nutzlos“, antwortete Dalio.

Adamson nahm sich das Wochenende Zeit, um nachzudenken, und beschloss offenbar, dass es gewisse Grenzen für das gab, was er für einen Gehaltsscheck tolerieren würde. Er war zu einem Gentleman erzogen worden, und das hier war ein unmögliches Verhalten. Er schickte Dalio daher seine Kündigung, und der nahm sie an.

Als Healy davon erfuhr, beschloss sie, sich dazu zu äußern. Die Principles besagten schließlich, dass sich selbst die niedrigsten Angestellten äußern sollten, wenn sie Zeuge von etwas Falschem wurden. Sie fragte Dalio, warum er so grob zu Adamson gewesen sei, noch dazu vor der versammelten Mannschaft.

„Ich glaube an den Wert von Feedback“, antwortete Dalio.

Healy deutete daraufhin an, dass es eine Möglichkeit geben könnte, ein solches Feedback auf kollegialere Weise zu geben.

„Ich bin es leid, die Dinge zu beschönigen“, entgegnete Dalio. „Ich glaube nicht daran.“

Healys Bemerkung hatte offensichtlich eine Wirkung, aber nicht so, wie sie es vielleicht beabsichtigt hatte. Alle sahen bald, dass Dalio den Principles eine neue Zeile hinzugefügt hatte: „Zuckerguss macht zuckersüchtig.“

Die Dualität, die McDowell bei Dalio feststellte – scheinbar eifrig beim Lehren und doch so oft strafend gegenüber denen, die zu lernen versuchen –, nahm im Lauf der nächsten Wochen zu. Die Stimmung des Bridgewater-Gründers schien am schlechtesten zu sein, wenn er sich zu weit vom Investieren entfernte. In der Welt der Finanzzahlen war Dalio unbestreitbar in seinem Element. Dalio konnte aus dem Gedächtnis die Einzelheiten eines Wirtschaftsereignisses aus den Jahren zuvor zitieren. Vor den Wochenenden schleppte er Aktenkoffer mit Forschungsergebnissen nach Hause und war am Montag bereit, mit jedem, den er zuerst traf, darüber zu diskutieren. Es war elektrisierend, Dalio dabei zuzusehen, wie er Verbindungen zwischen scheinbar unzusammenhängenden Ereignissen herstellte, die niemand sonst sehen konnte.

Ob auf der Treppe in Manhattan, vor dem Kamin im „Lookout" oder im Büro – Dalio fühlte sich vor einer Menschenmenge wohl, und als Bridgewater wuchs, fand er dort ein großes Publikum. Mitarbeiter bemerkten, dass Dalio in jeder Besprechung innerhalb kürzester Zeit aufsprang und sich die Pinnwand schnappte. Er nahm sich einen Marker und zeichnete ein verschnörkeltes Kritzelbild mit einer positiven Neigung von links unten nach rechts oben auf die Tafel.[6] Die x-Achse war die Zeit und die y-Achse der Grad der Verbesserung. Dies war Dalios Manifestation des idealen Denkprozesses. Die Schleifen stellten das Feedback – oft Kritik – dar, das die Identifizierung von Fehlern begleitete. Obwohl diese Schleifen den Fortschritt vorübergehend zurückzudrängen schienen, stieg die Kritzelei mit der Zeit stetig auf der Achse nach oben, was darauf hindeutete, dass die Schleifen letztendlich zur Verbesserung führten. Dalio kombinierte die Zeichnung mit einer flachen Linie, die den Tod darstellte. Ein Mangel an Schleifen (die Principles nannten sie „Feedback-Schleifen schlechter Qualität", aber in Wirklichkeit war es nur Kritik) führte zum Tod.

Da Feedback für den Fortschritt notwendig war, beschloss Dalio, dass jeder in der Firma es geben sollte. Da er sich der Gefahr von zu viel „Zucker" bewusst war, stellte er die Regel auf, dass alle Mitarbeiter von Bridgewater, unabhängig von ihrer Position, ihr Feedback zwischen positiv und negativ aufteilen sollten. Diejenigen, die sich zu sehr auf Ersteres konzentrierten, mussten mit einer Kürzung ihrer Boni rechnen.[7]

Dalio erkannte die Irrlehre seiner Anweisungen. Der Mensch wolle von Natur aus Konflikte vermeiden, oder, wie er es ausdrückte, „nicht den Nerv treffen". Er sagte, dass die Menschheit für einen Kampf zwischen zwei Gehirnbereichen verdrahtet sei: der Amygdala, die Angst erzeugt, und dem präfrontalen Kortex, der zur Reflexion fähig ist. Der präfrontale Kortex sei das „obere Du" und die Amygdala sei das „untere Du". Laut Dalio befänden sich diese beiden Teile des Gehirns normalerweise in einem Konflikt[8] – und die Amygdala kämpfe mit allen Mitteln. Sie „kapert" das Gehirn, überflutet den Verstand mit Emotionen und erzeugt einen „Kampf- oder Fluchtinstinkt", der die rationale Entscheidungsfindung verzerrt. „Diese verdammte Amygdala", hat Dalio sie einmal öffentlich genannt.[9]

Es war ihm offenbar gelungen, seinen eigenen Reflex zu überwinden. Durch Meditation,[10] so Dalio, sei es ihm gelungen, Amygdala und präfrontalen Kortex zu trennen und sich so von der Kontrolle durch Gefühle zu befreien.

Er führte diese Fähigkeit auf sein Verständnis der psychologischen Faktoren zurück, die zu erfolgreichem Handel und Unternehmensmanagement führen. Dalio bot allen Bridgewater-Mitarbeitern, die in seine Fußstapfen treten wollten, an, Meditationskurse zu besuchen.[11] Viele nahmen das Angebot an.

Dalio begann, sich als Vorbild zu präsentieren. Er verglich sich selbst mit dem Dalai Lama.[12] Wie seine Heiligkeit wusste auch Dalio, dass er nicht ewig leben würde, und nach dem, was er bei Bridgewater erlebt hatte, stellte das bloße Verteilen von Kopien der Principles nicht sicher, dass diese auch befolgt wurden. Er brauchte einen Weg, das Manifest zum Leben zu erwecken, und zwar nicht nur für diejenigen, die persönlich mit ihm zu tun hatten, sondern für alle. Der naheliegendste Schritt bestand darin, praktisch alles aufzuzeichnen, was Dalio bei seinem Hedgefonds tat oder sagte. Aber auch das war nicht genug. Es war nicht realistisch, von jedem zu erwarten, dass er zusätzlich zu seinen täglichen Aufgaben auch noch Dalios Tagesablauf mitverfolgte. Also begann Dalio, sich den ganzen Tag über Notizen zu seinen eigenen Lernerfahrungen zu machen. Bridgewater setzte ein Team von Videofilmern und Redakteuren ein, um den Film in tägliche Quizfragen zu verwandeln, die er Management Principles Training nannte.

Die MPTs waren für alle obligatorisch und wurden von Fragen begleitet, die sich auf den Film des jeweiligen Tages bezogen. Ein MPT bezog sich auf ein Video, in dem jemand seine Erfahrungen in der Firma beschrieb. Die dazugehörige Frage lautete:[13]

> Später beschreibt die Person, wie es sich für sie anfühlte, als sie von Ray ein hartes Feedback erhielt. Richtig oder falsch: Diese Person lässt zu, dass der Schmerz ihrem Fortschritt im Wege steht. Wenn sie ihren Ansatz nicht ändert, um mit dem Schmerz umzugehen und Fortschritte zu erzielen, wird sie wahrscheinlich ein Leben führen, das ihrem Potenzial nicht entspricht.

Bald gab es genug Videos, um eine weitaus umfassendere Bewertung zu erstellen. Dalio ließ ein Team die MPTs durchforsten, um einen sogenannten Principles Test zu erstellen. Die Prüfung bestand aus fünf Abschnitten und dauerte mehrere Stunden.14 Der Test wurde als „closed book" (geschlossenes Buch) bezeichnet: Die Mitarbeiter durften bei der Beantwortung nicht ihre schriftlichen Exemplare der Principles zurate ziehen. Der Test war für alle Bridgewater-Mitarbeiter obligatorisch.

> Frage: Welche der folgenden Definitionen von „arrogant" ist gemeint, wenn wir den Begriff bei Bridgewater verwenden?
> Richtige Antwort: eine Person, die ein ungerechtfertigtes und übertriebenes Vertrauen darauf hat, dass ihre Meinung richtig ist.

Es gab einen Ja-oder-Nein-Teil.

> Sollte die Wahrheit um jeden Preis gelten, sodass eine Person, die lügt, immer entlassen werden sollte?

Einige der Fragen waren aufeinander aufgebaut und nach innen gerichtet:

F: Wie viel Prozent der Mitarbeiter von Bridgewater würden stehlen, wenn sie damit durchkommen würden?
F: Sind Sie einer von ihnen?
F: Haben Sie die letzte Frage ehrlich beantwortet?
F: Wenn Sie sich umschauen: Wie viel Prozent der Menschen, mit denen Sie in Kontakt kommen, müssen Ihrer Meinung nach aussortiert werden, damit Bridgewater weiterhin ausgezeichnet bleibt?
F: Denken Sie, dass Sie vielleicht einer dieser Menschen sein sollten?

Die Tests wurden weitgehend nach der Übereinstimmung mit Dalios Antworten und den schriftlichen Principles bewertet. Die Ergebnisse wurden festgehalten. Nun brauchte Dalio eine Möglichkeit, all diese sich ansammelnden Daten zu verfolgen und zu nutzen. Zu diesem Zweck wandte er sich an einen seiner jüngeren Angestellten.

Das sogenannte Baseballkarten-Projekt, mit dem McDowell betraut worden war, lief schnell ins Leere. Kurz nachdem Dalio seine neue Führungskraft damit beauftragt hatte, eine leicht zu lesende Momentaufnahme der persönlichen Statistiken der Mitarbeiter zu erstellen, erzählte McDowell seinen Kollegen, dass er erkannte, dass diese Aufgabe ein zweischneidiges Schwert war. Da Dalio ständige Aktualisierungen wünschte, stand McDowell dadurch näher am Bridgewater-Gründer als die meisten anderen in der Firma. Es bedeutete aber auch, dass McDowell mehr Möglichkeiten hatte, Fehler zu machen als jeder andere.

McDowell war nicht der Erste, der diese Bemühungen unterstützte, sondern folgte der Arbeit eines Psychologen, Bob Eichinger. Neun Jahre älter als Dalio, befand sich Eichinger schon gegen Ende seiner

Karriere. Jahrzehnte zuvor hatte er ein Hilfsmittel für das Personalwesen mitentwickelt, das sogenannte Erfolgsprofiling, bei dem die Arbeitgeber gebeten wurden, einen Stapel von 67 Karten,[15] die jeweils mit Schlagworten wie „Entscheidungsqualität“ beschriftet waren, in der Reihenfolge ihrer Bedeutung für eine bestimmte Stelle zu sortieren. Obwohl sich dieser Ansatz nicht durchsetzte, verschaffte er Eichinger einen landesweiten Ruf als jemand, der sich für die Herausforderung interessierte, wissenschaftliche Methoden auf die berufliche Entwicklung anzuwenden. Etwa ein Jahr bevor Dalio McDowell einstellte, holte er Eichinger als Berater zu sich, um Bridgewater beim Aufbau eines eigenen Systems zu helfen. Dalio begann, Stellenbewerber für Screenings per Flugzeug nach Minnesota zum Büro des Psychologen zu schicken.

„Beginnen Sie mit den Worten: ‚Ich wurde geboren in‘“, sagte Eichinger, „und sprechen Sie so lange, bis Sie zu dem Moment kommen, an dem wir beide hier sitzen.“

Eichinger und McDowell verstanden sich auf Anhieb; Eichinger begann, McDowell als „einen der Auserwählten“ zu bezeichnen.[16] Sie teilten das Interesse an der Astronomie und glaubten beide, dass man menschliches Verhalten genauso kartografieren könne wie die Sterne. Das heißt aber nicht, dass sie die Aufgabe als einfach ansahen. Ohne ein klares Bewertungsschema wäre es so, als würde man ohne Teleskop in den Himmel starren – und nur ein Geflecht aus trüben, weit entfernten Punkten sehen. Beide Männer waren davon überzeugt, dass sie in einzigartiger Weise geeignet waren, die richtigen Geräte zu bauen. Nach Eichingers Einschätzung war McDowell ein hochgradig konzeptionell denkender Mann, der in der Lage war, das große Ganze auf eine Weise zu sehen, wie es die meisten Menschen nicht konnten. Als Eichinger McDowell in einem ihrer ersten Gespräche fragte, ob er irgendwelche Selbstzweifel habe, antwortete McDowell, dass seine größte Sorge darin bestehe, dass er bei Bridgewater nicht genügend Aufgaben übernehmen könne, um das Notwendige zu tun.

„Ich möchte nur absichern, dass ich an Ray berichte“, sagte McDowell.

Eichinger sah neugierig zu ihm herüber. „Paul, jeder berichtet an Ray.“

Während McDowell sich in die Baseballkarten vertiefte, suchte Eichinger nach weiteren Daten für Dalio. Eichinger half dabei, den Bridgewater-Gründer davon zu überzeugen, jeden Mitarbeiter einer Reihe von Persönlichkeitstests zu unterziehen. Der berühmteste, Myers-Briggs, musste von einem Psychologen wie Eichinger durchgeführt werden und teilte die Menschen in 16 verschiedene Persönlichkeitstypen ein.[17] Dalio nahm an dem Test teil und wurde als ENTP eingestuft:[18] extrovertiert, intuitiv, denkend und wahrnehmend. Er verbreitete die gute Nachricht überall bei Bridgewater – die Einstufung passte genau zu ihm. Als der Rest der Belegschaft zum Test antrat, war Dalio weniger begeistert, wie sich Mitarbeiter von Bridgewater erinnern. Die Daten zeigten, dass sich bei Bridgewater anscheinend sechsmal mehr ENTP-Persönlichkeiten zusammengescharrt hatten, als dies bei einer Normalverteilung zu erwarten gewesen wäre. Es gab zwei mögliche Erklärungen: Entweder zog Bridgewaters Einstellungsmethode einen bestimmten Typus an – oder mehr als ein paar Leute bei Bridgewater hatten den Test mit der Absicht beantwortet, in der gleichen Kategorie wie der Chef zu landen.

Eichinger begann mit der Arbeit an einer maßgeschneiderten Lösung. In einer Präsentation für Dalio nannte er es ein „Modell der menschlichen Qualitäten“, und sein Slogan lautete „Bridgewater: Eine andere Art von Unternehmen, eine andere Art von Mensch“. Die Qualitäten waren in Form eines Dreiecks angeordnet, mit den wichtigsten und seltenen Eigenschaften an der Spitze. Das Pyramidion – der Bereich, in dem Junkfood, Süßigkeiten und anderes auf einem Ernährungsdreieck aufgelistet sein konnten – enthielt fünf Dimensionen: mentaler Zustand, Veränderung, Mensch, Ergebnisse und Kultur. Kulturelle Agilität wurde beschrieben als „ein Hyperrealist zu sein: die Realität zutiefst zu verstehen, zu akzeptieren und mit ihr zu arbeiten“.

Auf der nächsten Ebene des Dreiecks befanden sich elf „Elemente“, wie zum Beispiel intelligent, klug, anpassungsfähig und so weiter.

Darauf folgten 52 „Kompetenzen“, nach denen bei derzeitigen und künftigen Mitarbeitern gesucht werden sollte.

Auf der Grundlage seines alten Stapels von 67 Spielkarten gab Eichinger Dalio eine Liste von vorgeschlagenen Kompetenzen.

Dazu gehörten:

+ Intellekt
+ Geduld
+ Beharrlichkeit
+ Diversität managen
+ Mit direkten Berichten konfrontiert werden
+ Konfliktmanagement
+ Zeitmanagement
+ Zugänglichkeit
+ Humor

Dalio ging die Liste durch und strich jene, die nicht benötigt wurden.

+ Intellekt
+ ~~Geduld~~
+ Beharrlichkeit
+ ~~Diversität managen~~
+ Mit direkte Berichten konfrontiert werden
+ ~~Konfliktmanagement~~
+ Zeitmanagement
+ ~~Zugänglichkeit~~
+ ~~Humor~~

Diese Kompetenzliste ging von Eichinger an McDowell, der sie sofort in die Bridgewater-Baseballkarten einfügte.

Sie als Karten zu bezeichnen ist ein wenig irreführend. Es handelte sich um vertikale, mehrseitige Ausdrucke mit mehr Statistiken, als Eichinger sich je hätte vorstellen können. Wie von ihm vorgeschlagen, wurden zunächst die fünf Fähigkeiten aufgelistet, um dann schnell in mehr als 100 Kategorien unterteilt zu werden, wie zum Beispiel „Schnelles Lernen“, „Andere führen“ und „Persönliche Offenbarung“. Zu jeder Kategorie gab es ein Feld für eine Bewertung von 1 bis 10. Eine Handvoll von Eichingers Vorschlägen wurde aufgenommen (unter anderem „Konfrontation mit direkten Vorgesetzten“), aber die meisten Kategorien entstammten den Principles. Der erste Abschnitt einer frühen Baseballkarte enthielt eine Mitarbeiterbewertung für das „Leben für die Wahrheit“, dicht gefolgt von einer für das „Nachhaken – Leute nicht vorschnell davonkommen lassen“.

Die Menge der Baseball-Karten stieg immer mehr an. Dalio verlangte, dass die Ergebnisse von Eichingers ursprünglichen Persönlichkeitstests darauf zu finden sein sollten, und so kamen sie hinzu, die Myers-Briggs-Bewertung und der Rest. Dann kam ein Abschnitt für die wöchentlichen MPT-Videos hinzu, um festzuhalten, wie zuverlässig die einzelnen Mitarbeiter die Tests absolvierten und wie genau ihre Antworten mit denen von Dalio übereinstimmten. Neue Kategorien wuchsen wie Baugerüste an einem Neubau, der seine Spitze nie zu erreichen schien. Neue Bewertungen wurden von Vorgesetzten, Untergebenen und Mitgliedern der Geschäftsleitung angehängt. Ein prominentes Feld wurde für Dalios eigene Diagnosen hinzugefügt.

Obwohl es sich vorerst noch um manuelle Ausdrucke handelte, beauftragte Bridgewater die Designfirma IDEO, die für ihre Arbeit an der ersten Apple-Maus bekannt war, mit der Entwicklung einer digitalen Lösung.[19] Der Prototyp von IDEO wurde bei Bridgewater unter einem neuen Codenamen beschrieben, dem Vasall, einem mittelalterlichen Begriff für eine Person, die unter dem Schutz eines Lehnsherrn stand. Die Kosten sollten sich schnell auf mehrere Millionen Dollar belaufen.

Mitte 2009 zeigte McDowell Eichinger ein Arbeitsmodell, in dem die Arbeit des Psychologen in das Bewertungssystem für Hedgefonds integriert war. Eichinger war mehr als zufrieden. „Besser geht’s nicht“, sagte er zu einem Kollegen. McDowell schickte einige Ergebnisse zur Genehmigung an Dalio, wobei er darauf achtete, Proben von Mitarbeitern auszuwählen, denen der Bridgewater-Gründer nahestand.

Dalio verbrachte den Sommer in seiner Villa in Spanien, von wo aus er mitteilte, dass er die Bewertungen gelesen habe und darüber sprechen wolle. Eichinger rief daraufhin von Minneapolis aus an, während McDowell und ein Team aus der Zentrale sich von Westport aus einwählten.

„Das ist nicht gut." Dalio wühlte sich durch ein paar Ergebnisse, darunter auch eines von Jen Healy. „Ich kenne Jen. Das ist nicht ihre Art."

„Machen Sie es noch mal", schloss er.

Eichinger, 70 Jahre alt, wirkte auf McDowell und andere niedergeschlagen. Das Ganze war jahrelange, aufwendige, technische Arbeit gewesen, und nun wurde diese durch den Impuls eines einzelnen Mannes über den Haufen geworfen. Eichinger teilte McDowell und den anderen mit, dass er gekündigt habe,[20] obwohl er es später als freundschaftlichen Abschied bezeichnete.

Dalio behielt seine eigene Sterblichkeit im Blick. Als er sich seinem 60. Lebensjahr näherte, sprach er erneut vom Ruhestand. Obwohl er einigen Leuten in der Firma mitteilte, er erwarte, nur in seinem Sarg hinausgetragen zu werden,[21] sagte er auch, er hoffe nicht, alle seine Titel bis zu diesem Ende tragen zu müssen. Seit der Britt-Harris-Saga hatte Dalio sowohl die Rolle des CEO als auch die des Co-Chief-Investment-Officers inne. Das Tempo war mörderisch, zumal die Ergebnisse des Unternehmens nicht seinen Erwartungen entsprachen.

Auf der Anlageseite rächte sich Dalios anhaltender Glaube an eine lang anhaltende Depressionsphase im Jahr 2009. Bridgewater hatte den All-Weather-Fonds zu einem Zeitpunkt in den Depressionsmodus versetzt, der sich als Tiefpunkt des Marktes herausstellte, und damit sichergestellt, dass der Fonds den Löwenanteil der rasanten Rendite des globalen Marktes verpasste. Der Pure Alpha war außerdem zu vorsichtig positioniert und schnitt im Vergleich zu seinen Konkurrenten nicht besonders gut ab. Bridgewater riet seinen Kunden, nicht auf das zu vertrauen, was sie auf den Märkten sahen. Einige Monate nach Beginn des Booms warnte Dalio in einem Schreiben vor dem „irreführenden Eindruck, dass die Wirtschaft und die Märkte zur Normalität zurückgekehrt sind".[22]

Bridgewaters alltägliches Management war womöglich noch schlimmer. Dalios Enttäuschung über das Baseballkartenprojekt spiegelte seine Frustration über die Mannschaft wider, die er in der Firma zusammengestellt hatte. Als die Zahl der Principles auf insgesamt 277 anstieg,[23] wuchs auch die Zahl der potenziellen CEO-Kandidaten.

Zuerst waren da Murray und David McCormick, ein ehemaliger Army Ranger, bevor er in der Regierung von George W. Bush diente. Tom Adams[24] kam zu Bridgewater von Rosetta Stone, dem Hersteller von Software zum Erlernen von Fremdsprachen, wo er als CEO tätig war. Julian Mack[25] zog von Chicago nach Westport, wo er die Geschäfte von McKinsey & Company im Mittleren Westen leitete. Niko Canner kam von einer anderen Beratungsfirma, Booz & Company. Den neu eingestellten Mitarbeitern wurde oft versichert, dass sie eine Chance auf den Posten des CEO hätten – sie müssten sich nur erst beweisen. Die meisten begannen als Berater der Geschäftsleitung und warteten im Wesentlichen geduldig auf neue Aufgaben, sobald der Bridgewater-Gründer sie vorschlug.

Die neuen Mitarbeiter sollten eine Chance haben, sich zu beweisen, denn das Leben bei Bridgewater war ein ständiges Hin und Her. Obwohl die offizielle Aussage des Unternehmens lautete, dass ein Drittel der Mitarbeiter das Unternehmen innerhalb von 18 Monaten verließ[26] – der Rest schaffte es, wie Dalio zu sagen pflegte, „auf die andere Seite“ –, vermuteten viele bei Bridgewater, dass die wahre Zahl anders aussah. Einige Mitarbeiter begannen als Berater und traten dann nie eine Vollzeitstelle an. Andere verließen das Unternehmen vor ihrem offiziellen Endtermin; Bridgewater verband großzügige Abfindungen mit strikten Geheimhaltungsvereinbarungen, die die Mitarbeiter bei ihrem Ausscheiden gern unterschrieben. Infolgedessen blieben die Mitarbeiter auf der Gehaltsliste, lange nachdem sie Westport physisch verlassen hatten. Das Kommen und Gehen von eintretenden und aussteigenden Mitarbeitern war so konstant, dass selbst Dalio manchmal nicht sicher war, wer dazugehörte und wer nicht.

Er war jedoch nicht völlig blind für die Angestellten, die das Unternehmen verließen. Gegen Jahresende 2009 bat er Stefanova und andere um einen Bericht, der die Gründe für die hohe Zahl von Kündigungen und Austritten in den vorangegangenen 18 Monaten zusammenfassen sollte. Die Aufgabe wurde an Tara Arnold, die Leiterin der Abteilung für Mitarbeiterbeziehungen bei Bridgewater, delegiert, die einen Bericht für den Vorstand des Unternehmens erstellte. „In den fünf Jahren, die ich bei Bridgewater bin, ist dies die wichtigste E-Mail, die ich bisher verschickt habe", begann Arnold.[27]

Von: Tara Arnold
Gesendet: Dienstag, 6. Oktober 2009, 4:49 PM
An: Geschäftsleitung

Betreff: Wichtiges bei Bwater

... Die „Probleme", auf die ich im Folgenden eingehe, sollten als „dringlich" eingestuft werden:

1. Wichtige Akteure im Unternehmen leiden unter Burn-out ...
2. Unser Ruf im Markt leidet.

+ 19 Prozent unserer Angebote im Jahr 2009 wurden abgelehnt. Im Vergleich dazu waren es 2008 nur 15 Prozent, und das in einer Zeit, in der die Marktbedingungen schwierig sind und wir wissen, dass die Menschen Arbeit brauchen. Betrachtet man vor allem die letzten drei Monate, so nähert sich unsere Ablehnungsquote 25 Prozent.
+ Die Gesamtkosten für Antidepressiva und die Gesamtverschreibungen für psychische Erkrankungen pro Mitarbeiter sind im letzten Jahr gestiegen. Darüber hinaus wurde festgestellt, dass immer mehr Mitarbeiter die Hilfe von Ärzten für psychische Erkrankungen beanspruchen müssen.
+ In unseren Abschlussgesprächen wurde festgestellt, dass es außerhalb der Grundlagenschulung eine große Lücke in der beruflichen Weiterbildung/Karriereentwicklung gibt.

- Einige neuere Mitarbeiter haben sich direkt an mich gewandt, weil sie sich in ihrem Job unsicher fühlen und Angst haben, dass sie jeden Tag entlassen werden könnten … In letzter Zeit habe ich auch von einigen Mitarbeitern (die seit mehr als drei Jahren hier sind) gehört, dass sie das Gefühl haben, dass die von Ray dargelegten Grundsätze wörtlich genommen werden.
- Mancherorts wird unsere Kultur so missverstanden, dass manche Kandidaten glauben, wir seien eine Sekte und „verrückt".

Abschließend wies Arnold darauf hin, dass sich nicht alle von ihr angesprochenen Themen in den unternehmensweiten quantitativen Umfragen widerspiegelten. Das Fehlen aussagekräftiger Daten, erklärte sie, scheine auf Angst zurückzuführen zu sein. Um der Ursache auf den Grund zu gehen, schlugen Arnold und Stefanova gemeinsam eine anonyme Befragung der Mitarbeiter vor. Die Umfrage würde laut Arnold „unserer Philosophie entsprechen, die Wahrheit um jeden Preis herauszufinden".

Dalio schrieb noch am selben Abend zurück: „Ihre Beschreibung stellt keine ausgewogene Version der Realität dar."

von: Ray Dalio
Gesendet: Dienstag, 6. Oktober 2009, 7:35 PM, An: Tara Arnold; Geschäftsleitung

Betreff: RE: Wichtiges bei Bwater

Tara – danke für diesen Hinweis. Ich bin sicher, dass alles, was Sie gesagt haben, zumindest für eine beträchtliche Anzahl von Menschen hier zutrifft …
Mir ist klar, dass die Arbeit hier sehr hart ist – härter, als mir lieb ist. Ich entziehe mich dieser Realität nicht, da sie für mich

> wahrscheinlich genauso hart ist wie für die meisten anderen (zum Beispiel träume ich davon, meine Arbeitszeit auf 63 Stunden pro Woche zu reduzieren) …
> Ich glaube, dass Bridgewater nur dann großartig sein wird, wenn die Menschen an ihren Arbeitsplätzen entweder 1) großartige Arbeit leisten oder 2) Einsichten haben und offen darüber sprechen, wie es großartig werden kann …
> Ich persönlich glaube, dass es zwar ernsthafte negative Folgen der von Ihnen erwähnten Art gibt, dass man aber erfolgreich mit ihnen umgehen kann, wenn man intelligent und offen mit ihnen umgeht …

Noch bevor Arnold antworten konnte, schickte Dalio eine E-Mail mit zwei Sätzen nach:

> von: Ray Dalio
> Gesendet: Dienstag, 6. Oktober 2009, 9:36 PM, An: Tara Arnold; Geschäftsleitung
>
> **Betreff: RE: Wichtiges bei Bwater**
>
> Tara – es wäre gut, wenn Sie mir sagen könnten, mit welcher Person ich sprechen sollte, die diese Probleme hat, oder wenn Sie diese Person ermutigen könnten, mit mir zu sprechen. Eine offene Kommunikation über die Realität ist wichtig.

Für diejenigen, die blieben, gab es am Ende des Weges eine Belohnung. Diese Erinnerung daran, wie lukrativ das Leben bei Bridgewater sein konnte, wurde von Bob Prince verkörpert.

Prince, ein Jahrzehnt jünger als Dalio, schien auf den ersten Blick der natürliche Nachfolger des Firmengründers zu sein. Der aus dem Mittleren Westen stammende Prince hatte sich längst zu einem der beliebtesten Führungskräfte von Bridgewater entwickelt. Prince berief sich nur selten auf die Principles, und schon gar nicht, wenn er nicht in Hörweite des Bridgewater-Gründers war. Prince war schnell mit einem freundlichen Wort zur Stelle und hatte eine Politik der offenen Tür für diejenigen, die über Dalio verärgert waren. Oft beruhigte Prince seine Mitarbeiter, indem er ihnen erzählte, dass Dalio auch mit ihm hart umgegangen war. Prince erzählte eine Geschichte darüber, wie Dalio offenbar so überzeugt davon war, dass sein langjähriger Partner ein furchtbarer Manager war, dass es Prince jahrelang verboten war, seinen eigenen Leverager einzustellen. Als ein Bewerber Prince während eines Vorstellungsgesprächs fragte, was für ihn persönlich am wichtigsten sei, antwortete Prince: „Familie, Gott und Bridgewater, in dieser Reihenfolge."

Diese Kategorien mischten sich auf der Feier zu seinem 50. Geburtstag, zu der er viele Bridgewater-Mitarbeiter eingeladen hatte. Während des Abends erhob er sich, um eine Rede zu halten, allerdings nicht in der Art, wie man sie üblicherweise bei Geburtstagsfeiern hält. In den letzten 25 Jahren, so erzählte er der versammelten Menge, sei er Ray Dalio sehr zugetan gewesen. Der Bridgewater-Gründer habe seinem Partner jedes Jahr großzügig die Möglichkeit gegeben, einen Anteil an der Firma zu kaufen, aber der Preis für diese Möglichkeit stieg jedes Jahr, wenn der Wert der Firma stieg. Daher habe sich Prince an die einzige Person gewandt, von der wusste, dass sie diese Art von Darlehen arrangieren konnte: Dalio. Prince hatte Schulden in Höhe von mehreren Hundert Millionen Dollar angehäuft,[28] die er durch seine Beschäftigung bei Bridgewater zurückzahlen musste. Erst an diesem runden Geburtstag, so Prince, habe Dalio ihm mitgeteilt, dass die Schulden endlich abgearbeitet seien. Prince sagte, er sei zu diesem Anlass an einen hiesigen Strand gefahren, habe ein Lagerfeuer angezündet und die Darlehensdokumente verbrannt, eine Handlung, die er vor der Menge pantomimisch darstellte.

Seine Freunde, Angehörigen und Mitarbeiter brachen in Jubel aus.

Nach diesem Tag wirkte Prince spürbar verändert. Seine Frau kaufte ihm einen Bentley. Er nahm Hubschrauberunterricht und begann, ausführlich über das Leben eines Hubschrauberpiloten zu sprechen. Er und seine Frau begannen mit dem Bau einer Megakirche[29] auf einem der teuersten Grundstücke des Landes und gaben allein 120 Millionen Dollar für Immobilien aus.

Nicht wenige Bridgewater-Mitarbeiter sahen sich den Weg von Prince an und waren entschlossen, ihn nachzuahmen. Sie konnten ein paar Jahre oder Jahrzehnte des „Elends" in Kauf nehmen, wenn es mit einer solchen Belohnung endete.

Für Prince endete der Weg jedoch dort. Er fand einen Weg, sich dem Sog der Bridgewater-Geschäftsleitung zu entziehen und Dalio gleichzeitig zu schmeicheln. Wann immer sein Name für eine größere Rolle ins Gespräch kam, erinnerte Prince alle, die es hören wollten, an seine Grenzen. Er wies auf Schulungsvideos hin, die Dalio in Auftrag gegeben hatte, um die Unzulänglichkeiten seines Partners aufzuzeigen. „Ich kann nicht managen", sagte Prince dann. Es sei für alle besser, wenn er in seinem Bereich bliebe.

Zwar blieb Prince bei Bridgewater, wurde aber von da an von Dalio nicht mehr in die Leitung des Unternehmens einbezogen. Prince blieb Co-Chief Investor – was dazu führte, dass Dalio öffentlich mit ihrer stabilen Partnerschaft prahlen konnte –, verbrachte aber einen Großteil seiner Zeit mit Wirtschaftsforschung, die ins Leere zu laufen schien, oder mit dem kostengünstigen All-Weather-Produkt, das sein ehemaliger Professor aus Tulsa unwissentlich mitentwickelt hatte. Prince übernahm im Wesentlichen die Verantwortung für die B-Seite der Investitionen. Er forderte Dalio weder heraus, noch setzte er sich regelmäßig für jemanden ein, der dies tat. Viele bei Bridgewater gaben insgeheim zu, dass sie neidisch darauf waren, dass Prince in der Lage zu sein schien, einen Gehaltsscheck zu kassieren und damit einfach so nach Hause zu gehen.

Während Prince sich vor einer Führungsrolle drückte, schlug sein Co-Chief Investment Officer einen anderen Weg ein. Greg Jensen beeilte sich, eine Führungslücke zu besetzen. Der Chief Principalian war die einzige Person bei Bridgewater neben Dalio selbst, die in allen Bereichen des Unternehmens mitwirkte. Dalio machte keinen Hehl aus seiner Vorliebe für den jüngeren Mann, und 2010 war der Bridgewater-Gründer tatsächlich kurz vor der Schlüsselübergabe.[30] Als Teil seines jüngsten Plans, sich zurückzuziehen, kündigte Dalio an, dass er die Rolle eines „Ministers/Mentors“[31] übernehmen würde. Jensen würde nicht nur Co-Chief Investment Officer, sondern auch Co-Chief Executive sein – zwei Rollen, die bisher nur Dalio selbst innehatte.

Was die Frage anbelangt, wer Jensen in der Führungsetage nachfolgen würde, so hatte Bridgewater nun eine ganze Reihe von Kandidaten, die sichtlich erpicht darauf waren, sich ihren Konkurrenten zu stellen. Was fehlte, war ein Schiedsrichter. Wenn es bei den Principles um irgendetwas ging, dann darum, die Unzulänglichkeiten im Unternehmen aufzuspüren und jedes Detail zu durchleuchten. Die Kandidaten wollten aufgezeichnete, interne „Prozesse“ oder Untersuchungen selbst der kleinsten Probleme in der Firma einsehen. Für sieben Millionen Dollar pro Jahr[32] stellte Dalio einen Anwalt ein, zufällig ein berühmter ehemaliger Staatsanwalt, und erklärte den Mitarbeitern, dass der neue Mitarbeiter ein „Pate“[33] in der Firma sein würde.

Sein Name war James B. Comey.

9

COMEY UND DIE FÄLLE

Das Leben eines Hedgefonds-Anwalts kann eine eher dröge Angelegenheit sein. Mandantenvereinbarungen müssen aufgesetzt, Steuerunterlagen ausgearbeitet und Auftragsbestätigungen dreifach geprüft werden. Ein Großteil des Jahres wird damit verbracht, Hunderte von Seiten an vorgeschriebenen Compliance-Angaben für Aufsichtsbehörden zu erstellen, die nichts davon lesen oder verstehen werden.

Die Rechtsabteilung von Bridgewater unter ihrem neuen Chefsyndikus verwandelte sich dagegen in einen Bienenstock der Aktivität.

Jim Comey war weit davon entfernt, ein bekannter Name zu sein, als er 2010 als Chefsyndikus zu Bridgewater kam. Comey wurde vor allem durch seine zweijährige Tätigkeit als US-Staatsanwalt für den südlichen Bezirk von New York bekannt, wo er Martha Stewart wegen Insiderhandels anklagte. Später wurde er stellvertretender Generalstaatsanwalt in der Bush-Regierung und geriet in die Schlagzeilen,[1] weil er sich gegen Spionage im Inland einsetzte. Comey machte vor Freunden keinen Hehl aus seinen finanziellen Motiven für den Sprung in die

Privatwirtschaft. Er hatte fünf Kinder, von denen eines in Harvard Jura studieren wollte.

In seinen ersten Tagen bei Bridgewater musste Comey feststellen, dass sein neuer Job mit gewissen Nachteilen verbunden war – der erste Nachteil betraf seinen Stolz. Man teilte ihm mit, dass ihm ein 31-jähriger Co-Leiter der Forschungsabteilung von Bridgewater, Matthew Granade, als sein „Skipartner",[2] wie Bridgewater es nannte, zugewiesen worden war. Die Idee dahinter war, dass jemand immer in der Nähe war, um die Stärken und Schwächen des neuen Mitarbeiters einzuschätzen und ihm zu helfen, sich an das Leben beim Hedgefonds anzupassen.

Schnell hatte Comey die falsche Richtung eingeschlagen, was zum Teil an seinem Auftreten lag. Er konnte so tun, als ob die Regeln für ihn nicht gelten würden. Mit seiner Körpergröße reichte er fast bis zur Decke, und manchmal tat er so, als ob er versteckte Aufnahmegeräte in den Deckenlampen ausschalten würde.

Comey neigte dazu, in Meetings seine eigenen Erfahrungen einzubringen, sodass Dalio und Jensen ihn schnell darauf hinwiesen, dass er die Prinzipien des Unternehmens und nicht seine eigenen anwenden solle. Einmal stellte Comey eine gezielte Frage zu Dalios Präsentationschart, welcher einen ständigen Verbesserungsprozess darstellen sollte. Wenn sich die Zeit auf der unteren Achse befände und der Pfeil sich manchmal nach links bewegte, würde das nicht bedeuten, dass Dalio das Zeitreisen erfunden hätte? Auch Dalios täglich zugewiesene Lerneinheit vernachlässigte Comey. In Bemerkungen, die bei Bridgewater weithin, wenn auch heimlich, verbreitet wurden, beschrieb Comey die Schulungsvideos als sinnlos und repetitiv. Am Ende eines jeden Videos gab es aus Comeys Sicht nur drei Antworten: (a) Meine Mutter trägt Kampfstiefel, (b) Ich stecke Kätzchen in Mixer, (c) Ray hat immer recht.

Dennoch blieb Comey. Mit einer neuen demokratischen Regierung in Washington, D.C. hatte ein republikanischer Anwalt kaum unmittelbare Aussichten auf einen hochrangigen Regierungsposten. Comey war klug genug, den Kurs zu korrigieren – er zitierte bald so häufig Principles, dass Dalio dem gesamten Unternehmen mitteilte, sein neuer Chefsyndikus sei ein „Schwätzer“[3], eine der schlimmstmöglichen Kritiken aus dem Munde des Bridgewater-Gründers.[4] Schwätzer wiederholen alte Ideen, anstatt eigene zu entwickeln. Dalio, der sich nie die Schuld für eine schlechte Personaleinstellung gab, begann stattdessen, Matthew Granade daraufhin zu befragen, ob er Comey nahe genug gekommen sei.

Comey, der sich vielleicht der Missgunst Dalios bewusst war und offensichtlich darauf brannte, endlich seinen Wert zu beweisen, stellte sich Dalio in großen und kleinen Angelegenheiten zur Verfügung. Schon bald hatte Comey die Gelegenheit, einige Pluspunkte zu sammeln.

Leah Guggenheimer, eine relativ neue Juristin im Team, hatte sich mit Begeisterung für die Principles eingesetzt. Sie hatte in Harvard Jura studiert und war vorgeblich als „Leverager“ oder „Chief of Staff“ im operativen Bereich der Organisation tätig. Allerdings hatte sie sich den Ruf erworben, einen Großteil ihrer Zeit damit zu verbringen, das Problemprotokoll akribisch zu nutzen, unter anderem indem sie einen Kollegen abmahnte, weil er es versäumt hatte, am vereinbarten Tag Bagels mitzubringen (als ein Kollege von dieser Beschwerde erfuhr, sagte er zu Guggenheimer, sie solle „verdammt noch mal erwachsen werden“). Eileen Murray hatte nicht viel Geduld mit ihr, und nachdem die beiden noch ein paar Mal aneinandergeraten waren, hielt Murray eine Abstimmung unter Guggenheimers Kollegen ab („Sind Sie nicht auch der Meinung, dass dies nicht jemand ist, den Sie hier arbeiten lassen wollen?“, fragte Murray). Alle bis auf einen stimmten dafür, sie zu entlassen. Ihr wurde das Gehalt gestrichen.

Einige Wochen später bekam Dalio Wind davon und fand es nicht gut, eine Mitarbeiterin zu bestrafen – selbst eine nervtötende –, weil sie sich an die Principles hielt und ihre Meinung sagte. Er holte bei Comey eine zweite Meinung ein.

Comey schien eine Gelegenheit zu wittern, seinen neuen Chef zu beeindrucken. „Möchten Sie, dass das Ganze wie ein Rechtsfall behandelt wird?"

Dalio bestätigte energisch, dass er das wolle.

„Nun, Ray, der Prozess hat stattgefunden. Er gab ein ordentliches Verfahren. Es sieht so aus, als wäre es gemäß den Principles verlaufen. Es macht also keinen Sinn, den Prozess wieder aufzunehmen, es sei denn, wir nehmen ihn uns noch einmal ganz von vorn vor."

„Was meinen Sie?"

„Wir gehen davon aus, dass der Prozess nie stattgefunden hat, und sehen uns alles noch mal ganz unbefangen an."

Dalio war damit einverstanden.

Comey stürzte sich in die Ermittlungen. Er hörte sich alle Bänder erneut an, einschließlich desjenigen, auf dem Guggenheimer gesagt wird, sie solle erwachsen werden („Das war aufschlussreich", bemerkte Comey). Dalio berief daraufhin eine neue, größere Anhörung ein und lud Jensen, Murray und alle anderen Beteiligten ein, daran teilzunehmen. Ein Aufnahmegerät stand in der Mitte eines großen Tisches, als Dalio Comey aufforderte, eine Eröffnungsrede zu halten.

Der ehemalige Generalstaatsanwalt zögerte nicht lange und erklärte, dass seine Prüfung ergeben habe, dass die Entlassung gerechtfertigt war: „Ich habe mir die Bänder angehört. Selbst der nette, höfliche Paul McDowell sagt Leah, sie solle verdammt noch mal ‚erwachsen werden'."

McDowell, der ganz hinten saß, erstarrte. Die Zeit schien für ihn stehen zu bleiben. Er wollte mit der Sache nichts zu tun haben.

Jensen meldete sich zu Wort: „Paul, das hört sich so an, als würdest du die Leute davon abhalten, auf Probleme hinzuweisen, und das dulden wir hier nicht. Wir wollen ja gerade, dass die Leute auf Probleme hinweisen."

McDowell verkniff sich eine spontane Antwort: „Es war das Ausmaß der Probleme. Es machte keinen Sinn."

Zum Glück für ihn wurde das Verfahren fortgesetzt.

Dalio kam zu dem Schluss, dass Comey hinsichtlich der Beurteilung der Bagels-Geschichte eine schlechte Diagnose gestellt hatte: „Sie sind der Ursache nicht auf den Grund gegangen." Dalio ordnete eine dritte Untersuchung an.

Dieses Mal ging Comey mit brachialer Gewalt vor. Er durchsuchte die Aufzeichnungen von Guggenheimers firmeneigenem Mobiltelefon und fand heraus, dass sie es nach ihrem ersten Prozess zu Hause eingeschaltet hatte. Als sie protestierte, dass sie persönliche Kontaktinformationen speichern müsse, sagte Comey, sie hätte um Erlaubnis bitten müssen. Er begann auch, die Dateien auf Guggenheimers Bürocomputer zu durchsuchen. Inmitten der üblichen Bürodateien stieß Comey auf etwas, das er für ein echtes Geheimnis hielt. Guggenheimer, eine alleinstehende Frau, nutzte den Computer, um Nachrichten auf Dating-Websites zu versenden. Einige der Nachrichten waren fast „pornografisch", wie Comey bei Bridgewater sagte.

Dalio sah das anders. „Was ist Pornografie?", überlegte er. Die Leute hätten nun mal ihre Privatangelegenheiten, und die Nachrichten stellten nicht im Entferntesten ein gefährliches Vergehen dar, folgerte er.

„Ein schwaches Argument, Jim", schloss Dalio.

Aufgrund der Blamage wollte Guggenheimer die Firma verlassen. Dalio bot Guggenheimer jedoch an, weiterzumachen, und sie zog es in Betracht. Zunächst bat sie ihn aber schriftlich um die Auszahlung ihres Gehalts für die Zeit ihrer Abwesenheit.

„Machen Sie Witze?", erwiderte er. Er wollte nicht Geld an Leute auszahlen, die vor „Gericht" gestellt worden waren.

„Wollen Sie gut dastehen oder sich gut verhalten?" fragte Guggenheimer.

Er entschied sich für Ersteres.

In mehr als einer Hinsicht blamiert, beschloss Guggenheimer, nicht zurückzukehren.

Comey war unter anderem für die Sicherheit von Bridgewater zuständig. Diese weitreichende Aufgabe gab ihm einen Vorwand, in praktisch allen Ecken des Unternehmens herumzustochern. In den Principles war nichts anderes vorgeschrieben. In einem der Principles heißt es: „Sie sollten so gute Kontrollen haben, dass Sie nicht der Unehrlichkeit anderer ausgesetzt sind.“[5]

Das Abhören von Sitzungen war nur die Spitze des Überwachungssystems bei Bridgewater. Ein ehemaliger FBI-Beamter[6] war Sicherheitschef, und er stellte eine Reihe von Kollegen aus der Sicherheitsbehörde ein, die unter ihm arbeiteten. Nicht nur, dass die Kameras scheinbar jeden Zentimeter des Geländes abdeckten, Mitarbeiter schienen auch in Echtzeit überwacht zu werden. Mitarbeiter, die ihren Schreibtisch auch nur kurz verließen, fanden bei ihrer Rückkehr Klebezettel auf ihren Computermonitoren vor, die sie ermahnten, weil sie es versäumt hatten, einen Bildschirmschoner einzuschalten. Tastenanschläge und Ausdrucke wurden verfolgt. Mit der speziellen Hardware konnten die Kopierer jede Fotokopie aufzeichnen. Sogar das Anfügen eines Anhangs an eine E-Mail musste einzeln genehmigt werden.[7] Die Besessenheit von Geheimhaltung und Sicherheit ging über die Arbeit des Unternehmens hinaus. Neue Mitarbeiter wurden oft gewarnt, vorsichtig mit der Nutzung des firmeneigenen Fitnessstudios zu sein, in dem Kleidung ausgeliehen werden konnte. Ein Mitarbeiter, der nach einem besonders harten Training erschöpft war, ging geistesabwesend mit einem Paar Leihsocken von Bridgewater hinaus. Kurze Zeit später wurde der Mitarbeiter entlassen.

Wie die Hedgefonds-Fachzeitschrift *Absolute Return* berichtet, war es den Investmentmitarbeitern per Dekret untersagt, außerhalb der Arbeit Kontakte zu Personen zu knüpfen, die bei einem der großen Wall-Street-Konkurrenten beschäftigt waren[8] (Bridgewater bestritt später die Existenz einer solchen Regel).

Wie Comeys Suche nach Wanzen in den Büros zeigte, hatten die meisten Bridgewater-Mitarbeiter eine begründete Angst davor, abgehört zu werden, sei es in den Büros von Bridgewater oder außerhalb. Einige Mitarbeiter nahmen den Akku ihres firmeneigenen Mobiltelefons heraus, wenn sie bei ihrer Familie oder bei Freunden waren, so überzeugt waren sie davon, dass jedes Gerät, das mit Bridgewater in Verbindung stand, jederzeit aufzeichnete. Die Sicherheitsabteilung förderte diesen Gedanken geradezu, indem sie sich weigerte, auf die Frage von Mitarbeitern, ob Telefonmikrofone unangekündigt eingeschaltet werden könnten, direkt zu antworten. Die Mitarbeiter der Investment-Abteilung wurden angehalten, ihre persönlichen Telefone jeden Morgen abzugeben und sie tagsüber in signalgeschützte Schließfächer zu legen. Für alle anderen galt: Wenn persönliche Anrufe während der Arbeitszeit getätigt werden mussten, hatten sie sich zum Telefonieren in den umliegenden Wald zu begeben. Das ging so lange gut, bis innerhalb des Fonds das Gerücht kursierte, dass Comeys Team daran arbeitete, Geräte in den Bäumen zu installieren, mit denen Telefongespräche abgefangen werden konnten, bevor sie die umliegenden Mobilfunkmasten erreichten.

Als Sicherheitschef berichtete Comey an Jensen, der unbedingt beweisen wollte, dass er den Schutz der Geheimnisse von Bridgewater ebenso ernst nahm wie Dalio. Da es jedoch kaum Beweise für tatsächliche Verstöße gab, die sie auslöschen konnten, schufen sie ihre eigenen. Comey half bei der Ausarbeitung eines Plans, eine Mappe, die eindeutig als Jensens Mappe gekennzeichnet war, unbeaufsichtigt in den Bridgewater-Büros zu lassen. Es funktionierte wie Zauberei. Comey beobachtete, wie ein Bridgewater-Angestellter mit einem niedrigen Dienstgrad über die Mappe „stolperte" und begann, sie durchzublättern. Jensen und Comey stellten den Mitarbeiter vor ihr Tribunal, befanden ihn für schuldig und feuerten ihn mit Dalios Zustimmung.

Die strenge Überwachung hielt die Menschen unweigerlich in Atem. Immer wieder warfen sie verstohlene Blicke an die Decke, als wollten sie sich an die Kameras über ihnen erinnern. Die Spannung wurde immer größer, je näher man dem Bridgewater-Gründer kam. Ein ehemaliger Angestellter erinnerte sich, dass Dalios Sekretärin an einem ansonsten ereignislosen Tag in sein Büro sah und es leer vorfand, die Tür war angelehnt. Sie war sofort alarmiert, denn ausgerechnet Dalio würde sein

Heiligtum nie ungeschützt verlassen. Sie rannte in einen angrenzenden Konferenzraum und informierte die versammelte Gruppe, dass Dalio entführt worden sei – und fragte, was gemäß den Principles als Nächstes getan werden solle. Ungefähr 30 Sekunden später erschien Dalio in der Tür. Er war auf der Toilette gewesen und kritisierte nun, warum seine Sekretärin von ihrem Schreibtisch aufgestanden war.

Während einiger Tage, Wochen und Monate bei Bridgewater schien das ganze Unternehmen davon eingenommen zu sein, wen man einstellen und wen man entlassen sollte.

Zu Comeys Zeiten, im Jahr 2010, war ein sanftmütiger Brite, Michael Partington, dessen Frau mit Jensen befreundet war, für die Neueinstellungen zuständig. Partington war nach einer 20-jährigen Karriere als Leiter der Personalbeschaffung bei der Unternehmensberatung McKinsey & Company zu Bridgewater gekommen. Seine Erfahrungen machten ihn zu einem Experten auf diesem Gebiet. McKinsey erhielt angeblich mehr als eine Million Bewerbungen pro Jahr,[9] von denen weniger als ein Prozent zur Einstellung ausgewählt wurden. Für einen Bruchteil dieser Arbeit – der Hedgefonds benötigte nur Hunderte von Neueinstellungen pro Jahr[10] – zahlte Bridgewater an Partington mehr als zwei Millionen Dollar pro Jahr.

Dalio stellte Partington dem Unternehmen als den Mann vor, der Bridgewater „ins gelobte Land" führen würde.

Von diesem Ziel war das Unternehmen noch weit entfernt. Die Einarbeitung neuer Mitarbeiter erforderte eine Flut von Daten, sowohl qualitativer als auch quantitativer Art. Die Bewerber wurden in einem Raum aufgefordert, über brisante Themen wie Abtreibung zu diskutieren,[11] während ein Bridgewater-Mitarbeiter zusah und sich Notizen machte. Eine Finanzzeitschrift berichtete, dass diejenigen, die es in die nächste Phase schafften, zusätzlich zu den bereits geforderten Persönlichkeitstests angewiesen wurden, ihre Einkommensteuererklärungen der letzten fünf Jahre vorzulegen, um zu beweisen, dass sie ihre früheren

Gehälter nicht übertrieben dargestellt hatten. Der Hedgefonds fragte Berichten zufolge auch ohne Erklärung nach den zahnärztlichen Unterlagen der Bewerber,[12] einschließlich ihrer Vorgeschichte bei der Einnahme von Schmerzmitteln.

Sobald sie anfingen, wurden die Neulinge sofort in das Bridgewater-Bewertungssystem aufgenommen, das sich auf ihren Baseballkarten widerspiegelte. Hunderte von Bridgewater-Mitarbeitern bewerteten sich nun gegenseitig in Echtzeit, ein Prozess, der „dotting" genannt wurde. Die Karten wurden mit Punkten oder Zahlen auf einer Skala von 1 bis 10 gefüllt, dies stellte die Bewertung einer Person durch ihre Kollegen dar. Die Punkte konnten 24 Stunden am Tag hinzugefügt werden, denn dank des ausgeklügelten Aufzeichnungssystems des Unternehmens konnten Mitarbeiter, die sich nicht im selben Raum befanden, einander im Nachhinein Punkte geben.

Ein frühes, weitverbreitetes Problem für neue Mitarbeiter war, dass eine im Allgemeinen leere Baseballkarte ohne Bewertungen quasi eine Einladung darstellte, von den Kollegen mit negativen Punkten gebrandmarkt zu werden.* Es gab wenige Anreize, aus der Reihe zu tanzen, aber jede Menge Anreize, mit dem Strom zu schwimmen. Nach wenigen Tagen hatten die Neulinge herausgefunden, dass der beste Weg, eine hohe Bewertung zu erhalten, darin bestand, mit anderen, die bereits hoch eingestuft waren, übereinzustimmen. Das bedeutete unweigerlich, dass man sich eng an die Ansichten der obersten Hedgefonds-Manager halten musste. Oft unterbrachen Dalio oder Jensen eine Sitzung und befragten die Sitzungsteilnehmer, ob ein Untergebener gute Arbeit leiste. Wie Dalio zu diesem Thema stand, war selten ein Geheimnis.

Das Baseball-Kartensystem sollte es zwar einfacher machen, den Mitarbeitern die richtigen Rollen zuzuweisen, aber es gab vor allem

* Ein Anwalt von Bridgewater sagt: „Im Rahmen des Einführungsprozesses und unter Verwendung der Ergebnisse von Persönlichkeitsanalysen als Ausgangspunkt wurden die neuen Mitarbeiter ermutigt, über ihre eigenen Stärken und Schwächen nachzudenken."

jedem eine Plattform, sich zu jedem Thema zu äußern. Die Principles schienen nichts anderes vorzuschreiben – sie besagten, dass es die Aufgabe jedes Einzelnen sei, Missstände zu erkennen, sobald sie auftreten. Jeden Tag wurden neue Mitarbeiter eingestellt, die zu neuen Problemen befragt wurden und neue Fälle für das Bridgewater-Archiv mit aufgezeichneten Übertretungen schufen. Häufig gingen die Fälle ins Persönliche über. Als Dalio Gerüchte hörte, dass ein Mittdreißiger in Partingtons Team verschuldet war, rief der Bridgewater-Gründer eine Gruppe von etwa 50 Personen zusammen, damit sie miterleben sollten, wie Dalio den jungen Mitarbeiter nach den Ursachen befragte. Die Diagnose wurde gefilmt und anschließend als Beispiel dafür, wie die Principles sowohl auf berufliche als auch auf persönliche Angelegenheiten angewendet werden konnten, innerhalb der Firma verbreitet.

Der Fall warf kein gutes Licht auf Partington. Ungefähr ein Jahr nach Beginn der Karriere des Personalanwerbers bei Bridgewater verschickte Dalio eine unternehmensweite Umfrage: „Bringt Michael Partington einen Mehrwert?" Die Nein-Stimmen häuften sich.

„Sie haben uns nicht in das gelobte Land geführt", sagte Dalio zu ihm – und halbierte Partingtons Gehalt.

„Da ist Pisse auf dem Boden."

So lautete die E-Mail von Dalio an eine Gruppe, zu der auch McCormick gehörte, der ehemalige Army Ranger, der zur Unterstützung von Bridgewater hinzugezogen worden war.

Jeder im Hedgefonds würde bald die Vorgeschichte erfahren. Dalio hatte sich aus einer Besprechung entschuldigt und war zur nächsten Gemeinschaftstoilette gegangen. Nachdem er sich am Pissoir erleichtert hatte, blickte er nach unten. Da war Pisse auf dem Boden.

So könne es nicht weitergehen, sagte Dalio. Von wem stammte es? Und wer hatte es zugelassen? „Wenn die Leute ihr verdammtes Pipi nicht richtig ins Pissoir zielen können, können sie hier nicht arbeiten", erklärte Dalio.

Dalios Interesse an der Herrentoilette löste eine Reihe von Untersuchungen aus, aus denen die richtigen Lehren gezogen werden sollten. Es war ein einziges Affentheater. Dalio selbst ließ den Objektleiter zur Befragung vorladen. Dutzende von Mitarbeitern wurden zu einer rotierenden Wache eingeteilt, die vor den Toiletten stand, um Notizen über alle Besucher zu machen – und darüber, ob sie die Toilette mit einem sauberen Boden hinterließen. Nachdem die Mitarbeiter die Toilette verlassen hatten, eilte ein Mitglied des Reinigungspersonals herbei, um den Boden zu reinigen. Neue Urinale wurden zum Testen angeschafft. Eifrig wurden Aufkleber als Zielscheiben auf das Porzellan geklebt, um den Männern ein effektiveres Ziel zu bieten. Dann wurde die genaue Platzierung der Aufkleber selbst erprobt.

Es war so unübersehbar schlimm, dass alles gefilmt und ein Fall daraus gemacht wurde, aus dem alle lernen sollten.

Der „Piss-Fall", wie er später genannt wurde, spiegelte ein zunehmendes Muster von Dalio wider. Er war scheinbar ständig in Aufruhr. Sogar sein ältester Sohn Devon, der bei Bridgewater in einer relativ unwichtigen Position angestellt war, war nicht immun dagegen, wie mehrere Personen, die mit ihm zusammenarbeiteten, sich entsannten. Ein ehemaliger Bridgewater-Manager erinnerte sich an mehrere Fälle, in denen Devon vor einer Tür auf dem Bridgewater-Campus stand, aufgebracht und den Tränen nahe.

Dalio war vielleicht am unversöhnlichsten, was die einfachsten Aufgaben des Unternehmens anging. Er zeigte wenig Geduld, wenn er auf scheinbar rudimentäre Probleme aufmerksam wurde, die durch die sorgfältige Anwendung der Principles leicht zu beheben wären.*

So befanden sich diejenigen Mitarbeiterinnen und Mitarbeiter, die im Hedgefonds für die Verwaltung, das Sekretariat und andere Auf-

* Ein Anwalt von Herrn Dalio sagte, dass er „alle Angestellten gleich behandelte, indem er den Leuten auf allen Ebenen den gleichen Respekt entgegenbrachte und ihnen die gleichen Vergünstigungen gewährte".

gaben zuständig waren, in einer Gefahrenzone. Sie hatten zweifellos die geringsten Aussichten auf eine lukrative Zukunft außerhalb des Hedgefonds; ihre täglichen Aufgaben unterschieden sich nicht wesentlich von denen in anderen Unternehmen, zumal es nicht so viele Möglichkeiten gibt, Papier neben dem Drucker zu stapeln oder einen Parkplatz zu kontrollieren. Aber Bridgewater zahlte üppig – mehr als 200.000 Dollar pro Jahr für eine Sekretärin, wie sich ein Mitarbeiter erinnerte. Im Gegenzug wurde von ihnen erwartet, dass sie sich wie alle anderen an die Principles hielten – und nach ihnen benotet wurden. Ihr Berufsleben war von Turbulenzen geprägt. Gegen die Busfahrer wurde oft ermittelt, weil es in ihren Fahrzeugen entweder zu heiß oder zu kalt war (manchmal auch beides gleichzeitig, wenn es um konkurrierende Beschwerden ging). Nur wenige bei Bridgewater nahmen zur Kenntnis, wenn die Kühlschränke der Snackbar jeden Morgen aufgefüllt wurden, aber ein niedrig eingestufter Angestellter erhielt „wütende" Punktbewertungen, wenn der Vorrat an Softdrinks einmal zur Neige ging.

Die Assistenten waren niedergeschlagen, wenn ihre Chefs zu spät zu einer Sitzung kamen, auch wenn es nicht ihre Schuld war, da sie für die Einhaltung des Zeitplans verantwortlich waren.

Obwohl einige Hedgefonds-Mitarbeiter Bedenken hatten, mit aller Härte gegen die am schlechtesten bezahlten Mitarbeiter des Unternehmens vorzugehen, zeigte Dalio keine derartigen Bedenken. Andere folgten schließlich.

Man musste sich nicht einmal in den Bridgewater-Büros aufhalten, um mit den Erwartungen in Konflikt zu geraten. Ein Sicherheitsbeamter geriet in die Kritik, nachdem er die Parkausweise, die an den Heckscheiben der Autos der Mitarbeiter befestigt waren, ausgetauscht hatte, um potenzielle Betrüger leichter erkennen zu können. Ein Mitarbeiter beschwerte sich in einer E-Mail darüber, dass die neuen Ausweise so groß waren, dass sie ihm die Sicht durch die Windschutzscheibe versperrten. Er schickte eine Kopie an Dalio und Jensen. Dalio beschloss, ein Exempel zu statuieren. Es gab eine Untersuchung, eine Diagnose, und zwei Männer verloren ihre Jobs.

Bridgewater verwendete die neuen Parkausweise trotzdem.

Ein noch denkwürdigerer Zwischenfall ereignete sich während eines Vorfalls, der als „Whiteboard-Fall" bekannt wurde.[13] Während eines Meetings erhob sich Dalio von seinem Platz und nahm einen Marker zur Hand, um auf dem Whiteboard des Raumes etwas zu zeichnen. Als er mitten im Skizzieren eines Flussdiagramms war, wollte er einen Teil seiner Arbeit überschreiben und griff nach einem Radierer, der an der Tafel befestigt war. Ein paar Sekunden lang wischte er mit dem Radierer über die Tafel, dann erstarrte er. Er wandte sich an die Gruppe und zeigte auf die Stelle an der Tafel.

Der Radierer hatte die Markierung nicht vollständig beseitigt, sondern fast unmerklich leichte Schreibspuren über die Tafel verschmiert.

„Das ist schlimm", verkündete Dalio. „Wer ist dafür verantwortlich?"

Wer auch immer es war, er war nicht im Raum. Einer von Dalios Leuten eilte hinaus, um die verantwortliche Person zu finden. Auch das führte nicht zu einer schnellen Antwort.

Es gab keine Aufzeichnungen darüber, wer die Whiteboards ausgewählt hatte.

Keine verantwortliche Partei bedeutete, dass die gesamte Abteilung für Büroeinrichtungen verantwortlich war. In den nächsten sechs Wochen widmete sich Dalio mit großem Eifer einem Drilldown des Teams. Vor laufenden Kameras rief er sie zu einer Demonstration am Whiteboard zusammen. Er zeichnete immer wieder auf die Tafel und löschte das Geschriebene, immer und immer wieder. Wie konnte er der Erste sein, dem das auffiel?

Die verantwortlichen Mitarbeiter reagierten, als ob ihre Arbeitsplätze in Gefahr wären, was auch stimmte. Zuerst brachten sie riesige Pappstücke als Attrappen mit und baten Dalio, ihnen genau zu zeigen, wie und wo er die Geräte einsetzen wollte. Dann, so ein Beteiligter, „bestellten wir jedes einzelne Whiteboard auf dem Markt". Als die

Tafeln eintrafen, führten die Mitarbeiter sie Dalio vor und machten sich Notizen zu seinen Wünschen. Es wurden sogar elektronische Whiteboards ausprobiert, die nicht manuell gelöscht werden mussten. Diese wurden jedoch schnell wieder verworfen, da diese Tafeln nach einer wenig bekannten staatlichen Vorschrift für Behinderte relativ niedrig angebracht werden mussten, damit sie für Rollstuhlfahrer zugänglich waren, und Dalio gefiel die Höhe nicht. Und es gefiel ihm nicht, dass die Lösung des Problems so viele Arbeitsstunden in Anspruch nahm.

„Ihr kommt euch alle nur gegenseitig in die Quere", sagte er.

Der Whiteboard-Fall hinterließ zwei bleibende Spuren (drei, wenn man mitzählt, dass die Whiteboards schließlich ersetzt wurden). Die Videos der Untersuchung wurden unter einem besonders einprägsamen Titel zusammengeschnitten: „Wie viele Mitarbeiter braucht man, um ein Whiteboard aufzustellen?" Dies verärgerte viele Mitarbeiter der Abteilung, die sich verhöhnt fühlten, weil sie die Anweisungen des Chefs befolgt hatten.

Die zweite Auswirkung war, dass eine neue Redewendung in den Wortschatz von Bridgewater Einzug hielt. In den kommenden Jahren konnte man sich darauf verlassen, dass immer dann, wenn Manager von Bridgewater mit den Diensten der Verwaltungsmitarbeiter des Unternehmens unzufrieden waren, jemand mit der schnellen Diagnose einsprang: „Die kommen sich alle nur gegenseitig in die Quere."

Die intensive Konzentration, mit der Dalio selbst die alltäglichsten Probleme anging, brachte ihm bei einigen der Mitarbeiter einen Spitznamen ein. Er war Ray-man,[14] nach Dustin Hoffmans oscarprämierter Darstellung eines autistischen Mannes.

Es war jedoch bei Weitem nicht die Meinung der Mehrheit des Hedgefonds, dass Dalio aus der Reihe tanzte.

Wenn das Management Principles Training eines bewirkt hatte, dann war es die Erinnerung an die Unzulänglichkeiten der Organisation. Es war unmöglich, sich die Fälle anzusehen, ohne Dalios aufrichtige Beunruhigung darüber zu verinnerlichen, dass die Whiteboards nicht den Vorschriften entsprachen, dass sich jemand Sorgen über Parkausweise machte, die dem Fahrer die Sicht versperrten, dass das Essen in der Cafeteria verbesserungswürdig war und so weiter. Während der Bridgewater-Gründer in den Fällen als derjenige dargestellt wurde, der am besten in der Lage war, die Probleme zu beheben, machte Dalio oft den Eindruck, als ob er sich damit abfinde, diese unwürdige Arbeit in den „Schützengräben" zu verrichten. Wenn es ein Thema gab, das alle Fälle verband, dann war es jenes: dass der Bridgewater-Gründer von seinem Umfeld im Stich gelassen wurde. In einem von Dalio verbreiteten Video, in dem er diagnostiziert, warum ein Untergebener versagt hatte, stand Dalio vor dem Mann und schrieb auf eine Tafel: „Ich brauche einen Psychiater."

Seltsamerweise schienen sich die Umstände trotz all dieser Lektionen und der dadurch ausgelösten Überlegungen nicht zu verbessern – aus mehreren Gründen:

Der erste Grund war, dass Dalio ein Team von Leveragern, Assistenten und Analysten zusammengestellt hatte, deren Aufgabe darin bestand, sich die firmeninternen Aufnahmen anzuhören, die Stellen vorzuspulen, die den Bridgewater-Gründer stören könnten, und sie als Fall vorzuschlagen. Für jeden Fall, der es in die unternehmensweite Aufzeichnung schaffte, gab es eine ganze Reihe weiterer, die nicht gesendet wurden. Es gab immer wieder eine neue Krise zu bewältigen. Der Lebensunterhalt von vielen Angestellten hing davon ab.

In gewisser Weise hing auch Dalios Lebensunterhalt davon ab. Das Wissen, dass jeder unvorsichtige Moment zu einem monatelangen Fall werden könnte, war ein wirksames Mittel, um alle an die Principles zu binden. Das Letzte, was ein Mitarbeiter wollte, war, dass Dalio im Nachhinein nachfragte, warum der eine oder andere nicht „die Suppe auslöffelte", wie es in den Principles hieß. Jeder Mitarbeiter sicherte sich ab, untersuchte, bewertete, vergab Punkte, als ob jemand zuschauen würde. Unweigerlich gab es auch immer jemanden.

Bei so vielen Fällen, die so viele Daten produzierten, konnte das Baseballkarten-Team trotz eines Vollzeitteams von zugewiesenen Softwareingenieuren und unzähligen hochdotierten Beratern nicht mehr den Durchblick behalten. Also beschloss Dalio, zu den Grundlagen zurückzukehren. Er forderte die fast 300 Manager von Bridgewater auf, ihre eigenen Karten neu zu erstellen und sich selbst in mehr als 100 Kategorien neu zu bewerten. Dafür setzte er eine Frist von einer Woche. Die Anweisung lautete, nun eine „absolute Skala" zu verwenden. Dalio gab hilfreiche Beispiele dafür, was eine 1, 2, 3 und mehr verdiente. Diejenigen, die die Frist versäumten, wurden per E-Mail daran erinnert, dass ein Punktabzug „auf Ihrer Zuverlässigkeitsliste" vermerkt würde.

Etwa ein Prozent der Gruppe, das heißt fast ein Dutzend Mitarbeiter, verpasste eine zweite Frist. Einige waren nicht im Büro, andere waren einfach damit beschäftigt, den größten Hedgefonds der Welt zu leiten. Einige gingen davon aus, dass sie fälschlicherweise einbezogen worden waren, da sie niemandem unterstellt waren. Ungeachtet des Grundes öffneten sie alle ihre E-Mails, um eine verzweifelte Erinnerung von Dalios Leveragern zu erhalten, die den Bridgewater-Gründer mit einbezog: „Erledigen Sie das so schnell wie möglich."

Bevor jemand etwas tun konnte, kam eine E-Mail von Dalio selbst:[15] „Diejenigen, die sich nicht gemeldet haben und auch nach zweimaliger Aufforderung nicht geantwortet haben, sind gefeuert."

Bevor jemand antworten konnte, schickte er erneut eine E-Mail: „Wer widerspricht meiner Ansicht, dass Menschen, die nicht tun können, was man von ihnen verlangt, oder die nicht kommunizieren können, wenn man sie zweimal um etwas bittet, nicht die Menschen sind, auf die man sich verlassen will?

Jedenfalls sind das nicht die Leute, die ich hier arbeiten lassen will."

10

DIE OFFENSIVE

Während des ersten halben Jahrzehnts ihres Bestehens waren die Principles auf Bridgewater beschränkt. Ihre Metastasen und Metamorphosen fanden unter Ausschluss der Öffentlichkeit statt. Die meisten neuen Mitarbeiter des Unternehmens hatten noch nicht einmal von ihnen gehört, als ihnen bei der Einarbeitung ein Ausdruck der Principles von den sogenannten „Kulturträgern" von Bridgewater ausgehändigt wurde. Paul McDowell war einer dieser Träger. Ungefähr einmal im Monat stellte er sich vor eine Gruppe neuer Mitarbeiter und hielt dieselbe Rede: „Newton hatte seine Principia. Ray hat seine Principles. Der einzige Unterschied ist, dass Newtons Prinzipien sich auf die Physik beschränkten."

Die Regeln wurden den Neulingen als ein geheimes Menü vorgestellt, das mit der Zeit nicht nur schmackhafter werden sollte, sondern auch ihr Leben innerhalb und außerhalb der Arbeit verbessern würde. Das war ein erfolgreiches Argument – in ein Geheimnis eingeweiht zu werden war verlockend.

Das änderte sich im Mai 2010, als der Finanzblog „Dealbreaker" die Principles in die Hände bekam. Der Blog stellte das Dokument,[1] das er „The Tao of Dalio" nannte, mit einer gesunden Portion Spott vor („WTF is this shit?", hieß es in der Einleitung). Der Blog zitierte einen anonymen Mitarbeiter, der sagte: „Die Principles sind ziemlich kultisch, wie auch die Kultur des gesamten Unternehmens. Bei einer unserer Mitarbeiterversammlungen verteilte [Dalio] persönlich signierte Exemplare davon an alle."

„Dealbreaker" schwankte zwischen direkten Zitaten aus den Principles, die er „Rays Regeln" nannte, und deren Verspottung:

> Seien Sie die Hyäne. Greifen Sie das Gnu an.
>
> KÖNNEN SIE MIT DER WAHRHEIT UMGEHEN?
>
> Achten Sie darauf, den Leuten in die Augen zu sehen und ihnen zu sagen, dass sie Ihnen auf die Nerven gehen.
> Wenn Sie ihnen sagen, dass sie sch… sind, dann reden Sie nicht um den heißen Brei herum, dass sie sch… sind. Machen Sie sie richtig fertig.

Dalio las den Eintrag mit Entsetzen und hatte das Gefühl, dass sein Lebenswerk darin falsch dargestellt wurde. Dass der Beitrag von einem Finanzblog mit drei Autoren und einem unbekannten Publikum veröffentlicht wurde, schien seine Gefühle nicht zu lindern. Immerhin wurde „Dealbreaker" in der Finanzwelt viel gelesen. Er stellte sich für ein Interview mit dem *Wall Street Journal* zur Verfügung, um eine Antwort zu geben. Es war das erste Mal, dass er öffentlich und ausführlich über die Principles sprach.

Er sagte dem Reporter,[2] dass die übergreifende Philosophie auf „Hyperrealismus" hinauslaufe, oder auf die Vorstellung, dass brutale Ehrlichkeit zu den besten Ergebnissen führe. Bei Bridgewater sei es verboten, sich in Abwesenheit der Mitarbeiter kritisch über sie zu äußern – und bei dreimaligem Verstoß gegen diese Regel könne der Mitarbeiter entlassen werden. „Die meisten Leute lieben diese Regel sogar", sagte er. Wenn sie Außenstehenden seltsam erschien, sei das nicht Dalios Sorge. Er sei nicht daran interessiert, die Principles, wie er es ausdrückte, „vor aller Welt" zu diskutieren.

Was er nicht sagte, war, dass sich innerhalb der Firma eine kleine Rebellion zusammenbraute. Und sie stand in direktem Zusammenhang mit den Principles selbst.

Der Aufstand, wenn man ihn überhaupt so nennen kann, wurde von Julian Mack angeführt. Er kam etwa zur gleichen Zeit wie Comey zu Bridgewater, nach der Finanzkrise. Wie der Chefsyndikus war auch Mack ein selbstbewusster, großgewachsener Mann mit einer Nebenrolle, der sich problemlos in Bridgewaters neues Team von Alphamännchen einfügte. Mack freundete sich schnell mit David McCormick an, einem breitschultrigen, ehemaligen Mitglied des Ringerteams der Armee, der kaum eine Gelegenheit ausließ, seine Besucher daran zu erinnern (im Abschlussjahr riss er sich das vordere Kreuzband, nahm aber trotz der Verletzung an den nationalen Meisterschaften teil). McCormick erhielt später den Bronze Star für seine Führungsqualitäten bei der Räumung von Minenfeldern während der Operation Wüstensturm. Wie Mack war auch er ein früherer McKinsey-Berater.

Beide Männer wurden in ähnlichen Funktionen eingestellt und es wurde ihnen gesagt, dass sie in der Geschäftsleitung von Bridgewater mitarbeiten würden, um für den Posten des CEO vorzusprechen.

Zu Macks täglichen Aufgaben gehörte die Aufsicht über Paul McDowell, die Baseballkarten und andere Instrumente, mit denen die Mitarbeiter nach verschiedenen, auf den Principles basierenden Eigenschaften bewertet werden konnten. Diese Aufgabe machte ihn in der Unternehmenspraxis angreifbar für Kritik. Dalios ständige Ergänzungen und Überarbeitungen der Principles bedeuteten, dass jeder,

der für die Entwicklung von Principles-bezogenen Instrumenten zuständig war, zwangsläufig in sein Fadenkreuz geriet.

Mack war noch keine sechs Monate bei Bridgewater tätig, als andere zu spekulieren begannen, wann Dalio entscheiden würde, dass Mack für eine weitere Verzögerung bei der Weiterentwicklung der Baseballkarten und des Ratings verantwortlich war. Nach Dalios Auffassung konnte dies nicht seine eigene Schuld sein; es musste die Schuld eines anderen sein, und diesmal war es die von Mack. Dalio berief eine Gruppe von Topmanagern, darunter auch McCormick, zusammen, um zu erörtern, ob das Problem darin bestand, dass Mack langsam arbeitete, weil er die Principles nicht vollständig verinnerlicht hatte. Es handelte sich nicht um ein Tribunal, sondern um etwas, das Dalio eine Diagnose nannte – im Wesentlichen eine Gelegenheit, eine Führungskraft ausführlich auf Band zu kritisieren, wobei die Aufnahme unter dem Deckmantel einer „Lernmöglichkeit" verschickt wurde.

In Dalios Diagnosen übernahm der Bridgewater-Gründer einen Großteil des Redens. Macks Problem, so Dalio, sei, dass er nicht in großen Zusammenhängen denken könne. Er blieb in den Augen von Dalio an geringfügigen Problemen hängen, wie zum Beispiel der Frage an Untergebene, ob ein bestimmtes Principle sinnvoll sei, und habe nie genug Zeit, um größere Aufgaben anzugehen. Mack lasse sich von seinen Gefühlen leiten. Da diese Kritikpunkte von Dalio an den meisten Menschen in seinem Umfeld häufig vorkamen, mussten einige im Raum so tun, als ob sie interessiert zuhörten.

„Sie schießen in die falsche Richtung", sagte Dalio in Anlehnung an die Principles zu Mack.

McCormick fügte hinzu: „Ja, ich würde dem zustimmen."

Bei Diagnosen stimmten die Menschen im Allgemeinen mit Dalio überein, sich von der Person zu distanzieren, die unter Beschuss stand. In diesem Fall jedoch wandte sich McCormick gegen einen Freund. Im Raum veränderte sich plötzlich etwas. Mack schien seine Optionen abzuwägen: Würde er die Kränkung hinnehmen oder zurückschlagen?

Zunächst richtete sich Mack in aller Ruhe an Dalio: „Ich kann verstehen, warum Sie denken, dass das, was Sie sagen, wahr sein könnte."

Dann wandte sich Mack an McCormick. „Aber ich glaube nicht, dass David hier mit der Wahrheit richtigliegt."

Mack erzählte der Gruppe, dass sich McCormick auf ihren Fahrten außerhalb der Hörweite der anderen über Dalio und Bridgewater beschwerte. Die Botschaft war klar. Dalio war von Speichelleckern umgeben, und er wusste es nicht einmal.

Dies war ein Paukenschlag. Mack hatte seinen Freund nicht nur beschuldigt, ein „schleimiges Wiesel" zu sein, sondern er hatte das Bridgewater-Managementsystem im Kern getroffen. Was sagte es über Dalio aus, wenn er nicht einmal merkte, dass einige Leute in seinem inneren Kreis nicht mitmachten?

Dalio beschloss, die Diagnose auf McCormick auszuweiten. Wahre Führung sei der Versuch, die Wahrheit um jeden Preis herauszufinden, erklärte Dalio. Er stellte ein Team zusammen, das sich bei Besprechungen bei Bridgewater alle aufgezeichneten Tonbänder von Mack und McCormick anhören und darüber berichten sollte, wer von beiden ehrlich war. Dalio sagte, dass die Untersuchung in der nächsten Woche während der Sitzung der Geschäftsleitung fortgesetzt werden würde.

Die Nachricht über den bevorstehenden Showdown verbreitete sich in der Firma. Einige Leute gingen privat zu Mack und gestanden ihre eigenen Bedenken ein. Andere stellten sich hinter McCormick und wiesen darauf hin, dass er das getan hatte, was praktisch alle anderen bei Bridgewater bei jeder Gelegenheit taten. Dalio beim Wort zu nehmen und von „brutaler Ehrlichkeit" zu sprechen war für sie nichts anderes als brutale Dummheit. Alles, was McCormick zu verantworten hatte, war, reflexartig mit Dalio übereinzustimmen – was ihn, wenn überhaupt, nur schlau erscheinen ließ.

Mehrere Anwesende erinnern sich, dass Mack und McCormick bei der nächsten Sitzung der Geschäftsleitung kaum Augenkontakt halten konnten; es schien, als sei ihre Zeit als Geschäftspartner vorbei.

Dalio eröffnete die Sitzung. „Ich möchte gern verstehen, was wahr ist …"

McCormick schaltete sich ein: „Zuerst möchte ich etwas sagen. Ich war im Kampfeinsatz. Ich hatte Männer unter mir, als wir in eine Situation gerieten, in der es um Leben und Tod ging. Das konnten wir als Soldaten nur tun, weil wir wussten, dass wir uns gegenseitig die Treue hielten. Ich habe nicht das Gefühl, dass ich hier in den Kampf ziehen sollte, nur weil Sie Julian die Meinung geigen, aufgrund dessen, was er gesagt hat."

„Es geht nicht um Loyalität", antwortete Dalio. „Es geht um Wahrheit."

Dalio wandte sich an Mack. „Was ist die Wahrheit?"

Die Wahrheit, so Mack gegenüber Dalio, sei, dass Mack in der vergangenen Woche von Bridgewater-Mitarbeitern gehört habe, dass sie Angst hätten, die Wahrheit zu sagen.

„Sie haben ein starres Denksystem geschaffen, von dem Sie glauben, dass es von Natur aus anderen Logiken überlegen ist. Wenn Fragen zu diesem System gestellt werden, werden sie durch das System beantwortet", sagte Mack zu Dalio. „Die Bewahrung einer Theologie durch dieselbe Theologie endet mit Theologie hoch zwei."

Dalio wechselte schnell von der Befragung McCormicks zu einer Verteidigung der Principles. Hier sei er und lade vor allen Leuten zur Kritik ein. Genau dieses Gespräch, so Dalio, beweise die Vorzüge des Systems.

„Wie viel aufgeschlossener könnte ich noch sein?", fragte er.

Er wandte sich nun gegen Mack. Dalio hatte zu einer sorgfältigen Präsentation der Beweise aufgefordert, gestützt durch alle Daten, die gefunden werden konnten. Stattdessen sei Mack mit heimlichem Geflüster von ungenannten Befürwortern zurückgekommen. Es spreche nicht gerade für diese vermeintlichen Befürworter, dass sie von vornherein nicht offen seien.

Dalio verwandelte das, was als einfache Diagnose begonnen hatte, in eine vollwertige, hochgradig inszenierte Inquisition und berief als

Nächstes eine Versammlung von Hunderten von Mitarbeitern ein. Die Trennwände wurden zwischen mehreren Schulungsräumen und der Cafeteria zusammengeschoben, um so viele Teilnehmer wie möglich unterzubringen. Das Verfahren wurde aufgezeichnet, damit es später von allen wieder angehört werden konnte.

Dalio und Mack saßen auf Stühlen vor der Menge und reichten ein Mikrofon hin und her.

„Julian hat also das Gefühl, dass die Dinge hier falsch laufen", sagte Dalio.

Mack, mit gerader Körperhaltung und fester Stimme, legte seinen Standpunkt dar. „Ich glaube, die Kultur hier unterdrückt die wahren Gefühle der Menschen."

Dalio streckte die Arme aus und übergab das Mikrofon an Mack. „Fragen Sie sie." Mack stand auf und blickte in die Runde. „Wer fühlt sich hier unterdrückt?"

Keiner hob die Hand.

„Sehen Sie", sagte Dalio.

„Niemand?!" Mack brüllte. „Niemand steht auf? Einige von euch waren in meinem Büro und haben mir genau das erzählt."

Wieder Stille.

Dalio nahm das Mikrofon zurück. „Ich weiß nicht, worüber Sie sich beschweren, Julian. Sie sind das Problem."

Auf der nächsten Sitzung der Geschäftsleitung wurde Mack entlassen. Noch am selben Tag packte er seine Sachen. Über seine Erfahrungen in der Firma sprach er nie öffentlich.

Mack mochte seine Unterstützerbasis falsch eingeschätzt haben, aber er war dennoch sehr beliebt. Sein Abgang vor Jahresende 2010, nach einem so öffentlichkeitswirksamen internen Konflikt mit Dalio, drohte einen Schatten auf das spektakulär profitable Jahr zu werfen.

Die Bridgewater-Investitionsmaschine erlebte einen starken Aufschwung. Das lag weniger an einer einzelnen neuen Idee als an einem Zusammenfluss alter Ideen. Die weltweite wirtschaftliche Erholung, die 2009 begann, verlangsamte sich, und Bridgewater hatte wie üblich auf die Schwäche des Marktes gesetzt. Die Bestände des Hedgefonds[3] an sogenannten sicheren Anlagen wie Anleihen und Gold hatten sich in Zeiten der Vorsicht in der Regel besser entwickelt und waren 2010 erneut gefragt. Eine gehebelte Version von Pure Alpha,[4] die mit geliehenem Geld die Rendite steigerte, verbuchte allein in diesem Jahr einen Zuwachs von 45 Prozent. All-Weather legte zweistellig zu. Im Jahr 2010 verdiente Dalio persönlich etwas mehr als drei Milliarden Dollar[5] und verdoppelte damit fast sein Nettovermögen.

Daher war 2011 der perfekte Zeitpunkt, um in die Offensive zu gehen.

Dalio schien immer noch unter seiner Erfahrung mit „Dealbreaker" und der damit verbundenen erhöhten Medienpräsenz zu leiden[6] und wollte der Welt zeigen, dass er nicht nur ein weiterer reicher Schnösel war. Er beauftragte eine Public-Relations-Firma und erklärte ihr, dass es sein Ziel sei, in der Öffentlichkeit eine ähnlich gute Figur zu machen wie der Gründer von Berkshire Hathaway, Warren Buffett. Das Orakel von Omaha galt nicht nur als legendärer Investor, sondern auch als Freund des gewöhnlichen Anlegers – ein Mann, der Klartext redete, sparsam lebte und sich nicht scheute, es mit der Orthodoxie der Wall Street aufzunehmen. Zehntausende von Berkshire-Anhängern strömten jeden Frühling nach Nebraska, um Buffetts Rede zu hören. Dalio sehnte sich nach einer solchen Plattform. Seine neuen Berater erklärten ihm, dass Buffetts Ruf nicht zufällig entstanden war – dass er sorgfältig einen Kreis von Journalisten kultiviert hatte,[7] auf die man sich verlassen konnte, um seine Ansichten in die Welt zu tragen. Dalio versprach seinen Kollegen, dass er das Gleiche tun würde.

Dalios anderes Vorbild war, wie er oft betonte, Steve Jobs. Dalios Besessenheit von Jobs – und man kann hier mit Fug und Recht von einer solchen sprechen – hatte einige Jahre zuvor mit der Veröffentlichung des iPod touch durch Apple begonnen. Es war im Grunde das iPhone ohne Telefon, mit einem großen, bunten Touchscreen zur Anzeige des Contents. Dalio reagierte sofort und tat seinen Willen kund, dass jeder bei Bridgewater einen iPod haben solle. Eine Idee war, ein Exemplar der schnell wachsenden Principles auf jeden iPod zu laden und jeden Bridgewater-Mitarbeiter zu verpflichten, seinen iPod von Meeting zu Meeting mitzunehmen, um sicherzustellen, dass ein Exemplar der Principles nie weiter als eine Armlänge entfernt war. Um derart viele iPods zu erwerben, versetzte Dalio Dutzende von Bridgewaters Technologie-Vertragsarbeitern – Zeitarbeiter, die Hunderte von Dollar pro Stunde verdienten – von ihren Posten und befahl ihnen, sich in Warteschlangen vor Apple-Geschäften in der Region New York anzustellen. Sie sollten so lange warten, wie es nötig sei, um so viele iPods wie möglich zu kaufen und nach Westport zu bringen, wobei sie Bridgewater ihre normalen Honorarsätze für ihre Zeit in Rechnung stellen könnten.

Jobs mochte als Ingenieur angefangen haben, aber er baute ein Imperium auf, das Filme, Smartphones, Einzelhandel und Musik umfasste. Selbst Gelegenheitsnutzer von Apple-Produkten kannten den Namen des Firmengründers. Obwohl sich Jobs' Gesundheitszustand im Jahr 2011 verschlechterte, wuchs sein Bekanntheitsgrad dank des Autors und Journalisten Walter Isaacson, der gerade auf Werbetour für eine bahnbrechende Biografie über den umtriebigen Apple-Manager war. Isaacson scheute nicht vor Anekdoten zurück, die zeigten, wie unhöflich sich Jobs gegenüber Untergebenen verhielt; wenn überhaupt, war Jobs' schroffes Verhalten mit seinem Erfolg verbunden. Das Buch, das später verfilmt wurde, zeigt auf dem Titelbild ein Schwarz-Weiß-Foto von Jobs, der direkt in die Kamera starrt und sich an sein Kinn fasst. Für Dalio, der so sehr darauf bedacht war, als historische Figur wahrgenommen zu werden, wäre das ein starkes Bild gewesen.

Zum Glück für den Bridgewater-Gründer blieb dieses Bild von Jobs in den Köpfen von Kip McDaniel hängen, einem Journalisten, der auf einem langen Flug von New York nach Los Angeles in der Touristenklasse eingepfercht war.

Für McDaniels Arbeit bestand nicht die Gefahr, in Hollywood verfilmt zu werden. Er war der erste Chefredakteur des Magazins *Chief Investment Officer*, einer vierteljährlich erscheinenden Zeitschrift, in der Fachartikel für ein – wohlwollend formuliert – beschränktes Publikum veröffentlicht wurden. Er war mit Bridgewater vertraut, auch weil der Hedgefonds dem Magazin geholfen hatte, indem Bridgewater für die Veröffentlichung einiger Artikel bezahlte („Risk Parity Consultant Views Survey, Sponsored by Bridgewater"). McDaniel nutzte das Wi-Fi im Flugzeug und schickte eine E-Mail an einen Bridgewater-Mitarbeiter. Wäre Dalio an einem Gespräch für einen Artikel interessiert, in dem er mit Steve Jobs verglichen wird?

Bevor das Flugzeug gelandet war, bestätigte McDaniel ein dreistündiges Einzelgespräch mit dem Gründer des größten Hedgefonds der Welt in seinem Stadthaus in Manhattan.

Die nächste Ausgabe[8] zeigte Dalio auf dem Titelblatt in einer Nachahmung von Jobs' Buchcover-Pose, mit Dalio, der sich genau wie Jobs ans Kinn fasst. Der Artikel erwähnte Jobs' berüchtigtes Temperament und bemerkte: „Wie bei Apple kann die Arbeit bei Ray Dalios Bridgewater eine Lektion in Demut sein." Dennoch bemühte sich McDaniel, auf einige bedeutende Unterschiede hinzuweisen: „Aber wo Dalio kalte Logik anwendet, schien sich Jobs auf seinen Instinkt zu verlassen. Ray Dalio ist Steve Jobs mit einem Abschluss in Wirtschaftswissenschaften." Die Überschrift des Porträts auf der Titelseite lautete: „Ist Ray Dalio der Steve Jobs des Investierens?", eine Frage, die McDaniel in dem Artikel absichtlich unbeantwortet ließ.

Mit der Zeit verblasste das Fragezeichen. Die nächste Publikation,[9] die die beiden Männer miteinander verglich, war *Wired*, das in einem Artikel über Apple-Anhänger Dalio als Beispiel anführte und davon sprach, dass er „als ‚der Steve Jobs des Investierens' bezeichnet wurde", eine Anspielung auf McDaniels Artikel. Das reichte aus, um Dalios offizielle Biografie auf der Bridgewater-Website wie folgt zu ändern: „Ray wurde von den Magazinen *aiCIO* und *Wired* als ‚Steve Jobs des Investierens' bezeichnet."

Am 5. Oktober 2011 erlag Jobs seinem Bauchspeicheldrüsenkrebs. Dalio bemerkte in seinem regelmäßigen täglichen Wirtschaftskommentar für seine Kunden: „Dies ist kein gewöhnlicher Tag, dies ist der Tag, an dem Steve Jobs gestorben ist."

Dalio begann, bis zum Überdruss über Jobs zu sprechen, und einige bei Bridgewater kamen zu dem Schluss, dass er weniger an Jobs' Leistungen bei Apple als an seiner überragenden öffentlichen Persönlichkeit interessiert war. In Jobs konnte Dalio ein Modell für seine eigene Heldenreise sehen. Beide Männer galten als Flegel. Beide hatten ihre Unternehmen verlassen und waren dann zurückgekehrt. Der Unterschied bestand darin, dass Jobs in seiner zweiten Amtszeit Apple zu einem allseits beneideten Modell für die Technologiewelt gemacht hatte, während Bridgewater hauptsächlich in der Finanzwelt bekannt war.

Dalio kam zu dem Schluss, dass der Unterschied nicht in ihrer Arbeit, sondern in ihrer Botschaft lag. Die Lösung bestand darin, Walter Isaacson zu beauftragen, Dalios Biografie zu schreiben. Bei den ersten Gelegenheiten, als das Thema aufkam, wurde es nicht weiterverfolgt, aber Dalio fragte hartnäckig nach, ob es möglich sei, sodass die Bridgewater-Mitarbeiter die Anfrage stellten. Aus Isaacsons Lager kam die Antwort zurück, dass die Anfrage abgelehnt werde.[10]

Dalio war sichtlich enttäuscht[11] und für David McCormick bot sich eine Chance. Was nur wenige wussten, war, dass Dalio und Isaacson enger miteinander verflochten waren, als es den Anschein hatte. Dalio war ein Mäzen[12] des Aspen Institute,[13] einer Networking-Gruppe für Millionäre und Milliardäre, die sich mit ehemaligen Politikern und bekannten Intellektuellen treffen. McCormick war Mitglied des Kuratoriums des Aspen Institute. Isaacson, der in seiner früheren Laufbahn *CNN*-Chef gewesen war, war jetzt Präsident des Aspen Institute.

McCormick rief ihn an.[14] Vielleicht wäre Isaacson für einen Gefallen im Gegenzug bereit, nach Connecticut zu reisen und mit Ray zu sprechen?

Der Besuch wurde bald auf eine höhere Ebene gehoben. Bridgewater ging für Isaacson aufs Ganze und behandelte ihn wie einen Würdenträger. Anstatt alle in einen Konferenzraum zu quetschen, mietete das Unternehmen das „Inn at Longshore", ein luxuriöses Anwesen am Long Island Sound, in dem normalerweise Hochzeiten stattfinden. Am Ort der Begegnung wurden Hunderte von weißen Stühlen vor einer am Wasser gelegenen Bühne aufgestellt, auf der Dalio und Isaacson in einer als „Kamingespräch" angekündigten Diskussion miteinander sprachen.

Isaacson hatte sich im Vorfeld nicht viel bei der Veranstaltung gedacht. Er sagte sich, dass er eine seiner Reden über Jobs' Führungsqualitäten abliefern würde, die er seit der Veröffentlichung des Buches vor Unternehmen in aller Welt gehalten hatte. Diese enthielten in der Regel ein paar Geschichten über Jobs, gemischt mit Anekdoten hinter den Kulissen aus Isaacsons Interviews für das Buch. Danach würde er vielleicht einige Exemplare signieren und über die Lektionen sprechen, die er in Sachen Führung gelernt hatte.

Er fand bald heraus, dass das nicht funktionieren würde. Als er Dalio unbeholfen gegenübersaß, begann Isaacson sich zu fragen, warum er überhaupt anwesend war. Dalio übernahm den größten Teil des Gesprächs und begann einen langen Monolog über seine Ansichten in puncto Führung. Das Thema des Tages waren „Shaper" – ein Begriff, der in Isaacsons Buch nicht vorkommt, den aber fast jeder im Publikum schon mehrfach gehört hatte. Dalio verwendete den Begriff in der Regel, um einen Untergebenen zu kritisieren, von dem er enttäuscht war, so wie er es bei Jim Comey tat, um den Mitarbeiter als Schwätzer und nicht als Shaper zu tadeln. Ein Shaper war eine visionäre Führungspersönlichkeit, und wie Dalio sagte, hatte er bei Bridgewater nur wenige davon gefunden, von ihm selbst abgesehen. Die Qualifikationen für einen Shaper außerhalb von Bridgewater waren ziemlich nebulös. Ein Shaper sei neugierig, unabhängig und entschlossen, Ziele zu erreichen, sagte Dalio. Er neigte dazu, Menschen zu Shapern zu erklären, nachdem sie längere Zeit mit ihm gesprochen hatten. Bill Gates, Elon Musk und Reed Hastings trafen sich alle mit Dalio und wurden zu Shapern erklärt.

Mitten in seinem Selbstgespräch hielt Dalio inne und schien sich plötzlich daran zu erinnern, dass er einen Gast hatte. Gestikulierend wandte er sich an Isaacson und fragte ihn: „Würden Sie nicht zustimmen, dass Steve Jobs und ich beide Shaper sind?"

Isaacsons Augen wanderten hin und her und er hustete nervös. Er mochte ein Gast des Unternehmens sein, aber er war auch ein Journalist, und er hatte beim Schreiben des Buches völlige Unabhängigkeit von Jobs verlangt – und erhalten. Isaacson hatte sicher nicht vor, Dalio zu verherrlichen, nur weil er die Reisekosten seines Gastes übernommen hatte. Isaacson wich der Frage ein paar Mal aus und begann dann mit seinem Vortrag.

Als klar wurde, dass Isaacson nicht an Shapern interessiert war, sackte Dalio in seinem Stuhl zusammen und war für den Rest des Gesprächs eher zurückhaltend.

Auch wenn Dalios Bemühungen um Isaacson scheiterten, so war dies nicht der Fall bei seinen allgemeinen Bemühungen, sein öffentliches Ansehen zu steigern. Aus Medieninterviews im Sommer und Herbst 2011 wurde förmlich eine wahre Flut. Dalio war auf allen Plattformen im Rampenlicht. In manchen Wochen schien es, als ob jeder, der um ein Interview bat, eines bekam. Im Rahmen dieses Blitzlichtgewitters kehrte Dalio triumphal ins Fernsehen zurück. Zusätzlich zu den üblichen Auftritten bei den Wirtschaftssendern erhielt er einen begehrten Platz bei dem Fernsehmoderator Charlie Rose.[15] Damit saß Dalio auf demselben Stuhl, auf dem einst Jobs gesessen hatte, ganz zu schweigen von US-Präsidenten und der Weltelite, und einem Interviewer gegenüber, der einen gesunden Respekt vor den Reichen und Mächtigen hatte. Als sie auf Sendung waren, führte Rose Dalio folgendermaßen ein:

„Es gibt zwei Gründe, warum die Leute so neugierig auf Sie sind: Erstens ist es einfach der objektive Erfolg dessen, was Bridgewater getan hat und geworden ist. Und zweitens gibt es interessante Fragen dazu, wie Sie über die Welt denken.

Sie betonen immer, dass Sie wissen, was Sie wissen, und das ist in gleichem Maße wertvoll."

Dalio entgegnete: „Ich möchte, dass die Leute meine Sichtweise kritisieren. Wenn sie das, was ich sage, angreifen können – mit anderen Worten, das, was ich sage, einem Stresstest unterziehen –, werde ich daraus lernen."

„Deshalb können die Menschen Ihnen sagen, was sie denken, weil sie wissen, dass es nicht gegen sie verwendet wird und sie davon profitieren können."

„Das stimmt."

Die beiden Männer waren so weit gekommen, dass sie die Sätze des anderen beenden konnten.

„Also kann jeder in einer Besprechung in Ihrem Unternehmen aufstehen und sagen: ‚Ray, …'"

„Auf jeden Fall."

„‚Sie liegen völlig falsch.'"

„Natürlich."

„‚Und Sie haben sich nicht genau ausgedrückt und Ihre Annahmen sind fehlerhaft.'"

„Das oberste Prinzip bei uns ist: Wenn etwas für dich keinen Sinn ergibt, hast du das Recht, es unter die Lupe zu nehmen, um zu sehen, ob es Sinn macht."

Abseits der Dreharbeiten wurden Dalio und Rose schnell Freunde.[16] Bei einem Gespräch kam Dalio auf die Idee, die Hauptrolle in einer eigenen Fernsehsendung zu spielen, die auf dem bewährten Modell der TV-Gerichtssendungen basieren würde – mit Dalio als Richter. Die Gäste würden mit Grundsatzfragen auf Sendung gehen, wie zum Beispiel: „Gibt es einen Gott?", und Dalio würde helfen, sie anhand der Principles zu beantworten. Rose wäre anwesend, um das Gespräch zu leiten.

Dalio kehrte von diesem Gespräch begeistert nach Bridgewater zurück; er erzählte zahlreichen Untergebenen davon, und viele gingen davon aus, dass die Idee offiziell in der Entwicklungsphase sei. Für Rose jedoch war die Idee nicht mehr als eine vage, beiläufige Überlegung. „Ich war enorm beschäftigt", sagte er.[17] Die Idee wurde nie in die Tat umgesetzt.

Dalio hatte mehr Glück damit, seine Bedingungen bei Printmedien zu diktieren, wo sich die Autoren darum drängten, den berühmten Finanzier in ihre Projekte aufzunehmen. Als die Autorin Maneet Ahuja um ein Interview für ihr demnächst erscheinendes Buch bat, willigte Dalio unter der Bedingung ein, dass er das Exemplar rezensieren durfte.[18] Ahuja akzeptierte seine Forderung.[19] Sie widmete Dalio das erste Kapitel ihres Buches „The Alpha Masters: Unlocking the Genius of the World's Top Hedge Funds". Wie der Buchtitel vermuten lässt, wird Dalio in diesem Kapitel als edler, fast salomonischer Anführer dargestellt. Darin beschreibt sie unter anderem, wie sie mit dem Gründer durch die Hallen von Bridgewater spaziert und bemerkt: „Einst ein Naturreservat mit großen Seen, strahlt Dalios Allerheiligstes eine heitere Atmosphäre aus." Offensichtlich war sie nicht zu einem der Tribunale eingeladen, die dort auch stattfanden.

Dalio gewährte auch akademischen Psychologen großzügigen Zugang und verlieh den Principles damit einen wissenschaftlichen Stellenwert. Robert Kegan aus Harvard und Adam Grant von der Wharton School erhielten getrennt voneinander Audienzen bei Dalio und wurden zu den Bridgewater-Treffen eskortiert.[20] Dieser Zugang brachte Dalio in den Büchern der beiden Männer jeweils fast ein ganzes Kapitel ein. In „An Everyone Culture: Becoming a Deliberately Developmental Organization"[21] kam Kegan zu dem Schluss, dass Bridgewater ein „absichtlich entwicklungsorientiertes Unternehmen" mit einer „forschungsbasierten Kultur" sei. Kegan und sein Co-Autor beschrieben Dalio als einen „belesenen Kenner der Gehirnforschung" und behaupteten, dass der Bridgewater-Gründer durch diese Studien die Selbstanalyse gemeistert habe. „Bridgewater ist ein Lehrbeispiel für den

Fehler, den wir alle machen, wenn wir uns bei der Definition der menschlichen Natur mit weniger zufrieden geben", so Kegan abschließend.

Für sein Buch „Originals: How Non-Conformists Move the World"[22] hat Grant die Argumente von Bridgewater unter seinem eigenen Namen fast vollständig neu veröffentlicht. „Obwohl als der ‚Steve Jobs des Investierens' bezeichnet wird, kommunizieren die Mitarbeiter nicht mit ihm, als ob er jemand Besonderes wäre", schrieb Grant.

Grant bemerkte: „Das Geheimnis von Bridgewater ist die Förderung origineller Ideen."

Nachdem der Wharton-Professor mehrere Bridgewater-Meetings beobachtet und sich Videoclips von anderen Meetings angesehen hatte,[23] interviewte er Dalio, der ihm sagte: „Ich bin unangreifbar." Hinsichtlich Grants Bitte, die Principles nach ihrer Wichtigkeit zu ordnen, hatte Dalio Bedenken. Grant schrieb, dass Dalio besonders an „unabhängigen Denkern interessiert zu sein schien: neugierig, unangepasst und rebellisch. Solche, die brutale, nicht-hierarchische Ehrlichkeit praktizieren. Und die im Angesicht des Risikos handeln, weil ihre Angst, keinen Erfolg zu haben, größer ist als die Angst, zu versagen. Dalio selbst passt auf diese Beschreibung."

Er war eine Art Spiegelbild von Bridgewater.

Die Krönung der Medientour, so hoffte Dalio zumindest, sollte ein ausführlicher Bericht in *The New Yorker* sein, dem „Talisman" des journalistischen Elite-Establishments. Dalio lud den Reporter John Cassidy ein, sich die Arbeit des Unternehmens anzuschauen, und versprach ihm einen noch nie da gewesenen Zugang zum Unternehmen. Dies war die Chance für Dalio, sich das Gütesiegel eines renommierten Magazins zu verdienen und ein für alle Mal den letzten Schleier um seine Vorgehensweise zu lüften. Zunächst gestattete er Cassidy, an der Sitzung „What's going on in the world?" teilzunehmen, bei der etwa 50 Mitglieder des Bridgewater-Investment-Teams zu Beginn jeder Woche über wirtschaftliche Trends diskutierten. Danach befragte Dalio einen

Mitarbeiter, damit der Reporter einen Eindruck seiner Vorgehensweise bekam. Dalio stellte sich auch für ein Interview zur Verfügung und wies ein ganzes Kontingent von Bridgewater-Mitarbeitern an, dasselbe zu tun (jedes Interview wurde von Bridgewater aufgezeichnet, und jeder Mitarbeiter saß mit dem Reporter nur in Anwesenheit eines Vertreters der Öffentlichkeitsarbeit von Bridgewater zusammen). Bob Elliott, ein 29-jähriges Mitglied des Investment-Teams, sagte dem Magazin: „Wenn man erst einmal verstanden hat, wie die Maschine funktioniert, kann man das aufgreifen, studieren und auf andere Märkte anwenden." Michael Partington, der Recruiter, sprach die Fluktuation in der Firma an und erklärte, dass die Leute von selbst ausscheiden würden. Auch Comey trat in Erscheinung und bemerkte über Dalio: „Er ist hart, er ist anspruchsvoll und manchmal redet er zu viel, aber, Gott, er ist ein schlaues Kerlchen."

Cassidy beobachtete Bridgewater offenbar sorgfältiger als einige seiner journalistischen und akademischen Kollegen. In dem Artikel wurde Dalios Lebens- und Arbeitsweise in nur geringem Maße gutgeheißen. Der Artikel bemühte sich sehr, die Eigenheiten der Firma hervorzuheben und nannte sie „den reichsten und seltsamsten Hedgefonds der Welt". Der Reporter beschrieb nicht nur die Kultur, die er beobachtet hatte, sondern auch das, was er nicht beobachtet hatte: „In der Zeit, die ich in der Firma verbrachte, sah ich, wie leitende Angestellte ihre Untergebenen kritisierten – aber nicht umgekehrt."

Bei der Veröffentlichung des Artikels gab es eine weitere kleine, aber bedeutsame Unstimmigkeit, die die Vertreter von Bridgewater nicht zu klären versuchten. Partington war eigentlich schon weg. Es geschah nicht aus eigenem Antrieb. Kurz bevor der Artikel veröffentlicht wurde, hatte Dalio ihn gefeuert.

11

DIE WAHRHEITSFABRIK

Bei Bridgewater war es kein großes Geheimnis, warum der Personalverantwortliche ersetzt werden musste. Trotz der zunehmenden Bemühungen des Hedgefonds, Mitarbeiter zu finden, war die Fluktuation immer noch ein großes Problem.

Für Außenstehende mag es unvorstellbar erscheinen, dass es dem Unternehmen gelingen konnte, die Reihen wieder aufzufüllen, wenn man die scheinbar endlosen Takt der Abgänge bedenkt. Ein Vorteil der Fluktuation bestand jedoch darin, dass es für jede neue Prüfung, jede Diagnose oder einfach nur jede Demütigung einen neuen Mitarbeiter gab, für den diese Erfahrung völlig neu war. Viele kannten Bridgewater anfangs nur aus den lobenden Medieninterviews über Dalio und den Vergleichen mit Steve Jobs. Als sie dort ankamen und eine Atmosphäre vorfanden, die sich so radikal von der öffentlichen Darstellung unterschied, war das für viele nicht nur ein Schock, sondern eine Unstimmigkeit, die sich nicht sofort erklären ließ. Einige verließen das Unternehmen schnell wieder, doch viele andere gaben nicht auf, sondern gingen in sich und fragten sich, warum sie anscheinend nicht in die Bridgewater-„Familie", wie Dalio sie so oft nannte, passten.

Obwohl Dalio fast immer von Bridgewater und seinen Principles als einer groß angelegten Erfindung sprach, hatte seine Betonung der Familie und des Weges der Selbstverbesserung viele Vorläufer. Die Ära der modernen Selbsthilfe lässt sich traditionell bis in die 1960er-Jahre zurückverfolgen – die Zeit, in der Dalio seine prägenden Jahre erlebte –, als die „Human-Potential-Bewegung" aus der damaligen Gegenkultur entstand. Die Befürworter glaubten an eine sogenannte Bedürfnishierarchie, in der die Selbstverwirklichung oder die Ausschöpfung des eigenen Potenzials wichtiger war als Nahrung, Wasser oder sogar Liebe. In den späten 1980er-Jahren hatte die Selbsthilfe-Ikone Tony Robbins seinen ersten Werbespot veröffentlicht; bald darauf warb er damit, dass er „die grundlegenden Prinzipien der Erfolgskonditionierung" gefunden habe,[1] die er in einer Reihe von Büchern enthüllte.

Während Robbins Workshops anbot, die Tausende von Dollar kosten konnten, war das, was Bridgewater und Dalio in Aussicht stellten, möglicherweise noch verlockender: das Versprechen auf Selbstverbesserung und ein sattes Gehalt. Im Jahr 2011 machte Dalio Schlagzeilen, weil er selbst fast vier Milliarden Dollar verdiente. Sein offensichtlicher Nachfolger Jensen soll 425 Millionen Dollar verdient haben. Obwohl Dalio oft über die Sogkraft von Bridgewater als Leuchtturm der Selbstverbesserung sprach, war ein Batzen Geld letztlich vielleicht das größte Anwerbungsinstrument. Denjenigen, die bereits bei dem Hedgefonds arbeiteten, war die höhere Vergütung als „Bridgewater-Steuer" bekannt, ein Aufschlag von 20 Prozent oder mehr, den das Unternehmen seinen Mitarbeitern im Vergleich zu dem, was sie bei der Konkurrenz verdienen konnten, zahlte. „So oft es auch Punktquoten und Problemprotokolle gab: Nach einer Weile merkte man einfach, dass man es aushalten konnte, weil es sich ständig änderte", sagte ein Bridgewater-Veteran mit 16 Jahren Firmenzugehörigkeit.

Viele waren begierig darauf, auf dem Weg „nach draußen" darüber zu sprechen, warum sie gegangen waren. Matt Granade, Comeys „Skipartner“, hatte keine andere Wahl gehabt, als zu gehen. Nach sieben Jahren in der Investitions-Abteilung, die in seinem Aufstieg zum Co-Leiter der Forschungsabteilung gipfelte, machte Granade paradoxerweise weniger sinnvolle Arbeit als je zuvor. Sein Tag bestand größtenteils aus dem Anhören von Tonbändern mit den Untersuchungen seines Teams – wenn er nicht gerade selbst untersucht wurde. Das sagte er auch seinem Chef Jensen: „Ich arbeite gern in Unternehmen, die etwas tun. Dieser Ort ist wie ein Kibbuz mit einem angeschlossenen Hedgefonds.“

Getreu der Bridgewater-Methode wurden die Mitarbeiter aufgefordert, ein Kündigungsgespräch zu führen und eine Erklärung für ihr Ausscheiden aufzuschreiben. Diese Notizen verbreiteten sich dann in einem recht beachtlichen Ausmaß und gelegentlich traf eine so genau den Nerv, dass sie sich innerhalb des ganzen Unternehmens verbreitete. Eine dieser Notizen kam von einem relativ jungen Analysten namens Kent Kuran.

Kuran entstammte einem Archetyp von Bewerbern, von denen es schier endlos viele gab:[2] der frischgebackene Hochschulabsolvent mit wenig bis gar keiner Berufserfahrung. Die Anwerber von Bridgewater füllten die Pipeline durchweg mit jungen Männern, vor allem mit Absolventen von Dartmouth, Harvard und Princeton. Kuran kam zu Bridgewater, nachdem er in Princeton seinen Abschluss in Geschichte gemacht hatte. Er gehörte zu der Gruppe von Führungskräften, die von Katina Stefanova eingestellt wurden.

19 Monate später war er raus, ausgebrannt von einer Kultur, die von Dalio mit so viel Zeitaufwand öffentlich beworben worden war.

„Während längerer Phasen meiner Zeit hier habe ich es kaum geschafft, ein paar Bissen zu essen, und viermal habe ich mich sogar auf der Toilette übergeben. Ich glaube nicht, dass ich mit diesem Gefühl der Angst eine Ausnahme bin. In einer angeblich sehr offenen Unternehmenskultur scheinen die Treffen mit der Geschäftsleitung auf ein Minimum reduziert worden zu sein“, so Kuran gegenüber der Personalabteilung von Bridgewater.[3] „Ich habe den Verdacht, dass Ray mit dieser Dynamik nichts anfangen kann, wenn man bedenkt, dass er die

Mitarbeiter kürzlich aufgefordert hat, die Hand zu heben, wenn sie das Gefühl haben, dass die Diskussionen nicht offen geführt werden."

von: EmpRelations_Help
An: HR_ExitInterviews

Betreff: Abschiedsinterview: Kent Kuran

Grund für den Austritt: Karrierewechsel/Leistung
Kommentare:
Unmittelbarer Grund für meinen Ausstieg war der Verlust meiner MA-Box aufgrund der Messwerte von Ray und David über mich. Irgendwann, als ich beobachtete, wie der vierte oder fünfte Manager in meiner Umgebung als konzeptionell unzureichend, unfähig zur Synthese oder ähnlich negativ eingestuft wurde, während er in einem anderen Unternehmen bestimmte Aufgaben erfüllte, verloren die Principles für mich etwas von ihrem ursprünglichen Zauber.
Das Wissen, dass Ray zu jeder Tageszeit unvorhersehbar auf ein tägliches Update reagieren könnte oder dass jede beiläufige Bemerkung in einer Sitzung zu einem Tribunal darüber führen könnte, dass man „schlechte Gedanken hat", erzeugt Spannung und Angst. Es hilft wahrscheinlich auch nicht, dass mehr als 50 Prozent der „Managementschulungen" darin bestehen, die „Aussortierung" (gibt es ein orwellscheres Wort?) des einen oder anderen einstmals respektierten Kollegen zu beobachten.
Es gibt einen ungesunden Drang zum Negativen, der oft lähmend ist. Noch vor ein paar Wochen konnte ich mir buchstäblich keine nennenswerte Stärke außer dem wohltätigen „fleißig" vorstellen. Die Leute schienen darauf aus zu sein, meine Schwächen zu entdecken, meine Stärken wurden hingegen unterschätzt. BW wurde mir als ein ermutigender Ort verkauft, an dem relativ junge

> Menschen den Status quo infrage stellen und viel bewirken können. Im Schnelldurchlauf wurde mir eingetrichtert, es sei schlecht, eine eigene Meinung zu haben, und zwar so sehr, dass ich mich wie ein katholischer Schuljunge fühlte, der sich Pornos ansieht, sobald ein unkonventioneller Gedanke in meinem Kopf auftauchte.
> In Bezug auf Vergünstigungen und soziale Aspekte übertraf der Ort die Erwartungen.

Mehrere von Kurans ehemaligen Mitarbeitern druckten Kopien seines Schreibens aus, in der Erwartung, dass es jeden Moment von den Bridgewater-Servern verschwinden würde.

* * *

Viele Interessenten bewarben sich um Kurans Platz. Einer der nächsten, die ankamen, war Jesse Horwitz. Horwitz war auf der Suche nach einem neuen Job, nachdem er sein erstes Jahr an der Harvard Law School abgebrochen hatte, und Freunde ermutigten ihn, sich bei Bridgewater zu bewerben. Er erhielt ein Praktikumsangebot. Den Ruf der Firma, ein schwieriger Arbeitsplatz zu sein, kannte er, sah aber darin eine intellektuelle Herausforderung.

Mit seinen schmalen Schultern und seiner blassen Haut passte Horwitz gut zu den anderen Praktikanten des Jahrgangs 2011. An seinen ersten Tagen saß er mit großen Augen da, als Jensen die Neuen ansprach.

„Bridgewater ist eine Wahrheitsfabrik. Zufälligerweise produzieren wir Investitionswahrheit. Wenn wir wollten, könnten wir Krebs heilen“, sagte Jensen.

Horwitz war begeistert von der Idee, an einem Ort zu arbeiten, an dem nur die Härtesten überleben. Nach seinem Praktikum arbeitete er in Vollzeit als Investment Associate, weil er der Meinung war, dass Bridgewater für einen 23-Jährigen ein ebenso guter Ort wie jeder andere sei, um eine Karriere im Finanzwesen zu beginnen.

Schnell war er enttäuscht, als er erfuhr, dass er trotz seines Titels nicht an den eigentlichen Investitionen beteiligt war. Als Mentorin wurde ihm eine in Princeton ausgebildete Bridgewater-Forschungsleiterin, Karen Karniol-Tambour,[4] zugewiesen, und obwohl sie bereits seit fünf Jahren für den Hedgefonds tätig war, schien sie nicht mehr Investment-Erfahrung zu haben als er. Da standen sie nun, nur kurz vor der Verwirklichung dessen, was Bridgewater als „Investitionsmotor" bezeichnete, und keiner von ihnen hatte auch nur den Hauch einer Ahnung, was eigentlich vor sich ging.

Das heißt nicht, dass es keine Arbeit gab. Zusätzlich zu den täglichen Schulungsvideos, die stundenlang dauern konnten, erhielt Horwitz einen seiner Meinung nach respektablen Einblick in Dalios Prioritäten. Horwitz wurde einem Team von leitenden Analysten zugeteilt, die ein Projekt im Auftrag des Bridgewater-Gründers durchführten. Mit dem Ziel, den öffentlichen Ruf von Bridgewater als Unternehmen in einer Vordenkerposition zu stärken, wollte Dalio ein Forschungsprojekt zur Vorhersage des Bruttoinlandsprodukts (BIP) eines Landes für das kommende Jahrzehnt herausgeben. Mit einem solch weitreichendem Thema hätte man einen Ballsaal voller promovierter Wirtschaftswissenschaftler füllen können – und wäre doch nicht zu einer Einigung gelangt –, aber Dalio sagte, dass er die Gleichung bereits geknackt habe. Er hatte das Thema in den frühen 1990er-Jahren erforscht und festgestellt, dass die Höhe der Verschuldung eines Landes das künftige BIP vorhersagen kann. Dalio erklärte dem Team, dass er die Datei mit der Tabelle leider verlegt habe. Aber es sollte für die Mitarbeiter nicht schwer sein, die Gleichung neu zu erstellen, da er ihnen die Antwort bereits gegeben habe.

In drei bis fünf Stunden hatte das Team von Horwitz seine eigene Antwort. Die einzige Kennzahl, die in hohem Maße mit dem Wachstum eines Landes korrelierte, war die Zahl der Wochenarbeitsstunden seiner Bürger. Sie wies eine Korrelation von etwa 0,6 auf (0 bedeutet keine Korrelation und 1 ist perfekt), was sie zu einem respektablen Indikator machte. Das ergab sofort Sinn: Eine faule Bevölkerung ist nicht geeignet, das Wachstum einer Nation zu fördern. Die Gruppe stellte außerdem fest, dass Dalios Antwort weniger sinnvoll war. Eigentlich machte sie überhaupt keinen Sinn. Sie konnten keine Schuldenstatistik finden, die wesentlich mit dem BIP korrelierte, und kein noch so großer Aufwand, das Ganze mathematisch zu belegen, konnte dies bewirken. Die Gruppe versuchte, Dalio dies mitzuteilen, aber er wollte es nicht hören. Er schickte sie immer wieder zurück, um ihre Analyse zu wiederholen. Horwitz erzählte später Freunden, dass er sich an Joseph Smith erinnert fühlte, den Gründer der Kirche Jesu Christi der Heiligen der Letzten Tage, der behauptete, goldene Platten mit heiligen Texten gefunden zu haben, die er jedoch nie zur Untersuchung vorlegen konnte.

Nach mehreren Monaten kam Horwitz' Gruppe schließlich auf eine komplizierte Reihe von Gleichungen, die auf Umwegen einen Zusammenhang zwischen Staatsverschuldung und BIP herstellten. Horwitz' Chef vereinbarte einen Termin, um sie Dalio zu präsentieren, und brachte das Team mit. Bevor er sich die Forschungsergebnisse ansah, zeigte Dalio auf die Gruppe.

„Was sind das für welche?“, fragte er.

Es dauerte etwas, bis Horwitz begriff, dass Dalio ihn und die anderen versammelten Untergebenen meinte. Horwitz' Vorgesetzter meldete sich zu Wort und stellte Horwitz als Analysten vor. Dalio antwortete, dass er sich frage, warum seine Analysten eigene Analysten bräuchten.

Horwitz' Vorgesetzter drehte sich um. Das sind nur Schreibkräfte, sagte er und scheuchte Horwitz aus dem Raum. Horwitz war sich sicher, dass er gleich gefeuert werden würde. Später erfuhr er, dass Dalio um eine Untersuchung gebeten hatte, warum es so viele Analysten gab.

Horwitz wurde gesagt, dass er seinen Job behalten würde, aber die Erfahrung erschütterte ihn. Er nahm eine Woche Urlaub in San Francisco. Die Entfernung von etwa 3.000 Meilen machte seinen Kopf frei und er erkannte, dass das Jurastudium vielleicht doch nicht seine Berufung war, das hier aber sicher auch nicht. Nach seiner Rückkehr kündigte er mit einer Notiz an Karniol-Tambour.

„Wie ich höre, haben Sie eine positive Erfahrung gemacht", sagte er ihr. Der Unterschied bestand seiner Meinung nach darin, dass sie vor einer Phase des schnellen Wachstums in das Unternehmen eingetreten war. „Ich denke nicht, dass es Ihre Erfahrung schmälert oder das Unternehmen schwächt, wenn ich sage, dass es jetzt ein größeres Unternehmen ist. Es gibt jetzt nicht mehr dieselben Möglichkeiten."

Sie antwortete kurz und bündig: „Sie irren sich."

Horwitz wollte nicht mit einem schlechten Gefühl abreisen. Er dachte an die Principles, die ihn immer wieder daran erinnerten, dass zwei Menschen die Dinge manchmal einfach nicht gleich sehen.

„Ich denke, wir werden uns darauf einigen müssen, unterschiedlicher Meinung zu sein", schrieb Horwitz an Karniol-Tambour. Sie schrieb zurück: „Sie irren sich."

Horwitz schaffte den erhofften Durchbruch nicht ganz. Nach seiner Zeit bei Bridgewater beschloss der 24-Jährige, seine eigene Investmentfirma zu gründen. Dies war kein außergewöhnlicher Schritt, da viele der größten Hedgefonds der Welt – ganz zu schweigen von den vielen gescheiterten – von Händlern gegründet worden waren, die zunächst bei anderen Firmen gearbeitet hatten. Horwitz' Unternehmen war zwar technisch gesehen ein Hedgefonds, aber da er keine größeren Geldbeträge handelte und keine wirklichen Aussichten hatte, welche zu beschaffen, war das Ganze eher ein ausgeklügeltes persönliches Maklerkonto. Dennoch beschlossen Horwitz und ein anderer ehemaliger Bridgewater-Mitarbeiter, es zu versuchen. Sie wussten, dass sie keine firmeneigenen Investment-Informationen aus ihrer Zeit bei Bridgewater verwenden durften, aber das schien kein Problem zu sein, da sie keine hatten.

Ihr ehemaliger Arbeitgeber ließ sich davon nicht beirren. In einem Schreiben an die beiden Bridgewater-Emigranten beschuldigte die Rechtsabteilung von Bridgewater unter Comey die junge Firma, Geheimnisse des Hedgefonds gestohlen zu haben. „Welche Geheimnisse?", fragte sich Horwitz. Am nächsten war er Dalio einmal gekommen, als er aufgefordert wurde, den Raum zu verlassen.

Die Situation spitzte sich zu, als Horwitz an einem Wochenendmorgen einen Anruf eines Freundes erhielt, der noch in Harvard Jura studierte.

„Du wirst es nicht glauben. Die Tochter von Jim Comey spricht über dich."

„Maurene Comey?", fragte Horwitz wütend. Ihre Wege hatten sich an der juristischen Fakultät gekreuzt. Die beiden standen sich alles andere als nahe, obwohl sie den Namen des jeweils anderen kannten. Sie war auf dem besten Weg, Bundesstaatsanwältin zu werden, wie ihr Vater.

„Ich war gerade mit ihr auf einer Party", sagte Horwitz' Freund. „Sie sagt, dass ihr Vater dich zerquetschen wird, weil du das Wettbewerbsverbot mit Füßen getreten hast. Er freut sich schon darauf, dich hart ranzunehmen."

Diese Nachricht aus Cambridge erschien Horwitz sowohl beängstigend als auch absurd. Horwitz war ein Studienabbrecher, der hoffte, mit seinem Laptop Aktien zu handeln. Jim Comey war Jim Comey – und der hatte offenbar nichts Besseres zu tun, als mit seiner Tochter über einen unbedeutenden ehemaligen Mitarbeiter zu tratschen. Dennoch kamen immer wieder juristische Schreiben, und Horwitz wurde klar, dass Bridgewater erwartete, dass er aufgeben würde. Womit Bridgewater nicht gerechnet hatte, war, dass Horwitz zwar nicht viel Geld, dafür aber Zugang zu kostenlosem Rat hatte. Er bat seine Mutter, eine Anwältin, ihm dabei zu helfen, Bridgewater zu schreiben und die Firma aufzufordern, ihre Anschuldigungen zu präzisieren und ein Schiedsverfahren einzuleiten. Daraufhin erfolgte keine Reaktion. Bridgewater gab auf.

Der junge Hedgefonds von Horwitz floppte. Er verdiente weder einen Cent an den Märkten, noch sammelte er Geld von Investoren ein. Comey hätte sich nicht die Mühe machen müssen, das Start-up zu torpedieren – zu diesem Zeitpunkt hatte er schon einen dickeren Fisch an der Angel.

12

SEX, LÜGEN UND VIDEO

Es gibt nur wenige Vergünstigungen, die ein Großspender der Harvard University nicht erhalten kann. Für eine siebenstellige Spende erhalten Sie eine VIP-Führung über den Campus, für eine achtstellige Spende bekommen Sie besondere Hilfe bei der Zulassung von Studenten, für 150 Millionen Dollar könnte das [Ken] Griffin Financial Aid Office errichtet werden[1] und für 400 Millionen Dollar können Sie direkt zur Harvard John A. Paulson School of Engineering and Applied Sciences gehen.[2]

Einige haben es zweifellos versucht, aber ein Preis, der nicht zur Versteigerung steht, ist eine Fallstudie der Harvard Business School. In den 1920er-Jahren entwickelt,[3] befassen sich die HBS-Fallstudien[4] mit schwierigen Geschäftsentscheidungen, die aus der Perspektive der verantwortlichen Person erzählt werden. Die Fallstudien werden sowohl an Studenten als auch an die Öffentlichkeit verteilt. Führungskräfte aller Couleur sind begierig auf die Chance, in einer der HBS-Fallstudien mitzuspielen, weil diese den Anschein erwecken, dass sie von Harvard abgesegnet sind. Dalio hatte die Fälle an der HBS, an denen er beteiligt war, gelesen, und die Hauptrolle in einem Fall würde das Bild, das Charlie Rose und andere Journalisten von ihm und den Principles gezeichnet hatten, weiter aufpolieren.

Die Professoren Jeffrey Polzer und Heidi K. Gardner waren es gewohnt, von ehrgeizigen Wirtschaftsführern umworben zu werden.[5] Als Dalio Mitte 2011 eine Audienz erhielt, um die Möglichkeit eines HBS-Falles über Bridgewater zu besprechen, waren sie darauf vorbereitet, ihn abzuweisen. Polzer und Gardner waren in einer besonders guten Position, um sich von ihrem Besucher nicht beeindrucken zu lassen. Ihr Fachgebiet war Organisationsverhalten, nicht Finanzen. Als Dalio immer wieder von radikaler Wahrheit und Transparenz sprach, kam ihnen das Ganze wie ein einziges großes Theater vor.

Beide spitzten jedoch die Ohren, als sie später von der Möglichkeit erfuhren, mehr als nur die Geschichte von Dalios Erfolg zu erzählen. Bridgewater hatte einen neuen „Sheriff", Jim Comey. Hatte es an der HBS jemals einen Fall gegeben, in dem ein knallharter Staatsanwalt, der dafür bekannt war, gegen Terroristen vorzugehen, zum Manager eines Hedgefonds wurde? Welche Herausforderung war es, ihn in einem so willensstarken Unternehmen wie Bridgewater zu integrieren? Dalio schlug den Harvard-Professoren vor, ihn nicht einfach beim Wort zu nehmen. Er war bereit, die Videobeweise auszuhändigen und die Transparenz-Bibliothek von Bridgewater zu öffnen. Es wäre ein wahrhaft multimedialer HBS-Fall, der Comeys Kämpfe und Erfolge bei Bridgewater zeigen würde.

Die Professoren waren begeistert. Ein weiterer reicher Hedgefonds-Manager, der über sich selbst sprach, war eine Sache; Comey auf Band zu haben, eine andere. Sie machten sich an die Arbeit und sahen sich Hunderte von Stunden Filmmaterial an, das von Westport geschickt wurde.

Und es gab weiß Gott viel zu sehen.

Comey stand Jensen sehr nahe, und die Beziehung war für beide Seiten fruchtbar. Jensen musste beweisen, dass er nicht nur ein begnadeter Investor, sondern auch ein Management-Talent war, wenn er sich in Dalios Augen vom Rest der Führungsriege abheben wollte. Comey hingegen würde mehr Hilfe bei den Principles benötigen, wenn er sein „Schwätzer"-Etikett abschütteln wollte. Niemand war mit Dalios Philosophie besser vertraut als Jensen.

Die beiden waren sich einig in ihrer Abneigung gegen Eileen Murray, Jensens Mitgeschäftsführerin. Jensen machte keinen Hehl daraus, dass er der Meinung war, sie verdiene es nicht, mit ihm einen Titel zu teilen. Für ihn stach Murray wie ein Pickel aus der blaublütigen Führungsetage von Bridgewater heraus. Sie war in einer Wohnsiedlung in Queens aufgewachsen,[6] wo sie früh aufstand, um ihren fünf Geschwistern im gemeinsamen Bad zuvorzukommen. Ihre ältere Schwester beherrschte die Fernbedienung des Fernsehers und gab den Wünschen ihrer Geschwister nur sehr ungern nach, sodass Murray lernte, darum zu bitten, den Kanal mit ihren Lieblingssendungen wegzuschalten, wohl wissend, dass ihre Schwester sich weigern und den Sender beibehalten würde. „In einem sehr jungen Alter lernte ich etwas über die Psyche eines Tyrannen", sagte Murray einmal.

Als Murray eines Abends nach Hause kam, fand sie ihren Nachbarn erschossen im Flur liegend vor, mit gespreizten Beinen, die Hosentaschen nach außen gestülpt.[7] Der Vorfall härtete sie ab. Wenig Geduld hatte sie daher mit einem männlichen Kollegen, der sie zu Beginn ihrer Karriere, bevor sie zu Bridgewater kam, damit necken wollte, dass ihr Rock bei der Arbeit schmutzig werden könnte. Sie entgegnete ihm: „Du würdest in einem Rock furchtbar gut aussehen. Und ich habe das Gefühl, dass du einen tragen willst." Sie trug selten Röcke, war nie verheiratet, hatte keine Kinder und sprach häufig über ihre Hunde.

Dalio, immer auf der Suche nach unentdeckten Juwelen, war sichtlich angetan von Murrays Tatendrang. Sie hatte diesen natürlichen Kampfgeist, den die Principles verfochten. Und wie Dalio besaß sie eine charmante Ungekünsteltheit. Sie schickte E-Mails aus dem Stegreif, alles in Kleinbuchstaben und mit Tippfehlern, was darauf hindeutete, dass sie zu beschäftigt war, um sich auf etwas voll und ganz konzentrieren zu können. Murray war in der Lage, die Salven des Bridgewater-Gründers so schnell zu erwidern, wie er sie abgefeuert hatte, und die beiden entwickelten ein gutes Verhältnis zueinander. Als Dalio seinen Stellvertretern mitteilte, dass er ein Team angewiesen habe, ein Softwaretool zu entwickeln, das als „Pain Button" (Schmerz-Button) bekannt werden solle und von den Mitarbeitern in Notfällen benutzt werden könne, war von Murray ein deutliches Fauchen zu vernehmen.

„Wo ist der Button für das Vergnügen?", fragte sie Dalio.

„Sie wollen einen Button für das Vergnügen? Dann erfinden Sie den verdammten Button. Ich habe den Pain Button erfunden", antwortete Dalio.

„Genau genommen haben Sie bereits einen Button für das Vergnügen, wenn Sie nachschauen", erwiderte Murray.

Dalio schien diese Auszeiten von der Spannung, die ihn so oft umgab, zu genießen. Obwohl Murray bei fast allen Verhaltenskriterien von Bridgewater durchfiel – ihr Rating war eine Eins –, beförderte Dalio sie weiter. Bereits ein Jahr nach ihrem Start wurde sie zum Co-CEO ernannt.

Murrays Rolle war die Verantwortung für diejenige Hälfte des Unternehmens, die eher als unsexy galt, das operative Geschäft, wo sie die ineinandergreifenden Vereinbarungen zwischen Bridgewater und seinen Kunden und Gegenparteien in der ganzen Welt überwachte. Sie stellte eine ganze Reihe ehemaliger Kollegen von Morgan Stanley ein, die ihr alle treu ergeben waren. Einige von ihnen verbrachten die Abende unter der Woche mit ihr in ihrem Haus in Westport. Jensen, für den Bridgewater das Zentrum seiner Identität darstellte, war sichtlich frustriert, dass er mit einer neuen Mitarbeiterin auf eine Stufe gestellt wurde, die nichts mit den Investitionen des Unternehmens zu tun hatte und die sich ihr eigenes, netzunabhängiges Machtzentrum aufzubauen schien. Es war, als würde man die Küche eines 5-Sterne-Restaurants den Nachwuchskellnern übergeben.

Bei ihrem schnellen Aufstieg übersah Murray einen komplizierten Faktor: die Principles. Sie war eine Karrierefrau, und sie tat das ganze Manifest damit ab, dass es lediglich der erneuten Huldigung des Egos eines älteren Mannes diene. Vor ihren ehemaligen Mitarbeitern bei Morgan Stanley prahlte sie damit, dass sie sich nie die Mühe gemacht habe, die Principles zu lesen.

Comey und Jensen würden sie dafür bezahlen lassen.

Die unmittelbare Ursache für Murrays Lektion in der Anwendung der Principles war harmlos genug. Ein Bewerber erwähnte gegenüber einem leitenden Angestellten von Bridgewater, dass er den Leiter der Buchhaltung des Hedgefonds, Perry Poulos, einen von Murrays neuen Mitarbeitern, kenne. Der Kandidat zeigte sich überrascht – wusste man nicht, dass Poulos nach 27 Jahren bei Morgan Stanley gefeuert worden war? Sicherlich hätte Eileen Murray der Firma alles darüber erzählt.

Der Tipp wurde schnell an Comey weitergeleitet, der Jensen vorwarnte. Comey schnappte sich einen ehemaligen FBI-Agenten aus dem Bridgewater-Team und ging los, um den ahnungslosen Poulos abzufangen. Das Duo zerrte ihn ohne Vorwarnung in einen Konferenzraum.

„Hallo, Leute", sagte Poulos.

„Wir wollen nur wissen, ob Ihr Berufsprofil irgendetwas enthält, worüber wir Bescheid wissen sollten", antwortete Comey.

„Es gab ein paar Sachen, aber das ist jetzt alles geklärt."

„Sie haben doch nichts dagegen, wenn wir ein paar Fragen stellen und uns ein wenig umsehen?"

„Es gibt zwar wirklich nichts zu finden", sagte Poulos, „aber nur zu."

Mit rasendem Herzen verließ er den Raum und traf bald auf Murray. Sie wusste genau wie er, dass er von Morgan Stanley entlassen worden war, nachdem Fragen zu seinen Ausgaben aufgetaucht waren. Obwohl dies nicht gerade der ideale Hintergrund für eine Führungskraft in der Buchhaltung des weltgrößten Hedgefonds war, spürte Murray, dass in Wirklichkeit mehr auf dem Spiel stand.

„Es geht nicht um Sie", sagte sie zu Poulos. „Es geht um mich. Sie versuchen, an mich heranzukommen."

Comey rief Poulos zu einem weiteren Gespräch hinzu.

„Haben Sie mit jemandem darüber gesprochen?", fragte Comey.

„Nein."

„Sind Sie sicher?"

„Ja, ich habe mit niemandem gesprochen."

„Sie wohnen mit Eileen zusammen, nicht wahr?"

Da er Bridgewaters Ruf für intime Beziehungen kannte, nahm Poulos an, dass Comey nach einem romantischen Aspekt suchte. Unter der Woche, so Poulos, verbrachte er manchmal den Abend bei ihr, wie es auch andere neue Mitarbeiter getan hatten. Es gab viele Schlafzimmer zum Übernachten, sie verbrachten die Nächte getrennt; er zahlte ihr sogar Miete.

„Selbst an diesem Abend, nachdem wir miteinander gesprochen hatten, haben Sie nicht mit ihr geredet?", fragte Comey.

„Ich kann mich nicht erinnern, etwas Bestimmtes gesagt zu haben."

Die Antwort erschien Comey offensichtlich nicht glaubwürdig, also wurde Eileen die gleiche Frage gestellt. Ob sie mit Poulos gesprochen habe? Sie antwortete mit Nein. Murray wurde angewiesen, ein Memo mit allem, was sie über Poulos' Hintergrund wusste, zu schreiben.

Die E-Mail, die im Posteingang von Comey landete, war offensichtlich von Murrays BlackBerry gesendet worden und makellos. Die Grammatik war korrekt und auch die Großschreibung einwandfrei. Comey zeigte Jensen die E-Mail. Beide waren sich einig, dass sie unmöglich von ihr geschrieben worden sein konnte. Als Sicherheitschef hatte Comey Zugang zu den Sicherheitskameras. Er holte sich das Filmmaterial und zeigte es Jensen. Murray war im Bild zu sehen, wie sie an ihrem Schreibtisch saß und sich in den Minuten vor dem Versand der E-Mail offenbar mit einem Untergebenen unterhielt. Man konnte sogar den Moment genau bestimmen, in dem sie ihren Untergebenen aufforderte, auf Senden zu drücken.

Comey und Jensen zogen Murray zu einem weiteren Treffen hinzu.

„Sind Sie sicher, dass Sie mit niemandem darüber gesprochen haben?“, fragten sie.

„Natürlich nicht.“

Schon als die Worte ihren Mund verließen, musste Murray sich im Klaren darüber gewesen sein, dass sie einen Fehler gemacht hatte. Die E-Mail stammte offensichtlich nicht von ihr allein. Sie hatte mit einem Assistenten daran gearbeitet, Sätze diktiert und hin- und hergeschrieben, bis sie saubere Antworten gefunden hatten. Sie war sichtlich nervös gewesen, dass sie in eine Falle getappt war, und wollte alles absolut richtig machen. Aber jetzt steckte sie in einem tiefen Loch, das sie sich selbst gegraben hatte. Sie war nun zweimal unehrlich gewesen – einmal, als es darum ging, mit Poulos zu sprechen, und jetzt, als es darum ging, die E-Mail zu schreiben. Das Schlimmste für Murray war, dass sie wusste, dass Jensen sie nur zu gern darauf ansprechen würde.

Bevor Jensen eine Chance hatte, floh Murray zu Dalio und beichtete ihre Sünden. Sie habe nur aus Panik gelogen und sich dabei nicht gut gefühlt, sagte sie. Sie habe nur versucht, nicht in Comeys Fadenkreuz zu geraten und auch Poulos aus dem Fadenkreuz herauszuhalten. „Es war eine Notlüge“, erklärte sie.

Dalio bestätigte, dass das Tonbandgerät eingeschaltet war, und sagte, dass Bridgewater ein Ort sei, an dem Lügner bestraft würden. Es werde einen Prozess geben müssen.

Es war nicht nur ein Prozess, es war *der* Prozess. Die Ermittlungen gegen Murray und Poulos zogen sich über neun Monate hin. Die ganze Zeit über liefen Kameras, während Comey und Jensen Murray und Poulos zu ihren Verfehlungen befragten. Jeder in der Firma sah Aufnahmen von Murray, wie sie an ihrem Schreibtisch saß und die berüchtigte E-Mail diktierte. Die Befragung hörte nicht bei Murrays zwei gestandenen Lügen auf. Comey schien so zu tun, als hätte er Al Capone wegen Steuerhinterziehung dingfest gemacht – sobald Comey sie vor dem Firmentribunal hatte, hatte er einen Vorwand, ihre gesamte

Lebensgeschichte zu untersuchen. Als Murray eines Tages an Comeys Büro vorbeiging, sah sie, dass die Wände mit Zeitungsausschnitten und Klebezetteln bedeckt waren, die sich alle um sie drehten und mit Linien versehen waren, wie auf einer Polizei-Täterwand in einer Fernsehserie. Sie fühlte sich miserabel.

Für Murray und diejenigen, die mit ihr sympathisierten, schien es, als ob Dalio nicht genug bekommen konnte. Er setzte sich als Richter ein und verwandelte die Untersuchung in einen Echtzeit-Fall, den er „Eileen Lies" nannte. Wöchentlich wurden Videos veröffentlicht, die von allen Bridgewater-Mitarbeitern in Serie angesehen werden konnten. Die Aktualisierungen waren eine Kombination aus Reality-TV, Seifenoper und Cinéma verité. Comey spielte den bösen Bullen; in einem Video sagte er zu Poulos: „Sagen Sie einfach die Wahrheit, dann fühlen Sie sich vielleicht besser." Jensen spielte sich selbst als das Opfer. „Sie haben mich belogen", sagte er zu Murray. „Ich möchte Ihnen vertrauen, aber das wird Zeit brauchen."

Neue Folgen von „Eileen Lies" wurden auch nach Poulos' Entlassung und nachdem Murrays Assistentin – die gegen ihre Chefin aussagen sollte – beschlossen hatte, stattdessen zu kündigen, weiterhin ausgestrahlt.

Außerhalb von Boston saß Professorin Heidi Gardner in ihrem Büro und war verblüfft. Sie hatte sich darauf gefreut, an der HBS eine Fallstudie über die eigenwillige Kultur von Bridgewater zu erstellen. Doch seit geraumer Zeit schickte Bridgewater ihr Videos, die direkt aus dem Theater des Absurden stammten. Ein Großteil der gesamten Geschäftstätigkeit von Bridgewater schien, so wie Gardner es sehen konnte, tatsächlich von Jim Comey zu stammen. Gardner wunderte sich, dass er bei einer Frau mittleren Alters erweiterte Verhörtechniken anwandte. Gardner und ihr HBS-Partner konnten sich nicht erklären, warum sich der ehemalige Staatsanwalt so sehr dafür interessierte. Aber sie konnten auch nicht genug davon bekommen. Vielleicht hatte Dalio recht; vielleicht wirkte die Kultur des Hedgefonds auf Comey und machte ihn zu einem wahren Anhänger von Dalios Methoden. So oder so, dieser Fall würde ein heißes Eisen werden.

Was die Professoren nicht wussten, war, dass das Serienfinale bereits in Produktion war. Nach fast einem Jahr konnten selbst Comey und Jensen dem Vorfall nichts mehr abgewinnen. Jensen trug sein letztes Argument vor: Eileen sei eine unverbesserliche Lügnerin und eine bekennende Missetäterin in Bezug auf die heiligsten Grundsätze der Principles. Sie müsse zum Wohle der Firma entlassen werden. Comey unterstützte ihn dabei. Er könne sich nicht vorstellen, sagte er Dalio, mit einer Person in derselben Geschäftsleitung zu sitzen, die nicht nach den Werten von Bridgewater lebte.

Dalio winkte ab. Murray habe gelogen, entschied er, aber es sei nicht bewiesen, dass sie eine Lügnerin sei. Der ganze Vorfall, teilte Dalio der Firma mit, sei eine Lernerfahrung gewesen. Er inspirierte ihn dazu, zwei neue Principles zu verfassen. Das eine befasste sich mit Notlügen – sie seien akzeptabel, in geringem Umfang. Das andere neue Principles lautete: „Alles sieht aus der Nähe größer aus."[8] Im Laufe der Zeit hatte er erkannt, dass Murrays Vergehen verzeihlich waren. Natürlich würde sie Buße tun müssen. Er entzog ihr den Titel des Co-CEO und degradierte sie zur Firmenchefin.

Alle waren unzufrieden. Murray hatte ihre Rolle und ihre Würde verloren. Comey und Jensen rasten vor Wut – sie hatten ihren Fall bewiesen und trotzdem verloren. Sogar diejenigen, die mit Murray sympathisierten, waren der Meinung, dass sie mit einem Verhalten, das bei jedem anderen zur Entlassung geführt hätte, weitestgehend ungestraft davongekommen war. Welchen Sinn hatten die Principles, wenn sie so abgeändert werden konnten, dass Verstöße in der Vergangenheit einfach ignoriert wurden? Jeder, der an die Leistungsgesellschaft bei Bridgewater glaubte, hatte im Grunde einen Schlag ins Gesicht bekommen.

Die Bridgewater-Mitarbeiter waren nicht die Einzigen, die enttäuscht waren. Als Murrays Prozess zu Ende ging, erhielten die Professoren der Harvard Business School eine dringende Nachricht von Bridgewater.

Comey weigerte sich nun, an ihrem Fall mitzuwirken. Bridgewater entzog den Professoren mit sofortiger Wirkung den Zugang zu Videos von ihm. Sie hatten nicht mehr die Erlaubnis, einen HBS-Fall über Comey zu erstellen – selbst wenn sie „Eileen Lies" aus dem Fall herausnehmen würden. Ein Zeitfenster für Verhandlungen gab es nicht.

Die Lösung bestand darin, bei null anzufangen. Comey und die übergreifende Idee, dass Bridgewater erfolgreich daran arbeitete, die nächste Generation von Führungskräften heranzuziehen, wurden aufgegeben. Die HBS brauchte eine einfachere Aufgabe. Stattdessen wurde eine recht einfache Geschichte des größten Hedgefonds der Welt in den Fall eingebaut. Obwohl die Professoren bestimmtes Filmmaterial verlangten, wählte Bridgewater jeden der 19 Videoclips aus und bearbeitete diejenigen, die es in die Prüfung schafften. Dalio, der offenbar noch immer unter der Weigerung Comeys litt, an der Fallstudie teilzunehmen, zeigte ein starkes persönliches Interesse. Als die Harvard-Professoren Bridgewaters Team wie vereinbart eine Kopie des endgültigen Textes zur Genehmigung schickten, war Gardner gezwungen, stundenlang mit Dalio selbst zu telefonieren und Zeile für Zeile durchzugehen, während der Bridgewater-Gründer über Semikolons, Satzstruktur und die Frage stritt, ob es irgendwelche unverbundenen Partizipien gab (ihrer Meinung nach gab es keine).

„Hat der Kerl denn nichts anderes zu tun?", dachte sie mehr als einmal bei sich.

Die Videos, die dem HBS-Fall beigefügt waren,[9] begannen damit, dass Dalio in die Kamera sprach: „Für mich ist Bridgewater ein wahr gewordener Traum. Ich meine, Sie müssen verstehen, dass ich, als ich es gründete, nichts wusste. Ich war zwei Jahre aus der Schule raus, ich hatte kein Geld. Das Einzige, was ich hatte, war das, was mir sehr am Herzen lag, und das war für mich ..."

Hier, mitten im Satz, war das Video geschnitten worden, plötzlich wurde Dalio gezeigt, wie er in die entgegengesetzte Richtung schaute. Es war eine völlig andere Aufnahme.

„... sinnvolle Arbeit. Mit anderen Worten: Ich wollte die Märkte schlagen, der Beste sein ... und sinnvolle Beziehungen."

Einige Sekunden später erschien auf dem Bildschirm eine Grafik, ein Dreieck, in dem die Worte „Wahrheit um jeden Preis" stehen.

In diesem Fall ging es vor allem darum, auf Bridgewater-Art Feedback zu geben und zu erhalten. Es wurde ein Video von einer Sitzung der Geschäftsleitung gezeigt. Dalio, Jensen, McCormick und andere saßen um einen unaufgeräumten, rechteckigen Konferenztisch vor einem Whiteboard, auf dem mit roter Schrift die mehrfach eingekreisten Worte „Wo ist die Vision?" standen. Niko Canner, ein grauhaariges Mitglied der Geschäftsleitung, der nicht viel jünger aussah als Dalio, gehörte zu der Gruppe, die dort saß. Dalio saß Canner gegenüber, fixierte ihn, ohne den Blick von ihm zu lösen, und wirkte wie erstarrt. Canners Feedback war äußerst vorsichtig:

„Wie ist Ray also als Mentor tätig? Ich würde einige verschiedene Elemente herausarbeiten. Ein Teil des Mentorings besteht darin, Menschen zu helfen, sich selbst klarer und genauer zu sehen, und ich würde sagen, dass Sie in dieser Hinsicht der Beste sind, den ich je gesehen habe ..."

Das Video wurde auf Schwarz umgeschaltet und zu einem unbestimmten Zeitpunkt wieder aufgenommen. Canner:

„Dann gibt es noch eine andere Dimension des Mentoring, bei der es darum geht, die beste Leistung herauszuholen, zu der Menschen fähig sind. Und ich bin immer noch dabei zu lernen, wie gut Sie darin sind. Ich habe den Eindruck, dass es für Sie nur in Ordnung ist, wenn Sie inmitten von leistungsstarken Leuten sind – Leuten, die in etwa auf Ihrem allgemeinen Leistungsniveau sind."

Ein dritter Schnitt.

„Und dann gibt es noch einen dritten Teil, bei dem es darum geht, die Leute einzuschätzen, zu wissen, wozu sie fähig sind und auf wen man setzt und wie man dies tut. Mein Gefühl dafür entwickelt sich ..."

Schnitt.

„Ich betrachte diese Attribute in Bezug auf Mentoring und sage dann, dass sich mein Gefühl in den letzten sechs Monaten nicht dramatisch von dem unterscheidet, was ich erwartet hatte, aber vielleicht ein bisschen weniger gut speziell in Bezug auf Mentoring, als ich es mit diesen Attributen angenommen hatte."

Als der HBS-Fall veröffentlicht wurde, war Gardner darauf bedacht, den Bridgewater-Stil weder zu befürworten noch zu verurteilen. Die Professoren hatten absichtlich nicht versucht festzustellen, ob die Unternehmenskultur einen messbaren Einfluss auf die historischen Anlageergebnisse hatte. Gardner war sich nicht einmal sicher, ob eine solche Analyse überhaupt möglich war. Sie stellte ihren Studenten den Fall vor, indem sie sagte: „Wir halten dies nicht als Beispiel hoch und sagen: ‚Wenn ihr klug wärt, würdet ihr tun, was Ray tut.' Wir sagen: ‚Seht es euch an.'" Als Wissenschaftlerin war sie der Meinung, dass sie mit den ihr zur Verfügung stehenden Daten das Beste gemacht hatte.

Dalio war von dem HBS-Fall begeistert. Er sorgte dafür, dass das Marketingteam von Bridgewater Kopien davon an die Kunden von Bridgewater in aller Welt schickte.

Nachdem nach „Eileen Lies" eine gewisse Zeit vergangen war, schien Jensen zuversichtlich zu werden. Er war alleiniger Geschäftsführer des größten Hedgefonds der Welt und auf dem Weg zum Milliardär. Ebenso wichtig war, dass seine einstige Rivalin Murray beschädigt und degradiert war. Am deutlichsten wurde dies bei der Bildung der neuen Ethikkommission von Bridgewater, wie Dalio sie nannte. Aufgrund ihres Prozesses und ihrer „Verurteilung" wurde Murray von Dalio nicht in das Gremium berufen.

Jensen arbeitete viele Stunden, viele davon in enger Zusammenarbeit mit Dalio (ein ehemaliger Bridgewater-Investmentmitarbeiter sagte: „Greg verstand Ray sehr gut"). Beide verfügten über ein Gedächtnis, das dem eines Gelehrten glich, und die beiden konnten ihre Ideen ausgiebig austauschen, während ihre Untergebenen sich ehrfürchtig um sie scharten. Da Jensen so viel Zeit mit Dalio verbrachte, erhielt

Jensen oft Bewertungen von Dalio – und da Dalio so hoch bewertet wurde, stiegen Jensens Bewertungen jedes Mal, wenn Dalio ihn positiv bewertete. Jensen plapperte die Principles des Bridgewater-Gründers so oft nach, dass viele um Jensen herum nur raten konnten, ob er es ernst meinte oder ob er eine jahrelange Anstrengung unternahm, um der Liebling des Chefs zu bleiben.

Doch die Menschen in Jensens Umfeld sahen auch den Tribut, den Bridgewater von ihm forderte. An manchen Tagen kam er verkatert nach Hause und machte keinen Hehl daraus. Wenn man ihn fragte, ob er bis spät in die Nacht getrunken hatte, sagte er einfach Ja. Er war ein begeisterter Gastgeber und Teilnehmer von Bridgewater-Firmentreffen, bei denen er einen kauzigen Sinn für Humor bewies. Bei einer Bridgewater-Konferenz engagierte er eine Schauspielerin, die sich als Stripperin verkleidete und vorgab, dieselbe zu sein, die Dalio Jahrzehnte zuvor für eine Konferenz angeheuert hatte – ein Vorfall, der dazu beitrug, dass der Bridgewater-Gründer bei seinem ersten Job gefeuert wurde. Niemand sonst bei Bridgewater wagte es, einen Scherz auf Kosten des Firmengründers zu machen, was Jensen selbst bei denjenigen Respekt einbrachte, die diese Aufführung für geschmacklos hielten.

Jensen war im Wesentlichen der soziale Leiter des Hedgefonds. Jedes Mal, wenn eine neue Gruppe von Post-College-Rekruten anfing, schien er sich mit allen anzufreunden. Die Leute wollten in Jensens Nähe sein, und so sein wie er. Mit jüngeren Mitarbeitern besuchte er Partys, obwohl er oft der mit Abstand älteste war. Häufig flog er mit anderen Bridgewater-Mitarbeitern nach Las Vegas; während einer Reise erhielt seine Frau, die zu Hause geblieben war, um die kleinen Zwillinge zu stillen, einen alarmierenden Anruf von seiner Kreditkartengesellschaft wegen eines in einem Stripklub möglicherweise in betrügerischer Absicht abgebuchten Betrags. Das war nicht das einzige Beispiel für sein Verhalten, das aus seinen Studentenverbindungszeiten zu stammen schien. Auf einer Party für Bridgewater-Mitarbeiter forderte Jensen seine direkten Untergebenen auf, sich auf seinen Kopf zu übergeben, um dafür 500 Dollar zu erhalten.

Besonders fiel Jensen bei der jährlichen Sommerklausur des Hedgefonds im Mohonk Mountain House auf, einem viktorianischen Resort an einem New Yorker See, das weniger als zwei Autostunden vom Bridgewater-Hauptsitz entfernt liegt.

Die Klausurtagung für Führungskräfte im Sommer 2012 war als Teambuilding-Veranstaltung für Bridgewater-Führungskräfte in der Ausbildung gedacht, ohne deren Familie. Sie wurde schnell zu einem Erlebnis für Greg Jensen. Er war sowohl der dienstälteste anwesende Mitarbeiter als auch derjenige, der am wenigsten zu schlafen schien. Der Tag verlief ruhig, mit teambildenden Aktivitäten und Wanderungen. Jensen kam erst richtig in Fahrt, als die Sonne unterging. Eines Abends wurde das, was als Kamingespräch oder als Gelegenheit, dem CEO von Bridgewater dringende Fragen zu stellen, angekündigt war, zu einer Art Comedy. Während ein Bridgewater-Rekrutierungsmanager als Moderator fungierte, machte Jensen Witze über seine Reisen mit Dalio. Als Jensen gebeten wurde, zu beschreiben, wie es sei, neben Dalio in einer Sauna in Japan zu sitzen, machte er einen Witz darüber, ob Dalios hohes Rating in irgendeiner Beziehung zu seiner persönlichen Anatomie stand.

Im Anschluss wurde nackt gebadet und man saß am Lagerfeuer.[10] Jensen forderte die Teilnehmer – Männer wie Frauen – auf, ihre Hemden auszuziehen und sie in die Flammen zu werfen, um ihre Verbundenheit mit ihm und untereinander zu beweisen. Dutzende nahmen das Angebot an. Auf dem Weg zurück zum Hotel wurden Ersatzhemden verteilt.

Ein besonderes Auge schien Jensen auf eine Teilnehmerin namens Samantha Holland geworfen zu haben, die nur ein paar Jahre jünger war als er. Das Bewertungssystem von Bridgewater hatte Holland als eine aufstrebende Persönlichkeit identifiziert, die ihre Meinung sagt. Die Absolventin einer öffentlichen Schule, die eine Zeit lang in der Facility-Abteilung von Bridgewater gearbeitet hatte, hatte eine Abenteuerlust, die Jensens sonstige Untergebene in der Investment-Abteilung nicht aufwiesen. Jensen hatte ihren Aufstieg bemerkt und beriet sie, wie sie ihre Karriere auf die nächste Stufe heben konnte. Sie erzählte Freunden, dass sie angefangen hatte zu glauben, dass Bridgewater ein Ort sei, an dem sie es weit bringen könnte.

Nachdem sich die Menge vom Lagerfeuer zurückgezogen hatte, schlug Jensen Holland vor, noch ein wenig mit ihm dazubleiben. Nur sie beide also – die im Übrigen beide verheiratet waren – saßen noch vor der schwindenden Glut.

„Zieh deine Bluse aus", sagte er.

Das tat sie.

Und sie gingen zusammen in den Whirlpool.

Die anderen Bridgewater-Mitarbeiter auf der Klausurtagung waren vielleicht betrunken, aber nicht blind. Sie sahen, wie Holland allein mit Jensen zum Mohonk Mountain House zurückkehrte. Ob sie nun wirklich empört waren oder nur die Chance witterten, sich einen Namen zu machen, indem sie auf Dalios obersten Stellvertreter zeigten – einige der Anwesenden beschwerten sich im Nachhinein beim Bridgewater-Gründer, dass ihnen das Wochenende unangenehm gewesen sei.

Dalio beauftragte Comey wieder einmal mit der Aufdeckung der Wahrheit.

Bei laufendem Tonbandgerät befragte Comey viele der Teilnehmer des Treffens. Jensen erzählte ihm, dass alle, einschließlich Holland, sich freiwillig oben ohne gezeigt hätten. Als Comey sich mit Holland allein hinsetzte, stellte er ihr eine gezielte Frage: „Hatten Sie das Gefühl, dass Sie eine Wahl hatten?" Sie machte eine Pause, bevor sie antwortete. Sie sei nicht physisch gezwungen worden, erklärte sie, aber Jensen sei ihr hierarchisch überlegen gewesen. Sie sagte Comey, sie habe nicht das Gefühl gehabt, eine Wahl zu haben.

Comey legte seine Ergebnisse Dalio vor, der die Angelegenheit beiseiteschob. Dalio teilte jedem bei Bridgewater mit, dass er die Party untersucht habe und sich weitere Fragen erübrigen würden.

Was Comeys Verhöre mit Holland und Jensen betraf, so war es, als hätten sie nie stattgefunden. Diese und andere Aufnahmen aus Comeys

Untersuchung wurden nicht in die Transparenz-Bibliothek von Bridgewater aufgenommen. Dalio versicherte Jensen, dass die Bänder aus dem Verkehr gezogen werden würden.

Wenn Comey ein Unbehagen über die Untersuchung des Vorfalls im Mohonk-Retreat verspürte, machte er dies nicht zum Thema. Aber zu diesem Zeitpunkt hatte er bereits erkannt, dass ein Job beim größten Hedgefonds der Welt nicht der Selbstläufer war, wie es einst schien.

Was als Chance begonnen hatte, vorübergehend von Bridgewaters Ruf zu profitieren, hatte sich zu einem potenziellen Reputationsrisiko entwickelt. Comeys Name wurde für hochrangige Regierungsjobs gehandelt, und was bei Bridgewater geschah, konnte seinem Lebenslauf eher schaden als nützen. Wie konnte er seine Ermittlungen gegen Murray rechtfertigen, zumal er es nicht geschafft hatte, sie festzunageln? Oder wie konnte er es rechtfertigen, dass Jensen keine nennenswerte Strafe für sein nächtliches Benehmen erhalten hatte?

Eine weitere Untersuchung stand noch auf der Tagesordnung. Als nahezu einziges Medienorgan hatte Dalios alter Widersacher[11] „Dealbreaker" weiterhin skeptisch über Bridgewater berichtet. Hin und wieder wurde der Blog für seine Skepsis mit einer undichten Stelle bei Bridgewater belohnt. Im Frühjahr 2012 stieß „Dealbreaker" auf eine neue Fundgrube. Bei der anonymen Hotline der Website ging ein Fax mit den Anweisungen für den Principles-Test ein, der allen Mitarbeitern ausgehändigt wurde, um zu prüfen, ob sie das Dalio-Manifest auswendig gelernt hatten. Die Anweisungen, verfasst von einem von Dalios Stabschefs, waren streng formuliert. Das Principles-Training-Team, so schrieb der Leverager, würde „Betrugsfälle prüfen und diese streng ahnden". Dasselbe Team würde „Verspätungen oder unerwartete Abwesenheit im Auge behalten", und die Mitarbeiter wurden angewiesen, „sich zweimal zu überlegen, ob sie sich ‚krank' melden!"

Comey brauchte weniger als 24 Stunden, um den Verräter zu finden.[12] Comey zog Überwachungsmaterial von den Faxgeräten des Unternehmens heran und sah, dass ein Mitarbeiter die Anweisungen ausgedruckt, im Internet nach den Faxnummern von „Dealbreaker" und Charlie Rose gesucht und das Dokument gefaxt hatte. Bei der Durchsicht des Filmmaterials kam Comey zu einer unangenehmen Enthüllung. Bei dem Täter handelte es sich um einen Bridgewater-Veteranen, der schon fünf Jahre in der Firma war, ein West-Point-Absolvent und Mitglied von Comeys Sicherheitsteam. Die Ermittlungen wurden an Jensen übergeben.

Der Vorstandsvorsitzende von Bridgewater begann mit der Befragung. Obwohl der Sicherheitsbeauftragte zunächst leugnete, das Fax verschickt zu haben, gab er schnell zu, dass er von dem bevorstehenden Principles-Test frustriert war. Er verwies insbesondere auf Dalios früheres Interview mit Charlie Rose: Wie konnte Dalio behaupten, man könne die Principles kritisieren, und dann einen Test über ihre Einhaltung anordnen? Jensen fragte, warum der Angestellte sich nicht zuerst intern geäußert habe, und der Mitarbeiter sagte, das habe er getan. Jensen notierte sich, dass er als Nächstes die Vorgesetzten des Mitarbeiters befragen würde.

Selbst diejenigen, die mit dem Argument des Angestellten sympathisierten, waren nicht überrascht, als sie erfuhren, dass er entlassen worden war. Viele waren jedoch schockiert, als sie ihre Principles-Tests öffneten und entdeckten, dass Jensen beschlossen hatte, ein Exempel an dem entlassenen Kollegen zu statuieren. Ein neuer Eintrag im Test nannte allen den Namen des Informanten, schilderte die gesamte Untersuchung in schockierenden Details und bat die Mitarbeiter um ihre Zustimmung, dass er angemessen behandelt worden war. Der Eintrag enthielt nicht nur eine detaillierte Beschreibung der vorangegangenen Ereignisse, sondern auch Jensens eigene Schlussfolgerungen zu den Versäumnissen des Mitarbeiters:[13] „Es hat den Anschein, dass er eine böse Absicht hegte und aus welchen Gründen auch immer versäumte, darauf einzugehen (nach meinem Gespräch schien es ihm an Logik zu mangeln, während er gleichzeitig sehr überzeugt davon war, wie die Dinge ‚richtig' zu sein hätten)."

Wesentlich mehr Geheimniskrämerei gab es um Comeys eigenen Rücktritt im Oktober 2012, der ohne eine Erklärung von Dalio erfolgte. Die Fragen häuften sich, und als die Mitarbeiter bei einem Bridgewater-Town-Hall-Meeting über die zu beantwortenden Fragen abstimmen sollten, war das meistgewählte Thema Comeys bevorstehender Abgang. Comey erläuterte seine Überlegungen in einer E-Mail:

Von: Jim Comey
Gesendet: Mittwoch, 3. Oktober 2012, 13:50 Uhr
An: Bridgewater

Betreff: Warum geht Jim?[14]

... Ich mag Bridgewater sehr. Ich liebe die Idee unserer Kultur der Transparenz und Wahrheit und finde beides fesselnd. ...
Wie jeder von Ihnen habe ich Stärken und Schwächen. Zu meinen Stärken gehören einige Führungsqualitäten, die hier nicht entscheidend sind, aber im Rest der Welt gebraucht werden und sehr effektiv sind. Ich lächelte (und erschrak), als ich die Liste der Führungskompetenzen sah, die auf den Baseballkarten nicht aufgeführt waren, weil sie zu den Eigenschaften gehören, die mich anderswo erfolgreich gemacht haben: Humor, Kommunikation, Teambildung, Anpassungsfähigkeit, Umgang mit Widersprüchen und vieles mehr ...
Diese Kompetenzen sind es aber auch, die mir Spaß an der Arbeit und im Leben machen. Ich habe große Freude am Umgang mit Menschen, mit all ihren (und meinen) Schwächen. Ich freue mich über eine kluge Redewendung. Ich genieße Satire, gelegentlichen Sarkasmus, die Bloßstellung von Wichtigtuerei und menschlicher Eitelkeit. ...
Das auf Logik basierende, unerbittliche Streben nach Spitzenleistungen hat etwas, das mit derjenigen Freude, die mich beseelt,

unvereinbar ist. Insbesondere dürfte es etwas mit der absolut unerbittlichen Art und Weise der Suche nach Spitzenleistung zu tun haben, die den Charakter einer Firma hervorbringt. Ich sage nicht, dass Bridgewaters Charakter anders sein sollte, sondern nur, dass er anders ist. Bridgewater spiegelt Rays Charakter wider, was eine tolle Sache ist. Aber er und ich sind sehr unterschiedliche Menschen … Ich werde als Führungskraft und Lehrer im öffentlichen Sektor besser sein, weil ich hier war.[15] …
Natürlich ist nichts endgültig, und das Leben ist im Grunde ein unregelmäßiges Auf und Ab (wobei die Zeit begrifflich auf der X-Achse verläuft), aber so sehe ich das heute, und ich wollte das klarstellen."

Jim

TEIL III

13

DIE MASCHINE

Falls Jim Comeys Rausschmiss Dalio auch nur ein bisschen störte, so zeigte er es nicht. Er bekam reichlich öffentliches Lob, auf das er zurückgreifen konnte. Zum ersten Mal wurde der Bridgewater-Gründer 2012 von *Time* auf die Liste der 100 einflussreichsten Menschen der Welt gesetzt.[1] Der Artikel, der seinen Aufstieg in die Liste begleitete, stammte von keinem Geringeren als dem ehemaligen Vorsitzenden der Federal Reserve, Paul Volcker, der schrieb:

> Für viele Hedgefonds ist der Erfolg schwer fassbar; je größer der Fonds, desto schwieriger ist es, eine herausragende Performance zu erzielen. Ray Dalio von Bridgewater, der 120 Milliarden Dollar an Anlegergeldern verwaltet, hat den Widrigkeiten über ein Vierteljahrhundert hinweg getrotzt. Das allein qualifiziert den 62-jährigen Ray vielleicht noch nicht für einen Platz unter den Einflussreichen. Viel wichtiger ist, dass er starke und etwas unorthodoxe Überzeugungen über die Funktionsweise der Wirtschaftsmaschinerie hat. Die Beurteilungen, die sich daraus ergeben haben, waren

vorausschauend. Ray war zum Beispiel einer der Ersten, der die Risiken von zu viel Verbindlichkeiten und eines zu hohen Verschuldungsgrads der amerikanischen und einiger europäischer Volkswirtschaften erkannte ... [Sein neugieriger und aktiver Geist spiegelt sich in der Tatsache wider, dass er zwar ein hochseetüchtiges Schiff besitzt, seine „Jacht“ aber für die Erforschung der Tiefsee ausgerüstet ist.)

Im Sommer 2012 verbreitete sich von dieser Jacht eine Nachricht,[2] die von den Ogasawara-Inseln im Süden Japans gesendet wurde, in Sekundenschnelle um den Globus, bis sie rund 7.000 Meilen entfernt bei Ray Dalio landete. Die „M/V Alucia“ suchte in den tiefen Gewässern rund um die „Galapagos des Orients“ nach einem seltenen Fundobjekt.

„Kommen Sie schnell“, lautete die Nachricht. „Sie werden nicht glauben, was wir gefunden haben.“

Dalio hatte die „Alucia“ ein Jahr zuvor aus einer Laune heraus gekauft, nachdem er erfahren hatte, dass sie geholfen hatte, die Überreste eines scheinbar verschwundenen Flugzeugs in den Tiefen des Meeres zu finden.[3] Das klobige, graue, 56 Meter lange Schiff sah ebenso sehr wie ein Zerstörer aus wie das Spielzeug eines Milliardärs. An Bord befanden sich U-Boote mit blasenartigen Rümpfen aus durchsichtigem Plastik, die den Bridgewater-Gründer – der ein Hobbytaucher war – Hunderte Meter tief befördern konnten. Wenn Dalio nicht auf dem Boot war, lieh er es an Forscher auf der ganzen Welt aus. Bei der letzten Expedition[4] ging es um die Jagd nach dem Riesenkalmar, einer Furcht erregenden und geheimnisvollen Kreatur mit acht langen Tentakeln, zwei Armen, blauem Blut und Augäpfeln von der Größe eines menschlichen Kopfes. Der Tintenfisch, der in dem berühmten (und fiktiven) Film „Zwanzigtausend Meilen unter dem Meer“ die Mannschaft von Kapitän Nemo angreift, wurde noch nie lebend gesehen – bis jetzt.

Ein Vorteil, Chef eines Hedgefonds mit einer ständig wachsenden Zahl neuer Führungskräfte zu sein, die ihren Wert beweisen wollten, war, dass Dalio kommen und gehen konnte, wie er wollte. Seine Anwesenheit schien nicht immer eine große Rolle zu spielen, denn die Firma entwickelte sich zu einer riesigen Gelddruckmaschine. Ein paar Monate, bevor die „Alucia" die Segel setzte, wurde Dalios letzter Gehaltsscheck bekannt. Im Jahr 2011 hatte er 3,9 Milliarden Dollar verdient,[5] wiederum hauptsächlich mit den Investitionen von Bridgewater in US-Staatsanleihen und den damit verbundenen Gebühren, die von den Kunden gezahlt wurden. Was zuvor schon funktionierte, hatte auch diesmal wieder funktioniert.

Niemand sonst bei Bridgewater hatte so flexible Arbeitszeiten wie Dalio, und als der Anruf von der „Alucia" kam, rief Dalio seinen alten Harvard-Freund Michael Kubin an. Wie es Kubin gefallen würde, einer der ersten Menschen auf der Erde zu sein, der den mythischen Riesenkalmar sehen würde? Sie würden zunächst nach Tokio fliegen und dann eine 25-stündige Fährfahrt zu einer Insel in der Nähe des Schiffes unternehmen. Die Klimaanlage der Fähre lief auf Hochtouren, und Kubin erinnerte sich, dass er die ganze Nacht wach saß, mit den Zähnen klapperte und kein Auge zutun konnte. Er bewunderte Dalio, der nur wenige Zentimeter von ihm entfernt war und selig döste. Kubin vermutete, dass es an Dalios berühmten Meditationsübungen gelegen haben musste.

Am nächsten Morgen fragte ein verschlafener Kubin, wie sein Freund es geschafft hatte, so lange zu schlafen.

„Hatte ich es dir nicht gesagt? Ich habe ein starkes Schlafmittel genommen", meinte Dalio.

Die Freunde sollten eine Woche lang an Bord der „Alucia" sein und regelmäßig unter Wasser gehen, um den Tintenfisch zu sichten. Am zweiten Tag tauchten sie nach einem erfolglosen Unterwasserversuch auf und wurden vom Kapitän des Schiffes schon erwartet. Zwei Taifune hatten sich auf ihre Position zubewegt. Dalio und Kubin waren gezwungen, nach Connecticut zurückzukehren. Einige Wochen später konnten Wissenschaftler umfangreiche Aufnahmen des Tintenfisches machen.

* * *

Dalio kehrte sichtlich enttäuscht nach Westport zurück. Er war von der Hoffnung beseelt gewesen, eine allen anderen bislang unbekannte maritime Entdeckung zu machen, aber trotz all des Aufwands war die lange Reise umsonst gewesen.

Zurück im Hauptquartier befand er sich auf einer Art Parallelsuche nach einer konsistenten, einzigartigen wissenschaftlichen Entdeckung, um seinen Erfolg zu verdeutlichen. Die Principles erfüllten diese Aufgabe nicht ganz. Obwohl Dalio oft sagte, dass sie das Rückgrat für alles waren, was bei Bridgewater gut funktionierte, enthielten die Principles fast nichts Substanzielles über Investitionen. Ohne eine konsistente Erklärung seines Investitionsprozesses riskierte Bridgewater zwei inakzeptable Konsequenzen. Das Unternehmen könnte als reiner Glücksfall abgetan werden, als der unvermeidliche einzelne Hedgefonds unter Tausenden, der 20 Mal hintereinander eine Münze wirft, die immer auf derselben Seite landet. Die Wall Street war übersät mit den Leichen einstmals erfolgreicher Fonds, die nicht in der Lage waren, ihre schlechte Performance zu erklären.

Daher entwickelte Dalio einen Geschwisterteil der Principles, aber für das Investieren. Er war eine Metapher dafür, wie Bridgewater investierte. Dalio nannte ihn „Wie die Wirtschaftsmaschine funktioniert". Wie die Principles sollte auch die Wirtschaftsmaschine deterministisch, weitreichend und vorhersagbar sein. Die Maschine, die Dalio in zahllosen Kundengesprächen und Medieninterviews auf Whiteboards zeichnete, bestand aus einer Reihe von geraden und verschnörkelten Linien, die Kategorien wie die Produktivität der Arbeitnehmer und die Staatsverschuldung repräsentierten, die in Ländern auf der ganzen Welt gemessen werden konnten. Zusammengenommen bildeten die

Ursache-Wirkungs-Beziehungen zwischen diesen Faktoren eine Formel, mit der laut Dalio modelliert werden konnte, ob ein bestimmtes Land erfolgreich sein oder scheitern würde (beispielsweise neigten Länder mit niedriger Arbeitsproduktivität dazu, hohe Schulden anzuhäufen, was es vorteilhaft machte, gegen sie zu wetten). Die Maschine verriet Dalio, dass Länder wie China, die in denen es mehr als genug hart arbeitende Menschen und übermäßig hohe Sparquoten gab, Nationen wie die Vereinigten Staaten und das Vereinigte Königreich in den Schatten stellen würden.

„Wie in Bezug auf menschliche Körper glaube ich, dass auch die Volkswirtschaften der verschiedenen Länder in dem Ausmaß, in dem man diese zurückverfolgen kann, im Wesentlichen auf die gleiche Weise funktionieren. Die wichtigsten Ursache-Wirkungs-Beziehungen sind daher zeitlos und universell", sagte Dalio.[6] Die Maschine war ein Spiegel in die Zukunft, der auf der Vergangenheit basierte.

Einige Wochen nach Dalios Rückkehr von der Suche nach dem Riesenkalmar beschloss er, die Idee der Wirtschaftsmaschine auf Herz und Nieren zu prüfen. Er lud den britischen Historiker Niall Ferguson zu einem Gespräch nach Westport ein. Ferguson war eine sichere Bank, um die Bedeutung von Dalios Entdeckung zu verstehen. Er war ein Harvard-Professor (viele seiner ehemaligen Studenten arbeiteten für Bridgewater), ein produktiver Autor und unkonventionell wie der Bridgewater-Gründer. Eine von Fergusons Philosophien war,[7] dass die westliche Zivilisation zerbrechlicher ist, als sie zu sein scheint. Ferguson ließ sich auch als Berater für eine Reihe von Finanzunternehmen bezahlen, und als er die Einladung von Bridgewater erhielt, war sein erster Gedanke, dass er, wenn er seine Karten richtig ausspielte, die Chance haben könnte, etwas Kleingeld zu verdienen.

Fergusons Hoffnung zerplatzte,[8] als er das mehr als 100 Seiten umfassende Dokument las, das ihm von Bridgewater zugesandt worden war und in dem die Wirtschaftsmaschine beschrieben wurde. Ihm fielen fast sofort die seiner Meinung nach grundlegenden Fehler auf.

Das Papier ignorierte, dass die Kultur einer Nation zu besseren oder schlechteren wirtschaftlichen Ergebnissen führen konnte. Es ließ auch außer Acht, was Ferguson „die Launen der Entscheidungsträger" nannte, einschließlich der Rolle des menschlichen Handelns und Einfallsreichtums, die beispielsweise dazu führen konnten, dass ein Land einem anderen den Krieg erklärt oder sich für den Frieden entscheidet.

Wäre diese Arbeit von einem seiner Doktoranden angefertigt worden, hätte Ferguson die Person durchfallen lassen. Er konnte nicht glauben, dass er, wie er es ausdrückte, die „heiligen Texte" von Bridgewater las.

Ferguson, der sich nie vor einer guten Diskussion drückte, stattete Bridgewater zu einem solchen Anlass einen Besuch ab. Was er vorfand, erinnerte ihn an einen Universitätshörsaal. Reihenweise waren Stühle aufgestellt, besetzt mit jungen Bridgewater-Mitarbeitern, die sich versammelt hatten, um seine Sicht auf die Arbeit des Meisters anzuhören. Dalio stellte seinen Gast vor, dann setzte er sich auf einen Stuhl an der Seite. Ferguson stand vorn, atmete tief durch und blickte auf die Notizen, die er sich ein paar Tage zuvor gemacht hatte.[9] „Der liebe Gott steckt im Detail", begann er in einem freundlichen Tonfall. „Sie sind der Mann, der Milliarden verdient hat. Ich bin nur ein Professor. Aber dies sind meine Ansichten in meiner Eigenschaft als Professor. Es gibt keine Möglichkeit, den historischen Prozess zu modellieren, und es gibt definitiv keine Möglichkeit, die Entscheidungen zu modellieren, die hoch verschuldete Länder treffen."

Ferguson warf einen Blick zu seinem Gastgeber hinüber. Dalio saß noch, aber Ferguson und die anderen Anwesenden konnten erkennen, dass er drauf und dran war, vor Wut zu kochen. Er schüttelte langsam den Kopf und begann vor Unruhe mit seinen Beinen zu wippen. Der Professor fuhr fort. Man könne zwar einige Beispiele aus der Geschichte herausgreifen, bei denen Nationen unter ihren Schulden zusammengebrochen seien, aber viele Länder seien schnell genug gewachsen, um die Schulden überflüssig zu machen. Außerdem: Kriege, Staatstreiche, kulturelle Veränderungen, konkurrierende Rechtssysteme, effektive und ineffektive politische Führer und alle möglichen anderen Faktoren, einschließlich des menschlichen Bewusstseins, ließen sich niemals quantitativ messen, geschweige denn sauber in eine Formel bringen.

„Es gibt keinen Zyklus der Geschichte. Das ist ein Hirngespinst", sagte Ferguson.

Bebend sprang Dalio auf. Der Professor behauptete, es könne kein Geheimnis von Dalios Erfolg geben.

„Wo ist Ihr verdammtes Modell, Niall?", brüllte er seinen Gast an.

Im Raum war es still. Es gab kein Modell – genau darum ging es. Die Welt und ihre Menschen waren unendlich kompliziert. Diese Nuss war nicht zu knacken. Bevor Ferguson diesen Gedanken weiter ausführen konnte, wiederholte Dalio:

„Wo ist Ihr verdammtes Modell?"

Etwa zu diesem Zeitpunkt wurde Ferguson klar, dass er nicht so bald bei Bridgewater angestellt werden würde. Mit einer steifen britischen Retourkutsche wandte sich Ferguson schnaufend an Dalio und wählte seine Worte mit Bedacht. „Ich habe immer das Gefühl, wenn jemand Kraftausdrücke benutzt, hat er keine Argumente mehr."

Der Professor beendete seinen Vortrag und ging. Kurz nachdem er nach Hause gekommen war, hörte er von einem seiner ehemaligen Studenten, der in den Reihen der Bridgewater-Mitarbeiter im Saal gesessen hatte, dies: Nachdem Ferguson gegangen war – und alle noch anwesend waren –, hatte Dalio zu einer sofortigen Abstimmung aufgerufen. Wer habe die Debatte gewonnen, der Bridgewater-Gründer oder der Gast?

Natürlich hatte Dalio gewonnen.

Fergusons Ansicht schien eine Ausnahme zu sein. Dalio hatte wenig Mühe, Außenstehende vom Wert seines Systems zu überzeugen.

Es war eine gute Zeit, um Ray Dalio zu sein, und eine gute Zeit, um Ray Dalio zu verkaufen. Das Unternehmen war so groß wie nie zuvor – Ende 2012 verwaltete es mehr als 141 Milliarden Dollar – und expandierte weiter. Neue Gelder kamen aus den Rentensystemen von Lehrern herein, dem Herzstück der USA, und sogar von „Transport for London",[10] einer Behörde der Londoner Stadtverwaltung, die für die Renten der pensionierten Bahnarbeiter zuständig ist. Dass Bridgewaters Flaggschiff-Fonds sein erstes Verlustjahr seit mehr als einem Jahrzehnt nur knapp vermieden hatte, schien weder die Anleger noch Dalio zu stören. Pure Alpha stieg 2012 nur um 0,6 Prozent, aber Dalio erhielt trotzdem 1,7 Milliarden Dollar. Er machte einen Mangel an Selbstüberzeugung für das schwache Jahr verantwortlich. „Das Problem", so sagte er den Kunden, sei die „relativ geringe Positionsgröße".[11] Mit anderen Worten: Die Firma glaubte, auf dem richtigen Weg zu sein, war aber zu vorsichtig.

Etwas anderes zog Dalios Aufmerksamkeit von den Investitionen des Unternehmens ab. Es ging um Geld – um sein eigenes Geld. Während Dalio mehr Geld für Bridgewater einsammelte, arbeitete er parallel dazu eifrig daran, sein eigenes Geld abzuziehen.

Dalio hatte, um es mit den Worten der Wall Street auszudrücken, ein Liquiditätsproblem. Unzählige Milliarden von Dollar seines Vermögens waren in seinem Eigentum an Bridgewater gebunden. Im Gegensatz zu Aktien, Anleihen und anderen relativ leicht verkäuflichen Vermögenswerten, die der Hedgefonds für seine Kunden kaufte und verkaufte, hatte Dalio keine einfache Möglichkeit, seinen Besitz an der Firma auf dem Papier in echte Gewinne zu verwandeln. Bridgewater war sicherlich etwas wert – wenn das Jahr 2012 irgendetwas bewiesen hat, dann, dass Dalios Unternehmen weiterhin Milliarden von Dollar an jährlichen Gebühren einstreichen konnte, ohne dass die Kunden in diesem Jahr viel Geld verdienten –, aber wie wertvoll, war nicht klar. Es gab keine offensichtliche Möglichkeit, den Wert zu berechnen oder zu garantieren, dass das Unternehmen, das Dalio aufgebaut hatte, auch nach seinem Ausstieg weiter bestehen würde. Hedgefonds waren nicht mit teuren Restaurants zu vergleichen, die von berühmten Köchen gegründet wurden: Ohne den Namen an der Tür würden die Kunden vielleicht nicht mehr kommen. Dalio war sich klar darüber, dass Hedgefonds bei der Übergabe an die nächste Generation eher verkümmern als aufblühen.

Indem er ankündigte, dass er nicht die Absicht habe, das Unternehmen zu verlassen, umging Dalio dieses heikle Thema. Bridgewater sei lediglich in einem, wie er es nannte, „planvollen Übergang"[12] von der ursprünglichen Gruppe von Managern (nämlich Dalio) zu den nächsten, einschließlich Jensen. Obwohl der Bridgewater-Gründer sagte, er bleibe aus Liebe zum Investieren, gab es einen anderen, ebenso guten Grund. Bridgewater war wahrscheinlich nur mit ihm an der Spitze einen Spitzenpreis wert. Um die höchstmögliche Vergütung für seine Beteiligung an dem Unternehmen zu erhalten, musste er noch eine Weile bleiben.

Bei der Suche nach einem Käufer nutzte Dalio seine Kontakte. Bridgewater rief in Wichita, Kansas, an und bat die Milliardärsbrüder Charles und David Koch um Geld, um ihn herauszukaufen. Der Hedgefonds schickte Jensen und Prince ins abgelegene Lubbock, Texas, wo sie den Vorstand des Teacher Retirement System of Texas anflehten, sich einzukaufen. Dalio selbst kümmerte sich um die am weitesten entfernten Bittgesuche: China, den Nahen Osten und Singapur. Er flog persönlich nach Singapur und brachte ein kleines Team zu einem privaten Treffen mit der Frau des Premierministers mit, die einem der riesigen Staatsfonds des Landes, Temasek Holdings, vorstand. Dort sprach er, während peinlicherweise eine Nudel an seiner Krawatte klebte, über die Welt der Investitionen und hielt dann einen ausführlichen Vortrag über die Bewertungssysteme des Hedgefonds.

Die neueste und größte seiner Erfindungen, so erzählte er der Gruppe, sei eine Softwareanwendung namens Dot Collector.[13] Die Software war auf iPads vorinstalliert, die jeder Bridgewater-Mitarbeiter erhielt, und in der Firma allgegenwärtig. Der Dot Collector war eine überladene Echtzeitversion der Baseballkarten – er sammelte alle Rückmeldungen (Dots), die sich die Mitarbeiter gegenseitig gaben, und wies ihnen einen Gesamtwert in 77 Kategorien menschlicher Qualitäten zu, wie zum Beispiel „in der Wahrheit leben" und „tiefgründig nachforschen, wie die Maschine funktioniert". Der aufregendste Durchbruch des Dot Collector, so Dalio in Singapur, sei gewesen, dass er endlich herausgefunden habe, wie man alle Daten richtig ausbalancieren konnte. Ein Team von Bridgewater-Ingenieuren habe einen proprietären X-Faktor gefunden – die Glaubwürdigkeit. Wenn man die Glaubwürdigkeit in die Gleichung mit einbeziehe, könnten Punkte von bestimmten Personen im Unternehmen die Bewertungen der Mitarbeiter überproportional beeinflussen. Damit sei gewährleistet, dass die glaubwürdigsten Personen bei Bridgewater überdurchschnittlich gut bewertet würden. Glaubwürdigkeit sei der Schlüssel zur Aufrechterhaltung einer Leistungsgesellschaft.

Auf derselben Reise gab Dalio einer Lokalzeitung in Singapur ein Interview[14] und sprach über seine Ambivalenz gegenüber Reichtum und dessen Begleiterscheinungen: „Auf den Status fixiert zu sein ist ungesund. Ich mag keinen Luxus." Er deutete auf die 150-Dollar-Orvis-Uhr an seinem Handgelenk. „Geld ist kein Selbstzweck."

Die Zielpersonen von Dalios Pitch hatten neben der Kontrolle über einige der größten Vermögen der Welt noch eine weitere Gemeinsamkeit. Sie waren Kunden von Bridgewater und hatten in einigen Fällen bereits Milliarden von Dollar in die Fonds des Unternehmens investiert. Aber dies war eine andere Gelegenheit. Dalio bot ihnen nicht an, ihnen dabei zu helfen, ihr Geld auf den Märkten der Welt zu verteilen. Er schlug ihnen vor, es ihm direkt zu übergeben. Im Gegenzug versprach Dalio diesen langjährigen Kunden ein Stück des knappsten aller Güter: seine Hedgefonds-Firma. Er erklärte ihnen, dass Bridgewater eine dauerhafte Institution sei, deren Anlageprozess systematisch und wiederholbar sei und auf Regeln basiere, die niemand sonst erfüllen könne. Dieses Argument war so schlagkräftig, dass Bridgewater von Großanlegern nicht mehr nur als ein weiterer Investmentmanager, sondern als die standardmäßige, sicherste Wahl angesehen wurde. Unter denjenigen, die mit der Anlage von Geldern für zahlungskräftige Unternehmen betraut waren, kursierte ein vielsagender Satz: „Niemand wurde jemals gefeuert, weil er Bridgewater Associates beauftragt hat." Mit anderen Worten: Selbst wenn der Fonds nicht gut abschnitt, konnte niemand dafür verantwortlich gemacht werden, einen so zuverlässigen Namen wie Bridgewater mit der Verwaltung von Geld beauftragt zu haben.

Bei dieser Denkweise spielte es keine Rolle, dass der Firmengründer unweigerlich ausscheiden würde. Dalio hinterließ die Principles, die garantierten, dass künftige Führungskräfte von Bridgewater immer von den Anweisungen des Gründers profitieren würden.

Die Weltreise lohnte sich. Die staatlichen Fonds Singapurs erklärten sich bereit, einen Teil von Dalios Anteil an Bridgewater zu erwerben. Auch Texas Teacher Retirement stieg ein:[15] Der Pensionsfonds für Staatsbedienstete zahlte Dalio 250 Millionen Dollar für einen 2,5-prozentigen Private-Equity-Anteil an Bridgewater. Das bedeutete, dass 100 Prozent von Bridgewater mit zehn Milliarden Dollar bewertet wurden. Dalio besaß immer noch mehr als die Hälfte des Unternehmens. Auf diese Weise hatte sein Firmenanteil auf dem Papier einen sehr reellen Wert.

Dalio feierte seine Großzügigkeit sichtlich, indem er sich ein neues Haus kaufte. Der Mann mit der 150-Dollar-Uhr kaufte das teuerste Einfamilienhaus, das jemals in Amerika verkauft wurde.[16] Es hieß Copper Beech Farm, was auf etwas Rustikales hindeutet, aber in Wirklichkeit ein 51 Hektar großes Grundstück mit einem Anwesen im Stil der französischen Renaissance war, von wo man eine Meile privater Uferpromenade in Greenwich, Connecticut, überblicken konnte. Eine 550 Meter lange Einfahrt hielt das Anwesen vor fremden Blicken verborgen, ein Uhrenturm ragte über die Bäume hinaus. Der Kauf des Hauses[17] beinhaltete auch einige private Inseln vor der Küste für insgesamt 120 Millionen Dollar.

In Interviews beteuerte Dalio jedoch weiterhin sein Desinteresse an den Insignien des Erfolgs. Er gab ein 30-minütiges YouTube-Video über seine Theorie der Wirtschaftsmaschine in Auftrag und sprach selbst darin, komplettiert wurde das Ganze mit Cartoon-Figuren und einem schrägen, von Westernfilmen inspirierten Soundtrack. „Die Wirtschaft funktioniert wie eine einfache Maschine, aber viele Menschen verstehen sie nicht", sagte Dalio im Off. „Das hat zu einer Menge unnötigen wirtschaftlichen Leids geführt. Ich fühle mich zutiefst verantwortlich."

Als kostenloser Ratschlag eines milliardenschweren Hedgefonds-Managers war das Video sofort ein Erfolg. Als sich das Video einer Million Aufrufe näherte, rief Charlie Rose Dalio an und bot ihm ein Interview bei „CBS This Morning" an, einer landesweiten Sendung mit einem treuen Publikum im amerikanischen Kernland. Dalio nahm an. Es war seine bisher größte Plattform und eine Chance für ihn, sich der breiten Masse als wohlwollender Milliardär zu präsentieren. Dalio saß Rose gegenüber, beide waren in dunkle Anzüge gekleidet. In dem er sich vorlehnte, ohne mit der Wimper zu zucken, begann Dalio mit seiner üblichen Rede über Bridgewater, während *CBS* einen Text über den Bildschirm laufen ließ: „Ray's Rules".[18]

„Wir lernen die Grundlagen der unterschiedlichen Denkweisen der Menschen kennen – was die Menschen gut oder schlecht können, wie sie sind", sagte Dalio. „Es ist, als würde man in die intellektuellen Navy SEALs eintreten, eine solche Erfahrung ist das. Die Schlüsselfrage ist: Können Sie Ihre Ego-Barriere überwinden? Es ist schmerzhaft. Es ist ein mentaler Schmerz, wie ein physischer Schmerz bei den Navy SEALs. Können Sie die Ego-Barriere überwinden? Können Sie einfach herausfinden, was wahr ist?"

Rose leitete schnell zu einer weitergehenden Frage über, eine, die darauf hinzudeuten schien, dass er die Ironie von Dalios Behauptung, sein Ego besiegt zu haben, zu bemerken begann, während er für ein Interview vor einem Millionenpublikum saß.

„Sie sagten, man müsse sein Ego draußen lassen, aber ist da nicht dieses riesige Ego in Ihnen ..."

Dalio unterbrach Rose: „Nein", antwortete er, wobei er das Wort in die Länge zog und den Kopf schüttelte.

„Warten Sie, lassen Sie mich aussprechen. Ego, weil Sie der größte und beste Hedgefonds sein wollen ..."

„Nein."

Rose fasste zusammen: „Sie wollen also nicht der größte und beste Hedgefonds sein. Sie sagen: ‚Ich habe die Wirtschaftsmaschine definiert, mit der die Volkswirtschaften der Welt funktionieren. Ich habe sie für Sie entworfen. So funktioniert das nun mal.' Ist es nicht so?"

„Soll das egoistisch sein?"

„Das frage ich mich. Warum soll es nicht egoistisch sein?"

„Nun, ich denke, es könnte schon eine Motivation sein, die Leute könnten denken, es sei durch das Ego motiviert."

„Ist es Altruismus?"

„Es ist altruistisch."

„Ist es das wirklich?"

Dalios Stimme wurde plötzlich höher, er war hörbar ungeduldig. „Hören Sie zu, ja, das ist es." Er hielt einen Moment inne. „Ich bin 64 Jahre alt. Ich will keine Angst haben. Keine Angst, alles offen zu sagen."

„Was wollen Sie bei diesem enormen Erfolg, den Sie gehabt haben?"

„Ich will mich einfach weiterentwickeln. Alles ist nur persönliche Entwicklung. Ich glaube, nach der natürlichen Ordnung der Dinge hat man verschiedene Herausforderungen und dann bewältigt man diese Herausforderungen und entwickelt sich weiter."

Das *CBS*-Interview verhalf Dalios Video „How the Economic Machine Works" zu noch mehr Aufrufen. (Roses Co-Moderatorin Gayle King sagte nach dem Interview sogar in der Sendung: „Jetzt will ich sein YouTube-Video sehen.") Es überschritt die 1-Million-Marke, dann fünf Millionen, dann zehn Millionen und schließlich 25 Millionen. Hinter Dalio versammelte sich eine große Fangemeinde auf der ganzen Welt. Von Studenten über professionelle Investoren bis hin zu Hausfrauen – alle waren fasziniert von dem milliardenschweren Hedgefonds-Manager, der die Geheimnisse seines Erfolgs preisgab. Fremde sprachen ihn in der Öffentlichkeit an und dankten ihm für seine Erkenntnisse oder baten ihn um ein Autogramm oder ein Foto. E-Mails strömten nur so herein. Der Caddie aus Long Island war eine Berühmtheit geworden.

Dalios ehemaliger HBS-Kollege Kubin verfolgte die Entwicklung mit Erstaunen. Kubin, ein Seriengründer von Start-ups, war mit vielen erfolgreichen Männern und Frauen zur Schule gegangen, aber Dalio hatte eine ganz neue Ebene des Ruhms erreicht. Die Urlaube der beiden Männer (in der Regel in Begleitung ihrer Ehefrauen) wurden immer aufwendiger, da Dalio in einigen fremden Ländern inzwischen wie ein Würdenträger zu Besuch war. Bei einer Reise nach Israel wurden die Kubins und die Dalios gebeten, den ehemaligen Premierminister des Landes, Shimon Peres, zu treffen. Kubin hätte sich den Eintritt in solch eine aufregende Welt ansonsten kaum vorstellen können.

Doch ein wenig von dem streitlustigen Dalio schien immer da zu sein, selbst im Urlaub. Bei der Reise der Gruppe während eines typischen israelischen Sommers war es an der Klagemauer, einer religiösen Stätte im Herzen Jerusalems, besonders heiß. Die Mittagssonne brannte auf die Gruppe herab, als sich die Männer nach jüdischem Brauch von den Frauen trennten, um sich der Mauer zu nähern. Kubin erwartete, dass er, wie es Tradition war, schnell einen Zettel schreiben und ihn in eine Mauerritze stecken würde. Doch Dalio geriet in ein angeregtes Gespräch mit einem Fremden – einem der vielen orthodoxen Juden, die sich zum Gebet an der Mauer versammelt hatten. Kubin konnte Teile des Gesprächs mithören.

„Warum beten Sie?“ fragte Dalio. „Was haben Sie davon?“

Kubin erlaubte sich ein heimliches Lachen. Hier waren sie nun, an der berühmtesten Attraktion Israels, an einem brütend heißen Tag, und Dalio nahm sich die Zeit, einen Fremden zu befragen.

Meistens waren die beiden Freunde unter sich beziehungsweise mit ihrer Crew zusammen. Sie segelten zu Inseln auf der ganzen Welt und fuhren überall dorthin, wo Dalio hörte, dass man dort gut tauchen könne. Nachdem sie den Riesenkalmar knapp verpasst hatten, achteten sie auf das richtige Timing, um vor dem abgelegenen Archipel Fernando de Noronha vor der brasilianischen Küste Delfine zu sehen.

Obwohl Dalios Jacht mit einer hervorragenden Weinsammlung ausgestattet war, stellte Kubin fest, dass sein Freund eher nach neuen Erfahrungen suchte als nach einer Gelegenheit, Dampf abzulassen oder sich einfach zu entspannen: „Er nutzt sein Boot nicht zur Erholung. Er hat immer einen Grund, etwas zu tun."

Kubin bemerkte, dass sein Freund dazu neigte, unabhängig zu bleiben. Auf einem Törn in der Nähe von Costa Rica reisten die beiden mit einer Gruppe von erfahrenen Tauchern. Deren Hilfe wurde benötigt, weil Dalio unbedingt mit Weißspitzen-Riffhaien tauchen wollte. Die schlanken, etwa einen Meter langen Kreaturen hielten sich gern in der Nähe von Korallenriffen am Meeresboden auf und kamen nur selten in die Nähe der Oberfläche. Tagsüber ruhten die Haie in Höhlen, sodass man sie am besten nachts sehen konnte, wenn sie auf der Jagd waren. Die Tauchlehrer gaben Dalio und Kubin klare Anweisungen: Schwebt über den Haien, aber geht nicht unter sie. Wenn ihr das tut, halten die Haie euch für Beute und greifen an.

„Das müsst ihr mir nicht zweimal sagen", meinte Kubin.

Dalio und Kubin machten sich bereit, schlossen ihre Tauchflaschen an und tauchten mit ihren Begleitern in die ruhigen Gewässer unter der Wasseroberfläche. Die Tauchlehrer hatten den Ort gut gewählt; es gab viele Haie. Kubin ließ sich ein wenig treiben und bewunderte die Unterwasserwelt. Dann bemerkte er Dalio, der sich schnell unter den Haien positionierte, um sie aus der Nähe zu betrachten – genau das, wovor sie gewarnt worden waren.

Dalios Tauchlehrer riss ihn an die Oberfläche – „er packte ihn buchstäblich", sagte Kubin – und zog ihn tropfnass zum Boot. Nachdem er Dalio einen kurzen Blick zugeworfen hatte, wandte sich der erfahrene Taucher kopfschüttelnd an Kubins Tauchlehrer.

„Das habe ich schon einmal erlebt", sagte der eine Guide zum anderen. „Da war nichts mehr übrig außer der Sauerstoffflasche."

Der andere Guide entgegnete: „Ich habe auch schon gesehen, wie sie diese gefressen haben."

14

PRINCE

Dalios Abwesenheiten von Bridgewater boten eine Gelegenheit für Greg Jensen. Vielleicht um zu beweisen, dass er Dalio in dessen Abwesenheit vertreten konnte, gab Jensen sein Bestes, um den Chef zu imitieren.

Der erste sichtbare Schritt bestand darin, seine eigene Machtbasis aufzubauen. Seine Hauspartys halfen dabei, ebenso wie die Tatsache, dass er eine Gruppe seiner loyalsten Mitarbeiter in einem Jahr in einem Privatjet zum Super Bowl fliegen ließ. Jeder wollte in Jensens Gunst stehen und in seine Crew eingeladen werden – einige Frauen bei Bridgewater nannten sich sogar „Gregs Engel". Aber der soziale Einfluss reichte nicht ganz aus. Dalio hielt die finanziellen Fäden in der Hand, und es war bekannt, dass der Bridgewater-Gründer dazu neigte, Gehaltserhöhungen oder -kürzungen nach Lust und Laune vorzunehmen. Jensen beschloss offenbar, dass auch er ein „Rainmaker" sein könnte. Er begann, den Mitgliedern des Investment-Teams Millionenboni aus seiner eigenen Tasche zu zahlen, ein ungewöhnlicher Schritt, der einige Mitarbeiter dazu veranlasste, ihm weniger denn je in die Quere zu kommen.

Er fand auch einen Weg, Dalio dazu zu bringen, den Investmentmitarbeitern mehr zu zahlen. Selbst im Vergleich zu anderen Hedgefonds hatte Bridgewater eine besonders strenge Firmenpolitik, die es seinen Mitarbeitern verbot, mit persönlichen Konten zu handeln, damit sie das Wissen des weltgrößten Hedgefonds nicht für persönliche Gewinne nutzen konnten. Jensen wusste jedoch, dass selbst die jüngsten Analysten des Unternehmens verzweifelt danach strebten, nebenbei mit ihren eigenen Ideen zu handeln, und er half dabei, Dalio von einer Umgehungslösung zu überzeugen, dem sogenannten Trading Game. Die Mitarbeiter von Bridgewater konnten Dummy-Geschäfte abschließen (zum Beispiel darauf wetten, dass eine bestimmte Aktie steigen würde), und Dalio würde die andere Seite übernehmen. Dalio agierte im Wesentlichen wie der Markt. Wenn die Aktie stieg, zahlte Dalio die Differenz; wenn sie fiel, schuldete der Bridgewater-Mitarbeiter Dalio einen Betrag. Der Vorschlag appellierte an Dalios Wettbewerbsnaturell, und er stimmte zu.

Nachdem der Investmentstab versorgt war, wandte sich Jensen an den Rest der Belegschaft von Bridgewater. Angesichts der Bedeutung, die Dalio den Bewertungssystemen der Principles beimaß, war es keine Überraschung, dass Jensen Paul McDowell zu sich holte, um ihm direkt zu berichten. Dann begann Jensen, die Reihen mit mehr eigenen Leuten zu füllen. Anfang 2013 holte er J. Michael Cline, einen erfahrenen Unternehmer und Private-Equity-Manager, als stellvertretenden Vorsitzenden von Bridgewater ins Unternehmen. Cline war Mitbegründer des Kinokartenanbieters Fandango, bevor ein anderes seiner Unternehmen, ein Konglomerat für Kreditkartendienstleistungen, wegen aggressiver Inkassotaktiken bei Notaufnahmen, Krebsstationen und Kreißsälen von Krankenhäusern in rechtliche Schwierigkeiten geriet.[1] Cline, breitschultrig und mit vollem dunklem Haar, ein Mann in den 50ern, hatte eine selbstbewusste Ausstrahlung und neigte zu schnellen Entscheidungen. Es schien unwahrscheinlich, dass er sich im Schlachtgetümmel von Bridgewater nicht behaupten würde. In seinen Vorstellungsgesprächen beim Hedgefonds erwähnte Cline, dass er ein Fan von „negativen 360-Grad-Bewertungen“ war, einer Praxis, bei der man herumtelefonierte, um möglichst wenig schmeichelhaftes Feedback über neue Mitarbeiter oder Geschäftspartner zu erhalten. Nur so könne man laut Cline wirklich wissen, mit wem man es zu tun habe. Jensen hörte dies nur allzu gern und sagte: „Wir sind Seelenverwandte. Wir denken auf dieselbe Weise.“

Um mit Cline zusammenzuarbeiten, brauchte Jensen einen „Vollstrecker“, der seinen ausgeschiedenen Verbündeten Comey ersetzen sollte. Cline hatte einen Namen parat: Kevin Campbell, ein langjähriger Unternehmensberater. Campbell erregte Aufmerksamkeit, sobald er einen Raum betrat. Er war, wie es ein Bridgewater-Mitarbeiter anerkennend ausdrückte, „400 Pfund schwer, aber mit der Energie eines Bären“. Schnell wurde Campbell eingestellt. Laut einer Person, die das Gespräch mitbekam, sagte Cline zu Jensen: „Sie können ihm so viel Arbeit geben, wie Sie wollen.“

Campbell wurde mit der Aufgabe betraut, „aufzuräumen“. Eileen Murray war nach ihrem Prozess degradiert worden, „Eileen Lies“, aber, sie war immer noch da und kämpfte um ihren Titel als Co-CEO. Sie hatte immer noch Katina Stefanova an ihrer Seite, die ihr Bericht erstattete und die zu Jensens sichtlichem Ärger immer noch Dalios Herz zu erweichen schien. David McCormick, der nach seiner Auseinandersetzung mit seinem früheren Freund Julian Mack immer noch in der Führungsriege war, stellte eine weitere klare Bedrohung dar.

Jensen hatte die Oberhand über sie alle. Er kannte die Principles besser als jeder andere, und jeder wusste, wie wichtig es für Dalio war, dass sie strikt befolgt wurden. Jensen war auch das wichtigste Beispiel dafür, dass es zwar bewundernswert war, die Principles privat zu befolgen, aber die wahre Belohnung darin bestand, sie so laut wie möglich zu verkünden, am besten im Beisein von Dalio. Die Treue zu den Principles hatte dazu beigetragen, dass Jensen es so weit gebracht hatte, und er war entschlossen, sich an dasselbe Regelwerk zu halten.

Als der Bridgewater-Gründer von einer seiner Reisen zurückkehrte, machte Jensen seinen Zug.

Es handelte sich um ein gewöhnliches Check-in-Meeting, bei dem Dalio auf den neuesten Stand gebracht werden sollte, was während seiner Abwesenheit geschehen war, und die Teilnehmerzahl war nicht gering. Wenn es um Dalio ging, gab es keine kleinen Menschenmengen. Der einzige Hinweis darauf, dass das Treffen ungewöhnlich sein würde, war eine Umfrage, die einige Minuten vorher an die Mitarbeiter verschickt wurde: „Stimmt Ihre Urlaubsabrechnung?" Sie war seltsam spezifisch.

Jensen und Murray betraten den Raum getrennt voneinander, jeder mit seinem eigenen Gefolge, wie Boxer, die sich dem Ring nähern, umgeben von etwa einem Dutzend Mitglieder ihrer Mannschaften. Murray saß Jensen gegenüber und machte sich auf den üblichen Drill-down gefasst. Stattdessen wandte sich Jensen an einen Mann an ihrer Seite – einen ihrer direkten Mitarbeiter, der seit fünf Jahren für Bridgewater arbeitete. Jensen begann sehr freundlich.

„Wie geht es Ihnen? Nehmen Sie sich gelegentlich eine Auszeit? Erholen Sie sich?"

„Nur Golf spielen, hier und da."

„Wie viel Zeit, würden Sie sagen, haben Sie sich dafür genommen?"

„Es war immer im Rahmen des Üblichen."

Jensens Augen leuchteten auf, erinnerten sich die Teilnehmer. Er schaute zu Dalio hinüber, dann zu Murray und danach auf die Kameras in den Ecken, die das Ganze aufnahmen. Als wolle er den Moment auskosten, hob Jensen langsam einen Ordner vor sich hoch und ließ ihn auf den Tisch fallen. Er landete mit einem dumpfen Aufprall, ansonsten war es im ganzen Raum völlig still. Als er fortfuhr, hatte seine Stimme jede Spur von Freundlichkeit verloren und einen scharfen Ton angenommen.

„Sie haben Anspruch auf dreieinhalb Wochen Urlaub und sind seit sechs Wochen nicht mehr im Büro gewesen." Jensen zeigte auf die Mappe. Die Beweise waren da drin. Er hatte sein Team die Sicherheitsaufzeichnungen überprüfen lassen.

„Ich weiß nicht, ob dies das richtige Forum ist, um darüber zu sprechen", protestierte der Angestellte. „Vielleicht könnten wir es später unter uns besprechen ..."

Dalio stand auf und unterbrach das Gespräch. „Das sieht nicht gut aus. Was ist, waren Sie hier oder nicht?"

„Ich denke, wir sollten das in einem separaten Treffen besprechen", sagte der Mann.

„Wir sollten es jetzt besprechen", meinte Jensen.

Er rief Kevin Campbell auf, Jensens schwergewichtigen, stimmgewaltigen und geschätzten Mitarbeiter. Campbell lenkte das Thema auf Murray. Dies sei ein Problem des Managements, sagte er ernsthaft – oder des Mangels daran. Murray hatte die falschen Leute an den falschen Stellen, und sie bemerkte nicht einmal, wenn sie in der Nähe waren. Es war ein Verstoß gegen einen entscheidenden Grundsatz von: „Verstehen Sie den Unterschied zwischen Management, Mikromanagement und Nicht-Management."

Dalio wandte sich wissbegierig an Murray. Sie war fast sprachlos. „Das ist ein Hinterhalt", sagte sie. Jensen hatte ihr nicht einmal einen Moment Zeit gegeben, um seine gepriesene Beweismappe durchzusehen. Dalio willigte ein, ihr den Abend zur Durchsicht zu geben, und wies sie und den Angestellten an, am nächsten Tag vor der Geschäftsleitung zu erscheinen, damit ein vollständiges Verfahren durchgeführt werden könne. Jensen begann, sich auf das Kreuzverhör vorzubereiten.

Er sollte nicht mehr die Gelegenheit dazu bekommen. Noch bevor die Sonne aufging, hatte der Mitarbeiter einen Anwalt engagiert, der einen bezahlten Ausstieg aushandelte. Der Angestellte ging zu Dalio und sagte, das ganze Unterfangen sei eine Farce: „Ihr Fragesteller ist der Henker. Er hat alles manipuliert."

Ohne wirklich etwas in der Hand zu haben, das er untersuchen konnte, war Dalios Interesse an diesem Thema offensichtlich verflogen. Er hatte bereits ein Tribunal über Murray hinter sich; es wäre zu früh gewesen und hätte wahrscheinlich keinen Spaß gemacht, so bald ein weiteres durchzuführen. Jensen tauchte am nächsten Tag voller Energie auf, bereit, einen schweren Schlag zu versetzen, aber es war niemand mehr da, den er erledigen konnte. Die Chance, seinem Gürtel eine weitere Kerbe hinzuzufügen, war ihm genommen worden.

Viele bei Bridgewater, sowohl Freunde als auch Feinde von Jensen, hielten es für offensichtlich, warum er hierblieb. Es waren vier Jahre vergangen, seit Dalio 2009 seinen baldigen Rückzug angekündigt hatte, und viele – Jensen eingeschlossen – sprachen immer noch so, als könne dies jeden Tag geschehen. Jensen musste nur die Zeit abwarten, bis Dalio, ob freiwillig oder durch „göttliche Intervention", den unvermeidlichen Abgang machte. In die Lücke würde Jensen stoßen.

Für einige Momente schien es, als könnte das relativ schnell gehen. Im Juni 2013[2] erhielt Dalio die erschreckende ärztliche Diagnose eines Barrett-Ösophagus, einer Gewebeerkrankung, die häufig zu tödlichem Krebs führt. Man gab ihm nur noch drei Jahre zu leben. In einem hastig vorgenommenen Tagebucheintrag notierte Dalio am nächsten Tag: „Diese Nachricht hat meine Aufmerksamkeit noch deutlicher auf das Ende gelenkt."

Dalio verbreitete diese Notiz im ganzen Unternehmen, wo sie ihm eine wohlverdiente Phase der Sympathie einbrachte. Die Verletzlichkeit, die er zeigte, ließ den Bridgewater-Gründer für viele authentisch erscheinen und unterstrich, was er oft über den Hedgefonds als Ort für die Bildung sinnvoller Beziehungen sagte. Die Mitarbeiter wurden in einige der intimsten Entscheidungen, die ein Mensch treffen kann, einbezogen.

Dalio versammelte seine wichtigsten Stellvertreter, darunter auch Jensen, und teilte ihnen mit, dass er einen erneuten Impuls verspüre, sich zurückzuziehen. In einer bearbeiteten Aufnahme, die Dalio später veröffentlichte, verlief das Gespräch wie folgt:

„Ich möchte es mit echtem Verantwortungsbewusstsein tun. Bridgewater liegt mir wirklich am Herzen – ich sorge mich um euch alle."

Seine Worte wurden von den Anwesenden mit einem hörbaren „Ja“ quittiert.

„Jeder muss sich daran gewöhnen, dass ich nicht mehr da bin, und wir müssen uns damit abfinden. Der Grund, warum ihr in diesem Raum seid, ist, dass ich euch als Familie betrachte, dass ich mit euch Gespräche führen kann, dass ich euch vertrauen kann, wir sind auf eine gewisse Weise verpflichtet, für …“

Hier geriet Dalio entweder ins Stocken oder das Band war so bearbeitet worden, dass die Zeitangabe für seine Aussage entfernt wurde.

„Die Realität“, fügte er hinzu, „ist großartig.“

Innerhalb von fünf Wochen hatte Dalio eine neue Diagnose. Er sprach mit einer Reihe anderer Ärzte und unterzog sich schließlich einem relativ kleinen Eingriff, der ergab, dass seine Prognose gar nicht so schlecht war. Es bestand kein besonderes Risiko für eine tödliche Krebserkrankung – und sein Drang, Bridgewater zu verlassen, schien erneut zu schwinden.

Obwohl sich sein versprochener Aufstieg in ständigem Stillstand zu befinden schien, kassierte Jensen einen stetigen „Trostpreis“. In nur drei Jahren, 2011, 2012 und 2013, verdiente er nach Angaben des Branchenforschers Alpha insgesamt 815 Millionen US-Dollar.[3] Das war zwar nur ein Bruchteil von Dalios Vergütung, aber es reichte aus, um Jensen auf die Liste der bestbezahlten Hedgefonds-Manager der Branche zu hieven – er verdiente mehr als die meisten derjenigen, die ihre eigenen Firmen führten.

Nur wenige wussten jedoch, dass es noch einen weiteren Grund für ihn gab, zu bleiben. Der Bridgewater-Gründer hatte ein kompliziertes Arrangement ausgeheckt: Je mehr Geld Jensen zu verdienen schien, desto mehr schuldete er Dalio eigentlich. Dalio hatte Jensen als Bedingung für die Anstellung aufgefordert, die Anteile des Bridgewater-Gründers langsam aufzukaufen. Allerdings hatte Jensen nicht annähernd genug Geld, sodass Bridgewater es ihm lieh[4] – und im Grunde jedes Jahr einen Teil seiner Anteile auf sich übertrug, wodurch sich ein gigantischer Schuldschein für den Mehrheitsaktionär des Hedgefonds anhäufte, der zufälligerweise Dalio war. Jensens Schulden schnellten in die Höhe, als der Wert von Bridgewater stieg. Als Dalio einen Teil des Unternehmens an den texanischen Pensionsfonds verkaufte, hatte dies nicht nur Auswirkungen auf seinen eigenen Anteil. Da Bridgewater nun mehr wert war, wurde auch Jensens eigener Anteil in diesem Jahr noch teurer.

Das Ergebnis dieser Vereinbarung war, dass die üppigen Gehaltsschecks, die für Außenstehende so aussahen, als würden sie auf Jensens Bankkonto eingehen, in Wirklichkeit der Rückzahlung der Darlehen dienten. Vieles, was Jensen zu gehören schien, floss stattdessen in die Tilgung seiner Schulden bei Dalio gegenüber Bridgewater (ein Teil des Rests floss in die Auszahlung der Boni, die Jensen an seine Mitarbeiter verteilte). Diese Situation erhöhte den Druck auf Jensen enorm, die Investitionen von Bridgewater im grünen Bereich zu halten. Das gelang ihm, aber nur gerade so. Pure Alpha machte 2013 nur fünf Prozent und 2014 vier Prozent Gewinn, während All-Weather abwechselnd gute und schlechte Jahre hatte. Für Jensen war es genau der falsche Zeitpunkt für Bridgewaters gepriesenes Anlagesystem, um eine Durststrecke zu durchlaufen.

Dalios persönliche Finanzberater arrangierten ein Treffen mit Jensen. Dem Team war aufgefallen, dass sich Jensens Schulden auftürmten, und sie machten sich Sorgen, dass die Schicksale der beiden Männer auf unangenehme Weise miteinander verflochten waren. Wenn Jensen nicht zahlen könnte, könnte dies ein Loch in Dalios Kasse reißen. Ihre Aufgabe, so erklärten die Berater, war es, dies zu verhindern.

Sie forderten Jensen auf, Sicherheiten für die Kredite zu stellen.

Ausdruckslos starrte er zurück.

„Ich habe nichts“, entgegnete Jensen, „nur mein Haus.“

Die Gruppe einigte sich darauf, das Thema auf einen anderen Tag zu verschieben.[5]

Jensen hatte keine andere Wahl, als sich in seine Arbeit bei Bridgewater zu vergraben und zu hoffen, dass Dalio sein Wort halten und sich zurückziehen würde. Jensens Hauspartys wurden immer länger und häufiger, fast jeden Freitagabend kam es zu Ausschweifungen. Er traf sich wieder mit Samantha Holland, seiner früheren Geliebten, die immer noch bei Bridgewater arbeitete, wo ihr sechsstelliges Jahresgehalt einen Teil der Demütigung durch die Ermittlungen wettmachte. Jensen begann, ihr seine Frustration über seine Stellung in der Firma anzuvertrauen, wie sich Leute, die sie kennen, erinnern. Die beiden lachten über die aufeinanderprallenden Versionen von Dalio – den sympathischen, gutherzigen Charakter, den er in seinen Medieninterviews und in der Zeit nach seiner medizinischen Diagnose spielte, und die harte Version, die sie bei Bridgewater so oft sahen. Dass sie beide ihr früheres Techtelmechtel überstanden hatten, machte die zweite Runde noch spannender.

In Holland schien Jensen jemanden zu haben, dem er voll und ganz vertrauen konnte. Während er bei Ray Dalio in der ersten Reihe saß, verriet ihm Holland, wie es „auf den billigen Plätzen" zuging. Sie erzählte ihm, dass die Angestellten der unteren Ebenen Angst davor hatten, sich mit Dalio anzulegen, und Jensen als ihre beste Hoffnung auf bessere Zeiten ansahen. Alle warteten darauf, dass er sich erheben würde. Jensen schien das Selbstvertrauen eines Mannes zu haben, der eine größere Aufgabe als sich selbst hatte. Bridgewater brauchte ihn ebenso sehr wie er Bridgewater brauchte.

So vergingen die Jahre, Dalio kam ins Rentenalter, und es gab kaum eine Chance, die Angelegenheit zu forcieren – schon gar nicht, wenn die Investitionen des Hedgefonds ins Schleudern gerieten. Dalio würde sich selbst davon überzeugen müssen, dass sein Schützling bereit war, die Firma zu leiten. Jensen ließ seinen Blick über die Firma schweifen und erkannte den Bereich, der Dalio am meisten am Herzen lag: die Principles. Wenn Jensen einen Weg finden könnte, Dalio zu zeigen, dass die Principles in sicheren Händen lagen, würde das vielleicht schon reichen.

Die Principles wurden immer umfangreicher. Was 2010 noch eine 83-seitige Abhandlung war,[6] war im Jahr darauf auf 110 Seiten angewachsen[7] und umfasste in einer gedruckten Version, die an die Mitarbeiter verteilt wurde, 208 Seiten.[8] Ein ganzes Team war dafür zuständig, Dalio bei Aktualisierungen zu unterstützen. Der Pain-Button, der nach umfangreicher Entwicklung nun live war, hatte sich in eine dynamische Version von Pain + Reflection = Progress verwandelt. Er enthielt einen Drehknopf, den die Mitarbeiter in einer 360-Grad-Bewegung drehen konnten, um ihren Grad der Unzufriedenheit zu einem bestimmten Zeitpunkt einzugeben, während sie untersucht, diagnostiziert oder einfach nur kritisiert wurden. „Es ist wie beim Psychologen", sagte Dalio.[9] Es gab auch den Dispute Resolver, der die Mitarbeiter aufforderte, beide Standpunkte eines von ihnen geführten Streits dazulegen, und der theoretisch ermittelte, wer nach den Principles im Recht war. Am weitesten verbreitet war der Dot Collector, das Bewertungsinstrument, das Paul McDowell mitentwickelt und das Dalio Kunden in Singapur vorgeführt hatte. Für die Mitarbeiter von Bridgewater wurde das Punktesammeln fast zu einer Sucht. Die Ingenieure des Hedgefonds führten eine Analyse durch und stellten fest, dass die Mitarbeiter die App im Durchschnitt alle 20 Minuten während des Arbeitstages öffneten, um sich gegenseitig zu bewerten oder um ihre eigenen Kennzahlen zu überprüfen.

Dalio schien begeistert von der wachsenden Ansammlung von Principles-Tools auf den iPads des Unternehmens, die jeder Mitarbeiter bei sich trug. Die Sammlung von Apps, die einst Vasall genannt wurde, erhielt einen neuen Namen: Book of the Future. Obwohl die Apps für die Öffentlichkeit immer noch ein Geheimnis waren, war das Versprechen des Buches innerhalb der Firma ständig ein Thema.[10] Sobald das Buch fertiggestellt sei, sagte Dalio oft, würde er nicht mehr gebraucht, um Bridgewater zu leiten.

Es als Buch zu bezeichnen, war verwirrend, denn das Herzstück war eine weitere Software, die sich noch in der Entwicklung befand. Dalio nannte es Prince, kurz für Principles. Prince sollte das Äquivalent zu

Siri sein, dem sprachgesteuerten Assistenten auf Apple-Produkten. So wie Milliarden von Verbrauchern auf der ganzen Welt mit Siri sprechen, um Antworten auf ihre Fragen zu erhalten, sollte auch Prince die einzige Quelle für Antworten gemäß den Principles sein. Das Produkt war zunächst für den Einsatz innerhalb von Bridgewater gedacht, und dann, so hoffte Dalio, für die ganze Welt. Wie er einer Gruppe von Bridgewater-Mitarbeitern sagte, sollte das Book of the Future so historisch werden wie die Erfindung des ersten iPhones von Apple. Wenn das weit hergeholt klang, wies Dalio oft darauf hin, dass auch Steve Jobs auf seinem Weg, die Welt zu verändern, alle Neinsager ausgeschaltet hatte.

Als Dalio den Technikern von Bridgewater, zu denen auch Paul McDowell gehörte, den Auftrag erteilte, fasste er ihn wie folgt zusammen: „Du hast einen Streit mit deiner Frau, nimmst das iPad in die Hand und sagst: ‚Prince, was soll ich tun?'"

McDowell antwortete: „Ray, wenn ich mein iPad herausziehen und diesen Satz mitten in einem Streit mit meiner Frau sagen würde, hätte mein Gesicht Sekunden später die Form eines iPads."

Dalio lachte nicht.

Für Dalio würde das Book of the Future, sobald es im Einsatz wäre, die dringendsten Probleme bei Bridgewater lösen. Endlich gäbe es keine Ausreden mehr für ein Abweichen von den Principles. Prince würde Dalios Stimme in jeder Besprechung sein. Die neue Technologie schien auch Jensens Probleme lösen zu können. Mit Prince im Raum würde Dalio vielleicht erkennen, dass er, also Dalio, nicht anwesend sein musste.

Die beiden Männer verfolgten also das gleiche Ziel, wenn auch aus unterschiedlichen Gründen.

Der größte Hedgefonds der Welt öffnete für das Book of the Future seine Geldbörse. Millionen von Dollar, später Dutzende von Millionen Dollar, wurden für Ingenieure, Designer, technische Redakteure und alle benötigten Geräte bereitgestellt. Es gab scheinbar keine Idee, die nicht ernst genommen wurde und für die keine Mittel bereitgestellt wurden. Ein Mitarbeiter erwähnte, dass man Kapseln schlucken könnte, die elektronisch den Blutdruck, den Magensäurespiegel und andere Gesundheitsdaten übermitteln würden. Diese Daten könnten zum Beispiel bei einer Diagnose durch die Mitarbeiter nützlich sein, um festzustellen, ob die Person wirklich mit dem Bridgewater-Ansatz einverstanden sei. Es gäbe keine Möglichkeit, den Schmerz oder andere körperliche Reaktionen zu verbergen. Ein anderer Mitarbeiter sagte, er habe von Stirnbändern und Schädelkappen gelesen, die in Echtzeit die Gehirnwellenaktivität und die Spannung der Kopfhaut messen. Dalio reagierte begeistert auf beide Ideen – er hoffte, dass sie zeigen würden, ob die Amygdala, über die er oft sprach, falsch stimuliert wurde! – und Jensen ließ pflichtbewusst zu, dass die Ideen untersucht wurden.

Für sein Star-Projekt suchte Dalio nach Star-Power. Das Book of the Future sei das wichtigste Projekt, an dem er je gearbeitet habe, sagte er einigen Untergebenen, und er wolle, dass es mit einem Paukenschlag startet. An einem Morgen nach Weihnachten 2013, so berichtete jemand, der dabei war, stürmte er voller Aufregung in die Bridgewater-Zentrale. Am Abend zuvor hatte er einen neuen Film gesehen, den für den Oscar nominierten Film „Her“, in dem es um einen einsamen alleinstehenden Mann geht, der sich in seine Siri-ähnliche virtuelle Assistentin verliebt, die von Scarlett Johansson gespielt wird. Auch Dalio war offenbar von Johanssons sinnlicher Ausstrahlung angetan. „Holen wir sie uns“, sagte Dalio. „Wir werden sie dafür bezahlen, die Stimme von Prince zu sein.“

Bridgewaters Mitarbeiter konnten Johanssons Vertreter jedoch nicht dazu bringen, ihre Anrufe zu erwidern.

Jensen hatte mehr Erfolg mit einem anderen großen Namen, den er angeworben hatte. Es hatte mehr als 20 Jahre[11] und fast 50 verschiedene Entwicklungsstufen gebraucht, um Siri auf den Weg zu bringen, und

Jensen hatte nicht die Absicht, so lange auf Prince zu warten. Er half dabei, den berühmten Computerwissenschaftler David Ferrucci für das Projekt zu gewinnen. Ferrucci war so etwas wie eine Koryphäe im Bereich der künstlichen Intelligenz. Er hatte bei IBM gearbeitet und das Team geleitet, das Watson entwickelt hatte, ein Computersystem, das Fragen beantwortete und erfolgreich an der Quizshow „Jeopardy!" teilnahm.

Ferrucci erklärte öffentlich,[12] dass er begeistert wäre, bei Bridgewater einzusteigen, um bei der makroökonomischen Modellierung zu helfen, das heißt um die Richtung der Märkte vorherzusagen. Das ergab absolut Sinn, jeder andere Hedgefonds hätte Ferrucci gern mit Investitionen betraut und seine Talente eingesetzt, um Geld für die Kunden des Unternehmens zu verdienen. Jensen schlug allerdings eine andere Richtung ein. Er übertrug Ferrucci die Leitung eines neuen Teams, das hinter verschlossenen Türen arbeitete und auf den seltsamen Namen Systematized Intelligence Lab hörte. Seine Hauptaufgabe bestand darin, Prince und die iPad-Apps, aus denen das Book of the Future bestand, mit künstlicher Intelligenz auszustatten. Bei allem Enthusiasmus, den Ferrucci zuvor an den Tag gelegt hatte, blieb er dennoch viele Schritte vom Kern des Bridgewater-Investmentmotors entfernt.

Während Ferrucci sich an die Arbeit machte, legte Jensen den Weg für sein eigenes Endspiel fest. Er plante, die Hälfte des Unternehmens abzuspalten. Der eine Teil, die Hedgefonds-Firma, würde von Jensen geleitet werden. Der andere Teil, NewCo. genannt, sollte die Principles und die dazugehörige Software, einschließlich des Book of the Future, enthalten. Mit Dalios Erlaubnis beauftragte Jensen Dutzende von Bridgewater-Mitarbeitern damit, das richtige Verhältnis von Personal und Ressourcen für die Aufteilung auf die beiden Unternehmen zu finden. Er stellte Berater ein und erstellte detaillierte Pläne. Wie Jensen anderen in der Firma sagte, war NewCo. mehr als nur ein Ort für die Principles. Es war ein Ort für Dalio. Jensen hoffte, dass der Bridgewater-Gründer vom Book of the Future so begeistert sein würde, dass er sich von seiner Arbeit als Hedgefonds-Manager zurückziehen und das

Mutterschiff dem jüngeren Mann überlassen würde. Endlich könnte Jensen den Thron besteigen.

* * *

Was wie ein für beide Seiten vorteilhafter Plan aussah, wurde in klassischer Bridgewater-Manier zunichtegemacht: wegen einer Kleinigkeit, die eine Lawine auslöste.

Die Angelegenheit, um die es Anfang 2014 ging, war der Internetzugang im „Lookout", der örtlichen Villa des Hedgefonds. Dalio hatte Schwierigkeiten, sein Telefon dort anzuschließen, und bat darum, das Problem zu beheben. Die Anfrage sickerte zu zwei untergeordneten Mitarbeitern durch, die dem Leiter der Immobilienabteilung des Unternehmens unterstellt waren. Die beiden Männer und ihr Chef planten mit Dalios Einverständnis, die Verkabelung des Hauses zu erneuern. Sie erkundigten sich nach den Kosten und gingen dann zu Dalio, um ihm den Kostenvoranschlag zu überbringen: 4.500 Dollar.

Dalio sprang von seinem Stuhl auf. „Wo ist Greg?", rief er und machte sich auf den Weg zu Jensens Büro, während seine Untergebenen ihm widerwillig folgten. Ohne anzuklopfen, stieß Dalio die Tür auf. Die Gruppe schlurfte mit gesenkten Köpfen hinter ihm herein.

Dalio deutete auf seinen Leiter der Immobilienabteilung. „Dieser Typ ist außer Kontrolle. Er kriegt es nicht hin."

Jensen blickte erschrocken auf und sah verwundert drein.

Dalio wetterte, dass ein einfaches Internet-Upgrade unmöglich 4.500 Dollar kosten könne. Für ihn war das eindeutig ein Problem für die Principles. Wenn es Jensen zuzuschreiben sei, sei das Problem nicht richtig angegangen oder diagnostiziert worden.

„Greg, was tun Sie, um das Ganze in den Griff zu kriegen?"

Jensen leitete einen 150-Milliarden-Dollar-Hedgefonds, ein aufstrebendes Technologieunternehmen mit mehr als 1.500 Mitarbeitern. Dalios Gehalt lag 2014 bei 1,1 Milliarden Dollar.[13] Er verdiente jede

Minute Tausende von Dollar. Die genannte Summe für das Internet-Upgrade war nicht weit von der Höhe der Rechnung für Jensens häufige Partys entfernt. Selbst für Jensen, der wusste, wie viel Wert die Principles auf kleine Fehler legten, muss sich dies wie etwas angefühlt haben, das seiner und Rays Aufmerksamkeit nicht würdig war – und als ob Dalio nach einer Ausrede suchte, um auf einen Fehler hinzuweisen.

Diese Antwort würde nicht ausreichen. Stattdessen erklärte Jensen, dass er die Angelegenheit nicht genau verfolgt habe, dies aber von nun an tun werde.

Er hätte sich nicht darum kümmern müssen. Wie ein Hund an einem Knochen begann Dalio an der Arbeit zu knabbern, die Jensen als CEO geleistet hatte. Nicht lange nachdem er sein Okay gegeben hatte, legte Dalio den Plan für NewCo. auf Eis. Jensen schmollte leise vor sich hin – es kam ihm so vor, als wolle Dalio seinen eigenen Status als alleiniger Aufseher des Unternehmens schützen.

Mitte 2014 schien es so, als ob Dalio überall, wo er hinschaute, etwas Schlechtes sah. Nach allem, was man weiß, gab er Jensen die Schuld. Bis zu einem gewissen Grad hatte er recht. Jensens Anlageergebnisse waren offensichtlich ein wunder Punkt. Dalio hatte ihm das gepriesene Anlagesystem des Hedgefonds vermacht – das Äquivalent eines Rassepferds –, und es lief nur wie eine normale Stute. Die niedrigen einstelligen Renditen von Pure Alpha hielten nicht nur nicht mit der boomenden Weltwirtschaft Schritt, sondern blieben sogar hinter denen des durchschnittlichen Hedgefonds zurück. Dalio zeigte sich öffentlich wenig besorgt, aber in den Investment-Meetings von Bridgewater beschwerte er sich über das Team und schimpfte regelmäßig, dass er die Firma „Idioten" überlassen habe. Er ordnete daher eine ganze Reihe von Maßnahmen an, um Kosten zu sparen.

Dank des Problemprotokolls konnte Dalio zahlreiche Beweise dafür finden, dass die Firma aus dem Ruder lief. Ein Problem war die Anzeige der Anruferidentifikation auf den Hunderten von Festnetztelefonen der Firma. Wenn ein externer Anruf getätigt wurde, erschien der Name des Hedgefonds auf dem Display des Empfängers abgeschnitten als Bridgewater Ass. Als sich niemand bereit erklärte, die Verantwortung dafür zu übernehmen, wurde eine Untersuchung eingeleitet, die von einer Reihe von Drilldowns begleitet wurde. Die ganze Zeit über blieb die Anzeige unverändert.

Auch das Essen bereitete immer wieder Kopfzerbrechen. Um Dalios Bedenken bezüglich der Kosten zu zerstreuen, wechselte das Unternehmen zu einem billigeren Catering-Unternehmen. Fast sofort füllte sich das Protokoll mit Beschwerden darüber, dass die schön geschnittenen Avocados auf der Salatbar durch ein matschiges, vorgefertigtes Guacamole-ähnliches Produkt in komischen Brauntönen ersetzt worden waren. Beim Abendessen, das im Allgemeinen für die Mitarbeiter, die noch länger arbeiteten, geliefert wurde, sah es nicht besser aus. Ein Mitarbeiter bestellte braunen Reis zu seinem Abendessen und war bestürzt, als er beim Öffnen des Transportbehälters nur weißen Reis vorfand. Der Vorfall wurde in das Beschwerdebuch eingetragen. Viele Bridgewater-Mitarbeiter waren so überzeugt, dass das Essen eine Beleidigung für den Gaumen war, dass ein junger Mitarbeiter eine Auswahl des täglichen Kantinenessens in eine Schachtel packte und per Hauspost an Dalio schickte. Diese eher wörtliche Auslegung des Principles „Probieren Sie die Suppe" funktionierte. Dalio schien die Lieferung als einen Hilferuf zu verstehen. Er sagte, er würde sich persönlich um die Diagnose der Vorgänge in der Kantine kümmern.

Dalios Intervention hatte zwei Folgen: Zum einen wurde, nachdem Dalio angewiesen hatte, einen anderen neuen Caterer mit einem höheren Budget zu engagieren, das Essen viel besser, und Dalio konnte sich zugutehalten, dass er das Problem gelöst hatte.

Zum anderen gab es eine unbeabsichtigte Folge für diejenigen, die davon wussten, in Bezug auf den Mann, der für die Einrichtungen, einschließlich der Cafeteria, zuständig war. Er wurde fast täglich von Dalio und seinen direkten Vorgesetzten auf die Mängel in den Einrichtungen angesprochen. Ein paar Wochen nach den üblichen Untersuchungen brach der Facility Manager an seinem Schreibtisch zusammen, schnappte nach Luft und griff sich an die Brust, wie zwei Personen berichten, die an diesem Tag dabei waren. Ein Krankenwagen kam in das Büro, um ihn wegzutragen. Der Mann überlebte den offensichtlichen Herzinfarkt, blieb aber danach nicht mehr lange bei Bridgewater.

Viele Leute, sogar die Principalians, waren beunruhigt, wenn einem Kollegen öffentlich der „Prozess gemacht" wurde. Doch nur wenige brachten dies offen zum Ausdruck. Im besten Fall führten solche Beschwerden zu einer stehenden Redewendung, die Dutzende, wenn nicht Hunderte Male in Reden vor Mitarbeitern und in Dalios Interview mit Charlie Rose zitiert wurde. Die Arbeit bei Bridgewater, so Dalio, sei wie die Aufnahme in die Navy SEALs. Nur die Härtesten könnten überleben. Die Belohnung für diejenigen, die durchhielten, war es, von „bedeutungsvoller Arbeit und bedeutungsvollen Beziehungen" umgeben zu sein, sagte Dalio. Er nannte dieses Endziel „die andere Seite". Um dorthin zu gelangen, musste man den Spießrutenlauf von Principles-Trainings, Sondierungen, Punktevergabe und dem ganzen Rest durchlaufen. „Wenn man die andere Seite erreicht und durchsteht und diese Beziehungen hat", sagte Dalio dem Selbsthilfe-Experten Tony Robbins, „dann ist das eine starke Leistung."[14]

Wenn jemand weit auf der anderen Seite hätte stehen sollen, dann war es Jensen, der als Praktikant eingestellt worden und nie wieder gegangen war. Sein noch neu eingestellter stellvertretender Vorsitzender Michael Cline sah das anders. Die Menschen, die er beim größten Hedgefonds der Welt kennengelernt hatte, schienen nicht durch das Ziel motiviert zu sein, das Nirwana zu erreichen, das Dalio so oft beschrieb. Abgesehen von dem offensichtlichen Anreiz für Mitarbeiter eines gewinnorientierten Unternehmens – Geld – kam Cline zu dem Schluss, dass die Mitarbeiter von Bridgewater von einem anderen Faktor angetrieben wurden: Angst. Es war nicht nur die Furcht, sich zu blamieren oder unter wegen des einen oder anderen Principles an den Pranger gestellt zu werden.

Eine allgegenwärtige Angst war auch, dass ein Job bei Bridgewater eine einmalige Chance war, sich selbst zu verbessern, und dass man, wenn man versagte, stillschweigend zugab, dass man nicht in der Lage war, es zu schaffen. Bei Bridgewater gab es keinen Mittelweg – nur wer drin war, war drin, und wer nicht drin war, war draußen. Dalios „SEALs" verkehrten nicht mit den einfachen Fußsoldaten.

„Es ist das Gefühl, exkommuniziert zu sein. Niemand möchte von diesem besonderen Ort exkommuniziert werden. Das ist die Angst, die so viele Menschen hierhertreibt", sagte Cline einem Kollegen. „Und das Ganze ist wie ein Holzhäcksler. Du musst deinen Ärmel aus dem Holzhäcksler heraushalten, denn in dem Moment, in dem sich dein Ärmel verfängt, wirst du verschlungen."

Cline schien sich in seinem Umfeld über solche Unsicherheiten erhaben zu fühlen. Er war von Jensen ausgewählt worden, um das Unternehmen zu leiten, und es war offensichtlich, dass Jensen ihn als Verbündeten schätzte. Cline neigte dazu, große Gesten zu machen, wenn er langjährige Bridgewater-Mitarbeiter darüber belehrte, wie man die Dinge richtig anpackt. Er war auf dem besten Weg, auf „die andere Seite" zu gelangen.

Aber Cline geriet in seinen „eigenen Holzhäcksler". Der Anfang seines Endes kam in einer Sitzung, an der Jen Healy teilnahm, die junge Bridgewater-Mitarbeiterin, die Dalio nahestand. Cline war gerade dabei, Healy zu erklären, wie sie ihre Arbeit besser machen sollte, als er sich zu ihr beugte und seine Hand auf ihr bloßes Knie legte.[15] Während er weitersprach, saß Healy wie erstarrt da und schien auf das Ende des Augenblicks zu warten.

Healy verließ die Sitzung und ging zu Dalio, um ihm zu berichten, was passiert war. Er saß da und hörte zu, dann antwortete er: „Sie sollten sich geschmeichelt fühlen."

Der Vorfall mit Bridgewaters jüngstem aufstrebenden Star sprach sich herum, und Healy bekam Besuch von einer Reihe von Frauen in der Firma. Sie ermutigten sie, die Angelegenheit voranzutreiben und sich intern dazu zu äußern. Sie waren sich sicher, dass Healy eine von Dalios Lieblingen war – er würde ihr sicher den Rücken stärken. Aber sie sahen alle einen langen Weg vor Healy liegen. Für Healy waren es nur ein paar Augenblicke gewesen, aber wenn sie die Beschwerde weiterverfolgte, würde sie die unangenehme Situation sicher wieder und wieder erleben. Wenn Dalio den Fall mit seinen bisherigen Methoden bearbeitete, konnte das Monate mit Videoaufzeichnungen, Zeugenaussagen und Kreuzverhören bedeuten.

Bei dem Gedanken wurde Healy ganz schwindelig.

Sie beschloss schließlich, die Klage nicht weiterzuverfolgen. Cline entging zwar einem Tribunal, aber der neue Ruf, mit einer von Dalio ausgewählten Mitarbeiterin zu weit gegangen zu sein, schadete ihm dennoch. Er verließ das Unternehmen noch vor seinem ersten Jahrestag.

Jensen bereitete der Weggang von Cline in zweifacher Hinsicht Kopfzerbrechen. Ein Teil davon war offensichtlich. Der Mann, den Jensen als seinen Seelenverwandten und Partner im Hedgefonds vorgestellt hatte, war unter unvorhergesehenen Umständen gegangen. Das gab Dalio neue Ausreden an die Hand, um den jüngeren Mann immer härter anzugehen.

Jensens anderes Problem – dass er wieder Zeit mit Samantha Holland allein verbrachte – war bis auf wenige Ausnahmen in der Firma ein Geheimnis. Holland war zwar befördert worden, aber Jensen war immer noch deutlich ranghöher als sie, und als CEO war er letztlich der Chef von allen. Dieses Mal, so erinnerte sich eine Person, die über ihre Beziehung Bescheid wusste, waren die beiden wesentlich vorsichtiger. Sie tauschten kaum mehr als wissende Blicke aus, wenn sie sich auf den Fluren von Bridgewater begegneten. Anstatt sich bei offiziellen Anlässen zu treffen, waren sie in der Nähe anderer Mitarbeiter vorsichtig. Sobald sie sich in sicherer Entfernung vom Mutterschiff befanden, ließ Jensen seine Deckung fallen. Er trank sehr viel und beklagte sich bei Holland darüber, dass es ihm wie eine Sisyphusarbeit vorkäme, Dalio aus der von diesem aufgebauten Firma rauszubekommen.

Die Wochen vergingen, und mit ihnen auch die Wachsamkeit der beiden. An einem Abend im Jahr 2014 gingen Holland und Jensen mit einer Gruppe von Kollegen in New York City aus. Die Drinks flossen in Strömen und die Stunden vergingen wie im Flug. Schließlich war es Zeit zu gehen, und die Gruppe teilte sich auf, um in Taxis zu steigen. Jensen und Holland teilten sich ihr Taxi mit anderen, was sie jedoch nicht davon abhielt, ihre Zuneigung ganz offensichtlich zu zeigen. Zu guter Letzt baten sie darum, bei einem Hotel abgesetzt zu werden.

Dalio erfuhr bald, dass Jensen rückfällig geworden war. Der Bridgewater-Gründer nahm seinen langjährigen Stellvertreter von Mann zu Mann zur Seite – und fragte ihn, ob es wahr sei. Jensen leugnete es. Er erzählte Dalio, dass er und Holland zwar eine starke Verbindung hätten, sie aber nie Sex gehabt hätten oder dem nahegekommen wären. Die Beziehung sei rein kollegial, mehr nicht.

Dalio rief auch Holland zur Befragung herbei. Als sie sein Büro betrat, war sie sichtlich nervös, da sie es nicht gewohnt war, von dem Bridgewater-Gründer so genau beobachtet zu werden. Sie muss gewusst haben, dass möglicherweise ihr Wort gegen das des Thronfolgers stand, aber sie konnte davon ausgehen, dass Jensen, der sich selbst oft als Musterbeispiel für die Principles dargestellt hatte, ehrlich sein würde.

Dalio fragte Holland, ob zwischen ihr und Jensen etwas vorgefallen sei. Bei sich dachte sie an das operative Principle „Vertrauen Sie auf die Wahrheit“, wie sie später Freunden erzählte. Also bejahte sie die Frage, die beiden hätten eine wieder auflebende Beziehung. Sie verbrächten viel Zeit miteinander, und sie hätten sich in offensichtlicher Absicht ein Hotelzimmer genommen. Sie hätten Sex gehabt, aber Jensen sei zu betrunken gewesen, um ihn durchzuführen.

Holland nahm an, dass dies das Ende der Geschichte sein würde. Sie hatte ehrlich geantwortet und nichts mehr zu sagen. Aber Dalio war offensichtlich immer noch beunruhigt – anscheinend nicht wegen einer romantischen Beziehung zwischen einem Vorgesetzten und einer jüngeren Mitarbeiterin, sondern wegen des Unterschieds zwischen ihren beiden Versionen der Ereignisse. In den Principles heißt es: „Wenn es wichtige Meinungsverschiedenheiten gibt, müssen sie ausgeräumt werden." Dalio setzte die Ethikkommission von Bridgewater auf den Fall an und beauftragte sie, eine Lösung zu finden.

Der Ausschuss bestand aus drei hochrangigen Bridgewater-Mitarbeitern, darunter Dalio (Murray war wegen „Eileen Lies" nicht anwesend). Unter dem Deckmantel der Transparenz wurden Jensen und Holland gemeinsam befragt. Holland saß fassungslos da, als Jensen sie beide lediglich als Freunde beschrieb. Sie legte die Hotelquittung vor, aus der hervorging, dass sie zusammen in einem Einzelzimmer übernachtet hatten. Jensen sagte, das sei kein Beweis. Sie wurde langsam wütend und machte sich Sorgen. Dalio schien nicht akzeptieren zu können, dass Jensen, den Dalio über alle anderen erhaben sah und mit dem er sogar Urlaub verbracht hatte, unehrlich gewesen war. Wie Dalio später erzählte, wurde Jensen dank Dalios eigenen gestaffelten Bewertungen von der Bridgewater-Software als einer der glaubwürdigsten Mitarbeiter des Unternehmens eingestuft. Wenn Jensen gelogen hatte, was bedeutete das für die Solidität des Systems als Ganzes – oder für Dalios eigenes Urteilsvermögen?

Holland verließ die Sitzung der Ethikkommission in der Erwartung, entlassen zu werden. Stattdessen bat Dalio darum, sie noch einmal zu sehen. Zögerlich betrat sie sein Büro und bereitete sich darauf vor, die Ereignisse noch einmal rekapitulieren zu müssen. Stattdessen teilte er ihr mit, dass er den ganzen Prozess für fehlerhaft erklären würde. Er konnte sich anscheinend nicht entscheiden, wessen Geschichte er glauben sollte, aber der Status quo konnte nicht fortbestehen. Er schlug Holland vor, mehrere Monatsgehälter als Abfindung zu akzeptieren und freiwillig zu gehen.

Sie entgegnete, dass sie stattdessen einen Anwalt beauftragen würde.

„Wozu brauchen Sie den?", fragte er.

Holland rief die wohl berühmteste Anwältin an, von der sie jemals gehört hatte: Gloria Allred, bekannt für die Vertretung von Opfern sexueller Belästigung. Allred nahm sie im Nu als Mandantin auf. Ein Anwalt von Allreds Kanzlei sprach ausführlich mit Dalio am Telefon und klärte ihn über seine mögliche Haftung und die von Bridgewater auf. Dalio habe nicht nur alle Verfahrensstandards für die Untersuchung eines solchen Fehlverhaltens am Arbeitsplatz ignoriert, indem er es selbst, unter Umgehung der Personalabteilung, untersuchte, sondern er habe möglicherweise auch Hollands Ruf infrage gestellt. Die Ethikkommission mochte einen einprägsamen Namen haben, aber das Ganze sei ein juristischer Albtraum. In keinem Unternehmen, sagte Hollands Anwalt, sei es angemessen, dass drei ältere Männer, die in solchen Angelegenheiten nicht geschult seien, eine Frau über ihre Beziehung zum CEO befragten. Allreds Kanzlei versicherte Dalio, dass sie nicht zögern würden, mit einer Klage an die Öffentlichkeit zu gehen.

Hollands Telefon klingelte und in der Leitung war Allred. Der Anwalt teilte ihr mit, dass Bridgewater ihr ein Gehalt von etwa drei Jahren anbieten würde, wenn sie still und leise ginge. Im Gegenzug würde Holland alle möglichen Ansprüche fallen lassen und sich verpflichten, niemals öffentlich über ihre Erfahrungen zu sprechen. Wenn sie es doch täte, so erinnerte der Anwalt sie, würde Bridgewater mit Sicherheit gegen sie vorgehen.

Holland nahm das Angebot an. An diesem Nachmittag standen Sicherheitsbeamte von Bridgewater neben ihrem Schreibtisch und sahen zu, wie sie ihre Sachen zusammenpackte. Die Wachleute begleiteten sie an schweigsamen Mitarbeitern vorbei auf den Parkplatz zu ihrem Auto. Nach fast einem Jahrzehnt bei Bridgewater verließ Holland die Firma und kehrte nie wieder zurück. Mit einem Teil der Abfindung kaufte sie sich einen Land Rover.

Bridgewater stellte ihr indessen weiterhin nach. Obwohl sie ihren ehemaligen Kollegen nicht sagen konnte, warum sie gegangen war, schienen die früheren Kollegen irgendeine Version der Ereignisse zu kennen. Alle paar Monate erhielt sie eine Flut von Benachrichtigungen über LinkedIn, dem beruflichen sozialen Netzwerk, in dem sie ein

Profil unterhielt. Dort nahm sie wahr, dass eine Reihe von ihr Unbekannten bei Bridgewater plötzlich auf ihr Profil geklickt hatte. Sie fand sich damit ab, dass Eingeweihte ihr offenbar einen gewissen Grad an persönlicher Niederträchtigkeit unterstellten.

Da sie potenziellen Arbeitgebern den wahren Grund für ihre Kündigung nicht nennen durfte, stürzte sich Holland bei Vorstellungsgesprächen auf Allgemeinplätze, die den Eindruck erweckten, dass sie nur eine weitere Versagerin war, die es beim größten Hedgefonds der Welt nicht geschafft hatte. Die Frau, die schon früh von Bridgewater als aufstrebendes Talent erkannt worden war, konnte jahrelang keinen neuen Job finden. Als sie schließlich eine Stelle fand, bekam sie nur einen Bruchteil ihres früheren Gehalts.

Holland verließ Bridgewater Mitte 2014 mit einer Abfindung in Höhe von etwas mehr als einer Million Dollar.[16] Im selben Jahr erhielt Greg Jensen 400 Millionen Dollar.[17] Die beiden sprachen nie wieder miteinander. Jensen behielt seinen Job, aber Dalio hatte dabei geholfen, ein Problem zu begraben, das Jensen unbedingt geheim halten wollte – und Jensen musste erkennen, dass dafür ein hoher Preis zu zahlen sein würde.

15

„ERSCHIESSEN SIE DIE, DIE SIE LIEBEN“

Hollands Weggang erregte nicht viel Aufmerksamkeit. Es war nicht ungewöhnlich, dass Bridgewater-Mitarbeiter – ob freiwillig oder nicht – plötzlich und ohne Erklärung gingen.

Bei Bridgewater war man drin, bis man raus war. Dalio bezeichnete ehemalige Mitarbeiter manchmal als Ex-Ehepartner und sagte, sie nach ihrer Meinung über das Unternehmen zu fragen, sei so, als würde man eine geschiedene Frau fragen, wie ihr ehemaliger Partner war.

Fast alle ausscheidenden Mitarbeiter wurden dazu gedrängt, zweijährige Wettbewerbsverbotsvereinbarungen zu unterzeichnen, in denen sie sich verpflichteten, nicht für ein Unternehmen zu arbeiten, das als Konkurrent angesehen werden könnte – eine Kategorie, zu der nicht nur andere Hedgefonds, sondern auch viele Unternehmen im Finanzdienstleistungsbereich gehörten. Die Verträge untersagten es den ehemaligen Mitarbeitern, künftigen Arbeitgebern etwas anderes als harmlose Gründe für ihr Ausscheiden bei Bridgewater mitzuteilen. Möglicherweise waren die Verträge so weit gefasst, dass sie nicht durchsetzbar waren, aber in jedem Fall unterschrieben die Mitarbeiter sie trotzdem, oft mit der Begründung, dass es keine Vorteile bringe, wenn man sich auf Bridgewaters schlechte Seite schlage. Eine junge Mitarbeiterin, die 2014 entlassen wurde, bemerkte, dass die Mauer des Schweigens nur in eine Richtung zu verlaufen schien. Als sie sich bei einer New Yorker Finanzfirma um eine neue Stelle bewarb, erzählte sie dem einstellenden Manager, dass sie bei Bridgewater gearbeitet habe, und sagte, dass der Hedgefonds sicherlich zumindest ihre Beschäftigungsdaten bestätigen würde. Der Manager rief sie später an und teilte ihr mit, dass die Überprüfung der Referenzen stattdessen zu einer Standpauke des größten Hedgefonds der Welt geführt habe. „Warum zum Teufel wollen Sie sie einstellen?", soll ein Bridgewater-Mitarbeiter zu ihrem neuen potenziellen Arbeitgeber gesagt haben. „Ist Ihnen klar, dass Sie sich mit Bridgewater anlegen?"

Katina Stefanova, die selbst die meisten Bridgewater-Mitarbeiter aus ihrem Leben gestrichen hatte, wusste aus erster Hand, mit welcher Verachtung der Hedgefonds gegenüber ehemaligen Mitarbeitern agieren konnte. Sie fand das Schweigen über Hollands Ausstieg besonders merkwürdig. Stefanova war mit Holland befreundet, wenn nicht gar eng befreundet, und sie wusste, dass sie ungewöhnlich eng mit Jensen befreundet gewesen war. Es machte keinen Sinn, dass jemand wie sie ohne bestimmten Grund verschwand. Stefanova vermutete, dass Jensen irgendwie darin verwickelt sein musste. Dies war mehr als nur eine Vermutung – Stefanova hatte ihre eigene Vergangenheit mit Dalios rechter Hand.

Seit Jensens Beförderung zum CEO war Stefanova auf der Suche nach ihrem eigenen Weg bei Bridgewater. Sie konnte sich zwar immer noch als Beraterin des Vorstands der Firma bezeichnen, aber Jensen hatte den bedeutenderen Job, das höhere Gehalt und die größere Persönlichkeit. Stefanova war immer noch „die Eiskönigin". Jeder wusste, dass sie mit Dalio befreundet war, aber das war es auch schon. Die Eiskönigin veranstaltete keine Partys, und wenn sie eine veranstaltet hätte, wären nur wenige gekommen.

Stefanova hatte inzwischen auch zwei Kinder und kam nur noch selten zu den häufigen Feiern von Bridgewater. Indessen lud der Hedgefonds an einem Freitagabend die Mitarbeiter ein, im Büro zu bleiben, um einen Meilenstein des Unternehmens zu feiern. Stefanova gönnte sich einen Drink und beobachtete den ganzen Trubel, der sich um sie herum ausbreitete. Nach ein paar Stunden war sie erschöpft, zumal sie sich seit Jahren nicht so intensiv unter die Leute gemischt hatte. Sie begann daher, sich eine Ausrede zurechtzulegen, um zu gehen.

Plötzlich spürte sie eine Hand an ihrem Po. Kampfbereit wirbelte Stefanova herum, erblickte jedoch nur Jensen, der lallte und ein verschlagenes Lächeln im Gesicht hatte. Sie vermutete, dass er betrunken war. Da sie keinen Sinn darin sah, mit einem Mann zu streiten, der kaum ein Wort zustande brachte, ging sie davon.

Mit einer Mischung aus echter Abscheu und, wie sie selbst gegenüber Freunden zugab, ein wenig Opportunismus, um einen Schlag gegen einen alten Rivalen zu landen, der sie längst in den Schatten gestellt hatte, erzählte Stefanova Dalio von Jensens Grabscherei.[1] Sie rechnete wohl damit, dass Dalio die Angelegenheit ernst nehmen und ein umfassendes Verfahren fordern würde, wie er es schon so oft bei weitaus geringfügigeren Vergehen getan hatte.

Dalio informierte Stefanova schließlich, dass er das Videoteam von Bridgewater gebeten habe, alles verfügbare Filmmaterial von der Party zu sammeln. Er gab ihr die Rückmeldung, dass dabei nichts Belastbares aufgetaucht sei. Das Video, das gefunden werden konnte, zeige keinen Kontakt zwischen Jensen und Stefanova. Es gebe keine Beweise, die ihre Vorwürfe bestätigen könnten, teilte Dalio ihr mit.

Stefanova gab auf.

Aber sie wurde das Gefühl nicht los, dass mit Holland etwas schiefgelaufen war. Nach dem Weggang der Frau recherchierte Stefanova weiter, um die Hintergründe zu erfahren. Sie nahm ihre Chefin, Eileen Murray, zur Seite, die jedoch ebenfalls keine Antworten hatte. Die Frauen waren offenbar nicht auf dem Laufenden.

Das war ein vertrautes Gefühl für Stefanova. Seit sie sich auf der Toilette versteckt hatte, als Dalio das schmutzige Lied sang, hatte sie sich vom inneren Heiligtum des Bridgewater-Gründers ferngehalten. Ihre Arbeit bestand zunehmend aus sich überschneidenden Projekten, die ihr von Murray zugewiesen worden waren und in denen das Management des einen oder anderen Teils des Unternehmens untersucht wurde. Kaum war Stefanova fertig, begann eine weitere Umstrukturierung. Das hielt sie zwar meist in sicherer Entfernung von Dalio, machte sie aber auch ruhelos und frustriert. Die Harvard-Absolventin war nach Bridgewater gekommen, um Milliardärin zu werden, und obwohl sie ein komfortables Vorstadtleben in einer Stadt in Connecticut führte, die etwa 20 Minuten vom Bridgewater-Hauptsitz entfernt lag, war sie bei Weitem nicht auf dem Niveau von Dalio oder Jensen. Mit jedem Tag, der verging, verringerte sich ihre Chance, aufzusteigen und ein Vermögen zu machen.

Stefanova begann, das Trading auf ihrem persönlichen Konto mit ihrem eigenen Geld auszuweiten. Dies war bei Bridgewater zulässig und unauffällig, zumal das Unternehmen wie die meisten Hedgefonds über eine strenge Richtlinie verfügte, die diese Vorgehensweise regelte. Neben der Forderung, dass die Mitarbeiter dem Unternehmen Zugang zu ihren persönlichen Brokerage-Aufzeichnungen gewähren mussten, hatte die Richtlinie zwei wesentliche Bestandteile. Die erste bestand darin, dass sich die Mitarbeiter verpflichten mussten, ihr Wissen über die Anlagen von Bridgewater nicht für eigene Geschäfte zu nutzen. Damit sollte verhindert werden, dass ein Mitarbeiter beispielsweise eine bestimmte Währung kaufte, kurz bevor die Hedgefonds von Bridgewater dasselbe taten, und so von dem Kursanstieg profitierte, während die Milliarden des Unternehmens hereinströmten. Diese Anweisung fiel Stefanova leicht, da sie keine spezifischen Kenntnisse über die Anlagen von Bridgewater hatte. Der zweite Teil der Richtlinie verlangte von den Mitarbeitern, die Compliance-Abteilung des Unternehmens schriftlich über jeden persönlichen Handel zu informieren, bevor dieser ausgeführt wurde, und auf die Genehmigung zu warten. Dieser Teil der Richtlinie wurde häufig ignoriert. Ein langer Rückstau von Geschäften musste genehmigt werden, und das Warten auf die Genehmigung konnte sich über Tage hinziehen – eine Ewigkeit für einen Wall-Street-Händler, der zum richtigen Preis kaufen oder verkaufen wollte. Stefanova und andere erhielten häufig nachträglich mindestens eine Verwarnung, weil sie Geschäfte zu schnell abschlossen, bevor die Compliance-Abteilung sich dazu geäußert hatte.

Zwei von Stefanovas Investitionen, in die staatlich unterstützten Hypotheken-Riesen Fannie Mae und Freddie Mac, waren besonders brisant. Aktien dieser Unternehmen waren unter Hedgefonds eine gängige Wette, obwohl Bridgewater keine öffentlichen Positionen in diesen Unternehmen hatte. Fannie und Freddie waren seit den Nachwirkungen der Finanzkrise von 2008, als Regierungsbeamte die Gewinne der Unternehmen für das US-Finanzministerium beschlagnahmten, in Bewegung geraten. Es folgten Gerichtsverfahren, die den Schritt rückgängig machen und die Aktienkurse in die Höhe treiben konnten. Stefanova sah gute Chancen dafür und kaufte einige Aktien für sich selbst.

Daher reagierte Stefanova mit einigem Entsetzen, als sie eines Tages auf ihr Telefon schaute und eine Eilmeldung in ihrem Posteingang sah: Der Kongress hatte eine parteiübergreifende Einigung darüber erzielt, sich von Fannie und Freddie zu trennen.[2] Sie dachte sofort an ihr Portfolio. Wenn die Einigung zustande käme, konnten ihre Aktien wertlos sein. Sie musste verkaufen. Sie schrieb an Bridgewater Compliance und bat um Zustimmung.

Keine Antwort.

Also versuchte sie es am nächsten Tag erneut.

Immer noch keine Antwort.

Stefanova versuchte, sich selbst davon abzuhalten, einen Blick auf ihr Portfolio zu werfen, aber es gelang ihr nicht. Sie überprüfte ihr Portfolio immer wieder und sah zu, wie es schrumpfte und schrumpfte, während die Kurse der Fannie- und Freddie-Aktien abstürzten. Mit jedem Augenblick schien mehr von ihrem Geld zu verschwinden. Sie schickte eine weitere Anfrage. Schweigen.

Schließlich konnte sie nicht länger warten. Sie verkaufte die Aktien ohne Erlaubnis[3] und wartete auf die unvermeidliche Reaktion der Firma, die ihr wegen des Verstoßes auf die Finger klopfen würde.

Stattdessen wurde sie zu einem Treffen mit Dalio, Jensen und einer Reihe anderer geladen. Dalio eröffnete das Treffen, indem er bestätigte, dass es aufgezeichnet wurde. Der Tagesordnungspunkt, den Dalio angesetzt hatte, lautete: „Vertrauen Sie Katina?“

Der Bridgewater-Gründer begann damit, dass er sein Vertrauen verloren habe. Dabei ging er im Raum auf und ab. Die Gruppe schloss sich schnell dieser Ansicht an. Jensen sagte, er habe Stefanovas Verhalten untersucht und festgestellt, dass sie wiederholt gegen die Handelsrichtlinien von Bridgewater verstoßen habe. Er zeigte Beweise dafür, dass Stefanova wiederholt Verwarnungen wegen ihres Handels erhalten hatte. Stefanova sah das Ende schon von Weitem kommen. Sie hatte gegen die Regeln verstoßen, und nach den Principles machte sie das zu einem „schleimigen Wiesel“, dem man nicht vertrauen konnte. Sie wurde ohne Abfindung entlassen und bekam ein paar Tage Zeit, um ihre Arbeit zu beenden.

Nach fast einem Jahrzehnt bei Bridgewater hatte Stefanova nur noch eine Karte auszuspielen: ihre Beziehung zu Dalio. Indem sie mehr als nur ein wenig bluffte, erzählte sie ihm, dass sie alles darüber wusste, was zwischen Holland und Jensen vorgefallen war. Sie zählte andere Verfehlungen innerhalb des Unternehmens der vergangenen Jahre auf, unter anderem dass Dalio die Aufnahme ihres Weinens während des Verhörs weiterverbreitet hatte, selbst nachdem zweifelsfrei bekannt war, dass sie zu diesem Zeitpunkt schwanger war; dass im „Lookout“ Partys mit Stripperinnen stattgefunden hatten; dass Frauen bei einer Klausurtagung unter Druck gesetzt worden waren, ihre Oberteile auszuziehen; dass Jensen selbst seine eigene „amouröse“ Geschichte hatte.

Vor allem Letzteres habe sie gestört, sagte sie. Warum, so erinnert sie sich, fragte sie Dalio, schien jeder ersetzbar zu sein, außer seinem Ersatzsohn?

Dalio sagte ihr*, sie solle aufhören, das Thema zu wechseln. Es gehe um ihr Verhalten, sagte er, und nicht um das der anderen.

Stefanova warf ihm einen finsteren Blick zu. „Wenn Sie so weitermachen, wird keine Frau mehr hier arbeiten wollen."

Dalio hatte darauf keine Antwort. Er stimmte zu, dass sie entlassen werden sollte, und das Gespräch bedeutete Stefanovas letzten Tag bei Bridgewater. Sie hinterließ ein Vermächtnis von zwei bahnbrechenden internen Fällen. Der ursprüngliche Fall, „Pain + Reflection = Progress", zeigte sie unter verbalen Angriffen von Dalio. Zu diesem Fall, der noch immer für jedermann zugänglich ist, gesellte sich nun ein zweiter,[4] der darauf hinauslief, dass sie wegen des Verstoßes gegen das Bridgewater-Handelsgesetz öffentlich „verurteilt" wurde. Die Aufzeichnung enthielt keine ihrer Beschwerden über die Unternehmenskultur, aber alle Beschwerden von Dalio über sie. Dieser Fall mit dem Titel „Do You Trust Katina?" wurde von einem Fragebogen begleitet, in dem die Zuschauer gefragt wurden, ob sie der Meinung seien, dass sie entlassen werden sollte.

Fast alle sprachen sich gegen das Vertrauen in Stefanova und für ihre Entlassung aus.

Auch wenn es für Stefanova den Anschein hatte, dass Jensen wieder einmal ungeschoren davongekommen war, so fühlte es sich für Jensen, wie er Freunden erzählte, nicht so an. Dalio kam und ging bei Bridgewater, wie es ihm gefiel. Die Kontrolle über Bridgewater schien Jensen immer weiter zu entgleiten.

Ein Ausstieg war keine realistische Option. Jensens persönliche Finanzen waren so stark mit denen des Unternehmens verflochten – und

* Die Anwälte von Bridgewater sagen, „dass Stefanova die Beschwerde über Herrn Jensen erst vorbrachte, nachdem Bridgewater beschlossen hatte, sie zu entlassen. Bridgewater untersuchte die Beschwerde von Frau Stefanova zu diesem Zeitpunkt und stellte fest, dass sie falsch war."

wegen der Kredite des Bridgewater-Gründers mit denen von Dalio –, dass ein Ausstieg eine finanzielle Katastrophe bedeuten würde. Jensen konzentrierte sich noch stärker auf die Investitionen des Hedgefonds. Häufig versäumte er Sitzungen, bei denen Dalio wahrscheinlich anwesend war, mit der Begründung, dass er im Investment-Team gebraucht werde.

Das Ergebnis war, dass Dalio im Sommer 2014, fast ein halbes Jahrzehnt nach seinem angeblichen Rückzug aus dem Unternehmen, wieder mit voller Kraft an die Spitze des Unternehmens zurückkehrte. Wie üblich nahm er sich das vor, was während seiner Abwesenheit vom formellen Management geschehen war. Die Abteilungen, die Jensen theoretisch noch beaufsichtigte, wurden erneut „in Ordnung gebracht“. Jeder Tag schien nach dem gleichen Muster abzulaufen. Dalio öffnete das Problemprotokoll, konzentrierte sich auf einen problematischen Vorfall und rief die Verantwortlichen vor die Kameras, um sie zu befragen. Da Jensen angeblich immer noch die Verantwortung trug, wurde er oft vorgeladen. Mit hängenden Schultern betrat er den Raum, um sein vermeintliches Versagen bei der Aufsicht über das Management zu bezeugen. Kein Problem schien zu gering für Dalios Aufmerksamkeit. Selbst ein verirrtes Blatt Papier, das an den gemeinsam genutzten Druckern zurückgelassen wurde, konnte Anlass für eine Untersuchung sein, gemäß einer offiziellen Richtlinie, die lautete: „In allen Fällen müssen abgebrochene Druckaufträge protokolliert werden.“

Nach ein paar Wochen war es genug. Bridgewater hatte 1.600 Vollzeitangestellte, und ebenso viele Probleme schienen jeden Tag aufzutauchen. Dalio berief eine Mitarbeiterversammlung ein. Die Mitarbeiter des Unternehmens brachten so viele Stühle wie möglich in den größten Raum, der sich finden ließ. In einer Ecke wurde Platz für ein Videoteam geschaffen, das Dalios Worte für alle aufzeichnete, die nicht persönlich dabei sein konnten. Einer nach dem anderen strömte herein, unterhielt sich nervös mit anderen Kollegen und wartete darauf, den Firmengründer zu hören. Jensen saß ganz vorn, senkte gelegentlich den Kopf und starrte ausdruckslos vor sich hin, als Dalio auftauchte.

Bridgewater, so Dalio, habe seinen Gründer im Stich gelassen und, was vielleicht noch wichtiger sei, in puncto Principles versagt. Ein Umbruch sei nötig – und jeder, von der Firmenspitze bis nach unten, würde sich daran beteiligen. Es würde mehr Untersuchungen geben, mehr Diagnosen und eine neue Reihe von öffentlichen Verfahren – alles so wie von den Principles vorgeschrieben. Es würde so lange weitergehen, bis das Unternehmen wieder auf die Beine komme.

Dalio hielt einen Moment inne und winkte dem Kameramann zu. „Richten Sie die Kamera jetzt auf mich."

Schnell rückte der Videofilmer näher heran.

Dalio blickte direkt in die Linse. Er sprach monoton, sachlich und emotionslos. „Zwei Drittel von Ihnen sollten gefeuert werden."

Es ging ein kurzes Raunen durch den Raum. Eine anwesende Person erinnerte sich, dass sie hin- und hergerissen war, ob sie lachen oder weinen sollte. Aber es wurde schnell klar, dass dies kein Scherz war. Dalio sprach über den Schmerz, den er empfand, einen solchen Schritt tun zu müssen. Er sagte, er wisse, dass sich der Schmerz lohne, um das zu erreichen, was getan werden müsse.

Und indem er eine flüchtige Geste gegenüber den Menschen um ihn herum vollzog: „Manchmal muss man bereit sein, die zu erschießen, die man liebt."

Diese Zeile wurde sofort in die Principles aufgenommen.

„Und wir müssen die lieben, die wir erschießen."

Dalio verließ die Bühne. Die Mitarbeitenden verließen den Raum deutlich leiser, als sie ihn betreten hatten. Jensen konnte nicht umhin, sich zu fragen, ob Dalios neuestes Principle direkt an ihn gerichtet war.

16

KÜNSTLICHE INTELLIGENZ

Obwohl sich das neueste Principle auf Schießereien bezog, wurde es glücklicherweise nicht wörtlich genommen. Im Nu begann eine Entlassungsrunde, viele Entlassungen wurden zum ersten Mal mithilfe des im Entstehen begriffenen Book of the Future durchgeführt. Die Manager zückten ihre iPads, stuften ihre Mitarbeiter nach den Bewertungen im Dot Collector ein und entließen diejenigen, deren Werte unter dem Durchschnitt lagen. Der Prozess fand mit einer unpersönlichen, auf Zahlen fixierten Kühle statt, die unterstrich, wie wichtig es war, die Principles ernst zu nehmen und die eigenen Bewertungen um jeden Preis zu schützen.

Paul McDowell sah mit einer Mischung aus Erstaunen und Angst zu. Das Bridgewater-Ratingsystem war Dalios und McDowells Schöpfung. Dank McDowell waren die Baseball-Karten von einer bloßen Idee zur Realität geworden und er hatte die Gewichtung in den Ratings so verändert, dass Dalios Meinung mehr Gewicht hatte als die der anderen. Jetzt war McDowell für die rasch expandierenden, auf den Principles basierenden Softwareanwendungen zuständig. Nach jedem vernünftigen Maßstab war dies der Höhepunkt des großen Versprechens, das McDowell bei seinem Eintritt bei Bridgewater sechs Jahre zuvor gemacht worden war. Das Management funktionierte wie eine Maschine, und McDowell hatte das Fließband installiert.

In McDowells Magen begann es zu rumoren, als er sah, wie seine Schöpfung in die Tat umgesetzt wurde. Dalio und der Rest der Principalians schwärmten über das Unternehmen aus, benutzten McDowells Werkzeuge und erledigten die, die sie liebten. Jeder, der in eine Besprechung ging und seinen Vorgesetzten klagend dasitzen sah, das iPad mit dem Dot Collector geöffnet und bereit, die Statistiken vorzulesen, wusste, dass das Ende wahrscheinlich nahe war. McDowells Arbeit war zu der eines Richters, einer Jury und eines Henkers geworden.

Was McDowell mehr als alles andere störte, so erzählte er seinen Freunden, war die Tatsache, dass das Instrument, das einzelne Messwerte zu einer Gesamtbewertung zusammenfasste, keiner unabhängigen Prüfung unterzogen worden war. Die wenigen Echtzeit-Analysen, die McDowell durchführen konnte, zeigten aus wissenschaftlicher Sicht einen traurigen Stand der Dinge. Bei der gegenseitigen Bewertung neigten die Mitarbeiter dazu, sich eng an die vorhandenen Noten zu halten. Wenn eine Person zum Beispiel in einer Kategorie wie „Bestreben, sich zu synchronisieren“ eine Durchschnittsnote von 7 erzielte, lagen die meisten ihrer neuen Bewertungen zwischen 6 und 8. Anstatt Anreize für das Aussprechen harter Wahrheiten zu schaffen, förderte das System ihr Verstecken oder zumindest eine Form der Trägheit. Wenn man einen Mitarbeiter „abwertete“ (Bridgewater-Fachsprache für schlechte Bewertung), war das Risiko groß, dass der Empfänger sich revanchierte, was zu einer Abwärtsspirale für beide führte. Es herrschte also weitgehend Stillstand. Zu denjenigen, die regelmäßig neue kritische Bewertungen an Mitarbeiter vergaben, gehörte Dalio. Die Mitarbeiter lebten in Angst vor einem kritischen Dalio-Punkt, weil dieser den Durchschnitt des Mitarbeiters sofort unverhältnismäßig nach unten drückte und eine Kaskade ähnlicher negativer Bewertungen von anderen folgte, die den neuen, niedrigeren Ausgangswert sahen. Es gab kein Entrinnen davor. Es war der „Tod“ durch Punkte.

McDowell sah, ohne dass dies bei ihm besondere Furcht auslöste, dass eine Einladung zu einem Treffen in seinem Posteingang landete. Jensen wollte sich mit Kevin Campbell unterhalten, dem stämmigen ehemaligen Unternehmensberater, der als Co-COO eingestellt worden war. Campbells Zuständigkeitsbereich umfasste auch die Technologie, sodass McDowells Anwesenheit sinnvoll war (nach den Principles durfte nichts über die Arbeit einer Person hinter deren Rücken gesagt werden). McDowell und andere hatten gehört, dass Campbell die Nase voll vom Bridgewater-System hatte. Selbst kleine Entscheidungen schienen eine ausführliche Prüfung der verschiedenen beteiligten Punkte zu erfordern, und Campbell, ein erfahrener Fachmann, scheute sich nicht, seinen Wunsch zum Ausdruck zu bringen, alles zu durchforsten. Obwohl McDowell insgeheim mit vielen dieser Ansichten übereinstimmte, wagte der Kanadier nicht, so etwas laut zu sagen, geschweige denn, danach zu handeln. Und er sollte bald an die Vorzüge des Schweigens erinnert werden.

Als Campbell den Raum betrat, fand er Jensen am Kopfende des Tisches vor. McDowell und ein paar andere saßen an den Seiten. Jensen griff nach der Gegensprechanlage und schaltete Dalio hinzu. Sobald der Bridgewater-Gründer in der Leitung war, wandte Jensen seine Aufmerksamkeit Campbell zu. Jensen bat um einen aktuellen Bericht über die Arbeit der Führungskraft.

Campbell sagte, dass er die Prozesse des Hedgefonds weiter verschlanken wolle.

Jensen wartete zunächst und brachte dann ein gefährliches Thema zur Sprache. Er sagte, er habe gehört, dass Campbell sich bei anderen darüber beschwert habe, wie lange es bei Bridgewater dauere, selbst die einfachsten Aufgaben zu erledigen.

„Warum sind Sie nicht zu mir und Ray gekommen?“, fragte Jensen. „Warum reden Sie über Entscheidungen, die andere getroffen haben, ohne sie dazuzuholen?“

Campbell wurde etwas nervös und antwortete stotternd, er wolle zunächst viele Meinungen einholen. Er zitierte einen Kollegen, der ihm gesagt hatte, er teile Campbells Ansichten.

Jensen unterbrach Campbell, indem er entgegnete, er habe sich das Tonband des Gesprächs, auf das sich Campbell bezog, bereits angehört. Es sei eine Schande, so Jensen, zwei Untergebene zu hören, die so taten, als wüssten sie besser, wie das Unternehmen zu führen sei, als Dalio und die anderen Topmanager von Bridgewater. Jensen meinte, dass Campbell von dem Mann verraten worden sein könnte, dem Campbell sich anvertraut hatte.

„Woher wissen Sie, dass er weiß, wovon er spricht?" fragte Jensen. „Sie können ihm nicht trauen."

Campbell begann sich auf seinem Sitz unruhig hin- und herzubewegen. Sein Sprechtempo beschleunigte sich, und seine Stimme wurde brüchig. Er versuchte zu erklären, was er auf dem Band gesagt hatte. „Ich wusste nicht, dass Sie es sich anhören würden." Er schien nur schwer die Tränen zurückhalten zu können.

„Es spielt keine Rolle, ob Sie es erwartet hatten oder nicht", sagte Jensen.

Campbell sah sich am Tisch um, als ob er auf einen Rettungsanker hoffte. Er konnte keinen finden. Er begann zu schluchzen. Es war ein furchtbarer Anblick. Eine Zeit lang war es still im Raum, bis auf das Geräusch des vielleicht größten Mannes im Gebäude, der in seine Hände weinte.

Plötzlich ertönte Dalios Stimme, die teilweise von einem Rauschen durch den Lautsprecher getrübt war, als ob ein Geist im Haus spuken würde, den alle vergessen hatten. „Reagiert Kevin emotional?"

„Sehr", antwortete Jensen ungerührt.

Campbell entschuldigte sich, um auf die Toilette zu gehen.

Wenige Augenblicke später folgte McDowell Campbell dorthin. McDowell öffnete die Tür und fand den Geschäftsführer über dem Waschbecken, der sich kaltes Wasser ins Gesicht spritzte und damit rang, seine Atmung unter Kontrolle zu bringen. Das Wasser tropfte über sein Kinn und Campbell sah zu McDowell auf.

„Es ist einfach ... so ... viel", stieß Campbell aus und machte eine Atempause. „Es prasselt aus allen Richtungen auf mich ein."

Campbell kehrte in den Raum zurück und teilte dies der Gruppe mit. Aber es war zu spät. Während er weg war, hatte man ihn bereits zu Fall gebracht, weil er es versäumt hatte, ein hartes Feedback anzunehmen. Der Schaden war angerichtet. Der Vorfall wurde zum Anlass genommen, einen Fall daraus zu machen, und sein Weinen konnte auf Video von allen Mitarbeitern angesehen werden. Ein neues Principle tauchte auf, scheinbar ihm zu Ehren, der es jedem bei Bridgewater verbot, zu behaupten, er habe zu viel um die Ohren. Campbell wartete nicht auf das letzte „Erschießungskommando". Er war einer von Hunderten von Mitarbeitern, die vor Jahresende 2014 kündigten oder entlassen wurden.[1]

Andere aus Bridgewaters neuer Führungsriege sowie einige Hunderte von ihren Mitarbeitern blieben im Unternehmen. Sie erhielten Millionen von Dollar, um die Firmenphilosophie nachzuplappern, und sie schienen die Gehaltsschecks gern anzunehmen, bis die Principles gegen sie gerichtet wurden.

Eine solche Führungskraft war Niko Canner, der ehemalige CEO-Kandidat, der in der HBS-Fallstudie über Bridgewater mitwirkte und darin als Musterbeispiel für die Wahrheit gegenüber dem Bridgewater-Gründer angeführt wurde. Canner war aus Gewohnheit unterwürfig und äußerte sich Dalio gegenüber selten unbedacht. Trotzdem verlor er seine Stellung, nachdem Dalio sichtlich genug von ihm hatte. Dalio bezeichnete Canner zunächst – wie einst Jim Coney – als „Schwätzer" und ließ sich dann einen neuen Spitznamen einfallen: „Wolkenmaler". Wolkenmaler seien durch und durch philosophisch, so Dalio zu Canner. Sie gingen weder „dahin, wo es wehtut", noch verstünden sie die praktische Seite eines Jobs. Wenn man versuchen würde, Wolkenmaler auf einen Campingausflug mitzunehmen, wüssten sie nicht, welche Vorräte sie mitnehmen sollten. Obwohl es sich hierbei um ein qualitatives Urteil in einem Unternehmen handelte, das sich der quantitativen Entscheidungsfindung rühmte, war der spöttische neue Beiname Wolkenmaler – von Dalio ersonnen – ein deutlicher Makel bei Bridgewater. Die Wolkenmaler bei Bridgewater hatten keine Zukunft. Canner trat zurück.

In der Firma war Canner sehr beliebt, und er hatte es verdient, für seine jahrelangen pflichtbewussten Dienste in Ehren verabschiedet zu werden. Die Party fand im „Lookout" statt, und viele der Top-Führungskräfte von Bridgewater waren anwesend, darunter auch Dalio. Der Bridgewater-Gründer schlenderte in einem langsamen Kreis durch das Wohnzimmer, ein Getränk in der Hand, und ging dann zu Canner hinüber, der am Kamin verweilte.

Dalio stocherte an einer Olive in seinem Martini herum, wie jemand, der in der Nähe stand, berichtete, und fragte Canner: „Wie würden Sie Ihre Erfahrung zusammenfassen?"

Der stets angenehme Canner beschränkte sich auf allgemeine Aussagen. „Ich habe hier eine Menge gelernt. Ich nehme daher vieles mit und weiß, dass es für mich hilfreich sein wird, wenn ich anderen helfe."

Das war die falsche Antwort. Dalio zuckte bei der leisen Andeutung, dass Canner ein „Bannerträger" für Bridgewater sein könnte, zusammen. „Reden Sie draußen nicht über uns."

„Nein, ich stimme zu, ich würde nie etwas Sensibles jemandem gegenüber erwähnen."

„Ich meine nicht nur sensible Dinge, ich meine alles. Ich will nicht, dass Sie über uns reden." Dalio nahm einen Schluck von seinem Getränk.

Canner versuchte erneut, sich zu erklären. „Ray, ich werde diskret sein. Ich würde nie etwas Heikles preisgeben."

„Sie dürfen nach dem heutigen Tag niemandem mehr etwas über uns erzählen."

„Ich muss mich auf meine bisherigen Erfahrungen berufen können, auf eine rücksichtsvolle und positive Weise, das versichere ich Ihnen."

Dalio leerte den Rest seines Martinis und schaute kurz auf den Bodensatz hinunter. Seine Augen hoben sich und sahen Canner direkt an. „Ich möchte eines klarstellen: Was auch immer Sie der Außenwelt sagen, wir werden darauf reagieren."

Als sich der Abend dem Ende zuneigte, kündigte Dalio eine Überraschung an, ein Andenken an Canners Zeit beim Hedgefonds. Mit viel Tamtam präsentierte Dalio eine Reihe wunderschön verpackter, schwer aussehender buchgroßer Schachteln. „Das ist das beste Geschenk, das man haben kann!"

Während der Rest der Gruppe zusah – und Dalio strahlte –, öffnete Canner die Schachteln. Als er sah, was sich darin befand, verzog er für den Bruchteil einer Sekunde sein Gesicht, doch dann erholte er sich mit einem gezwungenen Lächeln und zog den Inhalt heraus. Darin befanden sich in Acrylglas eingefasste, dauerhafte Kopien von Canners Bridgewater-Baseballkarten, die bis zum Rand mit niedrigen Bewertungen gefüllt waren. Auf einer separaten in Acrylglas befindlichen Karte hatte Dalio nur Canners Schwächen aufgelistet, zusammen mit den negativen Bewertungen, die Canner erhalten hatte.

Canner bedankte sich vielmals für das Geschenk.

Dalio antwortete: „Wie ich immer sage, ist das beste Geschenk, das man bekommen kann, das Wissen um die eigenen Schwächen."

Die offensichtliche Gewissheit, mit der Dalio die Schwächen der anderen einschätzte, wurde nicht von allen anderen geteilt. David Ferrucci, der ehemalige IBM-Wissenschaftler und Erfinder von Watson, hatte sein Bridgewater-Labor, das inzwischen mehr als zwei Jahre alt war, mit Sicherheitsvorkehrungen eingerichtet, die man fast mit denen eines geheimen CIA-Standorts vergleichen konnte. Ferruccis Systematized Intelligence Lab war buchstäblich hinter verschlossenen Türen von den übrigen Operationen des Hedgefonds abgeschottet. Nur wenige, die nicht zu seiner Gruppe gehörten, wurden hineingelassen, und fast niemand sonst im Hedgefonds hatte eine Ahnung, was dort vor sich ging. Einige der wenigen, die Zutritt hatten, waren Berater der geheimen Datenverarbeitungsfirma Palantir des Risikokapital-Milliardärs Peter Thiel, die als die Tech-Spione[2] bekannt waren, die halfen, Osama bin Laden zu finden und zu töten. Palantir sprach nur selten öffentlich darüber, was es für seine Kunden tat, und bestätigte nicht einmal öffentlich, dass es für Bridgewater arbeitete. Der Strudel der Geheimniskrämerei trug zu der geheimnisvollen Atmosphäre bei, die Ferruccis Operation umgab.

Das Rätsel ging hinter den Türen des Labors weiter, aber es war ein Rätsel der anderen Art. Ferrucci, einer der weltweit führenden Experten auf dem Gebiet der künstlichen Intelligenz, erzählte seinen Kollegen, dass er nicht wisse, wo er überhaupt anfangen solle, exakte Wissenschaft auf Dalios und McDowells Schöpfung, das Book of the Future, anzuwenden. Es war ein Durcheinander von Pseudowissenschaft, umhüllt von einer Patina der Philosophie. Vor Ferruccis Ankunft gab es offenbar keine Doppelblindversuche, keine anonymen Umfragen und, nein, nicht einmal eine einfache Regressionsanalyse, um statistisch zu zeigen, dass die Übernahme der Methoden der Principles zu besseren Ergebnissen führte. („Ich glaube nicht an Regressionen", sagte Dalio zu einem Mitarbeiter, der dies vorschlug.) Selbst ein flüchtiger Blick auf die Daten zeigte das Gegenteil. Je mehr Zeit die Leute bei Bridgewater mit den Principles verbrachten – und den damit verbundenen Argumenten, Diskussionen, Prozessen und öffentlichen Verurteilungen –, desto schlechter schienen sich die Investitionen des Unternehmens zu entwickeln. In den sechs Jahren seit der Finanzkrise verzeichnete Pure Alpha zwei gute und vier schlechte Jahre. Dies mochte eine einfache Korrelation sein, aber man musste kein Informatiker sein, um die alarmierende Trendlinie zu erkennen.

Für Ferrucci und diejenigen, mit denen er zusammenarbeitete, war es logisch, einen Teil ihres Fachwissens zu nutzen und neue Ideen in einen Bereich einzubringen, in dem Bridgewater ganz offensichtlich

Hilfe benötigte. Jensen wollte jedoch nichts von einer Versetzung des geschätzten Mitarbeiters wissen. Er brauchte Ferrucci, um die Principles-Software zu vollenden, damit Dalio sich endlich wohl dabei fühlte, die Firma für immer zu verlassen. Vor allem aber musste das noch in der Entwicklung befindliche Prince-Tool funktionieren. Es musste eine Möglichkeit geben, eine Frage zu stellen und Antworten gemäß den Principles zu erhalten.

Ferrucci bemühte sich redlich. Er orientierte sich dabei an der Arbeit von IBM zum Bau des Supercomputers, der zwei „Jeopardy!"-Champions geschlagen hatte. Der erste Schritt[3] bei der Entwicklung von Watson bestand darin, das gesamte Wissen zusammenzutragen, das für die Antwort auf einen bestimmten Hinweis erforderlich war. IBM-Ingenieure fütterten den Computer mit Millionen von Dokumenten aus Enzyklopädien, Wörterbüchern, Thesauren, Zeitungsartikeln und Büchern, um Watson mit einem Grundstock an Intelligenz zu „versorgen". Ferrucci und sein Team[4] versuchten dasselbe mit dem Book of the Future. Er erstellte eine Liste mit den Attributen im Dot Collector und schlug sie im Wörterbuch nach. „Was bedeutet eigentlich Kreativität?", fragte er. Die Antwort von Merriam-Webster: „Die Fähigkeit, etwas zu schaffen." Er schlug ein weiteres Attribut nach: laterales Denken. Dieses wurde definiert als „eine Methode zur Lösung von Problemen durch das Herstellen ungewöhnlicher oder unerwarteter Verbindungen zwischen Ideen". Ferrucci versuchte es mit einem weiteren Attribut, verknüpfte offene Fragen damit und fuhr so fort. Stunden, Tage und Wochen vergingen, es war vergeblich. Ferruccis Team gelang es nicht, die verschiedenen Attribute, die ineinander überzugehen schienen, voneinander zu trennen.

Daher versuchte Ferrucci einen anderen Weg: Vielleicht ließen sich die Bridgewater-Attribute nicht ohne Weiteres anhand der verfügbaren Quellen definieren. Aber Dalio war der Erfinder – sicherlich konnte er sie alle unterscheiden. Ferrucci beschloss, das System mit Dalios eigenen Definitionen der Begriffe zu „impfen". Er und sein Team zogen

Hunderte von Stunden an Videos aus der Transparenz-Bibliothek, Bridgewaters Bibliothek für Sitzungsaufzeichnungen, heran und versuchten, Muster darin zu erkennen, wann Dalio bestimmte Principles zitierte. Ferruccis Labormitarbeiter gingen auch die alten Schulungsvideos aus vielen Jahren von Bridgewater durch – dieselben, mit denen alle Mitarbeiter getestet wurden – und notierten akribisch, welche Principles in welchem Zusammenhang verwendet wurden. Aus all diesen Bemühungen erstellten die Forscher eine Reihe von Wortwolken, das heißt eine visuelle Sammlung von Wörtern in verschiedenen Größen.* Je größer das Wort, desto häufiger wurde es im Gespräch verwendet. Auf die Punkte angewandt, sollten die Wortwolken zeigen, ob Mitarbeiter, die eine bestimmte Sprache verwendeten, bei dem einen oder anderen Attribut hoch eingestuft wurden. Im weiteren Sinne hoffte Ferrucci, einen Computer darauf trainieren zu können, eine Textpassage zu lesen oder zu hören und zu erkennen, dass, wenn bestimmte Wörter in einer bestimmten Reihenfolge verwendet wurden, das jeweilige Thema das eine oder andere Principle behandelte. Wenn den Wissenschaftlern diese Methode gelänge, könnten sie im Grunde eine computerisierte Version von Dalio selbst schaffen.

Das Ziel erwies sich als schwer erreichbar. Nur wenige der Theorien schienen zu funktionieren. Der Erfinder von IBM Watson, der einen Computer darauf trainiert hatte, triviale Fragen zu jedem Thema der Welt zu beantworten, konnte aus Dalios Denkprozess weder Kopf noch Zahl herauslesen. Ferruccis Team konnte kein offensichtliches, vorhersagbares Muster dafür finden, wann der Bridgewater-Gründer das eine oder andere Principle ansprechen würde. Die Bewertungen der Mitarbeiter, die sogenannten Dots, wiesen ebenso wenig Logik auf. Ferrucci, dem KI-Experten, und seinen Kollegen dämmerte es allmählich: Dalios System enthielt mehr Kunstgriffe als Intelligenz.

* Eine Sprecherin von Ferrucci schrieb in einer E-Mail: „Quantitative Umfragedaten wurden verwendet, um statistisch signifikante Unterschiede zu finden, indem branchenübliche statistische Methoden angewandt wurden." Auf Nachfrage lehnte sie eine nähere Erläuterung ab.

Bei einem Treffen mit Dalio[5] wenige Tage vor Weihnachten 2014, etwa zwei Jahre nach Ferruccis Amtsantritt bei Bridgewater, bezog er nur minimal Stellung. Eine große Gruppe von Dalios Team und der Bridgewater-Gründer kamen mit Ferrucci zusammen, um die Fortschritte beim Book of the Future zu besprechen. Genau wie er es Jahre zuvor mit McDowell getan hatte, begann Dalio, Ferrucci auf Probleme mit den Bewertungen bestimmter Bridgewater-Mitarbeiter aufmerksam zu machen. Einige würden zu hoch bewertet, was ein Fehler in der Software gewesen sein müsse, stellte Dalio fest. Ferrucci saß ruhig da und nahm das Feedback auf.

Mitten im Gespräch hielt Dalio plötzlich inne und sagte zu Ferrucci: „Ich weise Ihnen hier gerade die Richtung und Sie schreiben nichts mit."

„Ich bin dabei, Ihren Input aufzunehmen."

Dalio legte den Kopf schief. „Sie arbeiten für mich."

„Ich arbeite für Greg."

„Nein, Sie arbeiten für mich." Dalio rang frustriert die Hände. Er wandte sich an die etwa ein Dutzend Leute im Raum. „Wie viele von ihnen denken, dass Dave die Sache richtig sieht?" Eine von Dalios Assistentinnen tippte die Frage eifrig in ihr iPad ein und erstellte eine sofortige Umfrage unter den Anwesenden. Das Urteil lautete, dass Ferrucci die Sache falsch anging.

Dalio fuhr fort und wies darauf hin, wie unwahrscheinlich es sei, dass bestimmte Personen bezüglich bestimmter Eigenschaften auf die eine oder andere Weise bewertet werden könnten. Er nannte seine Liste von Verbesserungen: „Das ist es, was ich sehen möchte."

Ferruccis Stimme kehrte zurück, es war kaum mehr als ein Flüstern. „Das ist kein gültiger Algorithmus."

Dalio legte den Kopf zurück, überrascht über die Antwort.

Ferruccis Augen weiteten sich und er sagte mit zitternder Stimme: „Das ist nicht wissenschaftlich, Ray." Das Team könne nicht einfach Änderungen aufgrund von Dalios Launen vornehmen. „Das ist nicht meine Art zu arbeiten. Ich kann nicht einfach solche Anweisungen entgegennehmen."

Die Atmosphäre im Raum schien sich zu verändern. Die Gruppe hatte schon erlebt, wie Dalio zahllose Untergebene niedergemacht hatte, aber hier befand er sich auf ungewohntem Terrain. Er war nicht in der Lage, mit einem Mann mit einem Doktortitel über Informatik zu diskutieren.

Ferrucci ging von der Sitzung zum Parkplatz und war sichtlich verärgert. Er war der jüngste Bridgewater-Mitarbeiter, der wegfuhr und offenbar bereit war, zu kündigen.

Die Aussicht, dass Ferrucci das Unternehmen verlassen würde, wurde mit höchster Priorität behandelt. Neben Dalio war der Wissenschaftler in der breiten Öffentlichkeit der bekannteste Bridgewater-Mitarbeiter. Quantitatives Investieren war die Zukunft, und jeder konkurrierende Hedgefonds wäre begeistert gewesen, Ferrucci einzustellen. Bridgewater wollte seinen Kunden und der Welt nicht erklären müssen, dass es den Erfinder von IBM Watson entlassen hatte – vor allem dann nicht, wenn der Grund dafür war, dass Ferrucci Dalios Managementsystem für Quatsch hielt.

Am Tag nach Weihnachten erhielt Ferrucci die Nachricht, dass Dalio wieder mit ihm sprechen wollte, diesmal per Telefon. Es würde kein Gedränge um einen Tisch geben und keine Aufzeichnung, die jeder hören könnte. Die beiden Männer könnten offen darüber sprechen, wie es weitergehen solle.

„Ich kann diese Bewertungspunkte so nicht mehr machen“, sagte Ferrucci zu Dalio.

Dalio fragte, was den Wissenschaftler dazu bewegen könnte, seine Meinung zu ändern.

Ferrucci war auf diese Frage vorbereitet. Er hatte eine Idee für ein Start-up-Unternehmen namens Elemental Cognition,[6] das nichts mit Bridgewater oder dem Investmentgeschäft zu tun hatte. Elemental Cognition würde die Technologie hinter Watson nutzen, um Computern beizubringen, den gesunden Menschenverstand, die menschliche Intuition, zu verstehen. Dies ließe sich nicht allein dadurch erreichen, dass man das Internet nach Wissen durchforstete oder jedes Buch las, das es gab. Das Ziel von Elemental Cognition erforderte die Beherrschung grundlegender Konzepte wie Zeit, Kausalität und soziale Interaktion. Es würde teure, fortschrittliche Supercomputer und die Dienste einer Reihe von promovierten Forschern erfordern. All das wäre teuer, und es gäbe keine Garantie, dass irgendetwas funktionieren würde.

„Ich werde das finanzieren", sagte Dalio. Er bot zig Millionen Dollar von Bridgewater an, unter einer Bedingung. Ferrucci durfte nur die Hälfte seiner Zeit mit seiner Traumfirma verbringen. „Die andere Hälfte der Zeit machen Sie, was ich Ihnen sage."

Ferrucci nahm den Deal an.

17

PRINZIPIENLOS

In der Mitte des Jahrzehnts schien Bridgewater wieder auf die Siegerstraße zurückzufinden.

Der wichtigste Hedgefonds des Unternehmens, Pure Alpha, kam 2015 auf den Markt, als seine Konkurrenten gerade ins Straucheln gerieten. Im Januar dieses Jahres schockierte die Schweizer Zentralbank die Welt,[1] indem sie plötzlich den Wechselkurs ihrer Währung aufhob, um die Schweizer Wirtschaft anzukurbeln. Dieser Schritt ließ den Euro gegenüber dem Schweizer Franken um bis zu 30 Prozent abstürzen und bedeutete für die Anleger, die mit einer Fortsetzung des Status quo gerechnet hatten, eine Katastrophe – mindestens ein großer Hedgefonds[2] musste so hohe Verluste hinnehmen, dass er gezwungen war, sein Geschäft sofort zu schließen. Bridgewater stand jedoch auf der anderen Seite des Handels. Im Einklang mit dem oft beteuerten Vertrauen des Unternehmens in die gründliche Erforschung der Wirtschaftsgeschichte setzte der Hedgefonds im Vorfeld der Entscheidung der Zentralbank auf den Euro-Franken-Kurs, das heißt er wettete dagegen. Infolgedessen schoss die fremdfinanzierte Version von Pure Alpha[3] im Januar um acht

Prozent in die Höhe, ein Gewinn von rund fünf Milliarden Dollar, der bereits mehr als das Doppelte dessen betrug, was der Fonds im Vorjahr erzielt hatte. Dieser Monstergewinn erinnerte die Kunden daran, warum sie ihr Geld beim größten Hedgefonds der Geschichte behalten sollten. Für Dalio war vielleicht nicht jedes Jahr mit einem Rekordergebnis verbunden, aber er schien oft genug der Zeit einen halben Schritt voraus zu sein, wenn eine Katastrophe eintrat.

In diesem Jahr war es vier Jahrzehnte her, dass Dalio mit seinem Harvard-Kumpel die erste Version von Bridgewater als Import-Export-Unternehmen gegründet hatte, und der Firmengründer beschloss, dies gebührend zu feiern.[4] Auf dem Campus wurde ein riesiges Zelt errichtet, in dem mehr als 1.500 Holzstühle Platz hatten und in dem sich die Mitarbeiter ganz im Sinne einer „Erweckungsveranstaltung" drängten. Von der Rückwand des Zelts und von den Seiten aus fingen Kamerateams eine Bridgewater-Führungskraft nach der anderen ein, die unter Flutlicht auf die Bühne sprang und unter enthusiastischem Beifall die Vorzüge der Bridgewater-Kultur aufzählte. Dalio saß in der ersten Reihe, auf einem Platz, der mit seinem Namen reserviert war, und schaute sich das Spektakel an. Mit sichtlicher Genugtuung beobachtete er, wie Jensen, sein Ersatzsohn, eine Rede hielt, die der Bridgewater-Gründer durchaus selbst hätte schreiben können.

Der Erfolg von Bridgewater, so Jensen, „ist das Ergebnis eines offenen und leistungsorientierten Kampfes zwischen allen Beteiligten, der uns zu Ideen geführt hat, die wahrscheinlich keiner von uns allein hätte erreichen können. Dieser Kampf führt zu unglaublichen Resultaten."

Der Spiegel, so Jensen, werde jedem vorgehalten. „Es ist ein Geschenk, wenn einem gezeigt wird, wer man ist und wo man hinmuss."[5]

Endlich war Dalio an der Reihe. Als er die Bühne betrat, ertönte im Zelt lautes Jubelgeschrei. Dalio sagte so gut wie nichts über Finanzen oder über die Investitionen, die eine Party finanzierten, die sich bis tief in den Abend hineinziehen sollte. Stattdessen sprach er mit wehmütiger Miene über einen noch unbestimmten Tag, an dem Bridgewater ohne ihn am Ruder überleben müsste. Während seiner Ausführungen nickte er Jensen leicht zu.

„Ich möchte, dass Sie denken – nicht folgen", erklärte Dalio seinen versammelten Gefolgsleuten. „Ich möchte Ihnen helfen, die wahrscheinlich besten Antworten zu finden, auch wenn Sie persönlich nicht glauben, dass es die besten Antworten sind. Ich möchte Ihnen eine radikale Offenheit und eine Ideenmeritokratie vermitteln, die Sie aus der Gefangenschaft in Ihrem eigenen Kopf befreit. ... Ich möchte Ihnen dabei helfen, gut zu kämpfen und sich weiterzuentwickeln, damit Sie das Beste aus Ihrem Leben machen können."

Das Publikum jubelte lautstark.

Nicht weit davon entfernt war gerade rechtzeitig für die Feier ein neues Denkmal errichtet worden. Ein Totempfahl aus Holz, den Dalio mitentworfen hatte, in den die Geschichte von Bridgewater eingeschnitzt war. Dalio nannte ihn „den Staffelstab", weil er die Traditionen enthielt, die an künftige Generationen von Bridgewater weitergegeben werden sollten. Einer von Dalios Stellvertretern nahm ihn besonders ernst, indem er neu eingestellte Mitarbeiter zum Stab führte und ihnen sagte, dass eine ihrer ersten Aufgaben darin bestehe, sich dem Totempfahl zu stellen und ihre größten Schwächen zu bekennen.*

Am Ende der Party wurden alle aufgefordert, unter ihre Stühle zu greifen, wo sie vorgemixte Kamikaze-Cocktails fanden. Das Gebräu mit dem charakteristischen Zitrusaroma war ein Lieblingsgetränk von Dalio. Die Anwesenden erhoben ihre Gläser und leerten sie in einem Zug.

* * *

Mit neuem Geld, neuem Selbstvertrauen und einem Staffelstab ausgestattet, hielt Dalio wieder nach einem neuen Team Ausschau, mit dem

* Ein Anwalt von Dalio sagt, die Idee für den Staffelstab stamme von Bridgewaters „Community-Team". Der Anwalt sagt, dass Dalio „die Idee", dass Neuankömmlinge den Stab ansprechen, weder vorgeschlagen noch gebilligt hat.

er loslegen konnte. Diesmal gab er sich nicht mit Wall-Street-Absteigern wie Murray und McCormick zufrieden. Er rief Bill Gates an, den Dalio in philanthropischen Kreisen kennengelernt hatte, und bat ihn um eine Empfehlung. Gates schlug Craig Mundie vor, Gates' ehemaligen Stellvertreter bei Microsoft. Dalio und Mundie, die beide beeindruckende Jachten besaßen, verband sofort die Liebe zum Meer. Bald stellte ihn Dalio als neuen stellvertretenden Vorstandsvorsitzenden von Bridgewater ein. Mundie schlug rasch eine Reihe neuer Berater vor, darunter den pensionierten General Keith Alexander, der früher Direktor der National Security Agency war. Da er oft von Männern in Uniform beeindruckt war und sich Sorgen um neugierige Blicke bei Bridgewater machte, stellte Dalio Alexander für rund vier Millionen Dollar pro Jahr als Sicherheitsverantwortlichen ein.

Das Trio wurde durch Larry Culp vervollständigt, der gerade eine erfolgreiche 14-jährige Amtszeit als CEO des Mischkonzerns Danaher beendet hatte. Culp wurde als Berater der Geschäftsleitung von Bridgewater eingesetzt, um sich dort für eine langfristige Rolle zu bewähren.

Die neuen Gesichter, die auf dem Bridgewater-Campus umherwanderten, repräsentierten dort ein anhaltendes Paradoxon. Trotz Dalios Gerede über eine großartige, systematische Managementstruktur konnte eine Person je nach Laune des Gründers eingestellt oder entlassen werden. Dalio bekam, was er wollte. Er war nicht nur das Gesicht des Unternehmens, sondern hatte, wie in den vorangegangenen Jahren hinreichend bewiesen worden war – ganz gleich, wie es in der Öffentlichkeit dargestellt wurde – die vetosichere Kontrolle über Managemententscheidungen.

Nirgendwo war das offensichtlicher als bei Bridgewater und Dalios aufkeimender Faszination für internationale Machthaber. Seit den späten 1980er-Jahren war Dalio davon überzeugt, dass sich die Vereinigten Staaten in einem unaufhaltsamen Niedergang befanden, nicht nur wirtschaftlich, sondern auch kulturell. Er sah die US-Politik auf einem langsamen Abstieg in ein unproduktives Gezänk, eine Reise, die in nichts Geringerem als einem weiteren Bürgerkrieg[6] enden könnte. Manchmal bezeichnete er sich selbst als „Wirtschaftsarzt“,[7] der das Rezept kannte, um all das zu beheben.

Anstelle der US-amerikanischen Hegemonie suchte Dalio im Ausland nach einem besseren Modell. Er schien besonders von Gesellschaften angetan zu sein, die von mächtigen Autokraten regiert wurden. Dank Bridgewaters langjähriger Erfahrung in der Verwaltung von Geldern für die staatlichen Fonds Singapurs schloss Dalio Freundschaft mit Lee Kuan Yew. Der ältere Mann, 31 Jahre lang Premierminister von Singapur, war eine umstrittene Figur, deren lange Amtszeit seinem Land Stabilität auf Kosten der Freiheit brachte. Lee regierte mit einer Einparteienherrschaft,[8] schränkte die Redefreiheit ein und lehnte den Wert der Demokratie ab. Er verbot den Verkauf von Kaugummi, befürwortete die Verhängung von Stockschlägen zur Bestrafung von Teenagern, die sich des Vandalismus schuldig gemacht hatten, und inhaftierte die wenigen politischen Gegner, die es wagten, ihre Meinung zu sagen. Dalio sah über all das hinweg. Für Dalio war Lee der Mann, der Singapur von einem unbedeutenden Hinterland zu einem der Finanzzentren der Welt gemacht hatte, ein „ikonischer Held“,[9] wie Dalio ihn einmal beschrieb, und eine vorbildliche Führungspersönlichkeit.

Bei einem Abendessen in Dalios New Yorker Wohnung kurz vor dem Tod des singapurischen Staatschefs diskutierten die beiden Männer[10] über die besten Vorbilder unter den führenden Politikern der Welt. Lee gab in der noblen Umgebung von Manhattan eine überraschende Antwort: „Wladimir Putin“. Der russische Führer,[11] so Lee, habe Russland nach dem chaotischen Zusammenbruch der Sowjetunion stabilisiert. Für Dalio war die Analogie aus einem Guss. Auch er hatte Bridgewater nach einer turbulenten Zeit stabilisiert.

Fast wie besessen widmete Dalio danach seine Aufmerksamkeit einem Treffen mit Putin. Er bat das Kundenbetreuungsteam von Bridgewater, sich weithin entgegenkommend zu verhalten, um ihm einen Termin zu verschaffen. Dies erwies sich als schwieriger als erwartet. Putin war nicht dafür bekannt, amerikanischen Geschäftsleuten Audienzen zu gewähren – nicht einmal so berühmten wie dem Bridgewater-Gründer. Über Mittelsmänner erklärte Dalio, er sei gern bereit, vorzusprechen. Er lud einen von Putins engsten Verbündeten, Herman Gref,[12] zu einem Besuch im Bridgewater-Hauptquartier ein. Gref, Chef der staatlichen Sberbank, kam im Frühjahr 2015 mit einem kleinen Gefolge. Er wurde Dalio vorgestellt, der ihm die Mitarbeiterbewertungsinstrumente des Hedgefonds vorführte und erklärte, dass bei Bridgewater alles nach strengen Regeln ablaufe. Dalio bot an, ein ähnliches System für die Russen einzurichten. Gref zeigte sich interessiert und schlug vor, dass er Dalio im Palast des russischen Staatschefs im Ferienort Sotschi Putin vorstellen könnte.

In den folgenden Tagen konnte Dalio seine Aufregung kaum verbergen. Doch jedes Mal, wenn er sein Team um ein Update bat, erfuhr er, dass das Treffen mit Putin wieder einmal verschoben worden war. Derart zurückgewiesen wandte der Bridgewater-Gründer seinen Blick weiter nach Osten, zu einer anderen ausländischen Macht, die ebenfalls von einem starken Mann regiert wurde.

Dalio war schon seit Jahrzehnten von China fasziniert, lange bevor die aufstrebende Nation zu einem Hauptreiseziel für westliche Geschäftsleute wurde. In China fand er das perfekte Zusammentreffen seiner Interessen. Die Kultur der kollektivistischen Gesellschaft verlangte von ihren Bürgern, dass sie ihre kurzfristigen Interessen und Bedürfnisse zugunsten der Interessen des Staates und seiner Regeln zurückstellten, und versprachen ihnen dafür eine langfristige Belohnung. In einem Video, das Dalio 2019 mit einem Bridgewater-Mitarbeiter aufnahm,[13] sagte er: „Die Neugierde brachte mich in Kontakt mit den Chinesen, die ich wirklich zu lieben und zu bewundern lernte [für] ihren Charakter und die Art von Beziehungen, die sie schätzten." Später im Interview fügte er hinzu: „Wenn Sie sich mit der Frage beschäftigen, ob es sich um ein eher autokratisches System handelt und ob Sie ein eher autokratisches Führungssystem einem demokratischen Führungssystem vorziehen, müssen Sie diese Entscheidung für sich selbst treffen. Betrachten Sie das Ganze nicht als einen einzigartigen Ort, was einige dieser Hindernisse angeht. Betrachten Sie das Gesamtbild. Ich würde sagen, dass vieles für die chinesische oder konfuzianische Herangehensweise an die Dinge spricht."

In Dalios eigener Mentalität steckte mehr als eine kleine Dosis der chinesischen Mentalität.

Zum ersten Mal[14] besuchte Dalio China im Jahr 1984 mit einer kleinen Gruppe, seine Frau war auch dabei. Für einen Absolventen der Harvard Business School, der in ein gewaltiges Familienvermögen eingeheiratet hatte, war dies eine augenöffnende Erfahrung. Die Gruppe traf sich mit Vertretern von CITIC, einem riesigen, staatlich geführten Konglomerat, das später in den Bereichen Immobilien, Banken, Metalle und einer ganzen Reihe anderer Branchen tätig sein sollte. Zu dieser Zeit hätte Dalio jedoch genauso gut von einem anderen Planeten kommen können. Als Geschenk überreichte er Taschenrechner, die er aus Amerika mitgebracht hatte; die CITIC-Führungskräfte hatten noch nie einen Taschenrechner gesehen. Dalio stand am Fenster seines Büros und deutete auf die umliegenden traditionellen Viertel mit niedrigen Häusern, die Hutongs. Er sagte voraus, dass an ihrer Stelle bald Wolkenkratzer entstehen würden. „Du kennst China nicht", sagten ihm seine Gastgeber.

Der Bridgewater-Gründer setzte seinen Besuch fort, versuchte die Kultur zu verstehen und lernte eine Gesellschaft kennen, die Außenseitern gegenüber sehr misstrauisch war. Als sein dritter Sohn elf Jahre alt war, schickte Dalio ihn zu einer einheimischen Familie nach Peking[15] zum Besuch einer dortigen Schule. Die Lebensbedingungen waren karg: In der Wohnung der Familie gab es nur zweimal in der Woche warmes Wasser, und die Schule war die meiste Zeit des Jahres nicht beheizt, sodass die Schüler zum Unterricht ihre Jacken anbehielten. Dalio besuchte seinen Sohn dort und die beiden blinzelten in der Verbotenen Stadt in die Sonne,[16] als sie für Fotos vor einem zwei Meter hohen Bild von Mao Tse-tung, dem Gründer der Volksrepublik, posierten. Sie waren die einzigen Westler in einer Ansammlung von einheimischen Gesichtern.

Als sein Sohn den Wunsch äußerte, häufiger nach China zurückzukehren, begann Dalio, das Geschäftliche mit dem Persönlichen zu verbinden. Er unterstützte seinen Sohn nicht nur bei der Gründung einer Wohltätigkeitsorganisation, der China Care Foundation, die Waisenhäuser für behinderte chinesische Kinder baute, sondern verstärkte auch seine Bemühungen, Geld für Bridgewater von gut betuchten, aber abgeschotteten Regierungsinstitutionen einzusammeln. Bei Besprechungen erinnerte er die Regierungsvertreter daran, dass ihre Gebühren nicht einfach nur nach Amerika fließen würden, wenn sie bei Bridgewater investierten. „Was immer Sie an Gebühren zahlen, ich werde auch persönlich Geld für China spenden“,[17] sagte er bei einem Treffen. Die Rechnung ging auf. Bridgewater sammelte für seine Fonds mehr als zehn Milliarden Dollar von chinesischen Regierungsstellen ein, darunter der Staatsfonds China Investment Corporation und die mehrere Milliarden Dollar schwere State Administration of Foreign Exchange (SAFE).

Die Verbindung von Bridgewater mit staatlichen Stellen verschaffte Dalio Zugang zu einer exklusiven Welt. Er wurde ein Vertrauter von Wang Qishan dem späteren Vizepremier Chinas, der weithin als Leiter der Antikorruptionsabteilung der Kommunistischen Partei als zweitmächtigste Person des Landes galt. Wang hatte einen Instinkt, der bei Bridgewater nicht fehl am Platz gewesen wäre; bei einem Treffen seiner eigenen stellvertretenden Ermittler überraschte er die Gruppe mit Dossiers über ihre eigenen Verfehlungen. Wangs offensichtliches Ziel war es, „die Vollstrecker selbst zu terrorisieren“, berichtete der *Economist*. „Das Versäumnis, Bestechung auf höchster Ebene aufzudecken, wäre eine ‚Pflichtverletzung‘.“ Die Zeitschrift bezeichnete Wang als den vielleicht am meisten gefürchteten Mann in China.

Dalio nannte Wang einen Freund, einen Helden und „eine bemerkenswerte Kraft für das Gute". Die beiden Männer trafen sich auf jeder von Dalios Reisen nach China mindestens eine Stunde lang und unterhielten sich über Philosophie und die Weltordnung. Dalio schenkte ihm ein Exemplar desselben Buches, das er einst Jensen geschenkt hatte: „The Hero with a Thousand Faces". Wang erwiderte den Gefallen, indem er einen von Dalios wertvollsten Principles bestätigte: „Schmerz plus Reflexion bedeutet Fortschritt." „Wenn Konflikte gelöst würden, bevor sie akut werden, gäbe es keine Helden", sagte Wang bei einem Besuch zu Dalio.

Durch Wang erfuhr Dalio von den komplizierten Machenschaften des chinesischen Regierungssystems. Das Land baute ein sogenanntes Sozialkreditsystem auf,[18] in dem die Regierung versuchte, das persönliche Verhalten jedes Bürgers zu verfolgen, bis hin zu so kleinen Vergehen wie dem Überqueren einer Kreuzung bei Rot, und mithilfe der Daten ein umfassendes persönliches Rating zu berechnen, das darüber entschied, ob jemand einen Kredit, einen Job oder andere Vergünstigungen erhalten konnte. Das Ziel war, wie die chinesische Regierung es ausdrückte, eine „Kultur der Aufrichtigkeit"[19] zu schaffen. Dalio konnte nicht umhin, die Verbindung zu seiner eigenen radikalen Wahrheit und Transparenz sowie zu seinem wie Pilze aus dem Boden schießenden System von Bewertungstools und Software zu erkennen, mit dem die Mitarbeiter von Bridgewater auf der Grundlage ihrer Persönlichkeiten und angeblichen Fähigkeiten eingeteilt wurden.

Die chinesische Regierung war wie Bridgewater als eine Reihe von Ausschüssen mit sich überschneidenden Mitgliedern organisiert, die alle Präsident Xi Jinping unterstanden. Das höchste Gremium war der Nationalkongress, der alle fünf Jahre zusammentrat, gefolgt vom Zentralkomitee, das etwa einmal jährlich tagte. Die alltägliche Macht lag beim Politbüro und dem Ständigen Ausschuss des Politbüros, einem politischen Gremium unter Präsident Xi, das im Wesentlichen das Land leitete. Präsident Xi wies das Politbüro regelmäßig an, „Selbstkritik"[20] zu üben, um seine Loyalität ihm gegenüber zu bekräftigen. Dem Ständigen Ausschuss des Politbüros gehörten nur sieben Mitglieder an, und Dalios Freund Wang war eines von ihnen.

Im Jahr 2015 versuchte Dalio, inspiriert vom chinesischen System, Teile davon in Connecticut nachzubilden. Ohne es den Kunden oder der Öffentlichkeit mitzuteilen, veröffentlichte er einen internen Aufruf bei Bridgewater für junge Mitarbeiter, die dabei helfen wollten, das Unternehmen nach den Principles umzugestalten. Diese Aufgabe war eine gute Gelegenheit, Dalio zu beeindrucken. Diejenigen, die sich meldeten, wurden einem schwindelerregenden Aufgebot neuer Durchsetzungsorgane zugewiesen, die ziemlich unbestimmte Namen trugen. Die Principles Captains waren diejenigen, die am besten über Dalios Manifest Bescheid wussten. Diese Principles Captains waren über das gesamte Unternehmen verteilt und sollten beurteilen, ob die einzelnen Personen tagtäglich nach den Principles handelten. Die Auditors überwachten die Abteilungsleiter, die Dalio nicht individuell leitete. Die Overseers hatten keine klar definierbaren Aufgaben, außer dass sie Dalio über die Vorgänge in den anderen neuen Gruppen berichteten.* „Das Schlimmste", so ein Mitarbeiter, „ist, wenn ein Overseer ein Problem findet, bevor ich es finde."

Das Kronjuwel[21] von Dalios neuen Kreationen wurde Politbüro genannt, ein Name, der dem Entscheidungsgremium der Kommunistischen Partei Chinas entlehnt und zuerst von den russischen Bolschewiken geprägt wurde. Die etwa zwei Dutzend Mitglieder des Politbüros von Bridgewater waren meist in ihren 20ern oder 30ern. Sie wurden von Dalio handverlesen und mit weitreichenden Befugnissen zur Durchführung von Untersuchungen im gesamten Unternehmen ausgestattet. Obwohl das Politbüro theoretisch dazu gedacht war, Streitigkeiten zu schlichten, schuf es oft neue Streitigkeiten. Die Mitglieder drangen

* Ein Anwalt von Bridgewater sagte, dass es Überschneidungen zwischen diesen Teams gab und dass ihre „Aufgabe darin bestand, Fragen der Mitarbeiter zu beantworten und sie zu coachen".

uneingeladen in Sitzungen ein – oder hörten nachträglich Aufzeichnungen ab – und bewerteten ihre Kollegen. Die Mitglieder unterbanden und erstickten jeglichen Widerspruch, bevor er Dalios Schreibtisch erreichte. Es war ein wahr gewordener Traum. Jetzt hatte der Bridgewater-Gründer überall Augen und Ohren.

Jensen beobachtete all das mit Sorge. Es war eine weitere Bedrohung für seine Zukunft.

Mit jeder neuen Idee von Dalio entfernte sich der 40-jährige Thronfolger weiter vom ultimativen Preis. Vor sechs Jahren hatte Dalio Jensen als seinen Nachfolger angekündigt, doch der Bridgewater-Gründer war mehr denn je involviert. Nach außen hin schien es so, als hätte sich nichts geändert. Jensen war immer noch CEO, und von allen erfahrenen Mitarbeitern, die in das Unternehmen geholt wurden, hatte es keiner so lange ausgehalten wie er. Sein endgültiger Aufstieg war jedoch eindeutig in eine andere Richtung gelenkt worden. Trotz der fast zwei Jahrzehnte, die Jensen an der Seite von Dalio verbracht hatte, stellten die neuen Gremien des Bridgewater-Gründers eine neue Dimension der Principles dar – neue „Waffen", die nur Dalio effektiv einsetzen konnte.

Im Laufe des Jahres 2015 wurde der Druck auf Jensen immer größer. Jensens Computermonitor, der die Anlageergebnisse von Bridgewater in Echtzeit darstellte, zeigte, dass die Trendlinie nach dem starken Jahresauftakt durch den Erfolg des Schweizer Franken nach unten gerutscht war. Das Geld des Hedgefonds wurde langsam aufgezehrt, ein weiteres Opfer von Dalios jüngsten Vorhersagen über die Probleme der Weltwirtschaft. Im März desselben Jahres erklärte Dalio seinen Kunden, dass er Parallelen zu den letzten Tagen der Großen Depression sehe. „Ich möchte Sie an das Analogon von 1937 erinnern", schrieb er in einer Kundenmitteilung,[22] die den Weg in die Medien fand. Damals waren die Aktien in einem einzigen Jahr um mehr als 50 Prozent eingebrochen, wie Dalio bemerkte, eine kaum verhüllte Vorhersage, dass das Gleiche wieder passieren könnte. Das geschah jedoch nicht. Jensens

Monitor zeigte die Auswirkungen von Dalios düsterem Ausblick, der den Flaggschiff-Fonds des Unternehmens dazu veranlasste, anhaltend pessimistische Trades zu tätigen. Die Fonds von Bridgewater bluteten langsam aus,[23] als der Frühling in den Sommer überging, und verwandelten das, was ein hervorragendes Jahr hätte werden können, bestenfalls in ein gewöhnliches Jahr.

Aber Dalio hielt an seinem Kurs fest. Er sagte, dass Gefahr in der Luft liege. Diese Überzeugung schien sich im Juli zu bestätigen, als der chinesische Aktienmarkt einbrach und der Hauptindex der Shanghaier Börse ein Drittel an Wert einbüßte. Der Einbruch in einem Land, das Dalio gut zu kennen glaubte, ließ ihn erschüttert zurück. „Unsere Ansichten über China haben sich geändert",[24] schrieb Dalio in einer neuen Notiz an seine Kunden. „Es gibt jetzt keine sicheren Orte mehr, an denen man investieren kann." Er sprach die Möglichkeit eines weiteren Depressions-Prozesses an. „Selbst diejenigen, die kein Geld mit Aktien verloren haben, werden von den Ereignissen psychologisch betroffen sein, und diese Auswirkungen werden sich deprimierend auf die Wirtschaftstätigkeit auswirken." Auch diese Bemerkung gelangte an die Presse, wo sie allgemein als unheilvolles Zeichen für Peking aufgegriffen wurde.

Dalios Äußerungen unterschieden sich nicht von dem, was er seit Jahrzehnten über die USA und andere westliche Volkswirtschaften sagte. In China wurden sie jedoch anders aufgenommen. Kritik an der Wirtschaft war gleichbedeutend mit Kritik am Staat, und das konnte von einem Ausländer nicht toleriert werden – vor allem nicht von einem, der sich selbst als gut vernetzter Experte des Landes darstellte. Vertreter von SAFE und CITIC riefen bei Bridgewater an und warnten, dass sie unter Druck stünden, sich von dem weltgrößten Hedgefonds zu distanzieren. Dalio ließ die Telefone heiß laufen und erklärte hochrangigen Regierungsvertretern in China, dass er immer noch ein großer Bewunderer der Führer des Landes sei. Das Technologie-Team von Bridgewater bemerkte eine ungewöhnliche Verlangsamung in den

Computernetzwerken des Unternehmens und vermutete, dass chinesische Hacker[25] aus Rache einen Cyberangriff auf das Unternehmen verüben könnten.

Nach nur einem Tag wies Dalio sein PR-Team an, eine Erklärung abzugeben, in der er seine frühere Bemerkung teilweise relativierte:[26] „Obwohl der Bericht an die Bridgewater-Kunden eine private Mitteilung ist, die sie weiterhin versuchen wollen, vertraulich zu halten, sind Ray Dalio und Bridgewater der Ansicht, dass die Änderung ihrer Denkweise überbewertet wurde, und sie möchten diesbezüglich Klarheit schaffen", hieß es da – aber der Schaden war schon angerichtet. Bridgewater geriet in diesem Comeback-Jahr binnen Kurzem in schweres Fahrwasser.

Der Vorfall in China erschütterte Dalio sichtlich und machte ihn wütend. Unfähig oder unwillig zu akzeptieren, dass seine eigenen Worte den Aufruhr ausgelöst hatten, wetterte er in einer Sitzung nach der anderen, dass die Medien sein langjähriges Engagement für China ignoriert und ihn als einen weiteren Händler dargestellt hätten, der aus den Schwierigkeiten eines fremden Landes schnelles Geld machen wolle. Dalio begann wieder, sich selbst als „Wirtschaftsarzt" zu bezeichnen und sagte, dass er lediglich seine begründete Diagnose auf der Grundlage von Fakten anbiete. Niemand bei Bridgewater hätte es gewagt, ihn daran zu erinnern, dass ein Arzt nicht auf den Gesundheitszustand eines Patienten wettet, wie es die Fonds von Bridgewater oft taten, indem sie auf den chinesischen Yuan long oder short gingen.

In den folgenden Tagen wurde Dalios „kurze Zündschnur" noch kürzer. Bei einem Spaziergang über die überdachte Brücke, die die beiden Gebäude der Bridgewater-Zentrale verband, bemerkte er schwache Einkerbungen auf dem Weichholzboden. Er ordnete eine Untersuchung an. Er erfuhr, dass die Einkerbungen von hochhackigen Schuhen stammten. Sofort ordnete er eine neue Regel an, die er per E-Mail an das gesamte Unternehmen schickte. Hohe Absätze seien bei Bridgewater nicht erlaubt.[27]

Die Tatsache, dass Dalio sich selbst um die Abnutzung des Fußbodens kümmern musste, war für ihn eine weitere Erinnerung an den schlechten Zustand des Unternehmens. Um das Erntedankfest 2015 herum rief Dalio seinen neuesten hochrangigen Mitarbeiter Culp zusammen mit den übrigen Führungskräften von Bridgewater, darunter auch Jensen, zu sich, um sich einen Plan anzuhören, wie Culp Dalios neue, auf Principles basierenden Ausschüsse nutzen würde, um das Unternehmen auf Vordermann zu bringen. Aber Culp überbrachte eine ganz andere Botschaft: Er sagte Dalio, dass zu viele Leute bei Bridgewater nebulöse Verantwortlichkeiten und Titel hätten und den ganzen Tag damit verbrächten, sich Tonbänder von anderen anzuhören, um ihnen eine Falle zu stellen. Culp empfahl Dalio, er solle kürzen, nicht aufbauen. Einer Person die Verantwortung übertragen und ihr etwas Freiraum geben. Dalio hatte fast ein ganzes Jahrzehnt lang genau das Gegenteil getan.

Polternd erklärte Dalio seinem neuesten Mitarbeiter, dass das Problem eindeutig bei ihm, Culp, liege. Er sei nicht in der Lage, die fortschrittliche Natur des Managementsystems von Bridgewater zu verstehen. „Sie sind nicht konzeptionell genug."

Dalio feuerte Culp,[28] stand auf und verließ den Raum.

Während die anderen Anwesenden schweigend diesen Rausschmiss verfolgten, saß Culp fassungslos da. Er hatte seine ehrliche Meinung einem Mann vorgetragen, der behauptete, offenes Feedback zu schätzen, und war stattdessen abrupt vor die Tür gesetzt worden.

Jensen, der dieses Procedere schon oft miterlebt hatte, machte sich daran, die Scherben aufzukehren. „Ray kann schwierig sein", sagte Jensen zu Culp. Jensen erklärte, dass Dalio nicht wisse, wie die Firma funktioniere und wie die Principles in der Praxis aussähen. Culp hörte zu, als Jensen ihn daran erinnerte, dass niemand enttäuschter war als Jensen selbst, der unendlich lange darauf gewartet hatte, dass Dalio ihm die Schlüssel der Firma übergab.

Nicht lange nach dem Gespräch mit Culp ging Jensen mit jemandem, von dem er hätte wissen müssen, dass er ihm nicht trauen konnte, noch einen Schritt weiter, und zwar an einem Ort, der nicht schlechter hätte gewählt werden können. Nach einer ansonsten routinemäßig abgehaltenen Sitzung der Geschäftsleitung von Bridgewater – eine Sitzung, die aufgezeichnet wurde und von allen nachher angehört werden konnte – nahm Jensen Murray zur Seite. Er sagte ihr: „Ray ist verrückt", und dass die beiden das Unternehmen viel besser ohne den Bridgewater-Gründer führen könnten.

Jensens Äußerungen waren eine Wiederholung dessen, worüber er sich seit Jahren beschwert hatte. Aber in einer Fehleinschätzung, die ihn verfolgen sollte, erkannte Jensen nicht, dass dies nicht mehr das Bridgewater von früher war. Die Principles waren nicht mehr etwas, das Dalios Ersatzsohn kontrollieren konnte. Eine ganze Armee von Mitarbeitern war nun in der Firma damit beschäftigt, potenzielle „Ketzer" zu unterdrücken. In nur wenigen Tagen wurde die Tonbandaufnahme von Jensens Gespräch mit Culp an die neue Gruppe weitergegeben. Auch Murray, die vielleicht eine Chance sah, sich an Jensen für seine Rolle in ihrem früheren Prozess unter Jim Comey zu rächen, sorgte dafür, dass Dalio erfuhr, was Jensen ihr gesagt hatte, während das Aufnahmegerät noch summte.

Ein junger Mitarbeiter von Bridgewater transkribierte die Chats und schickte sie an Dalio mit einer Nachricht: „Ihr Thronfolger spricht hinter Ihrem Rücken über Sie." Das war ein kardinaler Verstoß gegen die Principles.

Dalio hetzte daraufhin die gesamte Macht des Politbüros auf seine rechte Hand.

Scheinbar über Nacht wurde Bridgewater von der Spaltung zwischen Dalio und Jensen heimgesucht. Dalio unterzog Jensen einer Prüfung, wie sie das Unternehmen noch nie erlebt hatte. Er füllte einen Raum mit den neuen Anhängern der Principles und stürzte sich auf den Mann, der noch vor Kurzem sein sicherer Nachfolger gewesen zu sein schien.

„Greg ist ein schleimiges Wiesel", verkündete Dalio, wie sich mehrere Anwesende erinnern.

Dies war keine abwegige Phrase. Die Principles machten deutlich, dass man ein Wiesel ist, wenn man hinter dem Rücken eines anderen etwas über ihn sagt. In der Vergangenheit waren Leute wegen solcher Verstöße gefeuert worden, Derartiges gehörte zu den schlimmsten Sünden. Und Jensen hatte sich nicht nur mit leerem Gerede beschäftigt. Er hatte sich fast rücksichtslos über Dalio beschwert, als ob er dabei nicht ertappt werden könnte.

Den ihm Nahestehenden sagte Jensen, dass er sich im Recht fühle. Dalio *konnte* schwierig sein, genau wie Jensen es Culp gesagt hatte. Und wenn Jensen ehrlich zu sich selbst war, glaubte er, dass er und Murray Bridgewater ohne Dalios ständige Einmischung besser führen könnten. Indem er sich gegen Dalio aussprach, konnte Jensen argumentieren, dass er die Principles im Sinne ihres Autors verwendete. Wenn die Principles wirklich wertvoll waren, konnten sie dazu verwendet werden, ihren Meister zu stürzen.

Jensen versuchte also, Dalio davon zu überzeugen, dass diese Worte nicht nur Wahrheiten waren, sondern harte Wahrheiten – solche, bei denen Dalio jedem ans Herz legte, offen darüber zu sprechen. Jensen sagte, er habe sie Dalio gegenüber sogar schon einmal erwähnt. Er unternahm sogar einen Gegenversuch, indem er seine Kollegen aufforderte, darüber abzustimmen, ob Dalio sich an seinen oft geäußerten Plan hielt, die Führung des Unternehmens abzugeben.

Dalio wollte nichts davon wissen. Er schmetterte Jensens Antrag auf eine Abstimmung ab („Vielleicht hat er recht, vielleicht hat er unrecht", sagte Dalio laut einer Person). Dalio wies das Politbüro an, in den Aufzeichnungen von Jensen in der Transparenz-Bibliothek zu wühlen und nach Beweisen dafür zu suchen, dass der jüngere Mann schon früher hinter dem Rücken des Chefs über diesen gesprochen hatte. Dalio ließ das Politbüro eine Reihe von Videobändern zusammenstellen, auf denen zu sehen war, wie Jensen sich hinter Dalios Rücken unfreundlich äußerte, und verbreitete sie dann in der Firma. Das Politbüro verschickte schließlich Hunderte von Beweismitteln an

Hunderte von Mitarbeitern des Hedgefonds, sodass ein Großteil der Mitarbeiter die Geschichte des Austauschs zwischen den beiden lesen konnte. Dalio erinnerte Jensen auch daran, dass Bridgewater die Tonbänder von Jim Comey, der Jensen wegen seiner Beziehung zu Holland untersucht hatte, nie veröffentlicht hatte – die Untersuchung, die zu einem geheimen Vergleich geführt hatte, von dem nur wenige wussten.

Das Blatt schien sich schnell gegen den Jüngeren zu wenden.

Jensen reagierte wie viele vor ihm: Er weinte. Als die Bridgewater-Kameras sich auf ihn richteten, schluchzte er in Gegenwart von Dalio und bat um Vergebung. „Bridgewater ist alles, was ich habe, und ich liebe diesen Ort. Wenn ich getan habe, was ich getan habe, war es nie meine Absicht."

Auf Anweisung von Dalio wurde das Band mit dem verzweifelten Jensen an bestimmte Teams innerhalb von Bridgewater weitergeleitet, darunter auch an die Investmentgruppe, wo Jensens Mitarbeiter und Gefolgsleute sich nun anschauen mussten, wie ihr unmittelbarer Chef und ihr Vorbild litt. Eine Person, die das Video sah, erinnert sich: „Niemand hatte Greg jemals so traurig und verzweifelt erlebt. Er hat regelrecht geheult."

Dalio hätte Jensen aus der Firma Bridgewater feuern können. Andere waren für weit weniger gefeuert worden. Aber Jensen war nicht irgendwer. Er war fast schon ein Mitglied von Dalios Familie. Für Dalio war es nützlicher, Jensens Schwächen als Teil der Heldenreise des jüngeren Mannes darzustellen – einer Reise, die ihn an den Abgrund und wieder zurück führen konnte. Wenn kein Geringerer als Jensen den Tiefpunkt erreichen und sich wieder aufrappeln konnte, konnte es jeder bei Bridgewater aushalten, wenn er an den Rand des Abgrunds geschickt wurde. Jensens Zusammenbruch konnte als Vorbild für jeden bei Bridgewater dienen, der unter Druck stand.

In einer Art talmudischem Kompromiss entzog Dalio Jensen seinen CEO-Titel, behielt ihn aber als Co-Chef-Investmentmanager – ein deutlicher Prestigeverlust. Die Medien berichteten darüber als das, was es war: die schockierende Degradierung von Dalios langjährigem vermeintlichem Erben.

Jensen brach zu einem ungeplanten Urlaub auf – dem längsten, den er seit Jahren genommen hatte.

Viele bei Bridgewater waren sich nicht sicher, ob oder wann Jensen zurückkehren werde. Einige dachten, er würde einen klaren Kopf bekommen und beschließen, dass das Leben zu kurz sei, um sich mit Bridgewater und Dalio herumzuschlagen. Stattdessen ging Jensen auf ein Sauftour. Er flog nach Las Vegas, um bis in die frühen Morgenstunden Poker zu spielen, und verließ seine Familie ohne eine Nachricht, wann er zurückkehren werde. Nach seiner Rückkehr sagte er seinen Freunden, dass er für Dalio nie wieder dasselbe empfinden würde.

Während der Abwesenheit von Jensen arbeitete Dalio an einer Überraschung. Einige bei Bridgewater hatten nur Bruchstücke des Konflikts zwischen Dalio und Jensen mitbekommen – einige der Videos und Dokumente wurden nur innerhalb des Politbüros oder anderer Bereiche des Unternehmens weitergegeben. Innerhalb und außerhalb von Bridgewater kursierten Gerüchte, die nicht alle für Dalio oder die Principles schmeichelhaft waren. Dalio hatte im Laufe der Jahre erklärt, Bridgewater sei ein Ort radikaler Transparenz. Wie konnte das wahr sein, wenn die vollständigen Einzelheiten dieses Zusammenstoßes zwischen den beiden wichtigsten Personen des Unternehmens nur einigen wenigen Auserwählten zugänglich waren?

Daher rief Dalio den Notstand aus und bezeichnete ihn buchstäblich als Moment des „Kriegsrechts“.[29] Gleichzeitig erfand er ein neues Principle[30], das seine unantastbaren Überzeugungen in ihr Gegenteil verkehrte:

„Erwarten Sie von denjenigen, denen radikale Transparenz zuteilwird, dass sie verantwortungsvoll damit umgehen, und geben Sie sie ihnen nicht, wenn sie das nicht können.“

Dieses Principle wurde rückwirkend auf die Auseinandersetzung zwischen Dalio und Jensen angewandt. Mitarbeiter, die immer noch verwirrt darüber waren, wohin Jensen verschwunden war, würden in der Transparenz-Bibliothek keine Antworten finden. Nur etwa zehn Prozent der Bridgewater-Mitarbeiter seien nach Dalios Worten vertrauenswürdig genug, die ganze Geschichte erzählt zu bekommen. Der Rest könne damit nicht umgehen.

Ebenfalls in aller Stille organisierte Dalio ein etwa 20-köpfiges Team, das an einer neuen Unternehmenssatzung arbeiten sollte.[31] Diese Satzung sollte die Principles um eine Reihe von Regeln ergänzen, wie man Bridgewater führen solle. Die Satzung legte fest, welche alltäglichen Meinungsverschiedenheiten diskutiert und welche zur Abstimmung gestellt werden konnten. Sie verlieh dem nächsten Bridgewater-CEO außerordentliche Macht, eine Position, die für Jensen vielleicht für immer unerreichbar bleiben würde – denn Dalio verlangte, in der Charta festzuschreiben, dass Jensen nie wieder CEO werden könne.[32]

18

DER WEG DES SEINS

Der von einem Chauffeur gesteuerte Geländewagen bewegte sich auf einer holprigen, einstündigen Fahrt entlang der Küste der mexikanischen Bahía de Banderas, was dem Mann auf dem Rücksitz gleichermaßen lästig war, wie es ihn beeindruckte.

Nach dem Flug über den Kontinent nach Puerto Vallarta war Greg Jensen sicher bereit für einen Drink. Mit Schweißperlen auf der Stirn stieg er aus dem Geländewagen und ging die Marmorstufen zu dem Haus hinauf.

„Haus“ war vielleicht etwas untertrieben, obwohl die Bezeichnung des Anwesens als „Ranch“, wie sie der Eigentümer Jon Rubinstein bevorzugte, mehr als nur ein wenig falsche Bescheidenheit beinhaltete. Das 1.600 Quadratmeter große Anwesen verfügte über sieben Schlafzimmer,[1] knapp 65 Meter Strand, mehrere Pools und Quartiere für Hausangestellte. Jensen wohnte im Gästetrakt und musste, wenn er morgens aufstand, an den menschengroßen Skulpturen vorbeigehen, die das Anwesen zierten.

Jensen war vielleicht froh über jede Ausrede, um von Bridgewater wegzukommen. Aber ungeachtet des Umfelds war dies ein besonders entwürdigender Auftrag von Dalio. Jensen war nach Mexiko geschickt worden, um sich bei Rubinstein einzuschmeicheln, während die Technologie-Führungskraft darüber nachdachte, bei Bridgewater als nächste Führungskraft anzuheuern. Es war, als würde man seine Ex-Freundin um Hilfe bei der Suche nach der nächsten Freundin bitten.

Rubinstein lebte das Leben eines Mannes, der alle Wahlmöglichkeiten der Welt hatte. Der drahtige hochgewachsene Mann schien sich seit seiner Bar-Mizwa körperlich nicht verändert zu haben und war 18 Jahre älter als Jensen. Bei Apple hatte sich Rubinstein einen Namen gemacht. Er erhielt dort den Spitznamen „Podfather", weil er Steve Jobs bei der Entwicklung des ersten iPod geholfen hatte. Im Laufe der Jahre erwarb sich Rubinstein jedoch innerhalb von Apple den Ruf eines pragmatischen, etwas nervigen Strebers. Er lieferte sich Wortgefechte mit Jobs und anderen Mitgliedern der Apple-Führungsetage und widersetzte sich vorgeschlagenen Designverbesserungen an Apple-Produkten, die seiner Meinung nach zu schwierig herzustellen waren. Nach 16 Jahren entschied Jobs, dass Rubinstein ein zu großes Ego habe, und die beiden trennten sich. „Er ging nie in die Tiefe, er war nicht aggressiv", sagte Jobs.[2]

Allein in seinen letzten drei Jahren bei Apple hatte Rubinstein Aktienoptionen im Wert von 83 Millionen Dollar erhalten. Daher konnte er sich auch die Ranch leisten.

Seit Apple hatte es Rubinstein schwer, einen weiteren gleichwertigen beruflichen Erfolg zu landen. Er verließ den Technologie-Riesen, um CEO des konkurrierenden Handyherstellers Palm zu werden, was seine Beziehung zu Jobs nachhaltig zerstörte (die beiden sprachen nie wieder miteinander).[3] Die Bemühungen von Palm um Mobiltelefone gerieten ins Stocken, und Rubinstein verließ das Unternehmen, nachdem es an Hewlett-Packard verkauft worden war. Seitdem war Rubinstein sozusagen „gestrandet", sowohl im wörtlichen als auch im übertragenen Sinne. Das machte ihn zur perfekten Zielscheibe für Bridgewaters wechselnde Ranglisten aussortierter Führungskräfte.

Dalio wusste vielleicht nichts von Rubinsteins späten Karriereschwankungen und kümmerte sich auch nicht sonderlich darum, oder er kannte ihn überhaupt nicht. Aber Dalio wusste sicherlich, dass Rubinstein von Steve Jobs beeinflusst worden war. Und die Idee, Rubinstein einzustellen, kam von einem Neuzugang im inneren Kreis, Craig Mundie, dem ehemaligen Chief Strategy Officer von Microsoft und langjährigen Vertrauten von Bill Gates. Mundie hatte einen für Bridgewater neuen Titel: stellvertretender Vorsitzender. Diese Technologie-Schwergewichte waren genau diejenigen, die Dalio dabei helfen konnten, die Principles endlich in Software für alle zu verwandeln.

Rubinstein war bereit, einen Versuch zu wagen. Als Gegenleistung erhielt er bis zu 50 Millionen Dollar in den ersten zwei Jahren und er war bereit, sieben Tage die Woche bei Bridgewater zu arbeiten. Im Gegensatz zu Larry Culp war er auch damit einverstanden, die Rolle des CEO zu teilen (Eileen Murray würde mit ihm zusammenarbeiten). Rubinstein würde sich um die Technologie kümmern, einschließlich der so wichtigen iPad-Bewertungssysteme.

Jensen verließ Rubinsteins Ranch mit ermutigenden Neuigkeiten, die er in Westport verkünden wollte.

Jon Rubinstein trat seinen Dienst bei Bridgewater im Mai 2016 an, nur wenige Wochen nach Jensens Rückkehr aus dem Urlaub, der durch seine Auseinandersetzung mit Dalio ausgelöst worden war. Der neue Mitarbeiter hatte sofort das Gefühl, dass nicht alles wie geplant ablaufen würde. Dalio, der sich nach dem Sieg über Jensen in einem Rausch befand, war viel stärker involviert, als Rubinstein erwartet hatte. Jensen, der Rubinstein in Mexiko fast gesellig erschienen war, war zurück in Connecticut kaum wiederzuerkennen, schlich sich zu spät in die Besprechungen und begegnete Dalio kaum.

In der Hoffnung auf eine Übergangszeit, in der er sich orientieren könnte, erklärte Rubinstein Dalio, dass er es vorzöge, es ruhig angehen zu lassen. Dalio, der noch immer unter den Schlagzeilen um Jensens

Degradierung litt und unbedingt eine Gegenbotschaft senden wollte, hatte andere Pläne. Er wies Untergebene von Bridgewater an, einen Kundenbrief über den neuen Mitarbeiter zu verfassen,[4] und beauftragte sein PR-Team, ihn an Reporter weiterzuleiten. Auszüge daraus erschienen in Zeitungen auf der ganzen Welt.

„Technologie ist bei Bridgewater von großer Bedeutung, zumal eine unserer wichtigsten strategischen Initiativen in den kommenden Jahren darin besteht, die systematisierte Entscheidungsfindung, die in unserem Investmentbereich so erfolgreich war, weiter auszubauen und auch auf unser Management auszuweiten", heißt es in dem Schreiben.

Bei Rubinstein riefen unzählige Gratulanten an, die ihm zu seinem prestigeträchtigen Job beim größten Hedgefonds der Welt beglückwünschten.

Rubinstein ging davon aus, dass der aufsehenerregende Auftritt ihm zumindest ermöglichen würde, sich kopfüber in die Fehlersuche bei Bridgewaters Technologie zu stürzen. Stattdessen wurde ihm ein iPad ausgehändigt und er wurde direkt in ein privates „Principles-Bootcamp" geschickt. Rubinstein saß verwirrt da, als eine Reihe von Bridgewater-Mitarbeitern ihm das Unternehmensmanifest näherbrachten. Sie zeigten ihm Dias und Videos von Mitarbeitern, die von ihren Vorgesetzten, darunter auch Dalio, „untersucht" und diagnostiziert wurden. Rubinstein war sofort abgeschreckt. Sein ehemaliger Chef Jobs hatte den wohlverdienten Ruf, grob zu sein, aber der Apple-Gründer hatte nie behauptet, dies sei auf eine hochtrabende Philosophie zurückzuführen. Nach ein paar Tagen Schulung wurde Rubinstein derselbe Principles-Test wie allen neuen Mitarbeitern vorgelegt. Er beantwortete ihn ehrlich und erfuhr, dass er ihn nicht bestanden hatte. „Das ist doch alles Quatsch", sagte er zu einem neuen Kollegen.

Als Dalio erfuhr, dass sich sein neuer Mitarbeiter im Bootcamp schwergetan hatte, bat er um ein kurzes Gespräch. Rubinstein, dessen bewusst, was er über die Vorliebe des Bridgewater-Gründers für ungeschönte Ehrlichkeit erfahren hatte, beschloss, Dalio zu sagen, was ihm auf der Seele lag:

„Sie haben 375 Principles. Das sind keine Prinzipien. Toyota hat 14 Prinzipien. Amazon hat 14 Prinzipien. Die Bibel hat 10. Es gibt unmöglich 375 Prinzipien. Das Ganze ist eine Gebrauchsanweisung."

Dalio gab sich selbst die Schuld. „Es ist meine Schuld", sagte der Bridgewater-Gründer, „dass ich von Ihnen erwartet habe, ein so komplexes System so schnell zu verstehen. Man kann die Principles nicht einfach auswendig lernen und dann sofort verinnerlichen – die einzige Möglichkeit, sie zu verstehen, ist, sie zu leben." Dalio nannte die Principles „den Weg des Seins".

Etwa zu diesem Zeitpunkt dachte sich Rubinstein: „So ein Scheiß."

* * *

Die Einstellung Rubinsteins war nicht Dalios einziger Schritt, um das eigene Bild nach außen aufzupolieren. Als die ehemalige Apple-Führungskraft die Lage des Unternehmens prüfte, unternahm der Bridgewater-Gründer einen erneuten Versuch, seine eigene Geschichte zu erzählen. Er hatte dabei Unterstützung.

Im Mai 2016, demselben Monat, in dem Rubinstein anfing, flog Dalio nach Los Angeles, um auf der glamourösen Jahreskonferenz des Milken Institute im Beverly Hilton ein Interview zu geben. Sein Gesprächspartner war der Harvard-Professor Robert Kegan,[5] der Bridgewater besucht und in seinem eigenen Buch sehr positiv über das Unternehmen geschrieben hatte. Nachdem Dalio mit einem Vortrag darüber begonnen hatte, wie Bridgewater Bescheidenheit in seiner Unternehmenskultur entwickelt hatte („Es ist nur psychologisch schwer. … Sobald man anfängt, eine andere Haltung dazu einzunehmen, ist es angenehm, sodass man vom Schmerz zum Vergnügen übergeht."), blickte Kegan auf seine Notizen und schien daraus vorzulesen:[6]

„Ich habe kürzlich eine Studie gelesen, aus der hervorging, dass sich Millennials vor allem mehr Feedback wünschen. Bridgewater wäre demnach wohl ein Paradies für Millennials."

Dalio lächelte.

Kegan fragte Dalio, was seiner Meinung nach die häufigsten Missverständnisse über Bridgewater seien.

Dalio erwiderte den Blick mit einem knappen Lächeln, gut vorbereitet auf die Antwort, da ihm diese Frage schon einmal gestellt worden war. „Eines davon lautet, es handele sich um eine Sekte."

Aus dem Kreis der Reichen hörte man ein paar vielsagende Lacher. „Warum ist es keine Sekte?" fragte Kegan.

„Es ist das Gegenteil einer Sekte. Es geht darum, unabhängig zu denken. Dass man weiß, das Recht und die Pflicht zu haben, allem einen Sinn zu geben. Es ist eine Kultur." Dalio fügte später hinzu: „Stellen Sie es sich wie ein Rechtssystem vor."

Zurück in der Zentrale begann Rubinstein sich laut zu fragen, ob es überhaupt ein System gab. Der Hedgefonds investierte Dutzende Millionen Dollar für die Entwicklung der Bewertungssysteme der Principles, aber als Rubinstein nachzuforschen versuchte, was die Systeme eigentlich taten, wurde ihm einfach gesagt, dass sie die „Glaubwürdigkeit" messen würden. Viele erzählten ihm, dass die Systeme auf geheimen Berechnungen des ehemaligen IBM-Wissenschaftlers David Ferrucci beruhten und dass der Forscher fast niemandem erzählte, wie sie funktionierten. Das kam dem ehemaligen Apple-Manager sofort komisch vor. Er hatte sein ganzes Leben lang mit Forschern wie Ferrucci zusammengearbeitet, und nach Rubinsteins Erfahrung neigten Wissenschaftler in Unternehmen dazu, ihre Arbeit den Führungskräften des Unternehmens eher zu ausführlich und bis ins kleinste Detail zu erläutern. Für gewöhnlich war es anstrengend, sie zum Schweigen zu bringen.

Rubinstein war keine Nachwuchskraft und suchte daher Ferrucci persönlich auf. Die beiden Männer tauschten zunächst Höflichkeitsfloskeln aus, dann stellte der Co-CEO seine wichtigste Frage:

„Wie berechnet man die Glaubwürdigkeit?"

Ferrucci senkte kurz den Blick. „Das werde ich Ihnen nicht sagen."

„Warum?"

„Es ist mir peinlich."

Erst nach einigen Monaten fand Rubinstein schließlich die Antwort heraus.

Der Mann, der alles über Glaubwürdigkeit wusste, schuftete weit unter Rubinsteins Hierarchie-Level und kämpfte darum, seine Existenz zu rechtfertigen.

Mit den Neuzugängen des Technologie-Trios Rubinstein, Craig Mundie und Ferrucci lief Paul McDowell Gefahr, seinen Platz zu verlieren. Er leitete zwar weiterhin sporadisch Principles-Schulungen, wurde aber vom Leiter der Technologieabteilung zum inoffiziellen Attaché von Dalio befördert, wenn der Bridgewater-Gründer Hilfe benötigte, um Kunden und anderen Besuchern die Unternehmenskultur und die Tools zu präsentieren. McDowell, der sich dabei noch nie wohl gefühlt hatte, hatte Mühe, einen klaren Kopf zu bewahren, wenn er über die Vorzüge der Unternehmenskultur von Bridgewater sprach. Für Dalio jedoch war McDowell der ideale direkte Mitarbeiter und manchmal auch ein Gegenspieler. McDowell war schon lange genug dabei, um Dalios Kritik ohne mit der Wimper zu zucken zu schlucken, und er schien nah genug an Dalios Alter dran zu sein, um theoretisch ein Ebenbürtiger sein zu können. Bei einer Präsentation vor einem potenziellen russischen Investor, der mit dem Staat verbundenen Sberbank, hatte McDowell Schwierigkeiten, die Fernübertragung zu aktivieren. Dalio nannte ihn daraufhin vor der Gruppe ein „Weichei". McDowell kochte innerlich vor Wut, versicherte den Russen jedoch, dass Dalio lediglich die Art und Weise, wie Bridgewater arbeitete, demonstrieren wollte.

Wenn er nicht gerade mit seinem Chef Kasperletheater spielte, versuchte McDowell mit einem kleinen Team verzweifelt, das Book of the Future fertigzustellen. Das Softwaresystem, das alle Personalbewertungen und Managementinstrumente von Bridgewater zusammenfassen sollte, hatte mehrere neue Namen erhalten. Eine Zeit lang nannte Dalio es iPrinciples, eine offensichtliche Anspielung auf Apple. Später wurde es in Principles Operating System, oder PriOS, umbenannt. Wenn Dalio mit Kunden über PriOS sprach, verglich er es oft mit einem Auto-Navigationssystem. Er sagte, es funktioniere so gut und so beständig, dass Bridgewater sogar bereit wäre, es mit ihnen zu teilen – zu einem bestimmten Preis.

Bei einem Kundengespräch prahlte Dalio damit,[7] dass Bill Gates und Elon Musk den Ansatz getestet und für gut befunden hätten. Dalio hoffte, dass ihre und andere Unternehmen es bei ihren eigenen Mitarbeitern anwenden würden, um Bridgewaters Kreationen an jeden Arbeitsplatz in Amerika zu bringen.

„Es wird für Sie Entscheidungen treffen, ähnlich wie ein GPS Entscheidungen trifft. Mit anderen Worten, ein GPS kann Ihnen sagen: ‚Geh nach rechts' und ‚Geh nach links'. Im Management kann es sagen: ‚Befrage diese Person', ‚Entlasse diese Person', ‚Überprüfe die Ehrlichkeit dieser Person' oder ‚Führe diese Diskussion'" sagte Dalio. „Ich denke, dass ein solcher Ansatz sehr, sehr wertvoll für Sie wäre."

PriOS sei nüchtern, sagte Dalio, genau wie er selbst. „Die Art und Weise, wie ich alles handhabe, ist eine Ideenmeritokratie. Ich möchte einfach, dass die beste Idee gewinnt. Es muss nicht unbedingt meine Idee sein. Ich bin überaus froh, wenn ich von Leuten korrigiert werde, die etwas besser können als ich."

Die Kunden fragten: „Wer hat dieses System entwickelt? Wer ist der Experte, den Sie eingesetzt haben?"

„Ich selbst.[8] Ich mache es so, dass ich jedes Mal, wenn ich etwas tue, aufschreibe, was ich tue und warum ich es tue. Dann lasse ich das von anderen in Gleichungen umwandeln", antwortete Dalio. „Das Erstaunliche ist, dass sich die Maschine selbst weiterentwickelt und Anweisungen gibt, was zu tun ist, um sich wiederum weiterzuentwickeln, so wie es auch mein Gehirn tun würde."

Obwohl Dalio mit seinen Kunden über PriOS sprach, als stünde es kurz vor der Fertigstellung, soll McDowell die Wahrheit gekannt haben. PriOS war eine Katastrophe. Es funktionierte bei den einfachsten Aufgaben, wie der Suche danach, ob ein bestimmtes Wort in den Principles" vorkam, und zeigte die entsprechenden Zeilen an, konnte aber in der Regel ebenso wenig Dalios Entscheidungen vorhersagen wie jeder andere in der Firma. Es war, als würde McDowell versuchen, ein GPS zu programmieren, das ihm den Weg durch ein höllisches Auto-Videospiel wies, in dem sich Straßen in Sackgassen verwandelten und Brücken nur die Hälfte der Länge von tückischen Kreuzungen überspannten.

Je länger PriOS sich verzögerte, desto schlimmer wurde es für McDowell. Er konnte die Angelegenheit nur so lange wie möglich aufschieben. Schließlich forderte Dalio ihn in einem Moment, in dem es um alles oder nichts ging, auf, den neuesten Prototyp zu einer Sitzung der Bridgewater-Geschäftsleitung mitzubringen. Diese Sitzungen waren bei dem Hedgefonds ein heißes Eisen; nur die Spitzenkräfte wie Dalio, Jensen und Ferrucci nahmen daran teil, während ein Videofilmer das Geschehen für den Rest der Firma aufzeichnete. Nur wenige in der Firma ließen sich die Chance entgehen, zu sehen, wer von Dalio am Ende eine „Tracht Prügel" beziehen würde.

Das Opfer des Tages war schnell gefunden. McDowell ging um den Tisch herum und stattete jedes Mitglied der Geschäftsleitung mit einem iPad aus, auf dem die neueste PriOS-Software installiert war. Die Tools sollten in der Lage sein, bestimmte Kategorien aufzuschlüsseln, um festzustellen, ob Personen mit niedrigen Bewertungen, zum Beispiel bei „Leben in der Wahrheit", eher schlecht bei „Synthese im Laufe der Zeit" abschneiden würden – oder ob einer Person möglicherweise eine zusätzliche Schulung zu den Principles auferlegt oder sogar eine neue Aufgabe zugewiesen werden müsste. In der Praxis funktionierte das System bestenfalls noch rudimentär. Es stürzte regelmäßig ab und konnte die Bewertungen nicht konsequent in Echtzeit aktualisieren.

Das Schlimmste aber war, dass McDowell trotz jahrelanger Bemühungen und unzähliger Stunden mit Dalio selbst immer noch keinen logischen Zusammenhang mit Dalios Werten gefunden hatte. PriOS war so gut wie nutzlos.

Nachdem er die Gruppe einige Minuten lang beobachtet hatte, bellte Dalio vom Kopf des Tisches aus: „Wo ist Paul McDowell?“

McDowell stützte sich mit beiden Händen auf dem Tisch ab und stand auf.

„Du versagst in deinem Bereich“, sagte Dalio.

McDowell hätte zugestimmt, bis zu einem gewissen Punkt. Er hatte nicht geliefert, was Dalio wollte. Was er nicht sagte, war, dass er sich nicht sicher war, ob das, was Dalio wollte, überhaupt möglich war – und das vor einer Menschenmenge auszusprechen, hätte sicherlich ein schlechtes Ende genommen. Stattdessen versuchte McDowell, die Principles zu nutzen. Er erzählte Dalio, dass er getreu den Principles die schwachen Leistungsträger in seinem Team ausfindig gemacht habe. Er habe vor allem eine Person gefunden und werde Maßnahmen ergreifen. Den Namen der Person nannte er nicht.

„Hast du die Vergütung dieser Person gekürzt?“, fragte Dalio.

McDowell gab zu, dass er dies nicht getan hatte.

„Dann bist du ein schlechter Manager.“

McDowell musste wissen, was als Nächstes kommen würde. Dalio ordnete eine erneute Untersuchung durch das Politbüro an, um zu entscheiden, wie mit McDowell weiter verfahren werden sollte. McDowell hatte in seinen acht Jahren in der Firma genug Tribunale gegen andere miterlebt, und er hatte gesehen, wie andere versuchten, sich aus der Affäre zu ziehen – und scheiterten. Stattdessen entschied er sich für Reue.

„Ich begrüße deine Untersuchungen, Ray. Ich kann mir vorstellen, dass du alle möglichen Fehler finden wirst und alle möglichen Dinge, die ich hätte besser machen sollen. Es wird schmerzhaft sein, aber ich werde dadurch besser werden.“

Eine solche Antwort schien Dalio nicht erwartet zu haben. Das wäre ein Sieg nicht durch K.-o., sondern durch Reugeld. Dalio starrte McDowell längere Zeit an. „Dein Problem ist, dass du nicht hart genug durchgreifst. Du bist kein harter Hund. Ich brauche harte Hunde."

McDowell wusste nicht, was er sagen sollte, und schwieg daher.

An niemanden speziell gerichtet, füllte Dalio die Stille: „Ich möchte ihm in die Eier treten!"

19

FEEDBACK-SCHLEIFE

Der Zeitpunkt war günstig, als Joe Sweet zum ersten Mal von einem Bridgewater-Personalvermittler hörte, dass eine Stelle zu besetzen sei. Der 29-Jährige wollte sein Haus und seine baldige Ex-Frau verlassen; er kam aus Storrs, Connecticut, wo sich die University of Connecticut befindet, an der er vier Abschlüsse erworben hatte, darunter einen MBA. Während der Scheidung hatte der unscheinbar wirkende Sweet ein paar Therapiesitzungen absolviert und dabei etwas über sich selbst gelernt. Diese Erfahrung habe ihn gelehrt, seine Schwächen auf eine neue Art zu verstehen, sagte Sweet seinem Gesprächspartner bei Bridgewater. Sweet wusste es noch nicht, aber eine solche Aussage war ein gefundenes Fressen für jeden Gefolgsmann von Bridgewater. Sweet wurde in kürzester Zeit für das Talentteam eingestellt, das bei der Anwerbung und Bindung von Mitarbeitern helfen sollte, und erhielt ein sechsstelliges Jahresgehalt mit einem Bonus, wenn er bei seiner jährlichen Beurteilung mindestens drei von fünf Punkten erreichte. Das war weit mehr Geld, als er jemals im ruhigen Storrs verdient hatte.

Sweets erste Tage bei Bridgewater im Frühjahr 2016 verliefen nach dem üblichen Muster. Er las sich in die Principles ein, besuchte Paul McDowells Kurs zum Kulturtraining und sah sich eine Reihe von Videos über das Leben bei Bridgewater an. Zuerst schien es wie im Himmel zu sein. Sweet war es gewohnt, auf Fragen mit brutaler Ehrlichkeit zu antworten, und hier wurde diese Eigenschaft belohnt. Wie alle anderen Mitarbeiter musste er sich fast täglich Fallstudien ansehen, die als Management Principles Training (MPT) bekannt waren. Er musste Quizfragen beantworten, die benotet wurden. Da er die Principles genau studiert hatte, kannte er die Antworten, nach denen Bridgewater suchte. In den ersten Wochen quoll seine Baseballkarte vor grünen Punkten über, was auf positives Feedback hinwies.

Das alles änderte sich, als Sweet erfuhr, dass Dalio eine Überprüfung des Talentteams durchführen würde. Sweet hatte den Begriff noch nicht oft gehört, aber er hatte schon genug Unternehmensjargon gelernt, um einen Euphemismus zu erkennen, wenn er ihn hörte. Im Vorfeld des Drilldowns wechselte er in ein anderes Team und übernahm eine untergeordnete Rolle neben David Ferruccis Systematized Intelligence Lab. Die Abteilung arbeitete daran, Dalios Principles in Software umzuwandeln, sodass Sweet dachte, dies sei eine gute Möglichkeit, in das Herzstück des Unternehmens eingebunden zu werden. Doch der Kontakt mit dem Softwareteam verwirrte ihn mehr denn je. In einer Sitzung stritten seine Kollegen fieberhaft über die Abgrenzung zwischen zwei verschiedenen, von Dalio geschaffenen Bewertungskategorien: „Synthese der Situation“ und „Synthese im Laufe der Zeit“. Einem außenstehenden Beobachter hätte die Debatte vielleicht komisch vorkommen können, aber für Sweet, der keine Ahnung hatte, was da vor sich ging, war es todernst. Plötzlich war seine Baseballkarte ein Fleck aus roten Punkten. Als er versuchte, auf die Bremse zu treten und die Umstehenden um Hilfe zu bitten, versicherten sie ihm, dass ein rauer Übergang typisch sei.

Sweet versuchte, Verbündete zu finden, aber sein Team schien ihn bereits als Ballast zu betrachten. Es war auch nicht hilfreich für ihn, als eine Transgender-Frau eines Tages plötzlich aus seinem Team verschwand, nachdem sie sich wochenlang darüber beschwert hatte, dass ihre Bewertungskarte ihre Geschlechtsidentität nicht widerspiegelte. Das Team erhielt eine E-Mail von Bridgewaters Rechtsabteilung, mit der Aufforderung, den gesamten Schriftverkehr mit der ehemaligen Kollegin aufzubewahren. Sweet vermutete, dass es um eine Einigung ging. Sein gesamtes Team war verängstigt und misstrauisch.

In der Folgezeit verbrachte Sweet immer mehr Zeit mit der Lektüre einer Flut von negativen Rückmeldungen von den Menschen, die ihm am nächsten standen. Er hatte das Gefühl, „lebensuntüchtig zu sein und sich nie verbessern zu können", wie er sich später erinnerte. Jeden Tag fühlte sich Sweet so, als ob er sich vor Sonnenaufgang in einem Loch befände. Er kämpfte damit, aus dem Bett zu kommen, und musste sich zum Essen zwingen. Aufgeben kam nicht infrage. Die Kosten seiner Scheidung lasteten auf ihm und er befürchtete, dass er seine Vertragsprämie zurückzahlen müsste, wenn er zu schnell ginge.

Das erste Mal, dass Sweet darüber nachdachte, sich umzubringen, war, als er bei Bridgewater an seinem Schreibtisch saß.[1] Seine Gedanken schweiften zu einer Reihe von grausamen Todesfällen ab. In einer Vision trat er vor einen Nahverkehrszug, der an seinem Haus vorbeifuhr, und wurde in Stücke gerissen. In einer anderen knüpfte er ein Propylenseil an eine Terrasse der Bridgewater-Zentrale und erhängte sich an der Seite des Gebäudes.

Diese Gedanken waren für Sweet Anlass genug, die Personalabteilung von Bridgewater aufzusuchen. Dort erzählte er einer freundlichen Mitarbeiterin von seinen Visionen der Selbstverletzung. Sie sagte ihm, dass Bridgewater eine Lösung für solch schwierige Probleme habe. Sie empfahl ihm, sich einer Therapie zu unterziehen, was Sweet ein wenig seltsam vorkam, weil es bedeutete, dass das Problem bei ihm lag und nicht bei der Firma.

Sweet traf sich mit dem Therapeuten und zählte die alarmierenden Veränderungen in seinem Leben auf. Er sei depressiv, allein und selbstmordgefährdet, und zwar weitaus stärker als je zuvor in seinem Leben. Als der Therapeut erfuhr, wo Sweet arbeitete, schien er nicht überrascht zu sein, dass sich Sweet so fühlte. Der Therapeut empfahl Sweet eine 12-wöchige ambulante Intensivtherapie in einem örtlichen Krankenhaus. Außerdem erhielt Sweet zum ersten Mal Psychopharmaka.

In den nächsten drei Monaten traf Sweet eine Reihe von Psychologen und Sozialarbeitern im Krankenhaus. Allen schilderte er das Umfeld bei Bridgewater, einschließlich der ständigen Bewertung der Kollegen untereinander. Er fühlte sich beruhigt, dass seine Reaktion auf das, was er an seinem Arbeitsplatz erlebte, normal war. Nachdem er Sweets Bericht gehört hatte, verglich einer seiner Therapeuten die Atmosphäre mit einer Feedback-Schleife der Selbstzerstörung. Ein anderer Therapeut sagte Sweet, es klinge, als sei das System von jemandem mit Asperger-Syndrom entworfen worden.

Als Sweet nach 3-monatiger Abwesenheit zu Bridgewater zurückkehrte, war er in einem weitaus gefestigteren Geisteszustand. Er konnte ohne Selbstmordgedanken im Büro sitzen. Zum ersten Mal seit seinen ersten Tagen in der Firma verspürte er Hoffnung. Die Ruhe währte jedoch nicht lange. Ferruccis Team stand unter dem Druck, ein Projekt namens Allstream abzuschließen, das alle Punkte in einem einzigen Datenpunkt zusammenfassen sollte – im Wesentlichen eine Bewertung, die den Wert eines Mitarbeiters in der Firma umfasste. Allstream galt als Dalios oberste Priorität und musste sofort abgeschlossen werden. Sweet wusste nicht, dass das Projekt unter verschiedenen Namen in den letzten zehn Jahren zu Dalios fixer Idee geworden war – und sich in einer andauernden Entwicklungsphase befand und noch lange nicht fertig war.

Mit frischem, während seiner Auszeit erworbenen Selbstvertrauen beschloss Sweet, sich zu äußern. Wie viele große Unternehmen verschickte auch Bridgewater regelmäßig Mitarbeiterumfragen, und Sweet ließ es richtig krachen:

> Ich glaube, dass die Tools manchmal eine gewisse Bösartigkeit erzeugen, wenn die Leute ihre Vorgaben für die Fehlerprotokolle einhalten oder ihren „Weichheits-/Härtegrad“ ausgleichen, indem sie sich auf Leute stürzen, die einen sichtbaren Fehler machen. … Ich habe MPTs gesehen, in denen Leute kritisiert wurden, weil sie nicht negativ genug gepunktet haben, und meiner Meinung nach verschlimmert das nur das Problem. Es gibt eine Reihe von Menschen bei BW, die psychiatrisch betreut werden mussten, darunter auch ich, weil die Tools eine negative Feedback-Schleife erzeugten, die bestehende Unsicherheiten verstärkte und Gefühle der Wertlosigkeit förderte. … Es gibt viele, mit denen ich gesprochen habe, die weiterhin im Stillen unter Depressionen und Angstzuständen leiden.

Sweet erhielt keine Antwort, aber stattdessen mehr Arbeit. Die Wochen vergingen, und seine depressiven Symptome kehrten schleichend zurück. Er hatte Probleme beim Schlafen und Essen und begann unwillkürlich zu zittern, wenn er am Schreibtisch saß. Hilfreich war auch nicht, dass Dalio, frustriert über den langsamen Fortschritt von Allstream, das Team zunehmend unter Druck setzte. Noch erschwerend kam hinzu, dass das Team mit einem neuen Projekt betraut wurde, das Dalio „Video Book“ nannte und bei dem die Fallstudien von Bridgewater gebündelt und für 75 Dollar pro Stück an die Öffentlichkeit verkauft werden sollten. Die Nerven von Sweet lagen offensichtlich blank. Eines Nachmittags machte Sweet bei einem Projekt einen Fehler, und nachdem sein Chef ihn vor dem Team angeschrien hatte, verteilten seine Kollegen pflichtbewusst negative Punkte für seinen Fehler. Sweet spürte, wie er in sein depressives Loch zurückfiel.

Bevor es noch schlimmer wurde, ging Sweet erneut zur Personalabteilung und traf sich mit der gleichen Frau wie beim ersten Termin. Er schilderte den Ausbruch seines Chefs und das Gefühl, dass sein Team noch eins draufsetzte, nur um sich selbst zu schützen. Sweet bat darum, ihm vorerst ein Feedback unter vier Augen zu geben.

Sie wies diesen Vorschlag sofort zurück. „Das ist die übliche Vorgehensweise bei Bridgewater. Sind Sie wirklich sicher, dass Sie hierbleiben wollen?"

Sweet bat um eine andere interne Stelle, im Beschaffungswesen, bei der er weniger Druck ausgesetzt wäre. Er wurde für die Stelle abgelehnt, unter anderem weil seine Bewertungen so niedrig waren. Sein Vorgesetzter empfahl ihn nicht, weil es ihm an „übergeordnetem Denken" mangele.

Bald hatte Sweet keine Optionen mehr. Als sein Team die Bridgewater-Bewertungen durchrechnete, stieß er auf interne Untersuchungen zu den jährlichen Mitarbeiterbeurteilungen des Unternehmens. Sweet hoffte immer noch, eine 3 zu erhalten, in der Annahme, das sei der Durchschnitt auf der 5-Punkte-Skala, aber die Daten zeigten etwas anderes. Der durchschnittliche Mitarbeiter bei Bridgewater verdiente nur eine 2, wurde ihm gesagt. Wenn das stimmte, war sein Bonus so gut wie unerreichbar – nicht nur für ihn, sondern für fast alle.

Kurz vor seinem Jahreszeugnis wandte sich Sweet zum dritten Mal an die Personalabteilung. Er erklärte, die Unternehmenskultur sei gefährlich für seine Gesundheit, und fragte, was Bridgewater dagegen tun könne. Die Personalabteilung bot ihm daraufhin an, die betriebliche Krankenversicherung für ein paar Monate aufrechtzuerhalten, wenn er kündige. Sweet nahm an.

Er hatte nie wieder Selbstmordgedanken.

20

EINER VON UNS

Der Geruch von Thunfischpastete wehte dem Trio entgegen, das in einer Nische im Sherwood Diner in Westport saß. Katina Stefanova hatte sich für diesen Ort entschieden – ein billiges Lokal, in dem an einem Wochentag Anfang Dezember wahrscheinlich kein Angestellter eines Hedgefonds vorbeischauen würde. Sie saß allein an einer Seite des Tisches, mit geradem Rücken und für den Ort übertrieben gekleidet, was auch das Make-up betraf, um das sie sich sonst selten kümmerte. Der Kaffee vor ihr war miserabel, aber die Gesellschaft, in der sie sich befand, schien noch schlimmer zu sein.

Ray Dalio saß ihr wutschnaubend gegenüber, die Hände fest um einen billigen Keramikbecher geklammert. „Warum tust du mir das an?!“, herrschte er sie an.

Nicht zum letzten Mal musste sich Stefanova fragen, ob sie jemals frei von Dalio und Bridgewater sein würde. Sie musste sich eingestehen, dass es zum Teil ihre eigene Schuld war.

In den Jahren seit ihrem Weggang von Bridgewater hatte Stefanova viel Arbeit in ihre Verbindung zu ihrem ehemaligen Arbeitgeber investiert. Das war keine Überraschung, denn wie so viele Bridgewater-Emigranten hatte sie noch nie einen Job an der Wall Street außerhalb des Hedgefonds gehabt, sodass sie im Grunde genommen bei null anfing. Aber Stefanova hatte eine besondere Beziehung zu Dalio, mit dem sie in Kontakt blieb. Dies verhalf ihr zu einigen Beratungsaufträgen in der Finanzbranche, die ihren Lebenslauf aufpolierten. Nach ein paar Monaten in der freien Wirtschaft gründete sie 2015 ihren eigenen New Yorker Investmentfonds, Marto Capital. In den Marketingunterlagen beschrieb Stefanova sich selbst[1] so: „neun Jahre lang als leitende Angestellte und Beraterin der Geschäftsleitung tätig, direkt dem CEO von Bridgewater Associates unterstellt und mit wichtigen Führungsaufgaben im Bereich Investitionen und Management betraut". In Wahrheit war sie weit entfernt von jeglicher Führungsrolle im Investmentbereich, sei es in kritischen oder anderen Bereichen, aber die Werbung funktionierte. Sie sammelte Hunderte von Millionen Dollar von Investoren ein, von denen einige durch „Martos direkte Verwandtschaft mit Ray Dalio und Bridgewater Associates gelockt wurden", wie ein Finanzmagazin schrieb.[2] Diese Summe war ein großer Anfang für einen unerfahrenen Investor.

Abgesehen davon, dass sie sich ihrer Bridgewater-Erfahrung rühmen konnte, hatte Stefanova auch eine Art Versicherungspolice in Form von Samantha Holland. Seit sie Bridgewater nach ihrer Affäre mit Jensen mit einer Abfindung verlassen hatte, hatte Holland Schwierigkeiten, Arbeit zu finden. Das Geld deckte nur drei Jahresgehälter ab und es schwand unweigerlich dahin. Im Hinblick darauf, dass sie potenziellen Arbeitgebern nicht den wahren Grund für ihre letzte Kündigung nennen durfte, fiel es ihr schwer, zu ihrem Lebenslauf Stellung zu beziehen. Da ihr die Möglichkeiten ausgingen, rief sie Stefanova an, die sich für sie bei der Suche nach einem neuen Job verbürgte. Als Stefanova Dalio das nächste Mal sah, erwähnte sie, dass sie in Kontakt mit Holland stand. Dalio zeigte keine erkennbare Reaktion, aber Stefanova war sich sicher, dass die Nachricht angekommen war: Stefanova hütete immer noch die Geheimnisse von Bridgewater.

Stefanovas neuer Fonds lief von Anfang an holprig. Die Performance ihres Fonds war im Vergleich zu anderen Fonds nur durchschnittlich, und das war für ein neues Unternehmen nicht gut genug. Stefanova erhielt daher Anrufe von Anlegern, die ihr Geld abziehen wollten.

Auf der Suche nach einem neuen Weg nach vorn versuchte Stefanova eine Seite aus Dalios Leitlinien zu übernehmen und sich als Vordenkerin auf hohem Niveau zu positionieren. Sie verschickte Marktstudien an die Medien,[3] schrieb Anlageempfehlungen auf der *Forbes*-Website und pflegte Beziehungen zu Reportern. Ihr Timing war gut gewählt: Der Mangel an Frauen in der Finanzbranche rückte immer mehr in den Fokus und Stefanova war froh, in diese Lücke zu stoßen. „Ich möchte, dass das, was ich heute tue, nicht nur für mich, sondern auch für meine Tochter von Bedeutung ist", sagte sie einem Interviewpartner.[4] Für *Institutional Investor*, ein in Finanzkreisen viel beachtetes Magazin, schrieb sie eine schmeichelhafte Kolumne[5] mit dem Titel „Wie es ist, für Ray Dalio zu arbeiten". Sie bemerkte: „Ich glaube nicht, dass ich in der Lage gewesen wäre, das zu tun, was ich heute tue, wenn ich nicht mit Ray an der Front gestanden und gesehen hätte, wie er mit Herausforderungen umgeht – und wenn ich nicht mit seinen Grundwerten vertraut gemacht worden wäre." Stefanova stellte sicher, dass sie einen Entwurf ihrer Kolumnen vor der Veröffentlichung per E-Mail an Dalio schickte, um seine Zustimmung einzuholen, die er auch erteilte.

Was sie nicht bemerkte: Dalio hatte sie bereits auf dem Radar.

Einen Monat vor dem Abendessen öffnete Stefanova eine überraschende E-Mail ihres ehemaligen Chefs. Da es weniger als eine Stunde vor Börsenbeginn war, hatte Stefanova gehofft, sich auf den bevorstehenden Börsentag vorbereiten zu können. Stattdessen ging ihr nun die E-Mail, die gerade einmal drei Sätze lang war, nicht mehr aus dem Sinn. „Ich möchte, dass du zu mir kommst", schrieb Dalio und schlug ein Treffen mit ihm und David McCormick vor. Er schrieb, es ginge „um dein Geschäft“ und „eine dringende Angelegenheit, die du verstehen solltest“.

Stefanova verbrachte den Rest des Tages damit, sich den Kopf darüber zu zerbrechen, was Dalio wollte. Sie spürte eine Gefahr in seinen Worten. Dalio war ein notorisch schlampiger E-Mail-Schreiber, der dazu neigte, zu jeder Tageszeit weitschweifige Notizen zu verfassen, doch diese schien präzise und seltsam knapp. Sie fragte sich, ob er sie vielleicht zurück nach Westport locken wollte. Sie hatte sich geschworen, niemals dorthin zurückzukehren. Aber sie konnte Dalio nicht einfach ignorieren und war besonders besorgt über die Erwähnung ihres Geschäfts.

Am frühen Abend schickte Stefanova eine aus ihrer Sicht hoffentlich neutrale Antwort zurück: „Ich möchte eine positive langfristige Verbindung zu dir und Bridgewater aufrechterhalten. Wie du sicher verstehen wirst, hat der Tag nicht genug Stunden, und ein Treffen bei Bridgewater wird schwierig. Können wir einen alternativen Ort finden?“

Dalio antwortete: „Katina – es geht um eine dringende Angelegenheit, die damit zusammenhängt, dass ich Anrufe von deinen potenziellen Kunden erhalte, die Referenzen über dich und dein Team benötigen. Die Anrufe müssen bearbeitet werden, und wenn du unser Gespräch verschiebst, hilft das weder dir noch mir. Ich bitte dich dringend, so schnell wie möglich zu kommen.“

Stefanova sah keinen Ausweg. „Ich möchte dir helfen, wenn du mich brauchst“, schrieb sie und bat ihre Assistentin, einen Termin für ein Telefonat zu vereinbaren.

Das kam nicht gut an. Dalio antwortete weniger als eine Stunde später und kopierte wiederum McCormick in die E-Mail. Er schrieb, dass er Anrufe von Kunden erhalte und „sie mich bitten, zu bestätigen, dass du Dinge getan hast, von denen sie sagten, dass du sie laut deiner Aussage getan hättest – wie zum Beispiel, dass du eine Schlüsselperson im Investmentbereich seiest –, und sie fragten, warum du gegangen seiest. Ihnen die Wahrheit zu sagen (dass du nicht an den Anlageentscheidungen beteiligt warst und dass wir die Beziehung zu dir beendet haben, weil du gegen unsere Handelsrichtlinien verstoßen hast), wäre offensichtlich ein Problem für dich."

Bei Stefanova setzte fast der Herzschlag aus. Dalio hatte recht, dass sie gegen die Handelsrichtlinien verstoßen hatte, aber ihrer Meinung nach hatten viele andere bei Bridgewater ähnliche Verstöße begangen und ihren Job behalten. Soweit sie wusste, hatte keiner von ihnen später berichtet, von seinem Chef betatscht worden zu sein, und Dalio hatte das nicht erwähnt.

Sie konsultierte einen Anwalt, der eine Antwort verfasste, in der sie jegliche Falschaussage bestritt und Dalio ein Treffen auf einen Kaffee in New York, in ihrem Revier, anbot. Sie schloss mit den Worten: „Ich möchte wirklich eine langfristige Freundschaft aufrechterhalten."

Die Antwort von Dalio machte ein neues Fass auf. „Ich kann nicht lügen ... Ich habe auch Kenntnis von anderen Dingen, von denen wir beide nicht möchten, dass ich sie mit dir per E-Mail bespreche. ... Es geht um große Dinge für uns beide, und sie erfordern eine sichere Umgebung. Wenn wir uns nicht treffen, werde ich diese Fragen sehr offen, weniger fundiert und weniger koordiniert angehen, und ich weiß, dass es dir lieber wäre, wenn ich das nicht täte. Sag mir also einfach, ob du kommen willst, um diese Dinge zu besprechen – ja oder nein?"

Stefanova schickte Dalios Antwort sofort an ihren Anwalt.

„Das ist ziemlich direkt", sagte der Anwalt zu ihr. „Sind Sie sicher, dass Sie ihn nicht treffen wollen?"

„Ich gehe nicht in ein solches Gespräch. Sie haben keine Ahnung, was ich durchgemacht habe, und Sie haben keine Ahnung, was sie den Leuten antun, die in ein solches Gespräch gehen."

Paul McDowell kämpfte seinen eigenen Kampf. Er erzählte seinen Kollegen, dass er sich zunehmend wie in einem psychologischen Experiment fühlte, eines in dem er zwangsläufig scheitern würde.

In den Tagen nach McDowells öffentlicher Zurechtweisung durch Dalio ordnete der Bridgewater-Gründer an, ein Schulungsvideo über das Feedback zu drehen. Viele der Personen, die den Vorfall live oder kurz danach gesehen hatten, waren beunruhigt oder sogar entsetzt über die Interaktion, doch der Bridgewater-Gründer schien dies nicht zu sein. Es war bald klar, warum. Die Version, die an das gesamte Unternehmen zur obligatorischen Einsichtnahme verschickt wurde, rückte das Treffen in ein anderes Licht. Dank intensiver Bearbeitung zeigte sie einfach, wie Dalio McDowell aufforderte, Verantwortung für seine Nachlässigkeiten im Management zu übernehmen. Es gab eine ausführliche Diskussion darüber, wie McDowell es versäumt hatte, die Principles zu befolgen, insbesondere jene, die sich darauf bezogen, sich selbst und andere zur Verantwortung zu ziehen. Es gab weder Obszönitäten noch eine Diskussion über physische Gewalt.

McDowells Status bei Bridgewater verschlechterte sich weiter. Nachdem er vom Firmengründer öffentlich als „Underperformer" bezeichnet worden war, bemerkte McDowell, dass seine Baseballkarten-Bewertungen in den Keller gingen. Es schien, als ob fast jeder auf ihm herumtrampelte. Sobald erst einmal Blut im Wasser war, kamen bei Bridgewater die Haie zum Vorschein.

Zum ersten Mal in seinem Leben litt McDowell unter einer beunruhigenden Mischung aus Paranoia und Schlaflosigkeit. Er blieb bis nach Mitternacht auf und wachte mit kalten Schweißausbrüchen auf, weil er sich fragte, ob seine Kollegen dachten, er würde Dalios Lebenswerk sabotieren.

Die Befürchtungen waren nicht ganz unberechtigt. Ein leitender Angestellter von Bridgewater, der einige Jahre jünger war als McDowell, hatte begonnen, sich in einem unangenehmen Ausmaß mit ihm zu beschäftigen. McDowell war beunruhigt, denn die Führungskraft hatte einmal dafür gesorgt, dass zwei Kollegen gefeuert wurden, weil sie sich in einem Burger-Restaurant in ihrer Freizeit über ihn beschwert hatten (seine Begründung war, dass sie hinter seinem Rücken geredet hatten). McDowells Sorgen wurden noch größer, als der Dot Collector – ein Bewertungsinstrument, das er mitentwickelt hatte – ihm mitteilte, dass er einen neuen kritischen Punkt von dieser Führungskraft erhalten hatte. Die Führungskraft schrieb: „Ich kann es nicht genau sagen, aber es ist, als ob Paul nicht zu uns gehört und sich nie wirklich eingearbeitet hat."

McDowells Reaktion: „Scheiße. Er ist mir auf der Spur."

Die beste Chance auf Rettung bestand für McDowell darin, irgendetwas Brauchbares aus dem Schlamassel mit PriOS herauszuholen. Er suchte Ferrucci auf, um ihn zu fragen, aber der berühmte Informatiker war nicht daran interessiert, viel Zeit mit ihm zu verbringen. Auch er schien es im Allgemeinen aufgegeben zu haben, einen zuverlässigen Weg zu finden, um die Entscheidungen, die Dalio traf, vorherzusagen oder zu automatisieren.

McDowell verbrachte schlaflose Nächte mit der Sorge, dass er gefeuert werden könnte. Er berichtete direkt an Dalio, und es war in der Firma bekannt, dass nur ein einziges falsches Wort des Chefs genügte, um jemanden zum Teufel zu schicken.

Dalio bat bald darauf erneut um ein Update zu PriOS und rief McDowell und eine kleine Gruppe von Mitarbeitern zusammen. Sie fanden sich pflichtbewusst in dem großen Konferenzraum des Bridgewater-Gründers mit Teichblick ein, um die schlechte Nachricht zu überbringen, dass PriOS immer noch nicht funktionierte. Die Modernisierung von Bridgewater würde ohne PriOS weitergehen müssen.

In Anlehnung an seine frühere Diagnose sagte Dalio: „Siehst du, Paul, du kannst nicht managen."

In McDowell schien etwas zu zerbrechen. Er umklammerte den Tisch vor sich und starrte drohend zu Dalio hinüber.

„Ich habe es verstanden, Ray." McDowells Stimme war voller Emotionen. „Ich. kann. verdammt noch mal. nicht. managen."

Im Raum war es still. McDowell hatte sie alle in den Principles geschult. Er schien immer der letzte Kandidat zu sein, den man knacken konnte.

McDowell fuhr fort: „Ich krieg verdammt noch mal nichts gebacken. Ich bin zu nichts zu gebrauchen!"

Dalio saß da und bewegte sich kaum. „Ja, du hast recht, aber das ist nicht der richtige Zeitpunkt, um die Beherrschung zu verlieren."

„Es ist höchste Zeit, dass ich meine Beherrschung in Bezug auf dich verliere!", kreischte McDowell mit einer Stimme, die selbst er kaum wiedererkannte.

„Ich verstehe das. Du trägst eine Menge Verantwortung. Du hast eine Menge zu bewältigen." Dalio schlug vor, dass McDowell eine engere Überwachung und Hilfe von anderen in der Firma erhalten solle.

Wochenlang konnte sich McDowell nicht erklären, wie er der „Verurteilung" entkommen war. Schließlich teilte er seinen Freunden zwei mögliche Erklärungen mit. Er hatte sich lange gefragt, ob Dalio wirklich daran interessiert war, dass PriOS innerhalb eines bestimmten Zeitrahmens fertiggestellt wurde, oder ob er nur sehen wollte, was nötig wäre, um den unverwüstlichen McDowell zu brechen.

Die andere Erklärung war, wie McDowell später Freunden mit einem schadenfrohen Lachen erzählte, dass, wenn McDowell ein schlechter Manager wäre, die Principles eine Untersuchung seines eigenen Vorgesetzten wegen unzureichender Aufsicht vorschrieben. Und das hätte eine Untersuchung von Dalio selbst bedeutet.

Ein weiterer Monat verging, in dem E-Mails zwischen Stefanova und Dalio hin- und hergeschickt wurden, bevor sie sich darauf einigten, wann und wo sie sich treffen wollten. Nachdem sie klargestellt hatte, dass sie nicht ins Hauptquartier kommen würde, schlug Dalio vor, dass sie sich im „Lookout" treffen sollten, dem Schauplatz des betrieblichen Rückzugsorts wo er so viele Jahre zuvor das „Lied des schmutzigen Seemanns" gesungen hatte. Stefanova erfand eine Ausrede, warum das nicht ginge. Sie arbeitete daran, McCormick, die neueste Führungskraft, davon zu überzeugen, dass ein Gespräch nur zu ihren Bedingungen stattfinden würde.

„In Anbetracht der Erfahrungen, die ich am Ende gemacht habe“, schrieb Stefanova an McCormick, „können Sie leicht verstehen, warum jemand an meiner Stelle nicht ins Büro zurückkehren möchte.“

Offenbar funktionierte das. Die drei trafen sich zum Frühstück im „Sherwood Diner“. Stefanova vermutete, dass die bescheidene Umgebung so neutral sein würde, wie man es bei einem Treffen mit dem reichsten Mann Connecticuts erwarten konnte, und sie hatte recht. Dalio, Stefanova und McCormick saßen an einem engen Tisch, unbehelligt von den Rentnern um sie herum.

Kaum hatte das Trio Kaffee bestellt, kam Dalio zum eigentlichen Thema. Er wollte nicht nur über Stefanovas Handelsverstöße sprechen. Er war auch durch ihre Anschuldigungen gegen Jensen alarmiert. McCormick erzählte Stefanova, dass er gehört hatte, dass Reporter sich nach Anschuldigungen über unangemessenes Verhalten von Jensen und anderen bei Bridgewater erkundigten. Für Stefanova war das keine große Überraschung – sie hatte selbst schon einige Anrufe von der Presse erhalten, obwohl sie keine Informationen über ihre eigenen Erfahrungen preisgegeben hatte.

Als McCormick das Szenario zusammenfasste, schaltete sich Dalio ein, der den billigen Kaffeebecher vor sich fest umklammerte: „Warum tust du mir das an?!“

Stefanova war, nicht zum ersten Mal in Dalios Gegenwart, schockiert. Sie wusste, dass Dalio ihr nie ganz geglaubt hatte, dass sie von Jensen betatscht worden war, aber sie hatte nicht damit gerechnet, dass der Bridgewater-Gründer dies als eine Beleidigung gegen sich selbst auffassen würde.

„Du musst ihnen mitteilen, dass Greg das nicht getan hat“, sagte Dalio.

Diese Bemerkung riss Stefanova aus ihrem Schweigen. Sie erinnerte ihn daran, dass sie ihre Geschichte nie widerrufen hatte.

„Vielleicht hast du es falsch in Erinnerung“, bot Dalio an.

Stefanova versicherte ihm, dass dem nicht so sei.

McCormick ergriff das Wort und beugte sich vor: „Vielleicht besteht das Problem darin, dass du uns in der Öffentlichkeit nicht unterstützt."

Schließlich verstand Stefanova die Dringlichkeit des Treffens. Weder ihr Lebenslauf noch ihr Unternehmen waren eine Bedrohung für Bridgewater. Dalio und McCormick hatten sie nur daran erinnern wollen, dass sie die Macht hatten, ihr Geschäft zu zerstören, wenn sie sich nicht an die Vorgaben hielt. Sie beendete das Frühstück schnell und fuhr verängstigt nach New York. Als sie das nächste Mal eine Nachricht von einem Reporter erhielt, der sich nach Jensen erkundigte, rief sie nicht mehr zurück.*[6]

* Ein Anwalt von Dalio sagt: „Es bestand keine Absicht, Katina und ihre Firma zu zerstören", und fügt hinzu, dass der Bridgewater-Gründer „Frau Stefanova nach diesem Frühstück auf vielfältige Weise unterstützt hat".

21

„RAY, DAS IST EINE RELIGION“

Mitte 2016 machte sich zum zweiten Mal in Folge ein Team von Bauarbeitern an die Arbeit und errichtete ein riesiges Zelt auf der Wiese neben den Büros von Bridgewater. Anders als beim 40-jährigen Jubiläum der Firma 15 Monate zuvor wussten jedoch nur wenige in der Firma, warum dieses Zelt aufgestellt wurde. Für viele würde die Enthüllung eine unangenehme Erkenntnis mit sich bringen.

Für manche muss es ein merkwürdiger Zeitpunkt für eine Feier gewesen sein. Der wichtigste Hedgefonds, Pure Alpha, befand sich in einer Flaute, die bereits seit fünf Jahren anhielt. „Herr Dalio hat keine glückliche Hand mehr“,[1] hieß es in einer Zeitung. Es gab keine neue Erklärung dafür. Dalio war weiterhin pessimistisch gegenüber der US-Wirtschaft, und Amerika widersetzte sich weiterhin seinen Prognosen. Der Pure Alpha Leveraged Fund lag zur Jahresmitte 2016 um zwölf Prozent im Minus[2] und innerhalb der Firma sprach sich herum, dass Kunden ihr Geld abzogen. Dalio hatte eine andere Sicht der Dinge. Er rief langjährige Investoren an und teilte ihnen mit, dass dies angesichts der jahrzehntelangen Erfolgsbilanz von Bridgewater eine gute Gelegenheit sei, mehr Mittel zu investieren. Dalio sagte, Bridgewater habe selten die Kapazität, mehr Geld zu verwalten.

Mitte September war das Zelt endlich fertig, und Dalio beendete die Spannung, indem er eine interne Einladung zu einer Mitarbeiterversammlung verschickte. Tagesordnungspunkt war die Zukunft des Unternehmens.

Als die Mitarbeiter das Zelt betraten, sahen sie, dass dies keine Wiederholung der Jubiläumsparty war. Die aufwendigen Kronleuchter und die Lichtschienen waren verschwunden. Unter den Sitzen gab es keine vorgemixten Shots, und ein Blick in die Menge verriet, dass der fast schon aus der Firma ausgeschiedene Jensen immer noch Buße tat, aber weiterhin Chief Investment Officer war und mit einem starren, neutralen Gesichtsausdruck auf seinem Platz saß. Die einzige offensichtliche Ähnlichkeit zwischen der Versammlung in diesem und der im letzten Jahr waren die allgegenwärtigen Kameraleute, die für die Bridgewater-Transparenz-Bibliothek aufnahmen.

Dalio lächelte und kam gleich zur Sache. „Ihr habt so ein Glück. Wir werden eine Erneuerung erleben.“

Mindestens einer der Anwesenden warf einen Blick auf sein Exemplar der Principles auf seinem iPad, um zu sehen, ob das Wort „Erneuerung“ darin vorkam. Das war nicht der Fall. Aber die Anwesenden wussten, dass oft die harmlosesten Formulierungen mit den revolutionärsten Ergebnissen verbunden waren.

Diese Erneuerung, so Dalio, betreffe nicht den Ort, sondern die Menschen. Bridgewater beschäftige bis zu 1.700 Vollzeitmitarbeiter und unzählige weitere Zeitarbeitskräfte. Das Unternehmen sei unübersichtlich geworden und schwer zu managen. Viele der Versammelten würden ihren Job verlieren müssen, um das Kollektiv zu schützen.

„Nicht alle von Ihnen werden es schaffen. Tatsächlich werden es die meisten von Ihnen nicht schaffen“, fuhr Dalio fort. Er schien an Fahrt zu gewinnen, lächelte und begann darüber zu sprechen, warum seine

Mitarbeiter „so ein Glück" hätten. Sie würden in den kommenden Wochen eine Chance bekommen; es würde wie bei der Reality-Show „Survivor" sein, bei der sich die Teilnehmer gegenseitig überlisten und übertrumpfen. Es könne sogar Spaß machen. „Das Coole daran ist, dass man so viel über sich selbst lernen wird."

Diese Sprache spiegelte die hochgesteckten Ideale der Principles wider, und für viele treue Gläubige, ob jung oder alt, traf die Rede ins Schwarze. Sie schätzten sich glücklich, an einem Ort zu sein, der Wert auf Selbstverbesserung legte, und betrachteten diese Erneuerung nur als den nächsten Schritt auf dieser Reise. Viele von ihnen glaubten, dass sie dazu bestimmt seien, es zu schaffen – und dass andere aussortiert werden würden. Die wenig beeindruckenden Anlageergebnisse von Bridgewater in jüngster Zeit untermauerten ebenfalls das Argument, dass das Unternehmen in Ordnung gebracht werden musste. Obwohl nur relativ wenige der Anwesenden wussten, wie der Hedgefonds tatsächlich investierte, würde wahrscheinlich jeder eine Gehaltserhöhung erhalten, wenn die Investitionen des Unternehmens umgestellt werden könnten.

Der erste Schritt der Erneuerung ermutigte zu weiterem Optimismus. Alle Mitarbeiter des Unternehmens wurden gebeten, eine Liste zu erstellen, die Missstände im Management – und schlechte Manager – offenbaren sollte. Bei dieser klassischen Bridgewater-Übung hatte jeder eine weitere Gelegenheit, sich über die Arbeit der anderen zu beschweren, und die meisten nutzten die Gelegenheit, ihre Kollegen mit Bravour „den Wölfen zum Fraß vorzuwerfen".

Die Illusion, dass die Erneuerung das persönliche Wachstum fördern würde, zerbrach nur wenige Tage später, als einer von Dalios persönlichen Assistenten versehentlich einer großen Gruppe in der Firma eine Zusammenfassung der Absichten des Bridgewater-Gründers per E-Mail schickte. Der Plan, so schrieb der junge Mann, ähnele der Handlung von „The Hunger Games", der dystopischen Serie, in der Kinder andere Kinder jagen, um nicht selbst getötet zu werden. Der junge Mann versuchte, die E-Mail rückgängig zu machen, aber es war zu spät, und Dalio tat ohnehin wenig, um den Eindruck zu zerstreuen, den sie hinterlassen hatte. Die Stimmung in der Firma verdüsterte sich. Der Wettlauf ums Überleben hatte begonnen.

In jenem Oktober imitierte bei Bridgewater das Leben die Kunst. Während die Kommentare zu „The Hunger Games“ einigen in der Firma als etwas extrem erschienen – schließlich wurde niemand getötet –, wurde eine andere Fernsehserie ausgestrahlt, die eine unheimliche Wirkung hinterließ. Die Serie „Black Mirror“ war eine Science-Fiction-Anthologie, die sich mit den Schattenseiten der Technologie befasste. Mitte Oktober, mitten in der Erneuerungsphase, begann der Staffelstart von „Black Mirror“, eine Folge mit dem Titel „Nosedive“, die in einer Welt spielt, in der sich die Bürger gegenseitig bei jeder Interaktion auf einer Skala von 1 bis 5 bewerten. Die Hauptdarstellerin der Episode, gespielt von Bryce Dallas Howard, ist besessen von ihren Bewertungen; sie erleidet schließlich eine Reihe von Missgeschicken und muss mit ansehen, wie ihre Werte erst sinken und dann abstürzen, während alle um sie herum beginnen, sie als leichte Beute zu betrachten. Am Ende der Folge wird sie verhaftet und ins Gefängnis gesteckt. Die Ähnlichkeiten mit Bridgewater waren so unheimlich, dass einige im Hedgefonds den Verdacht hegten, jemand aus der Firma habe mit den Autoren gesprochen.

Natürlich gab es viele Unterschiede zwischen der Science-Fiction-Serie und dem Hedgefonds. Während „Black Mirror“ ein fast schon nüchternes Bewertungssystem darstellte, bei dem man leicht erkennen konnte, wie und warum eine Person in der Bewertung zurückfiel, war Bridgewater bestrebt, undurchsichtiger zu sein.

Nach seiner Ankündigung im Rahmen des großen Zelts ließ Dalio jeden Anschein von Transparenz, ob radikal oder nicht, fallen. Ein paar Tage nach der Rede rief er seine Top-Führungskräfte, darunter die Co-CEOs Eileen Murray und Jon Rubinstein, in einen der gläsernen Konferenzräume von Bridgewater, um den Plan für die Zukunft zu besprechen. Während Dalio an einem Whiteboard skizzierte, wer bleiben und wer gehen würde, bemerkten andere im Raum Bewegung auf dem angrenzenden Flur. Die Mitarbeiter von Bridgewater, die verzweifelt nach irgendeinem Zukunftshinweis Ausschau hielten, schienen einen verstohlenen Blick auf Dalios Skizzen zu werfen, in der Hoffnung, daraus Erkenntnisse über ihre Zukunft ableiten zu können. Dalio schickte daraufhin sofort ein Team von Mitarbeitern los, um riesige Rollen dickes Packpapier zu kaufen, das an die Glasscheibe des Raums geklebt wurde, sodass niemand die Beratungen darin sehen konnte.

Im Raum wies Dalio alle Principles Captains, Overseers, das Politbüro und den Rest der internen „Armee" an, in Aktion zu treten, und gab ihnen freie Hand, jeden zu untersuchen, der im Verdacht stand, zu wenig zu leisten.

Dalio nutzte die Gelegenheit zur Kostensenkung. Es wurde geplant, die Gehälter derjenigen, die mehr als 700.000 Dollar pro Jahr verdienten, um die Hälfte zu kürzen, wobei die Differenz in einen Anreizplan gesteckt werden sollte, der sich erst Jahre später bei Erreichung einer Vielzahl schwer zu erreichender Bedingungen auszahlen würde. Ein Teil der Erneuerung erhielt einen neuen Codenamen, Projekt N, N stand für November. Das war der Zeitpunkt, an dem Dalio die Umstrukturierung abgeschlossen haben wollte. Bis dahin war es nur noch knapp ein Monat.

Wie sollte man das Ziel erreichen? Mit PriOS. Eine Massenentlassung hätte der perfekte Einsatz für Dalios noch in der Entwicklung befindliches Softwaresystem sein sollen. PriOS sollte, wie er seinen Kunden gesagt hatte, in der Lage sein, nach und nach Anweisungen darüber zu geben, wen man behalten, wen man versetzen und wen man entlassen sollte.

Das konnte natürlich nicht funktionieren, wie so ziemlich jeder außer Dalio zu wissen schien. Wie üblich war niemand so verwegen, ihm das zu sagen – nicht, während er dabei war, nach Gründen für Kürzungen zu suchen.

Paul McDowell erzählte seinen Kollegen, dass er vermutete, er könnte entlassen werden. Die Demütigungen, die mit seiner Tätigkeit beim Hedgefonds verbunden waren, hatte er zum Teil deshalb in Kauf genommen, weil er gut bezahlt wurde. Im Trump Parc Tower – eine der teuersten Adressen im nahe gelegenen Stamford (er hatte auch noch ein Haus in Kanada) – hatte er zwei Wohnungen gekauft. Er vermutete, dass er in keinem anderen Job auch nur annähernd so viel verdienen würde wie bei Bridgewater – vor allem, wenn herauskäme, dass er fast ein ganzes Jahrzehnt lang an einer avantgardistischen Persönlichkeitssoftware gearbeitet hatte, die immer noch nicht funktionierte.

Kaum waren die Erneuerungsarbeiten abgeschlossen, klingelte eines Morgens das Telefon von McDowell und er erhielt eine Nachricht von Dalio, in der er nach McDowells „Überlegungen“ zu seiner Rolle bei Bridgewater fragte. McDowell spürte die Gefahr. Dalio benutzte dieses Wort fast nur in Verbindung mit Herzschmerz, wie bei dem Principle Schmerz + Reflexion = Fortschritt. McDowell tippte die Zusammenfassung seiner Sichtweise ab – mit dem Argument, dass Dalio nach seinen vielen Jahren bei Bridgewater McDowells Stärken und Schwächen bereits gut kannte – und wartete auf den Sturm, der kommen würde.

Zu McDowells Überraschung schien Dalio seine Überlegungen gelassen zu nehmen und bat darum, ihn zu sehen. McDowell holte tief Luft und ging zu Dalios Büro.

Der ältere Mann wartete auf ihn. „Du hast eine Sache ausgelassen, in der du wirklich sehr gut bist. Du bist ein großartiger Lehrer.“

McDowell stieß einen hörbaren Seufzer der Erleichterung aus. Es machte ihm Spaß, in den Principles-Bootcamps zu unterrichten. Es machte immer Spaß, Zeit mit den frischen Bridgewater-Neulingen zu verbringen, bevor das Leben in der Firma sie im Griff hatte. Er war froh, mehr Zeit mit ihnen verbringen zu können.

Aber da war noch etwas anderes: „Es wird eine radikale Kürzung deines Gehalts bedeuten.“

McDowell rutschte das Herz in die Hose. Er fragte, wie viel.

„Die Hälfte."

„Ray, ich habe Verpflichtungen. Ich habe gerade ein Haus gekauft ..."

Mit steinerner Miene unterbrach ihn Dalio. „Das ist das Beste, was ich für dich tun kann. Es wird hart für dich werden."

McDowell, dem der Wind aus den Segeln genommen worden war, erzählte seinen Freunden, dass er das Gefühl hatte, Dalio habe sein Versprechen, ihm „in die Eier zu treten", erfüllt.

Dalio fuhr fort: „Du kannst nicht managen. Das hast du selbst gesagt."

McDowell wurde außerdem degradiert und erhielt einen neuen Chef, der einige Stufen unter dem Bridgewater-Gründer angesiedelt war. Damit verlor McDowell nicht nur die Hälfte seines Gehalts, sondern auch den Schutz der Nähe zu Dalio, und nur sein Wort zählte noch. McDowell war nun auf sich allein gestellt.

Dank seiner Selbstgeißelung gehörte McDowell nicht zu den Hunderten von Mitgliedern der Bridgewater-Familie, die während der Erneuerung ihren Arbeitsplatz verloren. Zwei namhafte Mitarbeiter, die Dalio eingestellt hatte, hatten jedoch Schwierigkeiten, das Jahr zu überstehen.

Einer von ihnen war Craig Mundie, der ehemalige Microsoft-Manager, der Dalio von Bill Gates empfohlen worden war und der als stellvertretender Vorsitzender von Bridgewater an Dalio berichtete. Mundie und Dalio schienen sich prächtig zu verstehen; jeder bei Bridgewater, der mehr als ein paar Minuten in der Gegenwart des Duos verbrachte, erfuhr, dass beide eine Jacht besaßen und gern darüber sprachen. Da er bei Bridgewater noch ziemlich neu war, hatte Mundie jedoch falsch eingeschätzt, wie sprunghaft Dalio sein konnte. Ein Beispiel dafür, dass sich die Geschichte endlos wiederholt, ist, dass Mundie den Fehler machte, sich bei Jensen darüber zu beschweren, dass Co-CEO Murray sich in den letzten Zügen ihrer Karriere befand und nicht in der Lage sei, die Komplexität der Leitung des größten Hedgefonds der Welt zu bewältigen.

Jensen konnte nicht glauben, was er da hörte. Wer würde so leichtsinnig sein, sich ausgerechnet ihm gegenüber hinter dem Rücken eines anderen zu beschweren? Der einstige Erbe hatte gerade das schlimmste Jahr seines Lebens hinter sich, nachdem gegen ihn wegen genau dieser Sache ermittelt worden war. Jensen gab Murray den Hinweis auf eine Aufnahme, die sie vielleicht hören wollte. Sie gab sie an Dalio weiter, der ein Tribunal abhielt und ankündigte, Mundie zu feuern.[3]

Mit dem Gesichtsverlust von Mundie fühlte sich das ehemalige Apple-Ass Rubinstein in zunehmendem Maße isoliert, als würde er zwei verschiedene Leben führen. Auf der einen Seite gab es das Bridgewater, von dem seine Freunde und sogar seine Frau anzunehmen schienen, dass er es schätzte. Dieses Bridgewater war sehr leistungsstark, anspruchsvoll und mit den klügsten Köpfen der Welt besetzt. Ehemalige Kollegen baten ihn um Hilfe, wie auch sie einen so erfolgreichen Übergang von der Tech-Branche zum Finanzwesen schaffen könnten. Und dann war da noch das, was Rubinstein Tag für Tag vor sich sah. Nach den jüngsten Anlageergebnissen zu urteilen, schienen die Hedgefonds von Bridgewater im Chaos zu versinken. Doch wann immer Rubinstein oder andere in seiner Umgebung versuchten, das Thema Investitionen mit Dalio anzusprechen, winkte der Bridgewater-Gründer ab. Ihr Fokus, so Dalio, sollte darauf liegen, die Schwachstellen innerhalb von Bridgewater zu identifizieren und eine bessere Systematisierung der Principles gegenüber PriOS zu erreichen.

Selbst wenn Rubinstein dies für möglich gehalten hätte, fand er kaum Zeit, an den Softwaresystemen von Bridgewater zu arbeiten. Dem Co-CEO wurden regelmäßig zusätzliche Schulungsvideos zu den Principles zugewiesen, und er schien immer wieder daran zu scheitern. Seine Baseballkarte füllte sich mit negativen Punkten und seine Stimmen, die oft im Gegensatz zu Dalios eigenen standen, hatten wenig Gewicht. Mitglieder von Dalios Politbüro begannen, bei seinen Besprechungen aufzutauchen, sich Notizen zu machen und neue Tiraden von schlechtem Feedback hinzuzufügen.

Schließlich erkannte Rubinstein, dass der Weg nach vorn von Anfang an klar gewesen war. Er musste die Principles anwenden. Wie das Manifest immer wieder betonte, war Bridgewater ein Ort der radikalen Wahrheit und der radikalen Ehrlichkeit. Selbst der unbedeutendste Mitarbeiter hatte die Pflicht, seine Gefühle zu äußern.

Rubinstein wählte für seine Eröffnung den 13. Oktober, seinen 60. Geburtstag. Ohne sein Wissen hatte sein Stabschef zur Feier des Tages eine Torte und Champagner bestellt. Dalio, der vorher über den runden Geburtstag informiert worden war, hatte eine umfassende Diagnose der Versäumnisse des Co-CEOs geplant. Der Bridgewater-Gründer lud Dutzende von Stellvertretern ein, darunter das Politbüro, die Principles Captains und das obere Management des Unternehmens – einschließlich Jensen und Prince, Dalios langjährigen stillen Partner, der in den Strudel hineingezogen worden war –, um mit ihnen an einem Tisch zu sitzen und Rubinstein, der am Kopfende saß, zu kritisieren. Es war das klassische Bridgewater-„Exekutionskommando", das sich an dem beteiligte, was zu einer Firmentradition geworden war: das „Ausweiden" eines Neulings. Sie begannen mit einer Aufzählung von Rubinsteins Schwächen.

Rubinstein, der sein sechstes Jahrzehnt nicht mit einem weiteren trüben Tag beginnen wollte, leitete seine Eröffnungsrede ein: „Leute", sagte er und schaute sich im Saal um, „das funktioniert so nicht für mich."

Seine Worte führten zu einer Änderung am üblichen Drehbuch. Normalerweise sollte die zu beurteilende Person nur dasitzen und die Kritik hinnehmen. Schmerz war eine Gelegenheit zum Fortschritt. Wer nach Dalios Lehren nicht nach Ersterem strebte, war wohl auch nicht an Letzterem interessiert.

Dalio forderte die meisten seiner Untergebenen auf, den Raum zu verlassen. Ohne ein Wort verließen viele Mitglieder des Politbüros und die Principles Captains den Raum. Nur die Spitzenleute blieben zurück, darunter Dalio, Prince, Jensen, McCormick und Murray, sowie einige Assistenten, die sich Notizen machten.

Daraufhin gab Dalio Rubinstein ein Zeichen, sich zu äußern.

Rubinstein schilderte den Stand der Dinge aus seiner Sicht. Er sei eingestellt worden, um die Technologie zu verbessern, aber keine noch so große Menge an Software oder Fachwissen aus dem Silicon Valley könne das Problem von Bridgewater lösen, sagte er. Bei Apple hatte Steve Jobs Rubinstein gelehrt, sich auf den Endkunden zu konzentrieren. Das zentrale Ziel des Unternehmens war es, hilfreiche Produkte zu entwickeln, die die Verbraucher begeisterten. Für Rubinstein schien Dalio sich darauf zu konzentrieren, sich selbst am meisten für das Produkt zu begeistern.

Das größte Problem von Bridgewater, so Rubinstein, sei tief im Fundament des Unternehmens verankert. Es seien die Principles. Dalios ständig wachsendes Regelwerk, so Rubinstein, sei ein Kaleidoskop von Widersprüchen und eine kaum verhüllte Waffe für Missbrauch. Die wachsende Anzahl der Mitglieder des Politbüros, der Auditoren, der Principles Captains und anderer Aufseher in der Firma gaben vor, Offenheit und Wahrheit durchsetzen zu wollen, bewirkten aber das genaue Gegenteil. Sie schufen ein Klima der Angst und erinnerten ständig daran, dass jeder, der nicht auf der Linie des Unternehmens lag, sofortige Konsequenzen zu tragen hatte. „Um Himmels willen“, sagte Rubinstein, „wir haben dickes Packpapier aufgehängt, um den Blick in die gläsernen Büros zu verhindern. Wie können wir so tun, als seien wir radikal transparent, wenn wir insgeheim Massenentlassungen planen?“

Die Nuss, an der Rubinstein am längsten zu knacken hatte, war die Glaubwürdigkeit. Er hatte sich seit seinem ersten Tag über die mysteriöse, allmächtige Metrik geärgert und darüber, wie jemandem in verschiedenen Kategorien eine hohe oder niedrige Glaubwürdigkeitsbewertung zugewiesen werden konnte. Ferruccis Labor, so schloss Rubinstein, war eine Art Ablenkungsmanöver gewesen. Diejenigen bei Bridgewater, die in bestimmten Bereichen als besonders glaubwürdig eingestuft wurden, erreichten diese Werte nicht durch einen komplizierten Algorithmus der künstlichen Intelligenz. Sie erreichten sie, indem sie sich wie ein zweiter Ray Dalio aufführten. Das Geheimnis, um bei Bridgewater glaubwürdig zu werden, bestand darin, sich nach dem einzigen Mann zu richten, auf den es ankam. Bridgewater funktionierte nicht durch Glaubwürdigkeit, sondern durch Gläubige.

„Ray, das hier ist eine Religion", sagte Rubinstein.

Dalio hörte ruhig zu und meldete sich nur ein paar Mal zu Wort. Als Rubinstein zum Ende gekommen zu sein schien, saß Dalio einen Moment lang ruhig da. Als er das Wort ergriff, war sein Ton flach und emotionslos. Er schlug vor, dass sie die Principles befolgen sollten, um diese Unstimmigkeit zu lösen. Die Principles sahen vor, dass ein Rat von vertrauenswürdigen Dritten über das weitere Vorgehen entscheiden sollte. Wie es der Zufall wolle, sagte Dalio, befänden sich solche unanfechtbaren Zeugen gerade in diesem Raum. Er ging durch den Raum und fragte die Führungsspitze von Bridgewater, ob sie mit Rubinsteins Meinung einverstanden sei.

Jensen sagte, er sei dies nicht.

Prince sagte, er sei dies nicht.

Murray sagte, sie sei dies nicht.

McCormick sagte, er sei dies nicht.

„Siehst du, Jon, du siehst das falsch", stellte Dalio fest. Jetzt war es an ihm, zu reden, und er ließ nicht locker. Er diagnostizierte Rubinsteins Schwächen eine Stunde lang, die sich auf zwei und dann auf drei Stunden ausdehnte. Dalio zog Rubinsteins Baseballkarte heran, die mit roten Punkten für negatives Feedback übersät war. Sein Gesamtwert für die Glaubwürdigkeit war miserabel.

Gerade dieses Gespräch zeige den Wert der Glaubwürdigkeitskriterien, erklärte Dalio. Die Gruppe habe hier stundenlang diskutiert, nur um zu erfahren, dass keiner von Rubinsteins Kollegen mit seiner Sichtweise einverstanden sei. Sie hätten Zeit sparen und zum gleichen Ergebnis kommen können, indem sie einfach einen Blick auf Rubinsteins Glaubwürdigkeitsbewertung geworfen hätten.

Während sich die beiden Männer diesen Schlagabtausch lieferten, wanderte draußen die Sonne über den Himmel und die Schatten wurden länger. Jedem war klar, dass Rubinstein nicht mehr lange bei Bridgewater bleiben würde. Er stimmte zu, noch einige Monate länger zu bleiben, auch um sein Gesicht nach seinem aufsehenerregenden Einstieg zu wahren. Rubinstein erklärte sich bereit, öffentlich über seine Gefühle gegenüber der Firma zu schweigen, und Dalio stimmte zu, dass die Firma den Rest der zweijährigen Vergütung des Co-CEOs auszahlen würde. Das Ganze summierte sich auf mehrere zehn Millionen Dollar für weniger als ein Jahr Arbeit, die, wie alle Beteiligten zugeben mussten, nicht viel eingebracht hatte.

Als die Diagnose zu Ende war, begann die Gruppe ihre Sachen zusammenzupacken, wurde aber durch ein Klopfen an der Tür unterbrochen. Rubinsteins Stabschefin hatte draußen im Flur mit seiner Geburtstagsüberraschung gewartet. Sie brachte eine Torte und etwas lauwarmen Champagner herein und stimmte ein gedämpftes „Happy Birthday“ an, während das Geburtstagskind seine Torte so schnell wie möglich anschnitt.

Einige Monate später gab Dalio in einem Kundenbrief Rubinsteins Ausscheiden bekannt: „Wir sind uns darin einig, dass er nicht zur Bridgewater-Kultur passt.“[4]

Privat vertrat Rubinstein eine härtere Ansicht über die Bridgewater-Kultur der radikalen Transparenz. „Das Ganze ist ein Betrug“, sagte er Freunden.

TEIL IV

22

DER ZIRKEL DES VERTRAUENS

Die unter vorgehaltener Hand gestellte Frage kursierte von einem Handelssaal an der Wall Street zum nächsten.

Bridgewater war eine globale Investmentmacht. Seine Fonds wurden so genau unter die Lupe genommen, verfolgt und kopiert, dass der All-Weather-Fonds eine ganze Branche von Nachahmern hervorbrachte, die sogenannten Risk-Parity-Fonds, die ebenfalls damit warben, automatisch ein stabiles Portfolio aus verschiedenen Vermögenswerten zu verwalten. Dalio war in den Medien omnipräsent und hatte zu praktisch jedem Anlagethema schnell eine Meinung.

Warum also schien niemand an der Wall Street jemals Bridgewater beim Abschluss eines Handels gesehen zu haben?

Dieses Thema übte eine gewisse Faszination aus. Trotz seines Standorts im Hinterland hätte der weltgrößte Hedgefonds an die Handelsinfrastruktur der Wall Street angeschlossen werden müssen. Um die Währungen, Aktien und Anleihen zu kaufen und zu verkaufen, über die die Firma ständig sprach, brauchte sie Investoren auf der anderen Seite, die die entgegengesetzte Position einnahmen. Aus den öffentlichen Unterlagen von Bridgewater[1] geht hervor, dass das Unternehmen mit allen großen Namen der Wall Street Geschäfte machte: Goldman Sachs, Citigroup, Credit Suisse, JPMorgan und dem Rest. Viel kleinere Hedgefonds konnten die Märkte allein durch Gerüchte über den einen oder anderen Handel bewegen. Bridgewaters Gewicht hätte das Unternehmen zum ultimativen „Wal" machen sollen, der jedes Mal Wellen schlug, wenn er eine Position anpasste. Stattdessen hinterließ Bridgewater jedoch nur minimale Spuren.

Drei Männer mit sehr unterschiedlichem Hintergrund gingen dem Rätsel auf verschiedene Weise auf den Grund.

Anfang 2015 holte Bill Ackman, der milliardenschwere Stock-Picker und furchtbar geschwätzige Hedgefonds-Manager, zum ersten Schlag aus. Der Gründer von Pershing Square Capital hatte Dalios öffentliche Äußerungen über einen quantitativen Anlagestil schon lange als allgemein und sogar unsinnig empfunden. Er war neugierig, was sich hinter dem Schleier verbarg, und lud Dalio ein, bei einer Wohltätigkeitsveranstaltung über seinen Investment-Ansatz zu sprechen. In einem Interview auf der Bühne befragte Ackman Dalio dazu,[2] wie Bridgewater mit den von ihm verwalteten Vermögenswerten umging, die fast zehnmal so groß waren wie die von Pershing Square.

Dalio antwortete: „Nun, zunächst einmal denke ich, dass es daran liegt, dass ich in allem Möglichen long und short sein könnte. Ich bin im Grunde genommen long bei flüssigen Mitteln. Und ich kann mit allem short oder long sein und bin es praktisch auch. Ich bin nicht voreingenommen, also gehe ich auf eine sehr, ähm, fundamentale Art und Weise vor, aber, ähm, sehr systematisch, sehr, ähm – wir verwenden eine Menge Ansätze aus dem Bereich der künstlichen Intelligenz, um über die Portfoliotheorie nachzudenken. Ich verwende viel Finanztechnik, um im Grunde genommen eine ganze Reihe von unkorrelierten Wetten abzuschließen."

Er wies auch darauf hin, dass etwa 99 Prozent des Bridgewater-Handels automatisiert seien, basierend auf seinem langjährigen Regelwerk. „Das sind meine Kriterien, deshalb bin ich ganz entspannt."

Der Bridgewater-Gründer richtete nun die Frage an Ackman, wie sein kleinerer Rivale seine Investitionen auswähle.

„Ich mache genau das Gegenteil", sagte Ackman. Pershing Square suche nach einer kleinen Anzahl von Qualitätsunternehmen, indem es Fähigkeiten wie die Führungsqualitäten eines bestimmten Geschäftsführers bewerte. An einem Punkt des Gesprächs, als er offenbar spürte, dass das Interview aus dem Ruder lief, und er auf der Suche nach Gemeinsamkeiten war, versuchte Ackman einen anderen Ansatz. Er überließ Dalio den Aufschlag und stellte ihm eine Frage,[3] wie sie wohl sechsmal pro Stunde im Wirtschaftsfernsehen gestellt wird. Er fragte: „Nehmen wir an, Sie würden einen Vermögenswert, eine Aktie, einen ganzen Markt oder eine Währung kaufen. Wo würden Sie Ihr Geld anlegen?"

Dalio hielt inne und antwortete sodann:

„So etwas tue ich nicht."

Er erläuterte, wie die 300 Investmentmitarbeiter von Bridgewater ihren Tag verbrachten, und beschrieb einen datengesteuerten Ansatz, der sich auf Computer und „künstliche Intelligenz" stützte. Auf der Bühne bemerkte Ackman zwar, dass dies „eine der interessantesten Unterhaltungen war, die ich je hatte", ging aber dennoch kopfschüttelnd von dannen. „Wovon hat er überhaupt gesprochen?", wetterte er hinterher gegenüber einem Mitarbeiter.

Jim Grant, der selbst ernannte „Prophet der Vernunft", verfolgte das Interview mit Erstaunen. Im Gegensatz zu dem sympathischen Ackman war Grant eher ein Griesgram, der stets Fliege zum Hemd trug. Er war Autor eines geheimnisvollen Print-Newsletters, „Grant's Interest Rate Observer", der insofern populär war, als viele ernsthafte Investoren behaupteten, ihn zu lesen („ein ewiger Zyniker", sagte ein Bewunderer[4]). Grant sah Bridgewater seit Langem skeptisch, insbesondere im Hinblick auf die Behauptung, dass große Wetten mit geliehenem Geld als risikoarm angesehen werden könnten.

Privat befasste sich Grant mit den herausfordernden Fragen, die mit Bridgewater verbunden waren. Er beauftragte seinen obersten Stellvertreter, den weltgrößten Hedgefonds zu durchleuchten. Die beiden schwärmten aus, nahmen die öffentlichen Unterlagen des Unternehmens unter die Lupe und sprachen heimlich mit Kunden, Konkurrenten und allen, die einen Hinweis auf die Vorgänge bei Bridgewater haben könnten. Sie wurden überflutet, wie sich Grant erinnert, mit „allen möglichen Leuten, die uns zuzwinkerten und zunickten …, dass da etwas wirklich im Argen liegt". Im Oktober 2017 widmete Grant eine ganze Ausgabe seiner Publikation ausschließlich Bridgewater.[5] Die Themen der Ausgabe, so schrieb Grant, waren „Ablenkungsmanöver, Speichelleckerei und Geheimniskrämerei".

Grant erwähnte eine ganze Reihe unerklärlicher Widersprüche, die er aufgedeckt hatte. Obwohl viel von Transparenz die Rede sei, erhielten nicht einmal die Aktionäre der Muttergesellschaft von Bridgewater – eine Gruppe, zu der auch Mitarbeiter und Kunden gehörten – automatisch Kopien der Jahresabschlüsse des Unternehmens. Das Wenige, das veröffentlicht würde, sei verwirrend. Nach Grants Berechnungen stimmte die Gesamtzahl der verwalteten Vermögenswerte in den Unterlagen der Firma nicht mit der Summe der Vermögenswerte in den Fonds der Firma überein, die in diesen Unterlagen aufgeführt waren. Fünf verschiedene Dalio-Familientrusts schienen jeweils „mindestens 25 Prozent, aber weniger als 50 Prozent von Bridgewater zu halten, was mathematisch schwierig erscheint", schrieb Grant. Der Hedgefonds lieh seinem eigenen Wirtschaftsprüfer, KPMG, Geld, was dem langjährigen Analysten als prekär und ungewöhnlich erschien. „Wir lehnen uns mal weit aus dem Fenster: Bridgewater ist nicht für die Ewigkeit bestimmt."

Der Bericht schlug an der Wall Street und in Westport ein wie eine Bombe. Grant verbrachte den Tag damit,[6] Anrufe von den CEOs der Wall-Street-Banken zu beantworten, die ihm Anerkennung zollten. Einige sagten ihm, dass sie sich schon seit Jahren dieselben Gedanken gemacht hätten.

Am Tag der Veröffentlichung des Berichts ließ sich Grant um 20:30 Uhr mit seiner Frau zu Hause auf der Couch nieder, um ein Spiel der

New York Yankees zu sehen. Nach diesem langen, befriedigenden Tag hatte er sich geschworen, abzuschalten. Als das Telefon klingelte und eine unbekannte Privatnummer in Connecticut anzeigte, ließ Grant es klingeln und leitete den Anruf an die Mailbox weiter. Erst etwa eine halbe Stunde später hörte seine Frau einen entfernten Piepton, der anzeigte, dass eine Nachricht hinterlassen worden war. Sie ging hinüber und drückte auf Play, um die Nachricht auf Lautsprecher zu hören. Als die Stimme von Dalio ertönte, zuckte sie zusammen:

„Ich bin mir nicht sicher, ob Sie die aktuelle Ausgabe von Grant's gelesen haben." Die Nachricht dauerte fast eine halbe Stunde, in der Dalio seine Beschwerden über den Artikel ausführte.

Grant erinnerte sich: „Was mir Angst machte, war seine unnatürliche Stimmbeherrschung. Er sprach die ganze Zeit in einem gemessenen Tonfall, ohne im Hinblick auf Intonation oder emotionalen Inhalt zu differenzieren."

Grant telefonierte in der nächsten Woche immer wieder mit verschiedenen Führungskräften von Bridgewater.[7] Ihm wurde klar, dass er sich in einigen entscheidenden Punkten geirrt hatte.[8] Die Beziehung zu den Wirtschaftsprüfern war völlig normal, da sie zuvor von den Aufsichtsbehörden genehmigt worden war, und das verwirrende mathematische Problem der Eigentumsanteile konnte dadurch erklärt werden, dass mehrere Unternehmen, die sich im Besitz von Dalios Familienmitgliedern befanden, in den Jahresabschlüssen zusammengefasst worden waren. Grant rief den Fernsehsender *CNBC* an, um sich zu entschuldigen. Er sagte, er habe sich im Hinblick auf die Einhaltung der Vorschriften des Hedgefonds geirrt. Was die größeren Fragen rund um die Anlagestrategie von Bridgewater angehe, so sagte Grant, sei er nach wie vor verwirrt.

„Was die Strategien anbelangt, so können wir nicht viel darüber in Erfahrung bringen, welche Geschäfte das Unternehmen tatsächlich tätigt", sagte er. „Ray Dalio gibt zu Protokoll, dass er 1.000 unkorrelierte Trades kennt. Niemand an der Wall Street außer ihm weiß jedoch, welche Trades abgeschlossen werden."

Dieser letzte Punkt – dass ein Mann 1.000 Möglichkeiten kennt, Geld zu verdienen, aber niemandem sagt, welche das sind – weckte das Interesse eines Bostoner Finanzermittlers. Harry Markopolos wusste etwas über geheimnisvolle Hedgefonds-Manager, die behaupteten, einen Vorteil zu haben, den niemand nachahmen konnte. Markopolos war in den späten 1990er-Jahren ein No-Name-Analyst, als sein Chef ihn bat, die Handelsstrategie eines Konkurrenten zu reproduzieren, die sich anscheinend sehr gut auszahlte. Markopolos konnte das nicht, aber er fand genug heraus, um sich bald mit der Börsenaufsichtsbehörde darüber zu unterhalten, was sich als offensichtlicher Betrug herausstellte. Sechs Jahre später hatte Markopolos seinen großen Tag[9] und reichte bei der SEC einen Bericht mit dem Titel „The World's Largest Hedge Fund Is a Fraud" ein. Als sich seine Warnungen vor Bernie Madoff als richtig erwiesen, erlangte Markopolos nationale Berühmtheit und die Fähigkeit, die Aufmerksamkeit der Aufsichtsbehörden auf sich zu ziehen, wann immer er es wollte.

Für Markopolos warf das, was in Westport geschah, ernste Fragen auf. Hier befand sich ein weiterer riesiger Hedgefonds, der für einen Investitions-Ansatz berühmt war, den kein Konkurrent vollständig zu verstehen schien. Er nutzte alte Kontakte und erhielt Zugang zu den Marketingunterlagen von Bridgewater, einschließlich des „Pitch Book", einer PowerPoint-Präsentation, die jeder Fonds potenziellen Investoren zur Verfügung stellte. Das Pitch Book enthielt eine Zusammenfassung der Anlagestrategie des Unternehmens und ein detailliertes Diagramm der Fondsperformance, aber für Markopolos warf es mehr Fragen als Antworten auf. Bridgewater bezeichnete sich selbst als globalen Vermögensverwalter, doch das Pitch Book nannte keinen einzigen spezifischen Vermögenswert, mit dem das Unternehmen Geld verdient oder verloren hatte. Ein beigefügtes Diagramm zur Anlageperformance deutete darauf hin, dass das Unternehmen selten ein schlechtes Jahr hatte – selbst wenn Dalios öffentliche Vorhersagen sich als falsch erwiesen, schien der Pure-Alpha-Fonds das Jahr stets mit einem ausgeglichenen Ergebnis zu beenden. Als er die Dokumente durchblätterte, spürte Markopolos ein vertrautes Herzflattern.

Da er die Tragweite der Schlussfolgerung spürte, auf die er zuzusteuern schien, zog er sein Karteikartensystem zurate, um seine Informationen zu überprüfen.

Sein Team sprach mit dem texanischen Hedgefonds-Manager Kyle Bass, der dafür bekannt ist, dass er den Zusammenbruch des Marktes für Subprime-Hypotheken im Jahr 2008 vorausgesagt hat. Bass sagte, auch er habe sich lange gefragt, wie Bridgewater handele. Markopolos besuchte auch den Hedgefonds-Milliardär David Einhorn von Greenlight Capital,[10] der dafür bekannt war, Betrügereien aufzuspüren. Einhorn empfing ihn in seinem Büro und setzte ihn mit einem Team von Greenlight-Analysten zusammen, die laut Einhorn daran interessiert waren, Bridgewater selbst zu untersuchen. Einhorn beugte sich zum Tisch hinunter, stützte seinen Kopf auf seinen Händen ab und hörte aufmerksam zu, als Markopolos seinen Verdacht darlegte.

Nach dem Vortrag von Markopolos schlug Einhorn vor Aufregung auf den Tisch. „Ich wusste es!“

Das war die einzige Ermutigung, die Markopolos brauchte. Er schrieb seine Schlussfolgerung in einem Bericht nieder und schickte ihn an die SEC.

Bridgewater, so schrieb er ihnen, sei ein Schneeballsystem.

Bridgewater war kein Schneeballsystem.

Was nicht heißen soll, dass alles so war, wie Dalio es so oft beschrieben hat.

Die SEC und andere Aufsichtsbehörden trafen sich pflichtbewusst mit Markopolos und seinem Team. Der Bericht des Whistleblowers wurde in der Organisation weitergereicht, wo er den Vorsitzenden Jay Clayton, einen ehemaligen Wall-Street-Anwalt, erreichte, der seinen Kollegen mitteilte, dass auch er in der Vergangenheit solche Spekulationen über Bridgewater gehört hatte. Clayton beauftragte ein Team der SEC mit der Untersuchung der Angelegenheit und sorgte dafür, dass Bridgewater Fragen dazu gestellt wurden. Das Team kam unter anderem zu dem Schluss, dass der weltgrößte Hedgefonds eine komplizierte Abfolge finanzieller Machenschaften – darunter Aktienoptionen und andere relativ schwer zu verfolgende Handelsinstrumente – anwandte, um seine ansonsten so einfach erscheinenden Investitionen zu tätigen. Man würde nicht erwarten, dass diese in den öffentlichen Unterlagen auftauchen, und für die SEC machte es Sinn, dass die Konkurrenten sie auch nicht nachverfolgen konnten.

Zufrieden mit ihrer Arbeit reagierte die SEC nicht mehr auf Anfragen von Markopolos und seinen Mitarbeitern nach Updates. Die Aufsichtsbehörden erhoben keine öffentlichen Anschuldigungen gegen Bridgewater. Markopolos ging dazu über, sich anderweitig zu beschäftigen.

Um vollständig zu enthüllen, was in Westport geschah, musste man den Blick von außen nach innen richten. Die Antwort war für Ackman und Grant nicht leicht zu finden, denn sie waren unübertreffliche Wall-Street-Insider, deren Karrieren auf der Idee beruhten, dass harte Analysen – im Wesentlichen Anstrengung und Intelligenz – zu Anlageergebnissen führen konnten. Markopolos, der immer noch von der Idee berauscht war, seinem Lebenslauf ein weiteres gescheitertes Hedgefonds-Projekt hinzuzufügen, war etwas blauäugig gewesen. Wie sich herausstellte, hatten die Aufsichtsbehörden Bridgewater bereits unter die Lupe genommen, als Markopolos' Unterlagen bei der SEC eingingen. Im Zuge der Madoff-Affäre und nachdem sie sich nie wirklich mit dem größten Hedgefonds der Welt befasst hatten, verbrachten die Mitarbeiter der SEC eine ganze Weile in Westport und untersuchten die Geschäfte des Unternehmens eingehend.* Ihre Aufgabe war es, herauszufinden, ob Bridgewater sich an das Gesetz hielt, und die Aufsichtsbehörden fanden wohl keinen Grund, das

* Die Anwälte von Bridgewater und Dalio sagen: „Es ist absolut zu erwarten und gängige Praxis, dass die SEC einen registrierten Anlageberater der Größenordnung von Bridgewater regelmäßig überprüft", und dass dies „der Standardprozess" sei.

Gegenteil zu behaupten. Die SEC kümmerte sich nicht darum, wie Bridgewater Geld verdiente, sondern nur darum, dass das Unternehmen tatsächlich in die Konten seiner Kunden investierte.

Ein Grund dafür, dass Markopolos, Einhorn und andere fälschlicherweise vermuteten, Bridgewater sei eine glatte Mogelpackung, könnte darin liegen, dass bemerkenswert wenige Leute bei Bridgewater tagtäglich damit zu tun hatten, wie der Hedgefonds Geld verdiente. Zahlreiche, nur wenige Kilometer vom Hauptsitz entfernte Nebengebäude waren mit Bridgewater-Mitarbeitern besetzt, die von den Geschäften des Hedgefonds nicht mehr wussten als das, was sie in den Zeitungen lasen. Von den rund 2.000 Angestellten, die Bridgewater zu Spitzenzeiten beschäftigte – und Hunderten von Zeitarbeitskräften – waren weniger als 20 Prozent dem Research oder der Investitionsmaschine zugewiesen. Von diesen Forschern hatten viele eine Verantwortung, deren Komplexität nicht höher als diejenige eines durchschnittlichen College-Studenten war. Sie arbeiteten an Forschungsprojekten zur Wirtschaftsgeschichte und erstellten Berichte, die von Dalio selbst geprüft und herausgegeben wurden. Gelegentlich wurden ihre Erkenntnisse in den „Daily Observations" veröffentlicht – oft mit Dalio, Jensen oder Prince als Co-Autor. Ob diese Erkenntnisse in den Handel von Bridgewater einflossen, fragten sich die meisten Research-Mitarbeiter nicht.

Nur eine winzige Gruppe bei Bridgewater,[11] nicht mehr als zehn Personen, vertrat eine andere Auffassung. Diese Gruppe, die fast ausschließlich aus Männern bestand, wurde nicht nur aufgrund ihrer Verdienste, sondern auch aufgrund ihrer Loyalität ausgewählt. Sie hatten fast ausnahmslos noch nie woanders gearbeitet. Dalio und Jensen pickten sich die Mitglieder aus der Crew der Bridgewater-Investmentpartner heraus und boten ihnen den Zutritt zum Allerheiligsten an. Die wenigen Glücklichen setzten sich mit Dalio zusammen und wurden vor die Wahl gestellt. Als Gegenleistung für die Unterzeichnung eines Vertrags auf Lebenszeit – und den Schwur, nie wieder bei einer anderen Handelsfirma zu arbeiten – würden sie zu den wenigen gehören, die die inneren Geheimnisse von Bridgewater kennenlernten, das, was Dalio zu Beginn seiner Karriere als den Heiligen Gral bezeichnet hatte.

Dalio nannte die Gruppe der Unterzeichner den Circle of Trust.

Das Angebot wurde nicht unbedingt als eine einfache Wahl präsentiert. Bob Elliott, der nach Jensen und Prince das dienstälteste Mitglied des Circle werden sollte, war gerade einmal 26 Jahre alt, als Dalio ihm einen Vertrag auf Lebenszeit anbot.

Elliott wollte mehr als alles andere den Code hinter Bridgewater knacken. Er unterzeichnete den Vertrag.

Wie die Glaubwürdigkeit war auch der Begriff Circle of Trust insofern falsch, als er eine gleichberechtigte Gruppe von Punkten implizierte, die miteinander verbunden waren und sich gegenseitig bedingten. Stattdessen handelte es sich um einen ununterbrochenen Ring, der einen einzelnen Punkt in der Mitte umgab: Dalio.

Es kursierten zwei Versionen, wie Bridgewater Hunderte von Milliarden Dollar in die Märkte investierte. Die eine Version erzählte Dalio der Öffentlichkeit und den Kunden immer wieder. Die andere Version war das, was mit dem Circle of Trust hinter verschlossenen Türen geschah.

In der ersten Version waren die Hedgefonds von Bridgewater eine „Ideenmeritokratie". Jeder Investmentmitarbeiter oder -forscher konnte eine Idee vorschlagen, zum Beispiel, ob die Anleihen eines fernen Landes an Wert gewinnen oder verlieren könnten. Das Bridgewater-Team diskutierte die Vorzüge dieser These leidenschaftslos und berücksichtigte dabei die komplette Investmenthistorie. Ideen von Investmentmitarbeitern, die sich mit ihren Vorhersagen bewährten, erhielten mit der Zeit mehr Gewicht und wurden mit mehr Kundengeldern unterstützt. Hunderte, wenn nicht Tausende von anderen Hedgefonds, ganz zu schweigen von anderen Firmen in der Finanzwelt, arbeiteten nach einem ähnlichen Verfahren. Große Investmentfirmen setzten regelmäßig aufstrebende Händler mit kleinen Summen ein und investierten mehr in diejenigen, die ein Händchen dafür hatten, Geld zu verdienen. Das war das Äquivalent zum Darwinismus an der Wall Street, nur mit einer dicken Brieftasche.

Was Bridgewater zu diesem Muster hinzufügte, war ein Händchen für Dramatik. Jeden Freitag lieferten Dalios Assistenten dicke Aktenordner mit den Wirtschaftsforschungsergebnissen des Unternehmens in bis zu drei Aktenkoffern ab, die Dalios Fahrer zu dessen Haus brachte. Die Sammlung bildete die Grundlage für das sogenannte „What's Going On in the World"-Treffen, das jeden Montagmorgen um 9:00 Uhr stattfand. Dalio saß dann zusammen mit Jensen und Prince vorn im größten Raum auf dem Campus, vor ihnen reihenweise Mitarbeiter sowie der eine oder andere Zeitungsreporter oder Gast beziehungsweise Kunde, der sich von der intellektuellen Schärfe beeindruckt zeigte. Unter der Leitung des Firmengründers und während Kameras das Gespräch aufzeichneten, sodass die ganze Firma es später verfolgen konnte, wurde stundenlang über die großen Themen des Tages und die Entwicklung der Märkte diskutiert. Alles, was sich in den Aktenkoffern des Wochenendes befand, war Gesprächsthema, und selbst der jüngste Forscher hatte die Möglichkeit, Dalio mit einer Analyse zu beeindrucken. Dalio sagte zu einem Interviewer: „Das Ganze ist so viel größer als Bob und Greg und ich … viel größer." Es war ein echtes Spektakel.

Diese Treffen waren aber auch nahezu komplett irrelevant für das, was Bridgewater mit seinem Geld tat; ein ehemaliger Top-Investmentmitarbeiter drückte es so aus: „Es ist alles nur Fassade." Einige fragten sich, ob Dalio überhaupt eine der Research-Mappen gelesen hatte. Nach den Treffen zog sich der Circle of Trust in ein kleines Büro zurück, zu dem nur wenige andere Mitarbeiter der Firma Zugang hatten, und die eigentliche Arbeit begann.

„Ich könnte diese Firma", sagte Jensen einmal bei einem Drink zu einem Freund, „auf Basis einer einzigen Tabelle leiten."[12]

Das Geheimnis des gepriesenen Investitionsprozesses von Bridgewater war, wie Jensen noch spät am Abend erklärte, dass es kein Geheimnis gab. Dalio war Bridgewater und Dalio entschied über die Investitionen von Bridgewater. Freilich erweckten Jensen, Prince und der Rest des Circle of Trust den Eindruck eines großen Investment-Meetings von herausragenden „Köpfen". Aber auch wenn sich mehr als eine Person zu Wort meldete, so zählte doch in puncto Investments nur eine einzige Meinung. Es gab im Grunde kein großes System, keine künstliche Intelligenz von irgendeiner Substanz, keinen Heiligen Gral. Es gab nur Dalio, der persönlich, per Telefon, von seiner Jacht aus oder für ein paar Wochen in vielen Sommern von seiner Villa in Spanien aus das Sagen hatte.*

Als Dalio und sein Marketingteam öffentlich über Pure Alpha sprachen, verwiesen sie auf eine nebulöse Sammlung von „Signalen" oder „Indikatoren", welche die Aktivitäten des Hedgefonds bestimmen würden. Wenn die Signale aufleuchteten, handelte Pure Alpha danach, so die Werbung. Dies deutete auf einen Fonds hin, der ständig nach Daten suchte und sich an das veränderte Investitionsumfeld anpasste. Das half auch zu erklären, warum Bridgewater mit seinen Transaktionen den Markt anscheinend nicht beeinflusste, und beantwortete so das Geheimnis des geringen Handelsumfangs des Hedgefonds. Wie die Marketingmitarbeiter von Bridgewater ihren Kunden erklärten, verfolgte der Hedgefonds Signale, die andere nicht sahen, und es war daher unwahrscheinlich, dass er an überstürzten Käufen oder Verkäufen auf dem Markt beteiligt war oder auf der anderen Seite von Geschäften seiner Konkurrenten stand.

Dalio hätte die wolkige Sprache weglassen und Pure Alpha einfacher als eine Reihe von Wenn-dann-Regeln beschreiben können. Wenn eine Sache eintrat, dann würde eine andere folgen. Für Pure Alpha lautete

* Die Anwälte von Dalio und Bridgewater sagen, dass der Hedgefonds „kein Ort ist, an dem ein Mann allein regiert, weil das System in 98 Prozent der Fälle die Entscheidung trifft". Sie sagen, dass „die Vorstellung, dass Herr Dalio bei den Investitionen von Bridgewater ‚das Sagen hat', falsch ist". Sie fügen hinzu, dass der Hedgefonds „eine strenge Reihe von Kontrollen darüber unterhält, wie Handelsgeschäfte bestimmt werden, die regelmäßig dahingehend überprüft werden, ob sie mit den Handelsrichtlinien von Bridgewater übereinstimmen, und dass jede Abweichung die Genehmigung der Chief Investment Officers erfordert."

eine solche Wenn-dann-Regel, dass, wenn die Zinssätze in einem Land sanken, die Währung dieses Landes an Wert verlor. Daher wettete Pure Alpha gegen die Währungen von Ländern mit sinkenden Zinssätzen. Eine andere Regel besagte, dass der Goldpreis mit der Gesamtmenge des im Umlauf befindlichen Geldes geteilt durch den Goldbestand zusammenhing; wenn der Geldumlauf zunahm oder schrumpfte, sei es an der Zeit, Gold zu kaufen oder zu verkaufen. Bei vielen der Regeln ging es einfach darum, Trends zu folgen. Sie legten nahe, dass kurzfristige Bewegungen wahrscheinlich auf langfristige Entwicklungen hindeuteten und verlangten, dass man der Dynamik der verschiedenen Märkte folgte. Die meisten dieser Regeln waren für jeden, der über einen Taschenrechner und ein solides Verständnis von Korrelationen auf Highschool-Niveau verfügte, leicht zu verstehen.*

Die Regeln von Bridgewater verschafften dem Unternehmen in seiner Anfangszeit einen unbestreitbaren Vorteil. Die meisten Menschen an der Wall Street, vom Junior Trader bis zum Milliardär, glaubten noch an den Wert ihrer Intuition. Den besten Händlern wurde nachgesagt, dass sie in der Lage wären, „das Band zu lesen", das heißt die zukünftige Entwicklung von Aktien durch das Ablesen von Kursen und Handelsvolumina vorherzusagen (die Redewendung bezog sich auf die telegrafische Übermittlung von Handelsgeschäften durch das Tickerband, eine Praxis, die zu Beginn von Dalios Karriere bereits nachgelassen hatte). Bridgewater gehörte zu den ersten Hedgefonds, die ihre eigenen Schätzungen des Wirtschaftswachstums erstellten, indem sie sowohl öffentliche Statistiken als auch ihre ei-

* Die Anwälte von Dalio und Bridgewater erklärten, dass „mehr als 98 Prozent des Risikobudgets und der Renditen von Bridgewater durch systematische Handelsstrategien bestimmt wurden und werden" und dass „strenge Regeln für jede Art von beliebigem Handel eingehalten werden". Sie fügten hinzu: „Die Handelsstrategien von Bridgewater sind systematisch und diversifiziert." Ein Anwalt von Dalio sagte separat, dass das Investment-Team von Bridgewater „große Entwicklungen und historische Entwicklungen verfolgt, um Ursache-Wirkungs-Beziehungen auf den Märkten zu verstehen. Diese Beziehungen werden dann in verschiedenen Zeiträumen und an verschiedenen Orten getestet und daraufhin als Entscheidungsregeln formuliert, die 98 Prozent der Marktpositionierung von Bridgewater bestimmen."

genen Markterhebungen berücksichtigten. Das Unternehmen nannte es den „Slack-Measure-Prozess“, weil er anzeigte, welche Länder oder Märkte über ausreichend Kapazität (Slack) verfügten, um schneller zu wachsen. Der Slack-Measure-Prozess war das, was Dalio als Regel bezeichnete: Wenn das Modell zeigte, dass in einem weit entfernten Land ein Boom bevorstand, kaufte Bridgewater zum Beispiel dessen Anleihen oder Währung auf. Dass Dalio nicht nur eine Reihe von Regeln hatte, sondern auch einen Fonds, der diese befolgte, unterschied ihn von der Masse. Es war durchaus zutreffend, ihn als seinen Platzhirschen zu bezeichnen.

Im Laufe der Jahre schwächte sich Dalios Vorteil jedoch ab und schien dann ganz zu verschwinden. Der Aufstieg leistungsstarker Computer machte es jedem Händler leicht, Regeln zu programmieren und nach ihnen zu handeln. Die Macht des Internets überzeugte Investmentbanken und Handelsfirmen, Wissenschaftler, Mathematiker und Programmierer einzustellen, die sich immer tiefer in die Wirtschaftsdaten einarbeiteten, die nun für jeden auf der Welt elektronisch verfügbar waren. Diese Konkurrenten konnten Dalios Entdeckungen, wie zum Beispiel den Slack-Measure-Prozess, schnell nachahmen und überholten ihn dann in Bereichen wie dem Hochfrequenzhandel, der die Verarbeitung von Daten erforderte, die sich innerhalb von Sekunden oder weniger ändern konnten, wie etwa kurze Spitzen oder Rückgänge im Aktienvolumen. Ein konkurrierender Fonds, Renaissance Technologies, stellte Dutzende von Forschern mit Doktortitel ein, um ein Anlagesystem mit *Millionen* von Codezeilen zu entwickeln. Auch Bridgewater stellte eine ganze Reihe von Wissenschaftlern ein – allerdings waren wie Ferrucci viele von ihnen mit den Personalbewertungsinstrumenten des Unternehmens beschäftigt und nicht direkt mit Investitionen. Stattdessen hielt Dalio an seinen historischen Regeln fest[13] („Sie sind zeitlos und allgemeingültig“, sagte er in einem Interview), selbst als sie mit jedem Jahr veralteter wurden und die Konkurrenz mit konkurrierenden Systemen vorpreschte.

Viele kluge, ehrgeizige Mitarbeiter von Bridgewater, darunter auch Mitglieder des Circle of Trust, versuchten tapfer, den Hedgefonds aus seinem Stillstand herauszubringen. Aber die einzige Möglichkeit, eine neue Regel auf die Liste des Hedgefonds zu setzen, bestand darin, die einstimmige Zustimmung von Dalio, Prince und Jensen zu erhalten, und diese erfolgte nicht geheim. Die drei diskutierten die Vorschläge in aller Öffentlichkeit, aber Dalios Neigungen waren nicht schwer zu erraten. Meist waren Prince und Jensen mit dem Bridgewater-Gründer einer Meinung. Dalio schien vor neuen Ideen zurückzuschrecken, die er nicht verstand, und so hatten viele neue Regeln die Wenn-dann-Struktur. Das reichte nicht aus, um mit der Außenwelt Schritt zu halten, und ein Neuling im Investment-Team war noch 2018 verblüfft, als er erfuhr, dass der weltgrößte Hedgefonds beim Handel immer noch auf Microsoft Excel angewiesen war und eine jahrzehntealte Software verwendete. Es war, als würde Dalio darauf bestehen, noch lange nach der Erfindung des Düsentriebwerks nur mit den Flugzeugen der Gebrüder Wright zu fliegen.

Hinter den verschlossenen Türen der Investment-Abteilung von Bridgewater herrschte jahrelang Langeweile. Das war zum Teil der Grund, warum Jensen dazu beigetragen hatte, Dalio davon zu überzeugen, das „Handelsspiel" zuzulassen, eine Simulation der realen Welt, bei der seine Investmentmitarbeiter ihre besten Ideen gegen einen „Topf" mit Dalios eigenem Geld setzen sollten (wenn die Ideen der Mitarbeiter gewannen, wurden sie in bar ausgezahlt). Dies zeigte, wie bemerkenswert wenig Dalio von seinen eigenen Mitarbeitern hielt, denselben Leuten, die eigentlich Geld für Kunden anlegen sollten: Er war bereit, blind die gegenteilige Auffassung von allem zu vertreten, was sie sich ausdachten.[14] Für viele in der Investment-Abteilung war es das einzige Mal in ihrer Bridgewater-Karriere, dass sie tatsächlich eine Investment-Idee einbringen konnten.[15]

Im Gegensatz zu den Mitarbeitern praktisch aller anderen Hedgefonds gründeten nur wenige, die Bridgewater verließen, jemals einen eigenen Fonds, und das nicht nur wegen der aggressiven juristischen Haltung des Unternehmens.* Angesichts der straffen Zügel, die den Zugang zum Kern der Abteilung beschränkten, führte die Arbeit im Bridgewater-Investment-Team leider dazu, dass nur wenige Menschen mit konkreten Kenntnissen über die Investitionen des Hedgefonds im Unternehmen verblieben.

Bei all seiner öffentlichen Angeberei konnte Dalio nicht entgangen sein, dass die Effizienz seiner Maschine nachließ. Er konnte die Zahlen so gut lesen wie jeder andere. Zwischen 2011 und 2016, einer rasanten Zeit für die Märkte, erzielte Pure Alpha nur Renditen im niedrigen zweistelligen Bereich, weit unter seinem historischen Rhythmus. Als die Anleger von Bridgewater fragten, warum der Fonds abrutschte, wurde ihnen Jahr für Jahr versichert, dass die Performance innerhalb der Grenzen der langfristigen Erwartungen von Bridgewater lag.

Es blieb ein Vorteil übrig,[16] den Dalio und Bridgewater mit großem Aufwand zu schützen versuchten. Sie hatten einen großen Informationsvorsprung gegenüber den meisten anderen Anlegern auf der Welt – und sie arbeiteten hart daran, ihn zu erhalten. Der Vorteil war praktisch für niemanden sonst verfügbar, und keine noch so gute Forschung, Wissenschaft oder Analyse konnte ihn bieten.

An der Wall Street hat der Begriff „Informationsvorsprung" oft eine unschöne Implikation. Zu sagen, dass Investoren einen Informationsvorsprung haben, kann eine höfliche oder weniger höfliche Art und Weise sein, um anzudeuten, dass sie Insiderhandel betreiben – also illegalen Handel mit einer Aktie auf der Grundlage vertraulicher Informationen, die sie von einem Unternehmensinsider erhalten haben. Der Informationsvorsprung von Dalio war zwar nicht weniger privat, aber ebenso legal wie enorm. Bridgewater sammelte keine Informati-

* Ein Anwalt von Bridgewater sagte: „Das Investment Associate Programm von Bridgewater wird von denjenigen, die die strengen Prüfungen durchlaufen haben, weithin als hervorragende Ausbildung im Bereich Makroinvestitionen bewertet."

onen über einzelne Unternehmen, sein Ziel waren stattdessen Informationen über ganze Nationen, und Dalio warb intensiv um gut vernetzte Regierungsbeamte, die ihm sagen konnten, wie sie planten, in ihre Volkswirtschaften einzugreifen – und Bridgewater nutzte die Tipps, um mit seinen Fonds Geld zu verdienen.

Einige der Beamten, die über diese Art von Informationen verfügten, waren nicht einmal für einen Wall-Street-Titan leicht zu erreichen. Es waren Zentralbanker, Manager von Regierungsfonds und Berater in der Schattenwelt derjenigen, die den Staatsoberhäuptern der Welt halfen, ihr Geld zu investieren. Dalio spielte geschickt auf lange Sicht und setzte dabei geduldig sanfte Gewalt ein.[17]

Überall schien es Möglichkeiten zu geben, sogar in Kasachstan.

Das zentralasiatische Land hatte an der Wall Street kaum jemand auf dem Schirm. Es war ein Obrigkeitsstaat, größtes Binnenland der Welt und nur dünn besiedelt. Was es hatte, waren natürliche Ressourcen. Im Jahr 2013 begann Kasachstan mit der Erschließung des damals teuersten Ölprojekts aller Zeiten, einem riesigen Ölfeld im Kaspischen Meer, und baute damit einen Staatsfonds in Höhe von 77 Milliarden Dollar auf. Dieses Geld musste irgendwo investiert werden, und daher setzten die Kundenbetreuer von Bridgewater für Dalio ein Treffen mit Berik Otemurat, dem Chef des Fonds, an. Otemurat war ein spießiger Bürokrat, der seine Karriere kaum zehn Jahre zuvor als Wirtschaftsprüfer begonnen hatte, und nun reiste er mit einer Delegation an, um einige der größten Koryphäen der Wall Street zu treffen.

Dalio zeigte Interesse an den zeitlichen Plänen der Delegation. „Was machen sie vorher?", wandte er sich an das Marketingteam von Bridgewater.

Seine Handlanger kamen zurück und antworteten, dass Otemurat einige Stunden vor seiner Ankunft in Westport in New York sein würde.

„Wie kommen sie hierher?", fragte Dalio weiter.

Bridgewater hatte für einen Mercedes mit Chauffeur gesorgt.

„Besorgt ihnen einen Hubschrauber."

Einige Tausend Dollar später fanden sich ein Kasache in den Dreißigern mit einem unmodischen Seitenscheitel und einige seiner Untergebenen in einem gecharterten Hubschrauber wieder. Sie flogen von Manhattan zum nächstgelegenen Hubschrauberlandeplatz von Bridgewater, Bridgeport, Connecticut – weit über den Firmensitz hinaus –, wo für die letzte Etappe der Reise ein Mercedes mit Chauffeur auf sie wartete.

Dem dramatischen Auftritt folgte eine unkonventionelle Präsentation, zumindest im Vergleich zu dem, was Otemurat in New York erlebt hatte. Dort hatten Industrie-Titanen wie der Mitbegründer von KKR & Co., Henry Kravis, und Stephen Schwarzman von Blackstone bei Wolfsbarsch und Kaviar um Investitionen in ihre Firmen geworben, wobei einer von ihnen mit einem Orangen-Haselnuss-Blätterteig-Dessert aufwartete, das ansatzweise auf der kasachischen Flagge basierte. Dalio hingegen zeichnete ein unentzifferbares Diagramm auf eine Tafel und schwafelte über die Natur der Märkte. Die Besonderheiten des Bridgewater-Ansatzes erwähnte er kaum. Das Ganze war von unbestreitbarem Charme und Selbstvertrauen geprägt.

Die Marketingmitarbeiter von Bridgewater, die an der Sitzung teilnahmen und die, die sich eine Aufzeichnung der Sitzung anhörten, hatten diesen Schachzug schon einmal gesehen. Wenn es zu einem Abschluss käme, wäre das Endziel etwas anderes als Geld. Als Otemurat also in Aussicht stellte, 15 Millionen Dollar in den wichtigsten Hedgefonds von Bridgewater zu investieren, wiesen die Vertreter des Hedgefonds den Vorschlag zurück. „Wir wollen nicht sofort eine Beziehung zu Ihnen aufbauen. Wir sind langfristig orientiert", sagte ein Marketingleiter.

Bei Bridgewater bedeutete eine Beziehung Zugang. Es wäre eine Kleinigkeit gewesen, den roten Teppich für ein paar Millionen Dollar an Investitionen auszurollen und nicht für einen potenziellen Multimilliarden-Dollar-Vorteil. Die Erschließung des neuen Ölfelds des Landes hatte mehr als ein Jahrzehnt gedauert, bei nahezu ständigen

Verzögerungen. Jeder, der wusste, wie das Projekt vorankam, konnte seine Wetten auf Öl entsprechend anpassen. Die Vertreter von Bridgewater sagten der Delegation, dass ihr Unternehmen gern bereit sei, sie kostenlos zu beraten, wie der Staatsfonds seine Milliarden investieren könne, und dass das Bridgewater-Team es ebenfalls begrüßen würde, wenn es die Gelegenheit bekäme, ein paar Fragen zu Branchen zu stellen, die für das Land von Interesse seien.

Als besonders wertvoll erwies sich der Einblick in das Ölgeschäft.[18] Das Marketingteam hatte bei der Erstellung eines vertraulichen Kundendokuments mitgeholfen, aus dem hervorging, wo Bridgewaters wichtigster Hedgefonds in einigen seiner besten Jahre sein Geld verdiente.* Der größte Treiber für „Überrenditen", das heißt die lukrativsten Wetten, waren Rohstoffe, bei denen Bridgewater die Art von Zahlenverarbeitung, die von seinen Konkurrenten angewandt wurde, mit Informationen aus der realen Welt kombinieren konnte, über die sonst niemand verfügte. Unter den Rohstoffen war Öl besonders sensibel, da es sich um ein „Short-Duration-Asset" handelte, also um einen Rohstoff, der sehr empfindlich auf schnelle Preisänderungen reagierte, da er nur für eine begrenzte Anzahl von Tagen über der Erde gelagert werden konnte. Das bedeutete, dass die Preise schnell steigen konnten, wenn das Angebot nicht aufrechterhalten werden konnte – was angesichts der Schwierigkeiten Kasachstans häufig der Fall war –, oder im umgekehrten Fall sinken konnten. Aktuelle Informationen waren der Schlüssel. Otemurat und andere Mitglieder seiner Delegation schienen sehr gesprächsbereit zu sein.

Bald darauf erzielte Bridgewater einen Abschluss, der für beide Seiten von Vorteil war. Ein paar Monate nach Otemurats Besuch in Westport fragte der kasachische Fonds erneut an, ob er in Bridgewater-Fonds

* Ein Anwalt von Bridgewater sagte, „der Wettbewerbsvorteil des Hedgefonds liegt in der Qualität seiner Forschung und seinem Verständnis der globalen Volkswirtschaften und Märkte, die er dann in systematische Anlagestrategien umsetzt".

investieren könne. Diesmal stellte er eine weitaus höhere Summe als 15 Millionen Dollar in Aussicht, und diesmal sagte Bridgewater zu.

Zurück in Amerika versiegte Dalios Zugang zu Informationsquellen langsam. Nachdem er in Zeiten der Finanzkrise Berühmtheit erlangt hatte, war es für ihn leicht gewesen, den Fed-Vorsitzenden Ben Bernanke zu erreichen. Bernankes Nachfolgerin, Janet Yellen, war jedoch offenbar nicht so sehr an dem Bridgewater-Gründer interessiert. Dalio beschwerte sich bei anderen Bridgewater-Mitarbeitern, dass Yellen seine Anrufe nicht beantwortete oder sich nicht mit ihm traf. „Das machte ihn wütend", sagte eine Person, bei der sich Dalio beschwerte. In einer Telefonkonferenz mit Kunden während Yellens Amtszeit erläuterte Dalio die „wichtigsten Ansichten" der Geschäftsleitung zu 21 verschiedenen Märkten, vom Brasilianischen Real über die Indische Rupie bis hin zu japanischen Anleihen. Dalio ließ den US-Dollar völlig aus. Er sagte, er sei nicht in der Lage gewesen, diesbezüglich einen dezidierten Standpunkt zu vertreten.

Dalio hatte durchweg mehr Erfolg, wenn er im Ausland Allianzen schmiedete.[19] Mario Draghi, der in Italien geborene Chef der Europäischen Zentralbank (EZB), unterhielt sich häufig mit dem Bridgewater-Gründer und holte sich seinen Rat. Dalio riet ihm Mitte der 2010er-Jahre immer wieder, mehr Konjunkturmaßnahmen für den Euroraum zu ergreifen, was die europäischen Aktien stützen und den Euro schwächen würde. Während eines Großteils dieser Zeit wettete auch Bridgewater gegen den Euro. Dalio wurde bald zu einem wandelnden, sprechenden Aushängeschild für Draghi. In einer öffentlichen Erklärung, die an Reporter im In- und Ausland verschickt wurde, schrieb Dalio: „In allen wichtigen Momenten hat er das Richtige getan, und die ganze Welt ist dadurch besser dran. Inzwischen sollte die Welt wissen, dass man Mario Draghi nicht ignorieren darf."

Dalios Draghi-Verehrung half dem Bridgewater-Gründer nicht nur bei der EZB. Sie verschaffte ihm auch Zutritt zu europäischen Hauptstädten. In Zürich fand Dalio das Ohr von Thomas Jordan, dem Chef der Schweizerischen Nationalbank. Dalio nahm bei Jordan ganz die Rolle eines Staatsmanns ein und beriet den jüngeren Mann bei seinen Bemühungen, die Schweizer Wirtschaft vom kränkelnden Europa abzukoppeln. Als Jordan Anfang 2015 die Bindung des Schweizer Frankens an den Euro aufhob, machten die Fonds von Bridgewater ein Vermögen.

Das am längsten andauernde Projekt für Dalio war China. Seit er seinen Sohn in der Mittelstufe dorthin geschickt hatte, arbeitete Dalio hart daran gearbeitet, Beziehungen zu Pekings Elite aufzubauen (er versuchte, Mandarin zu lernen, aber wie viele Westler war er frustriert und gab auf). Auf seinen häufigen wochenlangen Reisen, die zu Investitionen in Milliardenhöhe von staatlichen Einrichtungen wie der China Investment Corporation (CIC) führten, verband Dalio das Persönliche mit dem Beruflichen. Zu einigen Treffen nahm er seine Frau mit, zu anderen die Top-Vertreter von Bridgewater. Bei einer Reise im Jahr 2015 brachte Dalio Bob Prince mit, und die beiden übernachteten nicht in einem Hotel, sondern in einem offiziellen Gästehaus des chinesischen Präsidenten. Als Prince grippeähnliche Symptome bekam, sorgten chinesische Regierungsbeamte sofort für eine private Behandlung. Im selben Jahr nahm Dalio an einem Staatsbankett zu Ehren des chinesischen Präsidenten Xi Jinping im Weißen Haus teil. Er war sich dieser Beziehungen zweifellos bewusst, als er im selben Jahr verzweifelt versuchte, seine öffentliche Vorhersage, dass es in China „keine sicheren Orte für Investitionen“ gäbe, zurückzunehmen.

Dalio heuerte den CIC-Vorsitzenden für einen komfortablen Posten als Leiter der Dalio-Wohltätigkeitsorganisation in China an und beförderte ihn später auf einen Posten als Leiter des China-Büros von Bridgewater, der einzigen Niederlassung des Unternehmens außerhalb von Connecticut. In Medieninterviews äußerte sich Dalio stets positiv über die Führung des Landes. Sie sei „sehr fähig“, betonte er immer wieder, und manchmal wiederholte er diesen Satz mehr als einmal in einem Interview. Dieselben Führungspersönlichkeiten, so sagte er auch bei Bridgewater, würden ihn sofort um Rat zu fragen.

Für jeden vernünftigen Beobachter – und sogar für die Chinesen selbst – war Dalio das Musterbeispiel eines China-Befürworters. Aber es gab auch einen Vorteil, den man ausspielen konnte. Er bat den Circle of Trust um Hilfe bei der Schaffung einer Möglichkeit für die Fonds von Bridgewater, Wetten gegen chinesische Vermögenswerte abzuschließen, und zwar auf eine Weise, die die chinesische Regierung nicht verfolgen konnte. Auf diese Weise würde niemand erfahren, wenn Dalio sich auf die falsche Seite von China stellte.

Dalios Ansatz hatte noch ein weiteres Element, das weit weniger transparent war. Sein großes automatisiertes System – seine Wirtschaftsmaschine – war nicht annähernd so automatisiert oder mechanisiert, wie es angepriesen wurde. Bis zu zehn Prozent des investierten Vermögens von Pure Alpha, das Milliarden von Dollar umfasste,[20] beruhten auf Dalios Instinkt und Ideen. Basta. Es waren seine Befehle. Wenn er wollte, dass Bridgewater Leerverkäufe auf den US-Dollar tätigte (was er nach der Finanzkrise etwa ein Jahrzehnt lang erfolglos tat), ging der Handel über die Bühne, und auch die anderen Mitglieder des Investment-Teams schienen seinen Wünschen stets nachzugeben. Es gab keine wichtigere Regel als die, dass Dalio bekam, was Dalio wollte.*

Als sich das Jahr 2017 dem Ende zuneigte, beschloss eine Handvoll von Top-Investmentmitarbeitern, dass es nach einem weiteren Jahr der Tränen, des Stresses und der Entlassungen – das lediglich zu einem mageren Ergebnis geführt hatte – genug sei. Pure Alpha legte in diesem Jahr nur zwei Prozent zu, dies war deutlich weniger als die meisten Hedgefonds und nur ein Sechstel des Anstiegs der US-Aktien

* Die Anwälte von Dalio und Bridgewater sagen, dass der Handel bei Bridgewater im Allgemeinen *nicht* willkürlich ist und dass die Genehmigung der Chief Investment Officers des Fonds für derartige Geschäfte erforderlich ist.

insgesamt. Einige Mitglieder des Bridgewater-Investment-Teams vermuteten, dass sie den Grund dafür kannten.

In der Hoffnung, die Anlageergebnisse des Unternehmens zu verbessern – und mit Jensens Erlaubnis –, erstellten die Mitglieder des Circle of Trust eine Studie über Dalios Handelsgeschäfte. Sie stöberten tief in den Bridgewater-Archiven nach einer Historie von Dalios einzelnen Investment-Ideen. Das Team ließ die Zahlen einmal durchlaufen, dann noch einmal, dann noch einmal. Die Daten mussten perfekt sein. Dann setzten sie sich als Gruppe mit Dalio zusammen. Ein junger Mitarbeiter überreichte mit zitternden Händen die Ergebnisse: Die Studie zeigte, dass Dalio ebenso oft falschlag, wie er richtiglag. Nach seinen Ideen zu handeln war in letzter Zeit immer mehr so, als wenn man eine Münze werfen würde.[21]

Die Gruppe, zu der auch Jensen und Elliott gehörten, saß still da und wartete nervös auf Dalios Antwort.

Dalio nahm den Zettel, zerknüllte ihn zu einer Kugel und warf sie weg.

23

DAS GESCHENK

Dalio verbrachte den Überlandflug nach Vancouver mit harter Arbeit. Sein Fokus lag nicht auf den Investitionen des Hedgefonds, sondern auf seiner eigenen Marke. Er war auf dem Weg zu seinem wichtigsten öffentlichen Auftritt seit dem Oprah-Interview 29 Jahre zuvor.

Dalio hatte einen Vortragsplatz bei TED2017 ergattert, der hochkarätigen Reihe, in der Koryphäen aus Wirtschaft, Kunst und Wissenschaft mit der Welt über ihre Lebenslektionen sprachen. Er bereitete sich wochenlang auf eine 16-minütige Rede vor, die zeitlich zwischen den Auftritten großer Namen wie Elon Musk und Serena Williams angesetzt war. Für viele um ihn herum wirkte Dalio ungewöhnlich nervös. Dies war eine große Bühne zu einem Zeitpunkt, an dem ihm vermutlich sehr daran gelegen war, das Thema zu wechseln.

Die ersten Monate des Jahres 2017 hatten eine Flut von unwillkommener Aufmerksamkeit mit sich gebracht. Als David McCormick und Eileen Murray als neue CEOs angekündigt wurden, die Jon Rubinstein ablösten, sorgte dies für eine weitere Nachrichtenlawine über die ständigen Turbulenzen im Management der Firma. Auf der Anlageseite nahm Bridgewater die Wahl von Donald Trump als weiteren Grund, vor dem wirtschaftlichen Untergang zu warnen. Die Firma teilte ihren Kunden mit, dass der Dow Jones Industrial Average bei einem Sieg Trumps um fast 2.000 Punkte einbrechen könnte, was der größte Einbruch an einem Tag in der Geschichte wäre und mehr als das Doppelte von dem, was jemals gemessen worden sei. Das Gegenteil war der Fall: Der Index kletterte auf ein Allzeithoch. Das Ergebnis war, dass Pure Alpha das Jahr 2016 mit einem Plus von nur 2,1 Prozent beendete und damit das fünfte Jahr in Folge eine Performance im niedrigen einstelligen Bereich erzielte. An der Wall Street wurde viel Geld verdient, nur nicht mit dem Hauptfonds von Bridgewater.

Dalio sah sich auch mit einem neuen öffentlichen Schlaglicht auf sein Managementsystem konfrontiert. Das *Wall Street Journal* veröffentlichte eine ausführliche Untersuchung über die PriOS-Software, einschließlich eines Zitats eines anonymen Bridgewater-Mitarbeiters, der das Projekt als „Versuch, Rays Gehirn in einen Computer zu verwandeln“[1] bezeichnete. Zumindest einige bei Bridgewater waren anfangs erfreut über den Artikel: „Ich denke, Sie haben hier wirklich gute Arbeit geleistet. … Ich respektiere Sie wirklich für Ihre Herangehensweise“, schrieb McCormick an einen der *Journal*-Reporter, aber Dalio sah das offenbar anders. Er hatte gehofft, PriOS selbst öffentlich einzuführen, und zu allem Überfluss beschrieben Boulevardzeitungen, die auf den *Journal*-Artikel folgten, die Erfindung als Vorgeschmack auf eine Dystopie („What If Your Boss Is a Robot?“ lautete eine Schlagzeile). Dalio reagierte verbittert. Er beschwerte sich so oft bei McCormick darüber, dass seine Ambitionen missverstanden wurden, dass McCormick denselben *Journal*-Reporter erneut anschrieb und seine Komplimente zurücknahm: „Nachdem wir Ihren Artikel noch einmal genauer gelesen haben … sieht es leider so aus, als enthalte der Artikel mehrere Hinweise, die uns ungenau oder einseitig erscheinen.“ McCormick fügte hinzu: „Wir werden Ihnen in Kürze eine genauere Rückmeldung geben.“[2]

Eine solche Rückmeldung blieb jedoch aus. Stattdessen nahm Dalio eine Taktik des neuen US-Präsidenten auf und machte die Medien zu seinem öffentlichen Feindbild. Anfang Januar 2017 veröffentlichte er auf der Social-Networking-Website LinkedIn[3] einen längeren Text, in dem er den Artikel als Teil einer „Epidemie von gefälschten und verzerrten Medien“ bezeichnete. Es ging ihm nicht um Fakten, sondern um Gefühle. Er stellte keine tatsächlichen Ungenauigkeiten fest, beschwerte sich aber darüber, dass die Reporter „ein Bild von Bridgewater als einem verrückten, unterdrückerischen Ort zeichnen wollen, der von einer Art Dr. Frankenstein geführt wird – obwohl die Beweise zeigen, dass es sich um eine ideelle Leistungsgesellschaft handelt, der es seit mehreren Jahrzehnten gelungen ist, durch radikale Wahrhaftigkeit und radikale Transparenz sinnvolle Arbeit, sinnvolle Beziehungen und beispiellose Ergebnisse zu erzielen“. Er schlug vor, dass sich die Leser „keine Sorgen darüber machen sollten, was an Bridgewater wahr ist“, und zitierte interne Daten, die offensichtlich eine „ungewöhnlich hohe“ Fluktuation bei neuen Mitarbeitern, aber eine längere Verweildauer danach zeigten. Dalio führte dies darauf zurück, dass Bridgewater ein Ort sei, „der nicht für jeden geeignet ist, aber für diejenigen, für die er geeignet ist, gibt es nichts Vergleichbares“. Zweifellos zur Freude von Dalio verschob der LinkedIn-Post den Fokus. Die Reporter konzentrierten sich auf das Spektakel des Angriffs eines Hedgefonds-Milliardärs auf die Medien, während sich die Kommentatoren auf LinkedIn auf die Verteidigung von Bridgewater stürzten. „So kämpfst du für die gute Sache, Ray“, lautete einer von Hunderten positiver Kommentare. „Vielleicht ist die ‚freie Presse‘ das Problem“, schrieb ein anderer.

Offensichtlich davon überzeugt, dass niemand Bridgewater so gut verteidigen konnte wie er, absolvierte Dalio vor so viele öffentliche Auftritte wie möglich. Eines seiner ersten Interviews führte er mit Henry Blodget, dem Chefredakteur von *Business Insider*, einer Website, die sich mit Finanzthemen befasste, damals aber eher für die

Suche nach Klicks als für die Veröffentlichung knallharter Artikel bekannt war. Laut Blodget meldete sich Dalios Team am 1. Januar 2017 und handelte ein zweieinhalbstündiges Interview aus, unter der Bedingung, dass die Website das Interview wortwörtlich und ohne weiteren Kontext veröffentlichte. Blodget stimmte zu. In dem Interview,[4] das eine Woche später veröffentlicht wurde, ging Dalio die üblichen Argumente durch („Wir haben eine Idee der Leistungsgesellschaft, die unglaublich gut funktioniert hat"), aber auch einige neue. Zu seiner Praxis, zu Abstimmungen innerhalb der Firma aufzurufen und dann seine eigene Stimme stärker zu gewichten als die der anderen, sagte er: „Ich habe Angst vor der Wahlgleichheit, weil das suggeriert, dass jeder die gleichen Fähigkeiten hat, Entscheidungen zu treffen, und das halte ich für gefährlich." Er sagte, dass auch er sich an die Bridgewater-Managementregeln halte, denn „wenn man das nicht tut, wenn man sich nicht an die Regeln hält, dann verliert man seine ganze Glaubwürdigkeit. Ich habe mich noch nie über eine Entscheidung hinweggesetzt." Angesichts des Zeitpunkts des Interviews ist es vielleicht am merkwürdigsten, dass Dalio Blodget eine Mitarbeiter-E-Mail vorlas, die der Bridgewater-Gründer nach eigenen Angaben erst am Vortag erhalten hatte: „Gott sei Dank gibt es Bridgewater und dich, Ray. Ich liebe dich, Ray. Ich hoffe, du hast ein wunderbares Weihnachtsfest."

Es war Januar.

Nach ein paar freundlicheren Auftritten, darunter ein Auftritt bei *CNBC*, wo er seine drei Lieblingsbücher vorstellte, war Dalio bereit für das große Ereignis, TED2017. Als er die Bühne im Vancouver Convention Centre betrat – sein blaues Button-up-Hemd und die lockere Strickjacke harmonierten perfekt –, schien Dalio seine Nervosität überwunden zu haben. Er wirkte lässig und sympathisch, wie ein Großvater, der einen Tag mit seinen Lieblingsenkelkindern verbringen möchte. Mit dem Publikum nahm er leichten Augenkontakt auf, machte kleine Schritte um die Bühne herum und gestikulierte mit seinen Händen, während er sprach.

„Ob Sie es wollen oder nicht", erklärte Dalio in sein Headset, „radikale Transparenz und algorithmische Entscheidungsfindung werden schnell auf Sie zukommen. Und sie werden Ihr Leben verändern."

Dalio begann mit einer gekürzten Version seiner Kindheit und folgte dabei demselben Bogen wie in unzähligen früheren Interviews. Er habe die Schule gehasst, sagte er mit einer Grimasse, habe sich aber im Alter von zwölf Jahren in den Aktienmarkt verliebt, als er das Geld, das er als Caddy verdiente, zum Investieren verwendete. Die erste Aktie, die er kaufte, war Northeast Airlines, weil ihre Anteile für weniger als fünf Dollar gehandelt wurden. „Eine blöde Strategie, oder?" Die Zuhörer, deren Gesichter das rote Leuchten des TED-Emblems hinter Dalio reflektierten, lachten. Er lächelte selbstironisch und schien damit eine neue, betont zurückhaltende Facette seines Humor zu offenbaren.

Ein Bildschirm leuchtete über Dalios Schulter auf und spielte Clips aus früheren Jahrzehnten ab. Ein Video zeigte Dalios Aussage vor dem Kongress, in der er zuversichtliche Prognosen über die Wirtschaft abgab, die sich später als falsch herausstellten. Auf der Bühne schien es Dalio kaum abwarten zu können, bis die Videos zu Ende waren, bevor er hineinplatzte: „Ich sehe mir das jetzt an und denke: ‚Was für ein arroganter Idiot.'" Weitere Lacher im Publikum.

Allmählich erkannte Dalio, dass er eine Gemeinschaft aufbauen musste, in der kluge Leute seine Ansichten auf Herz und Nieren prüfen konnten, sodass sich nur die glaubwürdigsten Ideen durchsetzen konnten. Dazu musste jeder in seinem Umfeld ehrlich und transparent sein. Dalio drehte sich um, um sein schütteres Haar zu zeigen, und ging zu einem Podium auf der Bühne, wo er nach seiner Lesebrille griff und erneut auf den Bildschirm deutete. „Ich möchte Sie in ein Meeting mitnehmen und Ihnen ein Tool namens Dot Collector vorstellen, das uns dabei hilft."

Im weiteren Verlauf des Vortrags wurde ein weiteres Video mit Grafiken gezeigt,[5] die Bridgewater-Attribute wie „Fähigkeit zur Selbsteinschätzung“ und „Durchsetzungsvermögen bis zum Ergebnis“ zeigten. Es wurde gezeigt, wie sich die Mitarbeiter gegenseitig auf einer Skala von 1 bis 10 bewerteten. Jeder Fehler war ein Puzzle, das – einmal gelöst – „Edelsteine“, sogenannte Principles, hervorbrachte. „In den letzten 25 Jahren haben wir auf diese Weise gearbeitet. Wir arbeiten mit einer radikalen Transparenz und sammeln dann diese Principles, die größtenteils aus Fehlern resultieren, und betten sie in Algorithmen ein. So haben wir das Investmentgeschäft betrieben, und so gehen wir auch mit dem Personalmanagement um.“

Dalio schloss dort, wo er begonnen hatte, und prophezeite radikale Transparenz für alle. „Meiner Meinung nach wird es großartig werden. Ich hoffe deshalb, dass es für Sie genauso großartig sein wird wie für mich.“

Er öffnete die Arme, als wolle er sich kurz verbeugen, und verließ dann unter Beifall die Bühne.

Der TED-Vortrag wurde von Millionen gesehen. Dalios Bekanntheitsgrad stieg zum perfekten Zeitpunkt, denn er hatte die Kontrolle über seine eigene Geschichte an sich gerissen, gerade als er im Begriff war, weltberühmt zu werden.

Im Herbst 2017 veröffentlichte Dalio seine Autobiografie „Principles: Life and Work“.[6] Er hatte gehofft, dass Walter Isaacson das Buch schreiben würde, aber später beschlossen, es mit einem Ghostwriter selbst zu schreiben. „Principles“ wurde im September 2017 mit einem Erfolg veröffentlicht, den nur wenige andere Erstlingsautoren erreichen konnten. Nicht weniger als sechs Milliardärskollegen empfahlen es öffentlich (Bill Gates: „Ray Dalio hat mir unschätzbare Ratschläge und Einsichten gegeben, die nun in ‚Principles‘ für Sie verfügbar sind.“). Selbsthilfe-Ikone Tony Robbins stellte fest, es sei eines der besten Bücher, die er je gelesen habe. Der Milliardär Mark Cuban sagte: „‚Principles‘ bietet eine Bibel für die größte Fähigkeit, die ein Unternehmer haben kann: die Fähigkeit, zu lernen, wie man in jeder Situation lernt." Der Harvard-Professor Robert Kegan teilte der *New York Times* mit, dass Dalios Principles zu einem „ebenso dramatischen Wandel wie die industrielle Revolution" beitragen würden.[7]

Die Publicity für das Buches ermöglichte es Dalio, seinen Status als wichtiger Denker weiter zu festigen. Der beliebte Podcaster Tim Ferriss sagte in einem zweistündigen Interview mit dem Bridgewater-Gründer mit dem Titel „Ray Dalio, der Steve Jobs des Investierens": „Ich kann dieses Buch nur wärmstens empfehlen. Es hat bereits die Art und Weise verändert, wie ich in meinem Leben Entscheidungen treffe, welche Überlegungen ich meinem Unternehmen hinsichtlich des Management anstelle und was ich über die Kommunikation zwischen Teams denke – ich könnte noch viele andere Beispiele bringen."

Dalio wurde auch ein produktiver Nutzer von Twitter, wo er täglich seine Principles twitterte. In seinem Lebenslauf bei Twitter beschrieb er sich selbst charmant als „professionellen Fehlermacher". Er sprach auch häufig über sein Ziel, eine Software zu entwickeln, die es anderen Unternehmen ermöglichen würde, die Principles und ihre verschiedenen Tools zu nutzen.

Mitarbeiter von Bridgewater erinnern sich, dass sie ihn nach der Veröffentlichung des Buches mehrere Monate lang nur selten im Büro sahen. Es hatte eine gewisse Ironie, dass Dalio mehr über Bridgewater sprach als vielleicht jemals zuvor, aber weniger Zeit auf die Vorgänge dort verwendete.[8]

Dalios Lesereise wurde fast zu seinem Vollzeitjob. Er gab über Monate hinweg Interviews in Printmedien, im Fernsehen, in Podcasts und in praktisch jedem anderen Medium. In jedem schien er die Bedeutung seiner Arbeit zu erhöhen. In einem Interview mit der Londoner *Times*, das laut der Zeitung bei Mandeln und Mineralwasser in einem Sitzungssaal in Manhattan stattfand, sagte Dalio: „Ich habe Entdeckungen gemacht, die die Welt verändern können, die die Welt zu einem viel besseren Ort machen können, die die Menschen besser machen."[9]

Er fuhr fort: „Stellen Sie sich vor, Sie haben ein Heilmittel gegen Krebs entdeckt und fragen sich: ‚Soll ich schweigen oder es veröffentlichen?' So geht es mir mit den Principles. Sie sind das beste Geschenk, das ich der Welt machen kann."

Obwohl die Werbekampagne zweifellos dazu beitrug, Bücher zu verkaufen, kaufte Dalio auch selbst viele Exemplare seines eigenen Buches. Bridgewater schickte Tausende von Exemplaren an seine Kunden. Dalio veranstaltete mehrere Buchveröffentlichungspartys auf dem Campus von Bridgewater, bei denen die Mitarbeiter und ihre Familien jeweils mehrere Exemplare erhielten. Obwohl das Marketing nicht dazu führte, dass Principles auf der wöchentlichen Sachbuch-Bestsellerliste der *New York Times* landete, führte das Buch die weniger prestigeträchtige, monatliche Business-Bestseller-Rangliste der *Times* an und war in der Rubrik Ratschläge/Anleitungen zu finden. Bridgewater fügte Dalios offizieller Biografie auf der Firmenwebsite eine Zeile hinzu, in der er als „der Nummer-1-*New York Times*-Bestsellerautor von ‚Principles: Life and Work'" aufgeführt wurde.

Eine illustrierte Kinderbuchversion wurde in die Wege geleitet.

Einige Bridgewater-Insider lachten insgeheim über die überzogene Reaktion auf Dalios Buch. Das erste Drittel des Buches war eine Geschichte des Mannes und der Firma, und angesichts der Natur der Autobiografie war es vielleicht unvermeidlich, dass es nur ein schwaches Abbild der ganzen Geschichte war. Es beschönigte Dalios Werdegang vom Tellerwäscher zum Millionär; Dalio erwähnte weder die Hilfe der Familie Leib noch das Familienvermögen seiner Frau. Er behauptete, er habe „unter dem Radar bleiben wollen", eine besonders merkwürdige Prahlerei für einen Mann, der sich selbst als Thema für Fernsehinterviews, Zeitschriftenprofile und Hunderte von Zeitungszitaten angeboten hatte. Ausführlich schrieb er über die Investitionen von Bridgewater vor der Finanzkrise und erwähnte nicht die relativ schwache Performance des Hedgefonds seit 2010. Am auffälligsten war vielleicht, dass die Details von Dalios scheinbar nicht enden wollenden Ruhestandsversprechen, einschließlich der Ablösung von CEOs und Jensens Degradierung, in einem neuen Licht dargestellt wurden. Er machte eine Show daraus, Verantwortung zu übernehmen, aber auf eine Art und Weise, die die Menschen um ihn herum herabsetzte, indem er sie daran erinnerte, dass sie nicht hoffen konnten, ihn zu ersetzen: „Ich erkannte, dass ich Greg eine zu schwere Last auferlegt hatte, indem ich von ihm erwartete, sowohl die Rolle des Co-CEOs als auch die des Co-CIOs zu übernehmen." Das waren jahrelang Dalios Berufsbezeichnungen gewesen. Jensen zuckte zusammen, als er diese Passage las, wie Freunde berichten.

Der größte Teil des Buches war eine neue Version dessen, was Dalio als seine Lebens- und Arbeitsgrundsätze bezeichnete. Dabei handelte es sich um „die übergreifenden Prinzipien, die meine Herangehensweise an alles bestimmen", und sie wurden als „eine Nahaufnahme der ungewöhnlichen Art und Weise, wie wir bei Bridgewater arbeiten" dargestellt. In einer E-Mail an potenzielle Käufer des Buches bezeichnete er diese Prinzipien als „eine viel bessere und vollständigere Version derjenigen von 2011" – also derjenigen, die dem Blog „Dealbreaker" zugespielt wurde, sehr zum Leidwesen von Dalio.

Was Dalio nicht erwähnte, aber die meisten Bridgewater-Mitarbeiter hätten erkennen können, war, dass die in dem Buch „Principles" aufgeführte Sammlung nicht die Principles waren. Es handelte sich eher um „einige Principles"; es waren sicherlich nicht alle, die die meisten Mitarbeiter bei Bridgewater zu verwenden angewiesen worden waren. Einige der denkwürdigsten Principles, auf deren Einhaltung Dalio in der Vergangenheit bestanden hatte – und die er in der Praxis immer noch befolgte –, wurden in dem Buch nicht erwähnt. Die „Tugenden eines Rudels Hyänen", die ein junges Gnu „reißen", wurden nicht erwähnt. „Principles" ließ einige von Dalios am häufigsten verwendeten Regeln aus – darunter auch solche, die er noch jahrelang innerhalb der Firma zitieren sollte, wie „Geben Sie zu, dass Sie ein ‚Blödmann' sind" und „Die Leute müssen es so sehr schätzen, die Wahrheit zu erfahren, dass sie bereit sind, sich selbst zu demütigen, um sie zu erfahren". Verschwunden war auch ein Principle, das daran erinnerte, dass „Beschwerden willkommen sind und belohnt werden", sowie ein weiteres: „Man kann die Leute nicht zwingen, etwas zu tun".

Außerdem wurde eines der Original-Principles gestrichen: „Respektieren Sie die Privatsphäre der Menschen".

Der Übergang von den Principles von Bridgewater zu den Principles des Buches „Principles" war wie der Übergang vom Abenteuerland zum Fantasieland. Zu den neuen Ergänzungen gehörten: „Spielen Sie Jazz mit vielen Leuten", „Bezahlen Sie für die Person, nicht für die Arbeit", „Denken Sie daran, dass in großen Partnerschaften Rücksichtnahme und Großzügigkeit wichtiger sind als Geld", „Planen Sie Zeit für Ruhe und Regeneration ein", „Niemand ist mächtiger als das System oder so wichtig, dass er unersetzlich ist", „Lassen Sie weder einen Lynchmob noch eine Pöbelherrschaft zu", und „Erklären Sie den ‚Ausnahmezustand' nur unter seltenen oder extremen Umständen, wenn die Principles ausgesetzt werden müssen."

Eine Idee, die Dalio in seinem Buch direkt anspricht, sind Spekulationen, dass seine Firma eine Sekte sei. „Die Wahrheit ist, dass Bridgewater erfolgreich ist, weil es das Gegenteil einer Sekte ist." Er fügte hinzu: „Sekten verlangen unbedingten Gehorsam. Für sich selbst zu denken und die Ideen der anderen infrage zu stellen, ist das Gegenteil einer Sekte, und das ist die Essenz dessen, was wir bei Bridgewater tun."

Wenn es bei Bridgewater eine Person gab, auf die man sich verlassen konnte, die Dalio beim Wort nahm und die optimistisch war, dass sie seine Ideen infrage stellen konnte, dann war es Jen Healy. Die Frau, die die Inspiration für das „Schönfärberei"-Principle gewesen war und später ihre Beschwerde wegen unangemessener Berührungen durch einen leitenden Angestellten fallen gelassen hatte, kam einer wahren Glaubensanhängerin so nah wie irgend möglich, und Dalio sprach immer noch gelegentlich von ihr als seiner Ersatztochter.

Als Dalio Anfang 2018 im Zuge seiner ausgedehnten Buchtournee zu Bridgewater zurückkehrte, um dort wieder nahezu in Vollzeit zu arbeiten, war Healy nicht mehr die junge Frau, die Bridgewater direkt von Princeton aus eingestellt hatte. Sie war mehrfach befördert worden und wurde von anderen Mitarbeitern des Unternehmens bewundert.

In vielerlei Hinsicht war Healy immer noch voll dabei. Sie zitierte häufig die Principles – die öffentlichen und die privaten – und erregte innerhalb des Unternehmens Aufsehen, als sie sich von ihrem Mann scheiden ließ und kurz darauf einen Bridgewater-Mitarbeiter heiratete, was sicherlich ein Hinweis darauf war, dass der Hedgefonds weiterhin ein wichtiger Teil ihres Privatlebens war. Freunden gegenüber gestand Healy jedoch, dass sie Dalios allgemeines Auftreten langsam leid war. Jetzt, da sie Mutter war, störte es sie, dass Dalio immer auf der Suche nach jemandem war, den er beschimpfen konnte, und es fiel ihr schwer, dies mit seinen häufigen öffentlichen Äußerungen in Einklang zu bringen, dass Bridgewater eine familiäre Atmosphäre habe.

Wie viele andere vor ihr schien Healy so sehr an radikale Transparenz zu glauben, dass sie dachte, dies könne auch für ihre Beziehung zu Dalio gelten. Sicherlich musste Dalio einfach nur die Wahrheit hören – von jemandem wie ihr, von jemandem, den er wirklich zu lieben schien – und er würde die Großzügigkeit und Rücksichtnahme zeigen, von der er in den neuen „Principles“ schrieb.

Sie ließ ihren Gefühlen in einer E-Mail an Dalio freien Lauf und schickte Kopien an eine Reihe anderer Topmanager des Unternehmens.

Von: Jen Healy
Datum: Montag, 23. April 2018
An: Ray Dalio

Betreff: Ray – Bitte lesen

Das Ziel dieser Mitteilung ist, dir zu helfen und dir bewusst zu machen, welche Auswirkungen du auf andere hast. Meiner Ansicht nach handelt es sich im Grunde genommen um eine Situation, in der der Kaiser keine Kleider trägt, und ich halte es für meine Pflicht, dir dies mitzuteilen und dir auf jede erdenkliche Weise zu helfen.
Die Art und Weise, wie du agierst, löst bei einigen Menschen in deiner Umgebung Gefühle aus:

nicht gehört/nicht verstanden zu werden
Hoffnungslosigkeit
in deinen Augen nicht wachsen/sich entwickeln zu können und daher gefangen zu sein
als ob sie gegen ihre Vorstellungen von Integrität verstoßen müssten, um mit dir zusammenzuarbeiten, und deshalb in einen Konflikt geraten und wütend/traurig/frustriert sind
und einige Menschen haben sich missbraucht/misshandelt gefühlt und haben aufgrund deines Verhaltens tatsächlich die Diagnose PTBS und anderer Erkrankungen erhalten (und ich werde ihre Identitäten aufgrund der Vertraulichkeit nicht preisgeben)

Ich persönlich habe diese durch dich ausgelösten Folgen bis zu meinem Mutterschaftsurlaub im Jahr 2014 gespürt und war in einer wirklich schlechten Verfassung. Mithilfe von Abstand zu dir, einer Therapie und viel persönlichem Nachdenken konnte ich mein Verhalten so ändern, dass es Auswirkungen darauf hat, wie

> du mich beeinflussen kannst. Dazu gehört auch, dass ich versuche, meinen Selbstwert wiederzufinden und Dinge wie die Tatsache, dass du mich wahrscheinlich nie wirklich verstehen oder mich so sehen wirst, wie ich bin, wirklich zu betrauern …
> Ein mögliches neues Principle könnte sein: Übernehmen Sie Verantwortung. Wenn Sie jemanden schlecht behandelt oder in einer Weise gehandelt haben, die sich negativ auf andere auswirkt, entschuldigen Sie sich und verpflichten Sie sich, Ihr Verhalten wenn möglich zu ändern …
> Wenn man dir ein Feedback gibt, sagst du Dinge wie „Lass mich da raus und du bekommst, was du verdienst" oder dass du nur deinen eigenen Weg gehen kannst …
> Wenn du übertreibst, deine eigenen Erfolge anpreist und nicht anerkennst, dass andere Menschen auch Großes geleistet haben, kann das sehr entmutigend sein und wird in vielen Fällen nicht stimmen …
> Man kann sich zwar nicht an einem Tag ändern, aber die wichtigsten Dinge, die man tun kann, sind:
>
> Erkenne an, dass du diese Auswirkungen nicht willst.
> Entschuldige dich, wenn dein Verhalten diese Auswirkungen hatte.
> Sei offen für Menschen, die dich auf diese Dinge hinweisen und dich zur Verantwortung ziehen …
>
> Bitte lass mich wissen, wie du vorgehen beziehungsweise dich abstimmen möchtest.
> Jen

Viele in der großen Gruppe, die Healys E-Mail erhielten, reagierten mit einer Mischung aus Hoffnung und Augenrollen. Nur Healy, so dachten einige, konnte glauben, dass Dalio tatsächlich ein hartes Feedback zu seinem Verhalten hören wollte. Die Geschichte des Unternehmens deutete auf etwas anderes hin. Aber Healy befand sich bei dem Bridgewater-Gründer auf dünnem Eis. Es war gar nicht so abwegig zu glauben, dass sie in der Lage sein könnte, sein Ego zu überwinden – aber es schien ebenso wahrscheinlich, dass er ihre Worte gegen sie verwenden würde.

Seine Antwort war ein wenig von beidem.

Von: Ray Dalio
Gesendet: Freitag, 27. April 2018
An: Jen Healy

Betreff: RE: Ray – Bitte lesen

Jen,
Ich schätze dein Feedback sehr. Dir liegt eindeutig viel an Bridgewater, du hast den Mut, für das zu kämpfen, was du für das Beste hältst, und du sprichst richtige und wichtige Herausforderungen an, denen ich mich gegenüber sehe …
Ich nehme an, du weißt, dass ich niemanden verletzen möchte und dass ich es aufrichtig bedauere, dass ich das manchmal tue. Ich möchte den Menschen und Bridgewater gern helfen, großartig zu sein, ohne ihnen Schmerzen zuzufügen, und ich bin mir ziemlich sicher, dass ich immer wieder lernen kann, wie ich das besser machen kann. Mein Problem ist, dass ich nicht in der Lage gewesen bin, Spitzenleistungen bei Einzelpersonen und Spitzenleistungen für Bridgewater zu erreichen, ohne es zu tun, und ich habe niemanden gesehen, der es besser kann … Diese letzte Aussage ist nicht nur eine Selbsteinschätzung, sondern das, was ich von fast allen höre und was sich in den Punkten widerspiegelt. Ich glaube, dass das, was du als das Brechen der Egos der Leute siehst, ich als das Testen und Trainieren der Leute sehe und, was am wichtigsten ist, ihnen die Demut zu geben, die sie brauchen, um großartig zu sein und sehr hohe Standards für Bridgewater

> aufrechtzuerhalten… Fast alle Leute, die für mich arbeiten, sagen mir, dass sie enorm viel lernen und sich verbessern, und sie sagen mir das nicht, um sich bei mir einzuschleimen.
> Wenn du sagst, ich solle mich entschuldigen, dann meinst du wohl, ich solle mich dafür entschuldigen, dass ich Schmerzen verursacht habe. Meinst du das? Wie gesagt, ich wünschte natürlich, ich hätte das nicht getan, aber ich versuche, allen zu helfen, und ich glaube, dass Schmerz ein Teil dieses Prozesses ist. Wenn du willst, dass ich mich dafür entschuldige, dass ich das nicht verstanden habe, dann werde ich mich dafür entschuldigen, denn mir ist klar, dass das manchmal passiert (weil wir unterschiedlich denken).
> Was soll ich/wir also tun? Ich schlage vor, dass wir in den Principles nach einer Orientierungshilfe suchen …

Dalios Antwort ließ Healy erschüttert zurück. Obwohl sie immer noch ein gewisses Maß an Vertrauen in ihn hatte, blieb diese Entschuldigung weit hinter ihren Erwartungen zurück. Später nahm sie eine „externe Arbeitsstelle" bei Bridgewater an, wobei sie im Wesentlichen auf der Gehaltsliste blieb, während sie anderswo arbeitete. Sie kehrte nicht zu Bridgewater zurück. Dalio hatte eine weitere seiner ursprünglichen treuen Gläubigen verloren.*

* Healy lehnte es ab, diese Episode im Detail zu erörtern. In einer E-Mail schrieb sie: „Ich habe damals geglaubt und glaube auch heute noch, dass Ray gute Absichten hat und das, was er tut, aus Fürsorge tut."

24

DIE PARTNERSCHAFT

Nicht nur Healy hatte offensichtlich die Fähigkeit verloren, mit Dalio vernünftig zu reden. Obwohl er in den vergangenen Jahren zumindest so getan hatte, als ob er eine Infragestellung der Principles und seines Managementsystems zulassen würde, beendete der internationale Ruhm, den er mit „Principles" erlangte – das in 34 Sprachen gedruckt und sogar in ein 30-minütiges Animationsvideo verwandelt wurde – all dies. Das Manifest, das mehr als ein Jahrzehnt zuvor als eine Reihe von E-Mails begonnen hatte, die intern beiläufig verteilt wurden, wurde von Dalio nun so ernst genommen wie ein Heiligtum.

Die große Reichweite von „Principles" schien Dalio in seinem Glauben zu bestärken, ein Abgesandter der Hochfinanz für das gemeine Volk zu sein. Der Mann, der sich selbst als „Wirtschaftsarzt" bezeichnete, hatte nun den Ruf, das Heilmittel für Krankheiten zu besitzen, welches weit über die Wirtschaft und das Finanzwesen hinaus Anwendung finden konnte. Er war ein wohltätiger Milliardär, der jedem, der ihn fragte, die Schlüssel zu seinem Erfolg anbot. Die Persönlichkeit, in die er sich verwandelte, passte in eine Zeit, in der ein prominenter Immobilieninvestor (Trump) zum Präsidenten gewählt werden konnte und zahllose Silicon-Valley-Stars damit prahlten, mit ihren iPhone-Apps „die Welt zu verändern".

Das Buch trug dazu bei, dass eine Flut von Bewerbungen bei Bridgewater eintraf; sowohl neue Hochschulabsolventen als auch erfahrene Mitarbeiter. „Wir haben buchstäblich den amerikanischen Traum verkauft. Man muss nur aufgeschlossen und clever sein, dann ist alles möglich", sagte ein ehemaliger leitender Angestellter von Bridgewater.

Falls die Geschichte hinter den Kulissen in Wirklichkeit komplizierter war, wurde das in der öffentlichen Darstellung nicht erwähnt. Obwohl Dalio immer wieder betonte, dass er nicht perfekt war, hatte er der Welt eine alternative Realität des Lebens bei Bridgewater verkauft und ließ nur wenige Fragen darüber aufkommen, ob die von ihm gegründete Firma überhaupt Ähnlichkeit mit dem hatte, was er öffentlich immer noch als „das Paradies der Ideenmeritokratie" verkündete. Wenn Bridgewater in Wirklichkeit dem nicht ganz entsprach, was spielte das für eine Rolle, solange die Welt glaubte, dass es so war?

Die Hauptprobleme, die regelmäßig aus dem Unternehmen an die Öffentlichkeit drangen, hatten nichts mit den Principles zu tun, sondern mit der enttäuschenden Anlageperformance der Bridgewater-Fonds. Egal ob man ihn als Opfer der anhaltenden pessimistischen Einstellung des Gründers ansah oder ob es an der Ablenkung durch seine ausgedehnte Buchtournee oder an einem ganz anderen Faktor lag – Pure Alpha legte 2017 nur um ein Prozent zu und stieg in der ersten Hälfte von 2018 nur geringfügig. Dieses Problem war nur schwer zu verbergen, denn die Anleger hatten zunehmend die Nase voll. Obwohl Bridgewater in seinen früheren Jahren vor allem Gelder für Lehrerpensionen und andere unpolitische Einrichtungen verwaltet hatte, zogen viele dieser langfristigen Kunden ihr Geld ab. Um dies zu kompensieren, suchte Dalio nach neuen Geldern aus anderen Bereichen. Wie schon seit seiner Zeit als Golf-Caddy nutzte er dazu seine Beziehungen. Im

Juni 2018 machte Bridgewater Schlagzeilen, als es als einziger US-Hedgefonds eine Lizenz von China erhielt, um Geld von reichen chinesischen Privatpersonen einzusammeln. Dieser Schritt ermöglichte es dem Unternehmen, im Hinblick auf sein gesamtes verwaltetes Vermögen Abflüsse von inländischen Kunden nahtlos durch Gelder aus Festlandchina zu ersetzen.

Aber China reichte noch nicht aus. Eine weitere große Volkswirtschaft, die Dalio im Visier hatte, war Russland. Nach der enttäuschenden Absage seines Treffens mit Wladimir Putin suchte Dalio nach einem anderen Weg in das Land. Er bemühte sich erneut um eine Beziehung zur Sberbank, der vom russischen Staat kontrollierten Bank, und bot ihr die kostenlose Nutzung der Principles-Software, einschließlich PriOS, an.

Dieses Mal zahlten sich Dalios Bemühungen aus. Im Jahr 2018 sickerte innerhalb von Bridgewater durch, dass Dalio Putin besucht hatte.[1] Selbst einige in den obersten Rängen des Unternehmens waren sich nicht sicher, ob das stimmte, und Dalio wollte Untergebenen nicht antworten, wenn er direkt zu diesem Thema befragt wurde. Für Karen Karniol-Tambour, die intern dafür bekannt war, Dalio stets zuzustimmen, war das jetzt zu viel. Karniol-Tambour war Mitte 2018 Co-Leiterin des Investment-Research, eine Position, die zuvor Jensen innehatte, der selbst ein Meister darin war, Dalio nach dem Munde zu reden. Nun stand sie vor einer Entscheidung: ihr Job oder ihre Moral.

Zunächst entschied sie sich für Letzteres und erhob sich in einer Mitarbeiterversammlung bei Bridgewater von ihrem Sitz, zitterte vor Nervosität und erhob ihre Stimme, um Dalio in Sachen Putin mit Fragen zu bombardieren. „Wie gehen Sie mit diesem Kriegsverbrecher um?"

Dalio drehte sich zu ihr um und antwortete: „Seien Sie nicht so einfältig." Er sagte ihr, sie solle ihre Gefühle im Zaum halten, wie es die Principles vorschrieben. „Wenn Sie so klug sind", schnaubte er, „warum sind Sie dann nicht reich?"

Der Schlag hätte milder ausfallen können, wenn Karniol-Tambour gewusst hätte, dass sie eine Anspielung auf dieselbe Aussage hörte, die

Dalio ein Jahrzehnt zuvor gegenüber Paul McDowell geäußert hatte, als McDowell von einem Experten hoch eingeschätzt wurde. Dalios Herabsetzung schien bei ihr einen Nerv zu treffen. Vor der Menge ging sie auf ihn los und sagte, dass sie nicht tatenlos zusehen würde, wie ein mächtiger Mann jegliche Rücksichtnahme über Bord werfe – egal ob es sich bei dem Mann um Ray Dalio handele oder um „Hitler".

Bei diesem Vergleich stockte der Menge der Atem.

Danach war das Treffen schnell vorbei. Unter Freunden, die sie bei Bridgewater hatte, vergoss Karniol-Tambour später Tränen. Es ärgerte sie, dass Dalio ihr so hart Kontra gegeben hatte, und sie schien Angst davor zu haben, was ihr im Gegenzug für ihren Ausbruch passieren würde. Es sprach sich in den Führungsetagen von Bridgewater herum, dass Karniol-Tambour dabei war, zu einer Art Sympathieträgerin innerhalb des Unternehmens zu werden – und Dalio als Bösewicht dastand.

Wäre der Vorfall ein paar Jahre früher passiert, hätte Dalio sicherlich ein unternehmensinternes Urteil und vielleicht eine Abstimmung darüber gefordert, ob er oder Karniol-Tambour im Recht sei. Aber es schien ihn nicht mehr so sehr zu reizen, sich von den Leuten bei Bridgewater immer wieder versichern zu lassen, dass er im Recht sei. Er hatte jetzt ein weitaus größeres Publikum außerhalb der Firma, und er schien von deren Anerkennung ebenso zu zehren wie von den etwa 1.000 Seelen innerhalb des Hedgefonds. Anstatt sich in einen seiner typischen Prozesse zu stürzen, führte er ein privates Gespräch mit Karniol-Tambour. Dieses Gespräch wurde offenbar nicht aufgezeichnet, denn es wurde keine Kopie in die Transparenz-Bibliothek des Unternehmens hochgeladen, die alle hätten anhören können.

Danach schickte er eine E-Mail an einen großen Kreis von Mitarbeitern der Firma, in der es unter anderem hieß: „Ich habe mit Karen gesprochen, es geht ihr gut, und sie bat mich darum, dass wir unsere gemeinsame Arbeit fortsetzen."

Karniol-Tambour antwortete, sie sei dankbar für die Möglichkeit, weiterhin von Dalio lernen zu können. Nicht lange danach wurde sie zum Co-Chief Investment Officer für Nachhaltigkeit befördert,[2] ein hochtrabender Titel für eine Rolle, die es vorher nicht gegeben hatte, und die von Bridgewaters PR-Team für aufsehenerregende Zeitschriftenporträts über ihre Investmentfähigkeiten eingerichtet worden war – etwas, das nicht einmal Jensen jemals zuteilgeworden war. Wieder einmal hatte sich Dalio aus einer Klemme befreit.

* * *

Bob Elliott, der im selben Jahr wie Karniol-Tambour zu Bridgewater kam, musste sich bald selbst entscheiden, ob er bleiben wollte.

Der stämmige junge Mann, der mit wenig Lebenserfahrung in den Hedgefonds eingetreten war, war zu einem rundlichen älteren Mann herangewachsen, der keine Lebenserfahrung hinzugewonnen hatte. Bridgewater durchdrang alle Aspekte seines Alltags. Er zog in das Landesinnere von Connecticut, in ein Haus in einer Kleinstadt, wo er nur wenige Minuten von Jensen entfernt wohnte und sich die beiden unweigerlich über den Weg liefen. Elliott sah die geschrumpfte Gestalt, zu der Jensen geworden war – zwar jenseits all seiner Träume wohlhabend, aber scheinbar gefangen bei Bridgewater, wo er sich nie ganz in Dalios Gunst zurückgekämpft hatte. Elliott, ein Mitglied des Circle of Trust mit einem Vertrag auf Lebenszeit, erzählte Freunden, dass er das Gefühl habe, es gäbe kein Entkommen. Seine alten Freunde und seine Familie hatten es schon lange aufgegeben, ihn nach Details zu seinem Beruf zu fragen. Elliott zuckte zusammen, wenn jemand seine 2018 schon mehr als sechs Jahre alte Aussage gegenüber dem *New Yorker* hervorkramte: „Wenn man erst einmal verstanden hat, wie die Maschine funktioniert …“ Er hatte Dalios Credo bis jetzt schon etliche Male wiederholt.

Elliott hatte bei Bridgewater direkt nach dem College als Wirtschaftsforscher für Dalio angefangen und musste nun als Mittdreißiger zugeben, dass sich zwar seine Berufsbezeichnung verbessert hatte, seine Aufgaben aber nicht ganz damit übereinstimmten. Dalio hatte Elliott damit beauftragt, das „Buch der Devisen“ zu verfassen, ein Hunderte von Seiten umfassendes Dokument über Investitionen in Währungen, ein Zeichen dafür, dass Dalio ihm einen wichtigen Bereich der Unternehmensinvestitionen anvertraute. Das Projekt dauerte Jahre. Wenn es Elliott zum Experten des Unternehmens auf diesem Gebiet machte, so war das nicht offensichtlich, wenn man Dalio bei seinen Gesprächen mit seinem Untergebenen zuhörte. Elliott erzählte Freunden, dass der Bridgewater-Gründer ihn als „Fettsack“* abtat, wenn er Dalio auf Ideen zum Thema Währung ansprach.

Die Beleidigung traf ihn besonders, weil Dalio mit dieser Körperbeschreibung nicht ganz danebenlag.

Mehr als einmal teilte Elliott Dalio mit, dass er seinen Rücktritt in Erwägung ziehe. Der Bridgewater-Gründer schien schockiert zu sein, dass Elliott die Bemerkungen so persönlich genommen hatte. „Bist du verrückt?“, fragte Dalio. Der Bridgewater-Gründer erklärte ihm, dass dies in mehr als einer Hinsicht der Job seines Lebens sei. Dalio meinte, der jüngere Mann brauche eine Psychotherapie.

Auf Elliott lasteten mehr als nur ein paar scharfe Worte. Während des größten Teils des Jahres nach der Veröffentlichung von Dalios Autobiografie war der Bridgewater-Gründer häufig physisch nicht in der Firma anwesend, während er das „Evangelium“ weltweit verbreitete. Er verbrachte nicht mehr als eine Stunde pro Woche mit den Investitionen von Bridgewater und rief oft nur kurz von unterwegs an. Als Leiter der Währungsabteilung erzählte Elliott seinen Kollegen, dass es ihm schwerfiel, sich zu sehr anzustrengen, wissend, dass Dalio, egal wie viele Wochen Arbeit in eine Anlageidee geflossen waren, diese reflexartig in einer kurzen Telefonkonferenz über den Haufen werfen konnte.

Nach so vielen Jahren an der Seite des Bridgewater-Gründers konnten Elliott und viele Personen aus seinem Umfeld bestimmte

* Ein Anwalt von Dalio sagte, Dalio habe Elliott „in keinem Meeting einen ‚Fettsack‘ genannt“.

Muster in Dalios Entscheidungsfindung erkennen. Dalios Analysen neigten dazu, Trends zu folgen; sie spiegelten die Ansicht wider, dass die Märkte eine Eigendynamik hätten und es am besten sei, ihnen voraus zu sein. Diese Sichtweise war nicht völlig falsch, sie war jedoch veraltet. Im Gegensatz zu den Anfangszeiten von Bridgewater gibt es heutzutage eine ganze Branche von Trendfolgefonds, die nur sogenannte Momentum-Trades platzieren und damit jeden Vorteil, den der Ansatz früher einmal hatte, zunichtemachen. Es gab damit, wie Dalio formuliert haben könnte, keine Spitzenleistung mehr. Elliotts Verärgerung erreichte 2018 einen neuen Höhepunkt, als Dalio Elliotts bullishe Forschungsmeinung zum US-Dollar ignorierte. Der Dollar falle, sagte Dalio, und als er von anderen Mitgliedern des Investment-Teams darauf angesprochen wurde, beharrte er darauf, dass sein Instinkt ihm sage, dass der Dollar nur noch weiter fallen würde. Der Dollar stieg jedoch schließlich an und sorgte dafür, dass die Bridgewater-Fonds Verluste einfuhren.

Elliott wirkte daher bereits sehr skeptisch, als Dalio Ende 2018 die Spitzenkräfte des Unternehmens wegen eines neuen Angebots zusammenrief. Als Teil seiner laufenden Ruhestandspläne wollte der Bridgewater-Gründer einen größeren Teil seiner Anteile an der Firma abgeben. Dalio brauchte das Geld nicht sofort[3] – er war insgesamt 17,4 Milliarden Dollar schwer –, aber fast die Hälfte davon, nämlich neun Milliarden Dollar, betraf seine Anteile an Bridgewater. Unabhängig davon, was er oder jemand anderes sagte, wie hoch der Anteil sei, handelte es sich um eine vergängliche Investition, die zwar schriftlich fixiert war, aber nicht wie eine öffentlich gehandelte Aktie auf dem offenen Markt verkauft werden konnte. Dalio musste private Käufer finden. Er brauchte nicht lange zu suchen.

Dalio rief einige seiner langjährigsten und loyalsten Mitarbeitenden in der Firma zu privaten Treffen zusammen und sagte ihnen, dass er ein Angebot habe, das sie nicht ablehnen könnten: eine Chance, ein echter, aufrichtiger Eigentümer von Bridgewater zu sein, einer der wenigen Glücklichen.* Dies war nicht die fiktive Beteiligung, die er aktuellen und ehemaligen Mitarbeitern gewährte – es war ein echtes, unverfälschtes Stück von Bridgewater, direkt von seinem Privatkonto. Sie würden Eigentümer sein, genau wie er. Es war eine einmalige Chance, sich in die Familie einzukaufen. Dalio nannte es die „Partnerschaft".

Der Einstieg in die Partnerschaft war eine so außergewöhnliche Gelegenheit, dass Dalio offensichtlich der Meinung war, dass sich seine Führungsspitze nicht darauf beschränken solle, das Geld auszugeben, das sie bereits hatte. Sein Angebot beinhaltete so etwas wie einen Schuldschein. Als Gegenleistung für die Übernahme eines Teils von Dalios Anteil würden die Mitarbeiter die Boni nächsten zehn Jahre für die Ablösung des Bridgewater-Gründers verwenden. Wenn jemand Bridgewater in der Zwischenzeit verließ, musste er die Schuld zurückzahlen. Bei dieser Hypothek auf ihre Zukunft trat Dalio im Wesentlichen als Bank auf – mit dem Versprechen, dem Bridgewater-Gründer zehn Jahre lang mehr Geld zukommen zu lassen.

Aber selbst die Boni der nächsten zehn Jahre für die rund 40 besten Mitarbeiter reichten nicht aus, um Dalio vollständig abzulösen. Wie er den Mitarbeitern mitteilte, wurde daher vereinbart, dass die Investmentbank JPMorgan Kredite bis zum 10-Fachen des Nettovermögens eines Mitarbeiters gewähren würde, wobei das Geld jedoch nur für den Kauf von Bridgewater-Aktien verwendet werden durfte. Das Geld würde von JPMorgan an Dalio gehen. Die Zinsen würden jährlich etwa fünf Prozent betrafen. Es gab nur eine Möglichkeit, das Ganze zu betrachten. Auf diese Weise konnten die Topmanager von Bridgewater alles, was sie besaßen, und noch mehr, auf Bridgewater setzen und sich dabei hoch verschulden. Dalio würde sie bei diesem Ritt nicht begleiten. Er wollte sich lediglich auszahlen lassen.[4]

* Ein Anwalt von Dalio sagte, dieser habe „die Idee der Partnerschaft weder initiiert noch gefördert. Sie wurde von leitenden und langjährigen Mitarbeitern entwickelt und von vielen anderen unterstützt."

Für diejenigen, die fest an Bridgewater glaubten, schien dies ein logischer und potenziell kluger finanzieller Schachzug zu sein. Wenn sie glaubten, dass Bridgewater der einzige Ort sei, an dem es sich zu arbeiten lohnte, dann war dies die Möglichkeit, es zu zeigen. Viele nahmen das Angebot an. Elliott sah das anders – für ihn war es, wie er anderen sagte, eine Spende für den Firmengründer. Elliott sagte Nein.

Elliott ahnte sicherlich, dass Dalio die Brüskierung schlecht aufnehmen würde, konnte aber nicht ahnen, dass Dalios Reaktion so katastrophal ausfallen würde. Für die Menschen in Elliotts Umfeld schien es, als ob sich bei Dalio ein Schalter umlegte. Elliott war nicht mehr nur ein „Schlamper", er war ein „Idiot". Er sei einer von Dalios schlimmsten Fehlgriffen – und sie würden dennoch zusammenhalten, sie seien vertraglich eng miteinander verbunden. In großen Gruppen, in kleinen Gruppen und unter vier Augen erinnerte Dalio Elliott regelmäßig daran, dass er ein Dummkopf sei. Elliotts Punkte litten, sowohl direkt durch das negative Feedback von Dalio als auch von Kollegen, einschließlich Elliotts angeblichem Freund Jensen, der Dalio schnell zustimmte.

Was Elliott vor einer tiefen Abwärtsspirale bewahrte, war, dass er jemand Neues kennengelernt hatte. Seine neue Geliebte zwang ihn, sich mit Gedanken auseinanderzusetzen, die er lange Zeit verdrängt hatte. Sie arbeitete ebenfalls bei Bridgewater, als Mitarbeiterin in der Forschungsabteilung war sie Elliott aber nicht direkt unterstellt. Und sie war hinreißend – zierlich, blond und zehn Jahre jünger als er. Zuerst fühlte es sich gut an, eine Vertraute zu haben, die den Bridgewater-Lebensstil verstand. Doch schon bald wurde ihm klar, dass sie auf zwei völlig unterschiedlichen Wegen unterwegs waren. Sie war eine Ausnahme; nicht nur, dass sie keinen Ivy-League-Abschluss hatte wie die meisten des Investment-Teams, sie war auch eine von nur wenigen Frauen. Elliott war nicht der Einzige, dem das auffiel. Nicht lange nach ihrem Einstieg erzählte sie Freunden, dass Jensen ein übermäßiges Interesse an ihrer Arbeit zeige, was ihr Unbehagen bereite. Daraufhin wurde sie von einem von Jensens Stellvertretern um ein Date gebeten. Freundinnen bei Bridgewater, die sich der aufkeimenden #MeToo-Bewegung auf der ganzen Welt bewusst waren, warnten sie, vorsichtig zu sein. Sie sagten ihr, sie hätten ein bestimmtes Muster festgestellt: Frauen in der Forschungsabteilung, die sich darüber beschwerten, dass sie zu zu vielen Dates eingeladen wurden, wurden ermutigt, in andere Abteilungen zu wechseln. Nicht selten wurden diese Frauen schnell aus dem Unternehmen entfernt, mit der Begründung, sie seien für ihre neuen Aufgaben schlecht geeignet.

Jensens Stellvertreter zeigte weiterhin ein übermäßiges Interesse an ihr und folgte ihr sogar einmal nach Hause, wie sie Freunden und Kollegen von Bridgewater erzählte. Eines Abends, spät im Büro, als nur noch wenige Leute da waren, wurde sie von ihm in einem Konferenzraum in die Enge getrieben. Er stand vor ihr, eine imposante physische Präsenz, die sie als beängstigend empfand. Verängstigt sagte sie ihm, dass sie Anzeige erstatten würde, wenn er noch einen Schritt weiterginge. Der Sicherheitsdienst von Bridgewater wurde gerufen, und man schaltete Osman Nalbantoglu ein, einen von Dalios engsten Vertrauten, der zu den Führungskräften gehörte, die sich verschuldet hatten, um die Aktien des Bridgewater-Gründers aufzukaufen. Nalbantoglu sorgte dafür, dass sie zu ihrem Auto gebracht wurde.

Ihre Anschuldigungen brachten ihr ein Gespräch bei einem Mitglied des internen Rechtsteams von Bridgewater ein. Dort hatte sie einen starken Gefühlsausbruch. Sie wies darauf hin, dass es nicht immer leicht sei, Nein zu sagen. Wenn eine Mitarbeiterin der unteren Ebene Mitarbeitende der oberen Ebene enttäuschte, riskierte sie eine schlechte Bewertung, die ihre Karriere gefährden konnte.

Das auf den Principles basierende Bewertungssystem gewichtete langjährige Mitarbeiter stärker gegenüber neueren, sodass ihre Meinung buchstäblich nicht das gleiche Gewicht hatte wie andere. Sie erzählte von den Geschichten, die sie gehört hatte – von der Angst der Frauen, mit den Männern von Bridgewater allein zu sein; von dem Druck, so zu tun, als ob man sich an Unterhaltungsprogrammen für Erwachsene erfreue; von den ständigen offiziellen Firmenveranstaltungen, bei denen bis spät in die Nacht hinein Alkohol getrunken wurde. Man sei ihr gefolgt, als sie aus ihrem Büro hinausging, sagte sie und wies darauf hin, dass dies als Stalking betrachtet werden könne, was eine Straftat sei.

In Bezug auf den letzten Punkt erhielt sie eine strenge Rüge. Eine Anzeige bei der Polizei könnte, wie ihr Anwalt verdeutlichte, als Verstoß gegen ihre Geheimhaltungsvereinbarung angesehen werden. Sie solle daran denken, keinen Vorfall zu veröffentlichen, der auch nur andeutungsweise Details über die Geschäfte von Bridgewater enthülle.

Das Gespräch verunsicherte sie. Sie ging nicht zur Polizei. Ihr Vorgesetzter, ein ehemaliger Offizier der israelischen Streitkräfte namens Nir Bar Dea, teilte ihr mit, dass der Mann, der sie verunsichert hatte, zu einer Therapie verdonnert werde[5] und anschließend seinen Arbeitsplatz zurückerhalten würde. Ihr wurde gesagt, dass sie wieder wie gewohnt im Büro erwartet würde.

Elliott fand nie heraus, wie Dalio Anfang 2018 erfahren hatte, dass Elliott mit einer Mitarbeiterin zusammen war. Was Elliott jedoch anderen erzählte, war, dass der Bridgewater-Gründer die Nachricht mit lautem Jubel begrüßte. Dalio ließ Elliott in einen Meetingraum in der Investment-Abteilung kommen, der für die meisten Außenstehenden einsehbar war, und agierte, nun ja, drastisch. Jensen, McCormick und Bob Prince waren ebenfalls anwesend (Prince war wie üblich meist schweigsam). Murray war per Telefon zugeschaltet.

Dalio lächelte die ganze Zeit und begann seine Befragung. „Wie war der Sex?"

Und dann:

„Wo fand der Sex statt?"

„Warum hast du uns nicht gesagt, ob der Sex gut war?"

Dalio lehnte sich zurück, scheinbar entspannt. Für jeden im Raum – oder für diejenigen, die durch die Glasscheiben zusahen – war es kein Geheimnis, dass er auf diesen Moment gewartet hatte.

„Das hättest du uns früher sagen müssen“, sagte Dalio. „Erinnerst du dich nicht mehr an die Richtlinien für bürointerne Beziehungen?“ Das war ein Vergehen, für das jemand gefeuert werden konnte – selbst ein Mitglied des Circle of Trust. Es war eine seltene Gelegenheit, einen Mitarbeiter, der auf Lebenszeit eingestellt worden war, loszuwerden.

Etwa zur selben Zeit bekam Elliotts Freundin ihre eigene Standpauke zu hören. Ihr Chef, Bar Dea, tauchte bei ihr auf und ließ mit einem dumpfen Knall einen Kalender auf ihren Schreibtisch fallen. „Notieren Sie die Tage.“

„Welche Tage?“, antwortete sie.

„Die Tage, an denen Sie Sex hatten.“

Sie schob den Kalender von sich weg und ging schnell davon, wobei sie die Tränen unterdrückte. Die Demütigung, die man von ihr verlangte, konnte sie sich nicht vorstellen. Am Wochenende meldete sich Bar Dea erneut und erinnerte sie daran, dass der Kalender fällig sei („Wenn Sie am Montag keinen ausgefüllten Kalender dabeihaben, ist es vorbei“). Sie weigerte sich. Wenn sie einen Fall daraus machen wollten, dann müssten sie ihn ohne sie aufbauen.

Bridgewater brauchte ihre Hilfe nicht. In dem gläsernen Büro mit Dalio gestand Elliott alles ein. Ja, er sei in einer Beziehung mit einer Mitarbeiterin. Die Hälfte der Firma schien es zu sein, wie er mit einem Augenrollen feststellte. Nein, er habe diese Information nicht in der ersten Nacht, in der sie intim waren, an die Firma weitergegeben. Er wisse, dass sich nicht alle an diese Regel hielten, sagte Elliott.

Dalio feuerte Elliott.[6]

Aber das war noch nicht alles.

Da Bridgewater ein Ort radikaler Transparenz war, informierte Dalio die gesamte Belegschaft über einen solch wichtigen Abgang. Flankiert von Nalbantoglu verkündete Dalio in einem Town-Hall-Meeting mit mehr als 100 anwesenden Mitarbeitern und Hunderten von Audiozuhörern, dass Elliott das Unternehmen verlassen werde.

Ein Gemurmel ging durch den Raum.

„Ich habe zugestimmt, nicht über den Grund zu sprechen", sagte Dalio, „aber es handelt sich um eine ganz schlimme Sache."

Nalbantoglu schaltete sich ein. „Sag nichts! Du darfst wirklich nichts verraten. Es ist etwas Persönliches."*

* Ein Anwalt von Bridgewater erklärte, Elliott sei gekündigt worden, weil er eine romantische Beziehung zu einer Kollegin verschwiegen habe, unehrlich gewesen sei, Schritte unternommen habe, um sie zu verbergen, und „seine Kollegen fälschlicherweise des Fehlverhaltens beschuldigt habe, um seine Spuren zu verwischen". „Seine Kündigung", so der Anwalt, „erfolgte nach einer angemessenen Untersuchung am Arbeitsplatz." Elliott sagte, er habe Bridgewater „nach jahrelangen Konflikten mit Ray darüber, wie das Geld des Fonds zu verwalten sei", verlassen. „Die Behauptung, ich sei gefeuert worden, weil ich eine romantische Beziehung verschwiegen habe, ignoriert die Tatsache, dass Beziehungen zwischen Kollegen, auch solche, an denen die Führungsspitze des Unternehmens beteiligt war, bei Bridgewater an der Tagesordnung waren." Elliott fügte hinzu: „Nur bei Bridgewater würde es als ‚angemessene Arbeitsplatzuntersuchung' angesehen werden, wenn eine Frau verfolgt, stundenlang verhört und gezwungen würde, die spezifischen, intimen Details ihrer persönlichen Beziehung preiszugeben. Die Tatsache, dass die Beteiligten nicht erkennen, wie abnormal ein solches Verhalten im Vergleich zu modernen Arbeitsplatzstandards ist, spricht für sich selbst."

25

ALLES, WAS ER WILL

Die Umwandlung von Bridgewater zur Partnership folgte nicht nur dem bereits bei Bob Prince und Greg Jensen angewandten Muster der Kreditaufnahme durch die Mitarbeiter in einer Weise, die sie im Schuldendienst für das Unternehmens hielt. Viele sahen auch deutlich, dass Dalio aus seiner Firma aussteigen und Cash machen wollte.

Dabei spielte wahrscheinlich sein Alter eine Rolle; im Sommer 2019 wurde Dalio 70 Jahre alt. Die vorangegangenen zehn Jahre hatte er im Hinblick auf seinen Ausstieg aus dem Unternehmen und die Systematisierung der Principles nahezu im Dauerstress verbracht. Er schien immer mehr Gefallen an einer Auszeit zu finden, in der er die Aufmerksamkeit genießen konnte, die ihm als erfolgreicher, sich selbst zu helfen wissender Bestseller-Hedgefonds-Guru zuteilwurde (auch für viele bei Bridgewater war es so angenehmer). Es hagelte Einladungen zu Vorträgen auf der ganzen Welt – und nicht nur zu Finanzthemen. Er sprach auf der großen „TechCrunch Disrupt“-Konferenz in San Francisco ausgerechnet über Technologie, was angesichts der anhaltenden Fehlbarkeit von PriOS vielleicht überraschend war, und signierte im Anschluss Exemplare seines Buches für viele Bewunderer. In einem Interview mit „TechCrunch" sagte er: „Ich will nicht mehr Erfolg. Ich will kein Geld."[1] Der Autor des Artikels schrieb zwei Absätze später: „Als Ray Dalio mir kürzlich in die Augen sah und diese Worte sagte, glaubte ich an seine Aufrichtigkeit."

Trotz all dieser Aufrichtigkeit erwähnte Dalio in all seinen Vorträgen und Interviews keine bahnbrechende Veränderung bei Bridgewater. Die Transparenz-Bibliothek, die Aufzeichnungen von Tausenden von Bridgewater-Sitzungen enthielt und die Essenz der radikalen Transparenz darstellte, die Dalio so oft diskutierte, lag in ihren letzten Zügen.

Bridgewater hatte eine ehemalige stellvertretende Generalstaatsanwältin der Vereinigten Staaten, Jamie Gorelick, als Beraterin eingestellt und ihr das System gezeigt. Die Aufbewahrung dieser Unterlagen sei ein rechtliches Problem, sagte sie. Sie stünde im Widerspruch zu den erforderlichen rechtlichen Praktiken. Gorelick wies die Firma an, die Bibliothek zu schließen – oder zumindest alle Aufzeichnungen zu entfernen, die jemanden in einem negativen Licht darstellen könnten (also einen beträchtlichen Teil davon). Nun würden nur noch einige und nicht mehr fast alle Bänder aufbewahrt werden. Es würden viel weniger Sitzungen aufgezeichnet werden. Es wäre nicht mehr möglich, das Innenleben der Firma zu belauschen oder gegen Untergebene auf ihre zweifelhaften Worte hin zu ermitteln, während Dalio und andere außer Hörweite waren.

In gewisser Weise spielte es nicht einmal mehr eine Rolle, ob die Transparenz-Bibliothek existierte, denn sie war in der öffentlichen Vorstellung lebendig. Weder Dalio noch Bridgewater würden jemals öffentlich zugeben, dass sich ihre Aufzeichnungspraktiken geändert hatten. Dalio sprach weiterhin von radikaler Transparenz. Er konnte offenbar akzeptieren, die Praxis aufzugeben, aber er würde niemals die Geschichte aufgeben.

Dalios Auszeiten, in der er seine Principles anpries, schienen eine Erleichterung für Jensen sein, der langsam das Licht am Ende des Tunnels seiner langen, wenngleich lukrativen Knechtschaft bei Dalio sehen konnte. David McCormick, der Co-CEO, der durchgehalten hatte, als so viele um ihn herum ins Wanken geraten waren, hatte ebenfalls das Potenzial, zum Star zu werden. Er stürzte sich darauf und nannte sich „der Ray-Flüsterer".

Vor diesem Hintergrund entwickelte sich der Abend des 9. Juni 2019 zum Höhepunkt in McCormicks persönlichem und beruflichem Leben. Schauplatz war der Belle Haven Club, ein klassisch neuenglischer, höchst exklusiver Club nur für Mitglieder, in Greenwich, Connecticut. Auf dem Hauptgebäude flatterte die amerikanische Flagge in leuchtenden Farben in der Sommersonne. Umgeben von stufenförmig angeordneten Veranden und makellosen weißen Balkonen hätte der Club auch gut in den Film „Der große Gatsby" gepasst. Eine illustre Gesellschaft aus Politik und Wirtschaft feierte McCormicks Hochzeit mit der Politikerin und Geschäftsfrau Dina Powell. Sie war ein guter Fang, ohne Frage. Powell hatte nicht nur das Aussehen einer Powerfrau aus Connecticut – perfekt geglättetes brünettes Haar, eine schlanke Figur und von einem scheinbar permanenten Schimmer umflossen, der ihre ägyptische Herkunft widerspiegelte –, sondern sie hatte auch beruflich einiges auf dem Kasten. Sie diente in der Administration des Weißen Hauses (zuletzt als Vertraute von Ivanka Trump) und war jetzt eine Topmanagerin bei Goldman Sachs. Dies sollte die Krönung eines mächtigen Paares werden.

Weder den Ort des Geschehens hatte das Paar ausgewählt, noch war dies ihre eigentliche Hochzeit. Sie hatten schon früher geheiratet, in zwei Zeremonien, darunter eine auf einer Jacht auf dem Nil. Dalio hatte sich jedoch einbringen wollen. So wurde ein Termin im Belle Haven festgelegt und Einladungen an Hunderte von Gästen verschickt: „Ray und Barbara Dalio laden Sie ein, die Hochzeit von David und Dina zu feiern."

Es sollte ein toller Abend werden. Die Cocktailstunde fand im Freien statt, mit weitem Blick auf den Long Island Sound. Die Gäste betraten den großen Ballsaal, um Harry Connick Jr. vorzufinden, der als Entertainer engagiert worden war und die gut betuchte Menge am Klavier mit Jazzstandards erfreute.

Nach dem Essen folgten die Reden in gewohnter Form: Glückwünsche an das glückliche Paar, was für ein Glück, dass sie sich gefunden hätten, und Ähnliches. Powell machte ein paar seichte Witze über ihre Karriere, darunter einen über Präsident Trump, der im Oval Office Landkarten und Diagramme statt ausformulierter Briefings verlangte. Das brachte die Menge zum Kichern. Alles fühlte sich leicht und locker an.

Dalio stand auf, um zu sprechen, holte sein iPhone heraus und begann, von vorbereiteten Notizen abzulesen. Sein Vortrag war stotternd und fast förmlich, aber mehrere Gäste empfanden ihn als aufrichtig und bewegend. Er beschrieb McCormick als einen seiner engsten Vertrauten und als ein aufstrebendes Talent. Mehrere Anwesende sagten hinterher, dass es sich um eine Ansprache handelte, die man seinem Sohn halten würde.

Dann kam der Zeitpunkt, als sich Dalio an Powell wandte. „David kann alles werden, was er will – auch Präsident der Vereinigten Staaten –, und er hat jemand gefunden: das beste Partygirl in ganz Amerika."

In diesem Moment schauten sich die Gäste gegenseitig an und waren sich nicht sicher, ob sie Dalio richtig verstanden hatten oder ob er einen Scherz gemacht hatte (er war nicht gerade für seinen Humor bekannt). Hatte einer der reichsten Männer der Welt und Gastgeber dieser Party die neue Braut bestenfalls ein leichtes Mädchen genannt – und schlimmstenfalls angedeutet, sie sei eine Nutte?

McCormick und Powell, die beide auf ihre Weise um die Macht der Wahrnehmung wussten, saßen da und machten ein ausdrucksloses Gesicht. Sie war verletzt und verlegen, und er war wütend. Obwohl es keine Überraschung war, solche Worte von Dalio zu hören – McCormick hatte ihn innerhalb von Bridgewater Schlimmeres sagen hören –, war es etwas ganz anderes, Dalio zu erlauben, ihn in der Öffentlichkeit so zu behandeln. McCormick schimpfte später gegenüber Kollegen über Dalios Worte. „Wie konnte er mir das antun?" McCormick nannte dies einen Wendepunkt in seiner Beziehung zu dem älteren Mann.

Hätte man die Principles beim Wort genommen, wäre McCormick gezwungen gewesen, sich öffentlich mit Dalio zu streiten, wie es Jensen ein paar Jahre zuvor getan hatte. Nichts war schlimmer, als hinter dem Rücken von Kollegen über sie zu sprechen. Aber McCormick hatte aus dem Fehler von Jensen gelernt. McCormick sorgte dafür, dass, wann immer er sich bei anderen über Dalios Verhalten an diesem Abend beschwerte, keine Aufnahmegeräte liefen.

McCormick hatte guten Grund, vorsichtig zu sein, wie sich herausstellte, denn allem Anschein nach sollte er schon bald das neueste Lieblingsziel des Bridgewater-Gründers werden. Anfang 2019 teilte Eileen Murray, Co-CEO des Unternehmens, Dalio mit, dass es ihr letztes Jahr sein würde, was nur einige wenige in der Firma wussten. Sie sei erschöpft, erzählte sie Freunden, und sei es vor allem leid, von Dalio bei der Einstellung und Entlassung von Mitarbeitern überstimmt zu werden, und sie habe mehr Geld, als sie sich jemals hätte träumen lassen. Damit war McCormick die offensichtliche Wahl für den Posten des alleinigen CEO, nicht schlecht für einen Mann, der weniger als ein Jahrzehnt zuvor von Dalio beauftragt worden war, Pisse auf dem Toilettenboden zu untersuchen. Die Wahl war jedoch auch mit Risiken verbunden. McCormick war aufgefallen, dass Dalio immer wieder Gründe fand, seine engsten Vertrauten im Hedgefonds zu demütigen, und McCormick war sich bewusst, dass sich das Blatt jederzeit wenden konnte.

(Es kam nicht von ungefähr, dass McCormick nach einer teuren Scheidung, die seiner Hochzeit mit Powell vorausging, auch die 22 Millionen Dollar pro Jahr, die Bridgewater ihm zahlte, nicht verschmähte.)

Bridgewater befand sich kaum in einer ernsten Notlage – unter anderem dank Dalios erfolgreicher internationaler Mittelbeschaffung verfügte das Unternehmen Mitte 2009 immer noch über 160 Milliarden Dollar und lag damit in der Nähe seines Allzeithochs. Von außen gab es jedoch einige Negativschlagzeilen. *Bloomberg Businessweek* veröffentlichte einen Artikel über einen Kunden, den Pensionsfonds von San Joaquin County in Nordkalifornien, mit einer aussagekräftigen Überschrift:[2] „Mini-County gibt Ray Dalios Hedgefonds den Laufpass, weil es genug davon hat, dass die Gebühren die Rendite aufzehren". Die Zahlen waren eindeutig. Die Pension zahlte Bridgewater eine jährliche Fixgebühr von 3,39 Prozent, erhielt aber nur eine durchschnittliche Rendite von 3,1 Prozent. Bridgewater behielt mehr Geld ein, als es für den Fonds erwirtschaftete.[3] San Joaquin war mit seiner Frustration nicht allein. Die UOB Private Bank, ein südostasiatischer Kreditgeber, ein unauffälliger, aber lukrativer Kunde von Bridgewater, mit dem das Unternehmen einst erfolgreich war, empfahl seinen Kunden ebenfalls, ihr Geld abzuziehen, und beschrieb Bridgewater unter seinen Investitionen als „diejenige, die nicht wirklich gut für uns gelaufen ist".[4]

Bei den Investitionen war das Problem für Bridgewater ein altes: Dalios düstere Wirtschaftsprognosen.[5] Der Bridgewater-Gründer prognostizierte eine 40-prozentige Wahrscheinlichkeit einer Rezession vor der Wahl 2020, aber die Märkte stiegen weiter. Pure Alpha lag im August 2019 sechs Prozent im Minus.

Da die langjährigen Kunden abwanderten, musste McCormick neue Geldgeber finden – und alles tun, um die verbliebenen Investoren nicht zu verärgern. Als eine Gruppe von LGBTQ-Mitarbeitern von Bridgewater um die Erlaubnis bat, die Pride-Flagge auf dem Campus zu hissen, sprach sich McCormick dagegen aus, da dies Kunden im Nahen Osten, einschließlich Katar und Bahrain, und anderswo beleidigen könnte. Er drängte auf die Fortsetzung der Geschäfte mit China. Noch nachdrücklicher sprach er sich für enge Beziehungen zu Saudi-Arabien aus, wo einer der größeren und lukrativeren Kunden von Bridgewater Saudi Aramco war, die große staatliche Ölgesellschaft im Besitz der königlichen Familie des Landes. Es gab nicht wenige Leute bei Bridgewater, die diese Beziehung für riskant und sogar unethisch hielten; Saudi Aramco wurde de facto vom Kronprinzen

Mohammed bin Salman kontrolliert, der für seine angebliche Inszenierung des Mordes an dem Journalisten Jamal Khashoggi und andere Menschenrechtsverletzungen berüchtigt war. Doch das Versprechen weiterer Dollar wog schwer. McCormick hatte das Land zusammen mit Powell besucht, als sie noch im Weißen Haus arbeitete, und er argumentierte bei Bridgewater, dass die saudischen Gelder weiter fließen würden, wenn das Unternehmen zur Menschenrechtslage im Land schweigen würde.

Gleichzeitig orientierten sich McCormick und Bridgewater auf dem Markt nach unten. Jahrelang hatte sich Bridgewater mit einer Mindestinvestitionssumme von 100 Millionen Dollar gebrüstet; jetzt nahm es über einen Mittelsmann Schecks in Höhe von nur 250.000 Euro entgegen. Bridgewater begrüßte nicht irgendeinen Vermittler, sondern den vielleicht gefährlichsten: SkyBridge Capital, die Firma, die vom ehemaligen Trump-Administrationsbeamten Anthony Scaramucci mitbegründet wurde, der für seine Firma mit den Worten warb: „Jeder Zahnarzt in Amerika kann ein Hedgefonds-Portfolio im Wert von 25.000 bis 50.000 Dollar haben."

Eines war sicher: Dies war nicht das Bridgewater von früher.

Ein paar Jahre zuvor hätte Dalio sich intensiv mit einer solch umfassenden Veränderung in der Firma beschäftigt. Jetzt schien er es kaum noch zu bemerken. Wie er oft sagte, hatte er das Thema Investieren schon vor Jahren hinter sich gelassen – schließlich hatte er bereits ein Buch über dieses Thema geschrieben und arbeitete an zwei weiteren. Je mehr Monate vergingen, desto mehr schien er sich auf seine äußere Berühmtheit zu konzentrieren und nicht mehr auf Bridgewater.

Obwohl milliardenschwere Hedgefonds-Manager oft an politische Kandidaten spendeten oder sogar selbst zu solchen wurden, hatte sich Dalio lange als jemand dargestellt, der eher altruistische Ziele verfolgte. Seine öffentlichen Äußerungen legten nahe, dass er sich als Philanthrop und Philosophenkönig sah – oder vielleicht auch nur als Einflussnehmer.

Er und Barbara Dalio traten zusammen mit dem Gouverneur von Connecticut auf einer gut besuchten Pressekonferenz auf, um zu verkünden, dass er 100 Millionen Dollar für die Highschools des Bundesstaates spenden würde, und er nannte dies „die Partnerschaft für Connecticut".[6]

Außerdem twitterte er fast ununterbrochen und interagierte aktiv mit Fremden, die sich die in „Principles" genannten Grundsätze zu eigen gemacht hatten. Er kündigte sogar weitere Principles an, wie zum Beispiel diese drei im Herbst 2019:

> Was wirklich großartige Beziehungen (wie großartige Ehen und großartige Partnerschaften) schafft und aufrechterhält, ist der unerschütterliche Glaube, dass nichts wichtiger ist als die Beziehung.
> Wenn Sie den Wert Ihrer Beziehung einschätzen müssen, sollten Sie gründlich darüber nachdenken, ob Ihre wichtigsten Werte und Grundsätze übereinstimmen, und die wirklich wichtigen den weniger wichtigen vorziehen.
> Der Schlüssel zu allen guten Beziehungen liegt darin, a) sich darüber einig zu sein, wie man miteinander umgehen sollte, insbesondere darüber, wie man Meinungsverschiedenheiten ausräumen sollte, und b) denjenigen, die dasselbe mit einem tun, weit mehr zu geben, als man von ihnen verlangt.

Dalio, der Jahrzehnte damit verbracht hatte, ein öffentlichkeitswirksames Image zu kultivieren, erntete eindeutig die Früchte seiner Bemühungen. Er twitterte, dass Sean „Diddy" Combs ihn gebeten habe, ihn als Mentor zu unterstützen, „um ihm zu helfen, seinen Erfolg auf die nächste Stufe zu heben". Der Tweet enthielt ein 54 Sekunden langes Video, in dem die beiden Männer miteinander sprechen.[7]

Dalio trat auch in Gwyneth Paltrows „Goop"-Podcast auf, wo sie lässig bemerkte: „Alles, was Ray tut, hat einen spirituellen Aspekt."

Dalio hielt seine Grundsatzrede darüber, wie Bridgewater ein sorgfältiges System der nach Glaubwürdigkeit gewichteten Entscheidungsfindung anwandte, um sicherzustellen, dass Fairness über allem stand. „Ich glaube nicht, dass es einen Fall gegeben hat, in dem ich überstimmt wurde, in dem ich meine Macht genutzt habe, um eine an Glaubwürdigkeitskriterien ausgerichtete Entscheidung zu überstimmen."

„Niemals?", fragte Paltrow.

„Niemals."

Später im Interview schlug Paltrow vor, Dalio solle für das Präsidentenamt kandidieren.

Hinter verschlossenen Türen bei Bridgewater prahlte Dalio mit den Wirtschafts-Titanen, die daran interessiert waren, die Principles in ihren eigenen Unternehmen anzuwenden. Er sagte, dass unter anderem Bill Gates und Elon Musk Persönlichkeitstests auf der Grundlage der Principles durchgeführt und für nützlich befunden hätten. Jack Dorsey, der guruartige Mitbegründer von Twitter, war laut Dalio ein weiterer begeisterter Anwender. Dorsey, so Dalio, habe ihn sogar zu einer privaten Schulung über die Principles auf das in den Bergen gelegene Anwesen des Tech-Managers eingeladen. Dorseys lockere Stimmung war anscheinend ansteckend, denn im September 2019 tauchte Dalio bei „Burning Man" auf, dem Wüstenfestival, das für Psychedelika-Konsum und nächtelanges Feiern bekannt ist.

Dalio bekam seinen Fototermin. Er twitterte ein Foto von sich vom „Burning Man"-Festival, bekleidet mit einer knallbunten Hose und einer bunten Jacke mit azurblauem Federbesatz, die ihn aussehen ließ, als hätte er sich auf dem Weg zu einer Mitternachtsvorstellung der „Rocky Horror Picture Show" verlaufen. Wie lange er sich in der Wüste aufhielt, ist unklar (auf dem Twitter-Foto ist seine Kleidung makellos, während der Mann neben ihm mit Sand bedeckt ist), aber er machte den Eindruck, ein echter „Burner" zu sein. „Was für eine tolle Stimmung und was für eine unglaubliche Kreativität", schrieb er auf Twitter. „Wenn ihr nächstes Jahr hingeht: Zwischen 1 und 5 Uhr morgens ist es am besten."

Der Tweet erhielt Tausende von Likes und löste Reaktionen aus wie „Ray Dalio ist wirklich da draußen und hat die besten Tage seines Lebens." Ein anderer schrieb: „‚Burning Man' ist nun offiziell tot."

Doch während Dalio die Welt bereiste und den Wert der Anwendung der Principles im täglichen Leben verherrlichte, war die darauf basierende Software weiterhin Murks.

Dies war die schlichte Realität dessen, was Dalio aufgebaut hatte. Bridgewater war, gemessen an der schieren Summe des verwalteten Geldes, ein finanzieller Moloch, und ein Großteil davon war dem Gründer zu verdanken. Und er war gut darin, jedem, der ihm zuhören wollte, von den Principles und der Bridgewater-Kultur der radikalen Transparenz zu erzählen, schien aber entweder nicht in der Lage zu sein oder nicht willens, zu erkennen, dass sein Manifest von Tag zu Tag bröckelte. Dies wäre gleichbedeutend mit dem Eingeständnis eines Fehlers gewesen – etwas, von dem er behauptete, sehr gut darin zu sein, das er aber, wie viele, die für ihn arbeiteten, in der Praxis zu verabscheuen schien. Und das hätte sich vielleicht wie der größte Fehler von allen angefühlt, weil er damit gezwungen gewesen wäre, der Welt zu sagen, dass selbst die Leute, die für ihn arbeiteten, die Principles nicht anwenden wollten.

Dies wurde deutlich, als Dalio, der sich bewusst war, wie viel er für die Entwicklung der iPad-Apps und ähnlicher Produkte – die alle auf seiner Schöpfung basierten – ausgegeben hatte, das Unternehmen aufforderte, eine jährliche Lizenzgebühr von acht Millionen Dollar für die Nutzung von Tools wie dem Dot Collector, dem Coach und dem Pain Button zu zahlen. Mitarbeiter des Unternehmens waren fassungslos darüber, dass sie mit dem Geld des Unternehmens den Gründer für Produkte bezahlen sollten, deren Nutzung er ihnen auftrug, und lehnten die Forderung ab.*

* Ein Anwalt von Bridgewater sagte: „Es ist falsch zu behaupten, dass Bridgewater seine einzigartige Kultur nicht fortführen wollte."

So wurde die Kluft zwischen dem, was Dalio der Welt über das Leben bei Bridgewater erzählte, und dem, was tatsächlich vor sich ging, von Tag zu Tag größer.

Für David Ferrucci war es nach vielen Jahren und vielen Millionen Dollar Gehalt Ende 2019 genug. Er wollte keine große Sache aus seinem Ausstieg machen, denn das hätte die Aufmerksamkeit darauf gelenkt, wie wenig er erreicht hatte. Stattdessen vereinbarte er mit Dalio, dass er seine Arbeit bei dem Hedgefonds aufgab, aber seine Büros auf dem Bridgewater-Campus behielt, wo er Interviews über seine neuesten computerwissenschaftlichen Forschungen gab. Keines dieser Interviews hatte etwas mit Dalio, Bridgewater oder den Principles zu tun. Weder Bridgewater noch er selbst äußerten sich zu seinem Ausscheiden oder gaben es öffentlich zu.

Paul McDowell, der andere Mann, der ein Jahrzehnt seines Lebens der Anwendung der Informatik auf die Principles gewidmet hatte, akzeptierte schließlich ebenfalls, dass seine Arbeit umsonst gewesen war. Dennoch quälte er sich mit der Frage, ob er gehen sollte. Bridgewater war für McDowell der große Durchbruch gewesen, und wenn er ging, stand er wahrscheinlich vor dem Ende seiner Karriere. Ob es nun an seinem optimistischen kanadischen Naturell lag, an der reinen Hoffnung auf das Potenzial der Principles oder einfach an der Notwendigkeit, weiterhin ein Gehalt zu verdienen: McDowell blieb auch bis 2019. Seit elf Jahren war er bei dem Hedgefonds tätig. Er hatte mit der Überzeugung begonnen, dass Bridgewater den Schlüssel zur wissenschaftsbasierten Selbstverbesserung bereithielt, und endete mit der Erkenntnis, dass er jetzt unbestreitbar niedergeschlagener war als zu dem Zeitpunkt, als er in die Firma eingetreten war. Er verließ Bridgewater, um eine Stelle in einem Beratungsunternehmen anzutreten – eine ähnliche Funktion wie vor seinem Eintritt in den weltgrößten Hedgefonds, womit sich der Kreis schloss. Nachdem McDowell gegangen war, wurde sein sechswöchiges Principles-Bootcamp, das er fast ein Jahrzehnt lang geleitet hatte, aufgelöst. Stattdessen erhielten die Neulinge nur noch ein paar Tage Einarbeitungszeit. Niemand würde vor ihnen stehen und den Wert von Bridgewater als Wahrheitsfabrik anpreisen.

Als McDowell an seinem letzten Tag den Campus von Bridgewater verließ, war er nicht traurig. Er fühlte sich wie ein Versager.

26

KEINE HELDEN

Schnee und eine Schneesturmwarnung waren am 17. Dezember 2020 das beherrschende Thema in allen Medien, als Devon Dalio mit seinem Audi vom Baujahr 2016 einen Nachmittagsausflug auf einer normalerweise belebten Einkaufsstraße in Greenwich unternahm. Devon, das älteste der vier Kinder von Ray und Barbara und selbst Vater, hatte den größten Teil seiner Karriere in Rays Diensten verbracht, unter anderem bei Bridgewater. Vor Kurzem hatte sich Devon selbstständig gemacht und mit der Unterstützung seines Vaters eine kleine Investmentgesellschaft gegründet.

Kurz vor 16:00 Uhr Ortszeit schleuderte Devons Auto über einen Grünstreifen, der seine Fahrspur von der des Gegenverkehrs trennte, und prallte mit hoher Geschwindigkeit in ein Einkaufszentrum. Als die Polizei eintraf, drang dichter schwarzer Rauch aus einem völlig verkohlten Ladengeschäft.

Devon Dalio, 42 Jahre alt, starb noch am Unfallort.[1]

Ray Dalios E-Mail-Posteingang füllte sich mit Kondolenznachrichten, sogar von einigen, die sich im Streit von seiner Firma getrennt hatten.

Am Tag nach dem Tod seines Sohnes schrieb Dalio auf Twitter: „Meine Familie und ich wünschten, wir könnten uns persönlich bei jedem Einzelnen von Ihnen bedanken." In einem weiteren Tweet fügte er hinzu: „Bitte entschuldigen Sie, dass ich mich zu diesem Zeitpunkt nicht weiter mit Ihnen austausche, da ich die Zeit für Ruhe mit meiner Familie brauche."

13 Tage später verkündete Dalio der Welt, dass er nach dem Tod seines Sohnes eines seiner ursprünglichen Principles neu überdacht habe: Schmerz + Reflexion = Fortschritt. „Diese Erfahrung hat mich an die relative Bedeutung der Dinge erinnert", schrieb er auf LinkedIn. „Es war zwar schmerzhaft, aber ich habe viel gelernt und lerne immer noch. Es hat mir sehr geholfen, anderen zu helfen, und es ist alles viel weniger schmerzhaft und viel produktiver geworden."

Er fügte hinzu: „Ich werde nicht mehr darüber sprechen."

Sechs Wochen später tat Dalio genau das. In einem weiteren LinkedIn-Beitrag über seinen Sohn sagte er, dass er durch weiteres Nachdenken erkannt habe, dass die Principles besonders hilfreich bei der Trauerarbeit seien.

Die Aufmerksamkeit, die seinem tragischen Verlust zuteilwurde, machte deutlich, welchen Gipfel Dalio inzwischen erklommen hatte. Das Einzelkind, das jahrelang an Thanksgiving bei einer anderen Familie eingeladen war, war nun eine Ikone für Millionen, die zu ihm aufschauten und sich in ihm wiedererkannten. Aufbauend auf der Popularität seiner Autobiografie war er zu einem der beliebtesten Geschäftsleute auf Twitter geworden und hatte sein Publikum auf LinkedIn auf rund 2,5 Millionen Menschen erweitert. Für einen Mann, der so viele Jahre lang behauptet hatte, kein Rampenlicht zu suchen, war das ein überwältigendes Publikum.

Der öffentliche Ray Dalio zeichnete sich durch zwei Eigenschaften aus, die sich nicht unbedingt zu ergänzen schienen, aber oft zusammenwirkten. Einerseits war er ein großherziger Milliardär, der anderen helfen wollte, ihr Leben zu verbessern, indem sie seinen Grundsätzen folgten. Andererseits brauchte er offensichtlich auch Selbstbestätigung, denn in der Öffentlichkeit stellte er sich als jemand dar, der ständig angegriffen wurde.

Diese alternative Realität wurde Anfang 2020 deutlich, als das *Wall Street Journal* einen Artikel schrieb, in dem es hieß, dass Dalio trotz der ständigen Aussicht, die Kontrolle über Bridgewater abzugeben, immer dabeizubleiben schien. „Ray Dalio hatte einen sich über zehn Jahre erstreckenden Nachfolgeplan für Bridgewater Associates LP, den von ihm aufgebauten Hedgefonds. Das ist das zehnte Jahr. Er hat immer noch das Sagen", hieß es in dem Artikel.[2] Außerdem wurde berichtet, dass Eileen Murray, die frühere Co-CEO, mit dem Unternehmen im Streit über die Bedingungen ihres Ausstiegs lag. Keine dieser Tatsachen war besonders bemerkenswert oder gar neu. Dalio selbst hatte in den letzten zehn Jahren zahlreiche Interviews über den Zeitplan seines Ausstiegs gegeben, und es gab Phasen, in denen es den Anschein hatte, als gäbe es kaum eine Führungskraft, die Bridgewater ohne irgendein Drama verlassen hätte. Dalio selbst hatte oft gesagt, die Drehtür zeige, dass sein Managementsystem die Spreu vom Weizen trenne.

Der Artikel stellte fest, dass die Investitionen von Bridgewater auf der Stelle traten, während Dalio seine Zeit damit verbrachte, mit dem Management zu streiten. Obwohl die Firma oft erklärte, dass man sie nicht streng mit dem Aktienmarkt vergleichen solle, ließ die Hinzufügung von Anleihen – die als Diversifizierungsmittel betrachtet wurden – den Hedgefonds kaum besser aussehen. In sieben der letzten elf Jahre wären die Anleger mit einer Standardaufteilung von 60 Prozent zu 40 Prozent aus Aktien und Anleihen besser dran gewesen als mit dem gepriesenen Flaggschiff-Fonds von Bridgewater.

Das, was Dalio einst als seinen Heiligen Gral bezeichnet hatte, schien versiegt zu sein.

Zwei Tage nach der Veröffentlichung des Artikels wütete Dalio öffentlich in einem LinkedIn-Post mit dem Titel „*The Wall Street Journal's*

Fake and Distorted News".[3] Er behauptete, der Artikel sei „voller sachlicher Fehler" – obwohl das *Journal* seine Beschwerden überprüfte und keine derartigen Fehler fand – und ein Beispiel dafür, „warum unser Land keine Helden hat".

Dalio ließ es nicht dabei bewenden, sondern stürzte sich auf die Hunderte von Kommentaren von Unbekannten auf LinkedIn zu seinem Artikel und antwortete auf einige Kommentare persönlich. Ein Kommentator, der sich auf die Seite der Journalisten schlug, schrieb Dalio, dass seine Widerlegung „verdächtig faktenarm" sei, dass sie auf „Rufmord" hinauslaufe und an „die Standardtaktik einer anderen sehr mächtigen Person" erinnere, eine offensichtliche Anspielung auf den damaligen US-Präsidenten Trump. Dalio antwortete: „Ich wollte nicht Punkt für Punkt auf die verschiedenen Fakten eingehen, ohne dass ein Richter sie abwägen kann." Einem anderen Kommentator schrieb er: „Prinzipientreues Handeln ist mir sehr wichtig. Wenn ich das allgegenwärtige schlechte Verhalten sehe, das unsere Gesellschaft bedroht, fällt es mir schwer, dazu zu schweigen."

Einem anderen Kommentator schrieb er: „Ich habe ein dickes Fell. Um mich mache ich mir keine Sorgen. Es ist das System, um das ich mir Sorgen mache."

Dalio wütete hinter den Kulissen weiter und rief den Chefredakteur des *Journal* an, um insbesondere klarzustellen, dass er und Murray keine größeren Meinungsverschiedenheiten hatten, und forderte die Zeitung auf, diesen Punkt zu korrigieren (das *Journal* lehnte dies ab).

Sechs Monate später reichte Murray eine Diskriminierungsklage in Höhe von 100 Millionen Dollar gegen Bridgewater ein, in der sie Dalio namentlich nannte und dem Unternehmen vorwarf, „öffentlich Transparenz zu beteuern, wenn es seinen Interessen dient, aber diejenigen hart zu bestrafen, die öffentlich über Fakten berichten, die Bridgewater als schädlich für sein Image ansieht". In ihrer Klage hieß es: „Die Heuchelei ist erstaunlich."

In der Klage wurde Bridgewater vorgeworfen, sie schlechter zu bezahlen als ihre männlichen Kollegen. Der Rechtsstreit wurde schließlich außergerichtlich beigelegt.

Als Berichte über ein neuartiges asiatisches Virus die Runde machten, hätte Dalio in der Lage sein müssen, den Nachrichten zuvorzukommen. Jahrzehntelang hatte er Beziehungen zu Chinas Regierungsstellen gepflegt und Investitionen getätigt, mit denen praktisch niemand konkurrieren konnte, und er hatte sich oft mit seiner einzigartigen Fähigkeit gebrüstet, die Nation und ihre Kultur zu verstehen. Wenn irgendein Wall-Street-Akteur die Fähigkeit hatte, die Wahrheit über das Virus zu erahnen, dann war es Dalio.

Doch inmitten der größten börsenwirksamen Nachricht, die seit Jahren aus China kam, erklärte Dalio nun, dass er keinerlei Einblick habe. „Ich und wir bei Bridgewater haben keine Ahnung, in welchem Ausmaß sich dieses Virus oder diese ‚Pandemie' ausbreiten wird, wir wissen nicht, wohin sie sich ausbreiten wird, und wir kennen ihre wirtschaftlichen oder marktbezogenen Auswirkungen nicht", schrieb er im Januar auf LinkedIn.[4] Zwei Wochen später flog er nach Abu Dhabi, wo Bridgewater Milliarden von Dollar für staatsnahe Unternehmen verwaltet, und sagte, die Auswirkungen des Coronavirus schienen übertrieben zu sein. „Wahrscheinlich wird es etwas sein, das in ein oder zwei Jahren kaum noch ein Thema sein wird, worüber alle reden werden", sagte er auf einer Konferenz in Abu Dhabi.

Für einen Mann, der sich mit scheinbar endlosen Weltuntergangsmeldungen einen Namen gemacht hatte, war dies ein besonders unglücklicher Zeitpunkt, um optimistisch zu werden. Das Coronavirus breitete sich aus, und die Märkte lagen danieder. Am 18. März 2020 befand sich Bridgewater im freien Fall. Pure Alpha lag in weniger als drei Monaten zwischen 14 und 21 Prozent im Minus, so die Schätzungen, die das Unternehmen besorgten Anlegern vorlegte. All-Weather, – vorgebend, in jedem Marktumfeld Geld zu verdienen –, hatte schätzungsweise zwölf Prozent verloren. Die wahren Zahlen könnten sogar noch schlimmer gewesen sein, wie Bridgewater in einem Brief an die Investoren signalisierte, in dem Dalio sagte: „Nageln Sie uns nicht auf die genauen Zahlen fest, in diesem volatilen Umfeld gibt es nichts Genaues."[5]

In dem Brief übernahm Dalio so gut wie keine Verantwortung für die Verluste des Fonds. „Was ich über diese Performance denke? Es ist zwar nicht das, was ich mir wünschen würde, aber es entspricht dem, was ich unter den gegebenen Umständen erwartet hätte." Er sagte, dass seine Fonds trotz der Risiken des Coronavirus weiterhin auf steigende Märkte setzten, weil Bridgewater „normale Risikokontrollen" habe. Er schrieb: „In diesem Fall hat der Risikokontrollprozess wie vorgesehen funktioniert."

Die Erklärung kam vielen Anlegern offenbar hohl vor, denn die gut betuchte Kundschaft von Bridgewater – die gerade miterlebt hatte, wie der weltgrößte Hedgefonds den größten Moment an den Märkten seit der Finanzkrise von 2008 verpasste – begann erneut, ihr Geld abzuziehen.

Als die Virusfälle zunahmen und die Welt sich in einen Shutdown zurückzog, tat dies auch Bridgewater. Die meisten Mitarbeiter wurden nach Hause geschickt. So bewirkte die Pandemie etwas, was jahrelang wechselnde Führungskräfte, interne Prozesse, Firmentribunale und Geheimabsprachen nicht geschafft hatten: Dalio verließ Bridgewater physisch für immer. Er verschwand vom Campus, wo eine Notbesatzung von etwa 50 Mitarbeitern Monitore und andere Geräte in die Wälder unter ein improvisiertes Zelt schleppte, das nun als Hauptsitz der Firma galt.

Obwohl alle in der Firma schnell erfuhren, dass Dalio nicht in der Zentrale war, gab es nur Gerüchte darüber, wohin genau er gegangen war. Einem ehemaligen Mitarbeiter zufolge soll sich der Milliardär auf seiner Jacht aufgehalten haben, um sich so weit wie möglich von der Pandemie fernzuhalten. Andere nahmen an, dass er sich in seinem Anwesen in Greenwich verschanzt habe, eine nicht unvernünftige Vorsichtsmaßnahme für einen 70-Jährigen während einer Pandemie.

Ein Indiz dafür, dass er zumindest zeitweise zu Hause war, war, dass Bridgewater-Mitarbeiter beauftragt wurden, ein professionelles Videostudio in Dalios Haus zu errichten, von dem aus er sich jederzeit in die Verhandlungen des Hedgefonds beamen konnte. Dalio nutzte das Studio auch, um in dieser schwierigen Zeit weiterhin Fernsehinterviews zu geben, in denen er den Wert der Principles anpries.

Als er Bridgewater von seiner Kameraeinstellung aus beobachtete, so wie Tausende seiner Mitarbeiter jahrelang Fallstudien angesehen hatten, was blieb da überhaupt noch für ihn zu sehen? Inzwischen waren die Principles eher eine Fantasie oder, vielleicht freundlicher ausgedrückt, eine Sammlung von Fabeln als die wörtlichen Vorschriften, die Dalio so viele Jahre lang präsentiert hatte. Obwohl sie sich nie so direkt auf die Investitionen des Unternehmens ausgewirkt hatten, wie er öffentlich behauptete, wurden sie auch an anderer Stelle im Unternehmen schnell verworfen.

Die Punkte, die mehr als ein Jahrzehnt lang die Hauptstütze des Bridgewater-Mitarbeiterbewertungssystems gewesen waren, waren fast nicht mehr wiederzuerkennen. Im Jahr 2020 führte das Unternehmen eine neue Kategorie ein, die sogenannten Confidential Dots (vertrauliche Punkte), die für andere Mitarbeiter des Unternehmens nicht sichtbar sein sollten. So war es nun möglich, kritisches oder anderes Feedback zu geben, ohne dass alle anderen davon erfuhren und sich darüber aufregten. Diese neuen vertraulichen Punkte konnten vom Unternehmen auch nach Belieben entfernt werden. Intern hieß es, dies geschehe aus rechtlichen Gründen und aus Gründen der Öffentlichkeitsarbeit. Bridgewater entschied, dass es zu riskant sei, wenn die Medien oder die Aufsichtsbehörden mitbekämen, dass eine Führungskraft beispielsweise wegen mangelnden „gesunden Menschenverstands" abgewertet würde. Was auch immer der Grund war, das Ergebnis war klar: Das Punktesystem starb aus.

Während sich die Welt ins Homeoffice zurückzog, setzte Dalio seine Werbemaßnahmen für die Principles fort, aber ob er es nun bemerkte oder nicht, die drei Jahre seit der Veröffentlichung seines Buches waren der Dünkelhaftigkeit huldvoller Geschäftsleute, die Antworten darauf hatten, wie man die Welt retten könne, nicht zuträglich gewesen. Berühmte Technologie-CEOs, darunter Jeff Bezos und Mark Zuckerberg, wurden vor den Kongress gezerrt, um über den Schaden, den ihre Plattformen anrichteten, auszusagen. Die „Work hard, play hard"-Mentalität, die Bridgewater mit seinen langen Arbeitszeiten und feuchtfröhlichen Betriebsausflügen verkörpert hatte, wurde als Relikt einer früheren, rücksichtslosen Epoche angesehen. Präsident Trump, der in seiner Freude an mit alternativen Fakten angeheizten Auseinandersetzungen mit den Medien Parallelen zu Dalio aufwies, war auf dem besten Weg, die Wiederwahl zu verlieren.

Die Monate vergingen, die Pandemie zog sich hin, und die Auflösung der Managementsysteme, die das Leben bei Bridgewater mehr als ein Jahrzehnt lang bestimmt hatten, beschleunigte sich. Nur wenige Mitarbeiter nutzten regelmäßig die als PriOS bekannten computergestützten Bewertungsinstrumente. Die „Gerichtsverhandlungen" und firmeninternen „Tribunale", die jahrzehntelang ein Markenzeichen des Lebens bei Bridgewater gewesen waren, kamen zum Erliegen. Sogar die wöchentlichen Bridgewater-Meetings, bei denen Dalio so oft jüngere Mitarbeiter blamiert hatte, die sich mit unabhängigen Gedanken einbrachten, erwiesen sich als etwas, das man nicht unbedingt über einen Laptop-Bildschirm verfolgen musste. Anstatt wie früher an einem Tisch zu sitzen, wie ein Priester am Altar, mit Reihen von Mitarbeitern vor sich, war Dalio jetzt nur noch ein körperloser Kopf in einem Quadrat in der oberen rechten Ecke der Zoom-Konferenz, wie der am wenigsten lustige prominente Gast in einer überlangen Folge von „Hollywood Squares". Das Ganze führte zu einer Verflachung und zu einer Angleichung – die Art von Ansatz, die Dalio so lange behauptet hatte, zu praktizieren, und nun gezwungen war, zu befolgen. Es war schwierig, ein Tyrann zu sein, wenn jeder ihn stummschalten konnte.

Die Pandemie änderte nichts an Dalios Aussage, dass die Principles im Hintergrund von Bridgewater immer mitschwirrten – und dass er andere ermutigte, sie zu übernehmen.

Er konzentrierte sich auf einen letzten Versuch, seinen wertvollen Dot Collector in Zoom zu integrieren – das während der Pandemie populär gewordene Videochat-Tool. Die Mitarbeiter vieler Unternehmen waren bereits daran gewöhnt, mit Kollegen über einen Videobildschirm zu interagieren, sodass die gegenseitige Bewertung über denselben Bildschirm nur eine bescheidene Anpassung darstellte. Coinbase, der Kryptowährungsmakler, der während der Pandemie schnell gewachsen war und allen Mitarbeitern die Möglichkeit gab, aus der Ferne zu arbeiten, testete den Dot Collector mit einem Teil seiner Mitarbeiter, hauptsächlich aus dem Personalwesen und der Informationstechnologie. Die Reaktion der Coinbase-Mitarbeiter kam sofort – und war negativ. Die Mitarbeiter verfassten eine Petition, in der sie den Einsatz des Dot Collector anprangerten und behaupteten, er habe zu einer toxischen Arbeitsplatzkultur geführt. Der Vorstandsvorsitzende des Unternehmens verteidigte den Prozess, der später auslief, nicht indem er sich für seine Vorzüge einsetzte, sondern indem er sagte, dass sich nur wenige im Unternehmen für den Einsatz des Dot Collector entschieden hätten, sodass die Beschwerden gegenstandslos seien.[6]

Ebenso erfolglos war der Höhepunkt von Dalios jahrelangem Bestreben, das ausgedehnte Bridgewater-Ratingsystem in große und kleine Unternehmen einzubringen, von dem er seit Jahren gesprochen hatte. Unter dem Namen PrinciplesUS waren ursprünglich einmonatige Workshops geplant, in denen die Mitarbeiter in den Principles geschult werden sollten, um die Mitarbeiter mit einem ausgeklügelten Zertifizierungsverfahren zu offiziellen „Principals Coaches" zu befördern.

Von zu Hause aus erzählte Dalio seinen Mitarbeitern, dass er seine Karteikarten durchforstet habe, um einen Nachfolger zu finden, aber nichts dabei herausgekommen sei. Jack Dorsey von Twitter, dessen Anwesen Dalio einmal besucht hatte, war dabei, sein eigenes Unternehmen zu verlassen, ebenso wie Bill Gates von Microsoft. Salesforce-Mitbegründer Marc Benioff lehnte Dalios Angebot ebenfalls ab. Kein großes Unternehmen verpflichtete sich öffentlich zur Übernahme der Principles.

Dalio, der sich somit in den Augen der Öffentlichkeit blamierte und privat durch die Pandemie isoliert war, begann erneut, die Geschichte um sich herum zu verändern. Scheinbar widmete er sich erneut der Kluft zwischen Arm und Reich. Vermehrt twitterte er und schickte eine Nachricht an Elon Musk („Right on, Elon! ...")[7] die unbeantwortet blieb. Er twitterte sogar über den Tod einer Richterin des Obersten Gerichtshofs, wobei es ihm wie üblich gelang, sich selbst als Märtyrer darzustellen: „Ich denke, die meisten von uns stimmen in einem seltenen Moment der Einigkeit überein, dass Ruth Bader Ginsburg eine Heldin war. Das ist wirklich großartig, weil wir heute in einer Gesellschaft leben, in der es keine allgemein anerkannten Helden mehr gibt. Der Grund dafür liegt darin, dass die meisten Menschen, die sich hervorheben, niedergemacht werden, weil Leute auf der anderen Seite sie diskreditieren wollen."[8]

Meistens sprach er als der große Staatsmann, zu dem er sich entwickelt hatte, über die ernsten Gefahren, denen die Wirtschaft ausgesetzt sei, und zwar zu jedem, der danach fragte.

Nicht lange nach dem Ausbruch der Pandemie kehrte er zu seiner jahrzehntelangen Praxis zurück, Katastrophen vorherzusagen, die unmittelbar bevorstehen sollten. Bei einem *CNN*-Auftritt im Dezember 2020[9] erklärte er dem Interviewer, er habe die Geschichte der letzten 500 Jahre studiert und eine Revolution stünde nicht nur möglicherweise bevor, sondern die Nation könne Frieden und Harmonie nicht länger als selbstverständlich ansehen. In fast allen Medien – Fernsehen, Podcasts, LinkedIn und sogar in einem Interview mit dem ehemaligen Finanzminister Hank Paulson – deutete er an, dass Amerika ein „Bürgerkrieg" drohe. In einem Interview mit dem Kolumnisten der *New York Times*, Thomas Friedman, legte er noch eine Schippe drauf und sagte achselzuckend: „Die Geschichte hat gezeigt, dass Bürgerkriege und Revolutionen einen Sinn haben“,[10] indem sie es ermöglichten, dass alte Weltordnungen durch neue, reformierte ersetzt werden konnten.

In der ersten Zeit der Pandemie, von März bis November 2020, sprach Dalio relativ selten über Bridgewater. Das lag vielleicht daran, dass er nicht nur physisch von der Firma getrennt war, sondern sich auch die Schar seiner Getreuen immer weiter verringerte. Murray war weg. McCormick, der noch immer unter Dalios beleidigendem Hochzeits-Toast litt, suchte nach einem Ausweg. Jensen konnte nach seinem Tribunal Dalio nie mehr ganz vertrauen und freute sich dem Vernehmen nach über Dalios Abwesenheit. Bob Prince, der Dalio stets zu Diensten gestanden hatte, war während der Pandemie mit seiner Kirche beschäftigt. Die Bridgewater-Familie war zerstreut.

Selbst wenn Dalio physisch bei Bridgewater anwesend gewesen wäre, hätten sich die Armeen, die er dort befehligt hatte, aufgelöst. Die Principles Captains, das Politbüro und ihresgleichen waren in den Wäldern nutzlos; viele waren entlassen worden oder hatten das Unternehmen aus eigenem Antrieb verlassen. Es gab keine obligatorischen Lektionen mehr zu den Principles, keine Tests, die abgelegt werden mussten, und keine Verunglimpfung derjenigen, die schlecht abschnitten. Sogar viele der alten Fallstudien – die Filme von „Gerichtsverhandlungen“, die Bridgewater jahrelang aufgezeichnet hatte, damit die Lehren des Gründers nicht in Vergessenheit geraten würden – waren aus der Transparenz-Bibliothek verschwunden, da die Rechtsabteilung angewiesen hatte, sie so schnell wie möglich zu entfernen.

Am erstaunlichsten war vielleicht, dass sogar Dalio selbst, obwohl er es nie öffentlich hätte durchblicken lassen, keine Lust mehr hatte, wenigstens eines der Rating-Tools zu verwenden, denen er so viel Energie gewidmet hatte. Seine erste große, auf den Principles basierende Erfindung, der Dot Collector, mit dem er zuvor gedroht hatte, Leute zu feuern, wenn sie ihn nicht nutzten, wurde nicht mehr verwendet. Ein Bridgewater-Mitarbeiter zog Ende 2020 die internen Daten heran und entdeckte, dass selbst Dalio seit jenem Mai niemanden mehr gepunktet hatte.

Es war wohl ein Sieg für die Wenigen, die radikale Transparenz verfochten hatten, dass diese Tatsache noch immer von jedem entdeckt werden konnte, der sich die Mühe machte, nachzusehen.

Leute, die in dieser Zeit mit Dalio gesprochen haben, sagen, dass er unsicher schien, was er als Nächstes tun sollte. Wenn Bridgewater begonnen hatte, die Principles hinter sich zu lassen, so konnte oder wollte Dalio dies nicht tun. Er erzählte Mitarbeitern, dass er eine Diagnose seines Vermächtnisses durchführen wolle, indem er ein Team zusammenstellte, um einen Dokumentarfilm zu drehen und zu veröffentlichen, der die wahre Geschichte von ihm, Bridgewater und den Principles zeigen würde.

Es würde nicht einfach ein Monolog sein, sagte Dalio. Er sagte einigen engen Mitarbeitern, dass er Zeugnisse von den Mitarbeitern von Bridgewater haben wolle, die der Welt erzählen könnten, wie er und die Principles wirklich seien. Er schlug die wichtigste Frage vor, die er beantwortet haben wollte:

„Habe ich Ihnen geholfen oder Sie verletzt?"

Er fügte hinzu:

„Haben Sie keine Angst, mir die Wahrheit zu sagen."

EPILOG

Ray Dalio ließ die Pandemie-Zeit hinter sich, so wie er sie angegangen hatte: Er strotzte nur so vor Enthusiasmus, um seine Principles mit anderen zu teilen, und schuf alle möglichen Anzeichen dafür, dass die Welt nach ihnen verlangte. Dass viele innerhalb seines Hedgefonds anders dachten, verriet er der Öffentlichkeit nicht.

Dies war nicht so sehr ein Fehler in seinem Ansatz als vielmehr ein Merkmal desselben und ein Hauptgrund dafür, dass er und Bridgewater in der Lage waren, in der Öffentlichkeit ihren Ruf als die vielleicht weltweit führenden Praktiker radikaler Transparenz, eines sinnvollen Lebens und sinnvoller Beziehungen zu wahren. Die Principles, so wie sie verfasst und propagiert worden waren, ließen gerade genug Spielraum für die Äußerung konträrer Standpunkte, sodass jedes öffentliche Leck über erschütternde Vorgänge bei Bridgewater glaubhaft als Zeichen dafür gewertet werden konnte, dass der Ansatz des Unternehmens wie beabsichtigt funktionierte. In der Tat gab es kaum Unruhe innerhalb des Hedgefonds – einschließlich Comeys Ausstieg, Jensens Zusammenbruch, der Mitarbeitertribunale und der zahlreichen Abgänge

–, was von Bridgewater und seinen Vertretern als Zeichen dafür gewertet wurde, dass der Managementstil des Unternehmens genau wie geplant umgesetzt wurde. Wie Dalio so oft sagte, waren Schmerz und Reflexion gleichbedeutend mit Fortschritt.

Das Geld schadete nicht. Obwohl das von Bridgewater verwaltete Vermögen langsam schrumpfte – von einem Höchststand von etwa 160 Milliarden Dollar auf 130 Milliarden Dollar in der Zeit nach der Pandemie –, war Bridgewater so beeindruckend größer als jeder andere Konkurrent (und so bereit, Geld aus praktisch jedem Winkel der Erde einzusammeln), dass es schrumpfen und immer noch glaubhaft als der größte Hedgefonds der Welt bezeichnet werden konnte. Und auch wenn der Haupt-Hedgefonds des Unternehmens jahrelang hinter dem Tempo der globalen Märkte zurückgeblieben war, so konnte er doch zumeist negative Ergebnisse vermeiden, sodass man mit Fug und Recht behaupten konnte, dass er den Kunden auf absoluter Basis Geld einbrachte. Es war ein Verdienst von Dalio und Bridgewater, dass der Hedgefonds so lange überlebte – und dank dieser langen Erfolgsbilanz blieb seine durchschnittliche historische Performance meist hervorragend, auch wenn viele der besten Jahre des Fonds lange vor Dalios Berühmtheit lagen. Kein Wunder,[1] dass er in den fortgesetzten internen Verhandlungen über seinen Rückzug aus dem Fonds begann, das Unternehmen als sein „Eigentumsrecht" zu bezeichnen.

Dalios Triumph wurde zum Jahresende 2020 deutlich, als das Marktforschungsunternehmen LCH Investments die Zahlen überprüfte und feststellte, dass Bridgewater seit seiner Gründung mehr Geld für seine Anleger verdient hatte als jeder andere Fonds, nämlich unglaubliche 46,5 Milliarden Dollar. LCH stellte klar, dass es die gesamten historischen Handelsgewinne des Unternehmens mit denen kleinerer Konkurrenten verglichen hatte, die weniger Jahre zu zählen hatten, was Bridgewater im Grunde einen Vorsprung vor den anderen gab. Diese Nuance fiel jedoch kaum ins Gewicht. *Business Insider* nutzte die Gelegenheit, um Bridgewater als „das erfolgreichste Hedgefonds-Management aller Zeiten“ zu bezeichnen.

Ein Strom von Arbeitssuchenden bewarb sich weiterhin, um sich mit den inzwischen weltberühmten Principles zu messen. Nach Bridgewaters eigenen Worten kam fast jeder infrage. Nachdem der Hedgefonds bekannt gegeben hatte, dass er einen Poker-Champion für eine nicht näher bezeichnete Stelle eingestellt hatte, erklärte Bridgewaters Leiter für Investment-Analytik gegenüber der *New York Times*: „Wir stellen Botaniker ein,[2] wir stellen Leute aus der Politikwissenschaft ein, wir stellen Rhodes-Stipendiaten ein, wir stellen Sportler ein ... wir suchen nach Leuten, die wirklich anders sind.“

Diejenigen, die von der komplizierteren Realität des Lebens unter Dalio wussten, bemühten sich sehr, darüber nicht zu sprechen. Viele verließen das Unternehmen mit Vertraulichkeitsvereinbarungen, wie sie an der Wall Street üblich sind, während andere – einige im Austausch für zusätzliche Auszahlungen – ungewöhnlicheren und strengeren Nichtverleumdungsklauseln zustimmten, die es ihnen untersagten, auch nur ansatzweise negative Bemerkungen über ihre Zeit bei dem Hedgefonds zu machen. Selbst diejenigen, die über die Mittel verfügten, sich zu wehren – und die Bridgewater gut kannten –, äußerten sich öffentlich serös. „Es ist eine Art Familienatmosphäre“, sagte Eileen Murray kurz vor ihrem erbitterten Abgang in einem Ballsaal voll von Hedgefonds-Führungskräften. Sie bezeichnete die Burn-outs bei Bridgewater als: „... passiert Leuten, denen es unangenehm ist, sich ihren Schwächen zu stellen“.

Auch nach der Veröffentlichung seiner Autobiografie feilte Dalio weiter an seinem Image, insbesondere an seiner Herkunftsgeschichte. In einem Interview aus dem Jahr 2021, das der Hedgefonds und sein Gründer für das Magazin *Leaders* gab, klang der Bridgewater-Gründer geradezu cool. Ein leitender Angestellter, der ihn Jahrzehnte zuvor getroffen hatte, wurde zitiert und beschrieb das Erlebnis folgendermaßen: „Ray saß auf einem Stuhl mit einem Bein in Gips, von den Zehen bis zur

Hüfte. Es war heiß, und er sah aus, als hätte er sich seit ein paar Tagen nicht mehr gewaschen. Ich schloss sofort, dass er auf einem Spielzeug ausgerutscht war und sich das Bein gebrochen hatte. Später erfuhr ich, dass das Ganze von einem Fallschirmsprungunfall herrührte."

Dalio sagte, eine der besten Lektionen, die er im Laufe seiner Karriere gelernt habe, sei Bescheidenheit, denn „die gesamte Unternehmenskultur ... war darauf ausgerichtet, zu den besten Antworten zu führen ... es ging nicht um Ego, nicht um Seniorität, Hierarchie oder Büropolitik."

Seine abschließenden Worte waren: „Es ist eine Freude für uns alle."

Die Leibs der Park Avenue gibt es größtenteils nicht mehr. Die Familie, die dem jungen Ray Dalio so viel geholfen hatte, musste auf die harte Tour erfahren, dass generationenübergreifender Reichtum vergänglich sein kann. Ihre drei Söhne verspielten das Familienvermögen auf die übliche Weise: Scheidungen, Rennbahn, Fehlinvestitionen. Der älteste Leib-Enkel Gordon, der mit Ray nach Europa gereist war, starb bei einem tragischen Autounfall in seinem ersten Jahr am College. Der Wikinger und Missy verstarben nicht lange nach ihrem Enkelsohn. Kurz darauf wurde die Doppelhaushälfte in 740 Park Avenue verkauft, und ein Großteil der seltenen Möbel wurde bei Sotheby's versteigert.

Einer der Leib-Enkel blieb in der Finanzwelt und hielt sich aus Schwierigkeiten heraus. Barclay Thorndike Leib, vier Jahre jünger als Gordon, hatte keine der Schwächen seines älteren Bruders. Barclay handelte an der Wall Street und arbeitete für eine Reihe von Hedgefonds-Firmen, bis ihn später in seiner Karriere das Glück verließ und sein Arbeitgeber plötzlich übernommen wurde. Der Arbeitsmarkt für einen 58 Jahre alten Investment-Analysten erwies sich als schwierig.

Seine Gedanken schweiften zu Ray Dalio. Die beiden saßen seit Jahren zu Thanksgiving und Weihnachten am selben Tisch und waren angesichts der Branche, in der sie tätig waren, beruflich befreundet geblieben. Leib hatte sogar gehört, dass Dalio immer noch Backgammon spielte, das Spiel, das er von der Familie Leib gelernt hatte. Als Leib auf die Bridgewater-Website klickte, fand er dort eine recht belanglose Stelle, für die er qualifiziert war. Er tippte eine E-Mail und schickte sie an Ray mit der Bitte, ein gutes Wort für ihn einzulegen und ihm die Chance auf ein persönliches Vorstellungsgespräch zu geben.

Die Antwort kam schnell zurück.

> Wenn du für die Stelle qualifiziert bist, sollte dein Lebenslauf für sich allein stehen. Die Verfahrensabläufe meiner Personalabteilung würde ich für niemanden untergraben. Ich würde nicht einmal meinem eigenen Hund eine solche Bevorzugung gewähren, wenn sich mein Hund bewerben würde.[3]
>
> Ray

In den Jahren nach seinem Ausscheiden aus Bridgewater erlebte Joe Sweet, der einst in Behandlung war, weil er darüber fantasiert hatte, sich vom Balkon seines Büros zu stürzen, eine bemerkenswerte Renaissance. Er konnte sich vollständig von den Psychopharmaka lösen, zog von Connecticut weg und schrieb, dass ihm die Distanz zu Bridgewater geholfen habe, ein neuer Mensch zu werden.

Sweet störte sich weiterhin an der Begeisterung der Öffentlichkeit für Dalios Bewertungsinstrumente. Wann immer er Dalio in einem Interview über die Wunder der Principles sprechen hörte, schauderte es Sweet. Er war der lebende Gegenbeweis für die Vorstellung, dass die Bridgewater-Tools die Menschen irgendwie nach ihrem höchstmöglichen Nutzen sortierten, da er jetzt eine leitende Position im Beschaffungswesen innehatte – demselben Bereich, für den Bridgewaters Principles-Software ihn als ungeeignet eingestuft hatte. Er hatte zehn Angestellte, die für ihn arbeiteten, und verdiente ein höheres Gehalt als seinerzeit beim größten Hedgefonds der Welt.

Sweet litt zwar nicht mehr an klinischen Depressionen, aber was er über seine alten Kollegen bei Bridgewater erfuhr, bedrückte ihn. Jetzt, wo er mit einem soliden Job besser dastand, meldeten sich manchmal ehemalige Kollegen aus dem Bewertungsteam bei ihm. Für Sweet schienen sie in emotionaler Hinsicht ausgebrannt zu sein – was er aus eigener Erfahrung kannte. Er konnte ihnen nur wenige Ratschläge geben, außer dass sie alles vergessen sollten, was man ihnen gesagt hatte. Sweet hatte den Eindruck, dass es den meisten, die sich auf die Philosophien von Bridgewater eingelassen hatten, am Ende schlechter ging als Dalio selbst.

„Wann wird dieser Teufelskreis enden?" sagte Sweet. „Wann wird Bridgewater aufhören, Leute anzustellen und ihr Leben zu ruinieren? Wann wird Rays Reichtum einfach verschwinden?"

Dalios Reichtum verschwand nicht, stattdessen vermehrte er sich. Dank seines Anteils an den Gebühren der Firma verdiente er 2020 rund 500 Millionen Dollar und 2021 sogar noch mehr. Die Boulevardpresse berichtete, dass er Pläne für den Bau einer neuen Außenterrasse mit einer riesigen Pergola aus Stahl an seinem Penthouse in Manhattan eingereicht habe.[4]

Was sich weiter abschwächte, waren die Principles. Dalio veröffentlichte ein zweites und ein drittes Buch, „Principles for Navigating Big Debt Crises" und „Principles for Dealing with the Changing World Order", die nicht annähernd so viel Aufsehen erregten wie sein erstes Buch (fairerweise muss man sagen, dass ein Großteil des Materials schon Jahre zuvor kostenlos online gestellt worden war). Es gab nur wenige Auftritte im Fernsehen, keine neuen TED-Talks, und sein letztes Interview mit seinem Freund Charlie Rose war nur online verfügbar, weil Rose wegen eines Skandals um sexuelle Belästigung von *CBS* entlassen worden war.

Im April 2021 lancierte Dalio mithilfe von Adam Grant von der Wharton University, der bei der Gestaltung und Werbung behilflich war, das Programm PrinciplesYou, es war sein lang gehegter Versuch, sein Lebenswerk der breiten Masse zugänglich zu machen. Im Wesentlichen handelte es sich dabei um einen von den Principles inspirierten Persönlichkeitstest, der kostenlos online verfügbar war. Es war, als wenn man die Principles in einem Zerrspiegel sah. Die erste Ankündigung war dramatisch: Einer der Forscher, die Dalio für die Entwicklung des Produkts bezahlt hatte, wurde mit den Sätzen zitiert: „Es basiert auf den neuesten Erkenntnissen der Persönlichkeitswissenschaft." und „Eine besondere Stärke ist seine Fähigkeit, eine außergewöhnliche Reihe von tatsächlichen Verhaltensweisen vorherzusagen, die von den Bridgewater-Mitarbeitern über viele Jahre hinweg beobachtet wurden."

Auf PrinciplesYou folgte die Veröffentlichung der „Meaningful Relationships Collection", ein 79-Dollar-Set mit individuell bedruckten Kartenspielen, die, Sie ahnen es, „bedeutungsvolle Beziehungen stimulieren", wie Dalio es in einem Werbevideo ausdrückte. Dalio sagte, die Spiele hätten einen Wert von 34 Dollar pro Stück, würden aber zum Verkaufspreis von 79 Dollar pro Set angeboten. Er verteilte einen Gutscheincode („Ray"), mit dem der Preis für die ersten 1.000 Sets auf 15 Dollar gesenkt werden konnte. „Ich möchte, dass Sie etwas Wertvolles und nicht nur einfach etwas umsonst bekommen", schrieb er in einem LinkedIn-Post.

Ende 2021 entließ Bridgewater, ohne dies öffentlich bekannt zu geben, den Großteil der verbleibenden Mitarbeiter, die an der Entwicklung der Principles-Software beteiligt waren. Die Kosten für die Entwicklung der Software über mehr als ein Jahrzehnt hinweg betrugen nach Angaben von Personen, die daran arbeiteten, mindestens 100 Millionen Dollar – Geld, das größtenteils in den Sand gesetzt wurde.

Der Dokumentarfilm, den Dalio über sich und Bridgewater drehen wollte, wurde nicht veröffentlicht.

Eileen Murray war nur wenig bestürzt darüber, dass der Glanz der Principles verblasste. Sie betonte gegenüber Freunden und Verwandten, dass sie das „Principles“-Exemplar der, das Dalio ihr geschenkt hatte, nicht einmal gelesen habe. Sie ließ es ungeöffnet in einem Regal stehen.

Ihr Prozess gegen Bridgewater hinterließ bei den Bridgewater-Emigranten gemischte Gefühle. Einige sahen in ihr eine Opportunistin, die jede Seite in jedem Szenario spielen würde – bereit, sich an den hässlichen Seiten der Bridgewater-Kultur zu beteiligen, wenn es ihr passte, und sie dann zu verleugnen, ohne irgendeine Schuld auf sich zu nehmen. Andere sahen in ihr diejenige, die von allen, die jemals die Führungsetage verlassen hatten, am ehesten eine unabhängige Denkerin war, und wiesen darauf hin, dass Jim Comey und andere noch Jahre nach Beendigung ihres Arbeitsverhältnisses für Dalio und die Principles warben.[5]

Eine Person, die weiterhin zu Murray aufschaute, war Paul McDowell. Seit er Bridgewater verlassen hatte, glich sein Leben einer emotionalen Achterbahn, wobei viele dieser Fahrten eher nach unten führten. Seine Beratertätigkeit war im Sande verlaufen. Wenn er noch Zeit hatte, dachte er wochenlang über seine Zeit in Westport nach. Wenn er sich nicht gerade mit der Frage quälte, ob er mehr hätte tun können, um für sich selbst zu kämpfen, fiel ihm immer wieder ein alter Monty-Python-Sketch ein, in dem ein alternder, gekreuzigter römischer Gefangener so zufrieden mit seiner Gefangennahme ist, dass er die Wärter auffordert, einem Neuankömmling im Gefängnis „etwas Vernunft einzuhämmern“. McDowell fand das nicht mehr besonders lustig.

McDowells Grübeleien über Bridgewater beunruhigten seine Frau, sie sah diese als eine auf Dalios Ausstrahlung beruhende Krankheit an, die Zeit zur Heilung brauche. Als freiwillige Helferin für misshandelte Frauen am Ort sagte McDowells Frau ihrem Mann, dass er sie an viele derjenigen erinnerte, mit denen sie arbeitete, die sich nicht völlig sicher fühlen konnten, selbst wenn ihr Peiniger längst weg war.

McDowell und seine Frau beschlossen, ihr Haus in Connecticut zu verkaufen und für immer nach Kanada zurückzukehren. Damit schloss er offiziell das Kapitel seines Lebens ab, das fast 15 Jahre zuvor damit begonnen hatte, dass McDowell in einer Schneewehe in Toronto kniete und ungläubig über sein Glück war, beim größten Hedgefonds der Welt angestellt zu werden.

Bevor er Connecticut verließ, nahm McDowell im Herbst 2021 an der Beerdigung der Mutter von Eileen Murray teil. Nachdem die Pandemie in den vorangegangenen 18 Monaten viele Menschen getrennt hatte, war die Beerdigung eine Art Wiedersehen für aktuelle und ehemalige Bridgewater-Mitarbeiter. McDowell stand während des Gottesdienstes meist am Rande und sah zu, wie Murray die Beileidsbekundungen von Hunderten von Menschen entgegennahm. Schließlich schlängelte sie sich an den Rand, wo er stand. McDowell spürte einen Ansturm unkontrollierbarer Emotionen, ausgelöst durch die Nähe einer Frau, die öffentlich Dalio Kontra gegeben und all das ausdrückt hatte, was McDowell sich insgeheim immer gewünscht hatte, selbst sagen zu können. Sie erinnerte ihn auch an die Beziehungen, die er innerhalb von Bridgewater zu pflegen gehofft und die er seitdem verloren hatte. Als Murray auf ihn zukam, bildeten sich Schweißperlen auf seinem Kragen, seine Kehle wurde trocken und sein Puls beschleunigte sich in einer Weise, wie er es seit seinen Tagen in der Firma nicht mehr getan hatte.

Murray machte ihre Runde unter den ehemaligen Bridgewater-Mitarbeitern und nahm ihr Beileid entgegen. Als sie vor einem ehemaligen Mitarbeiter innehielt, der seit seinem Weggang mit sich kämpfte, schien sie genau zu wissen, was er fühlte.

Sie berührte seine Schulter und neigte ihren Kopf zu seinem Ohr und flüsterte: „Wir haben beide für einen gewalttätigen Vater gearbeitet."

Einen Moment später wandte sie sich an den nächsten Trauernden und sagte: „Pass auf dich auf."

Katina Stefanova, die Murray einst als enge Mentorin betrachtete, war nicht anwesend. Das lag nicht an mangelnder Dankbarkeit – nie verlor sie ihre Gefühle für die ältere Frau, der sie es verdankte, dass sie ihr Schutz bot, als sie so viele Jahre zuvor im Badezimmer hockte und sich versteckte, während Dalio sein unzüchtiges Seemannslied sang. Stefanova tat jedoch alles, was sie konnte, um große Versammlungen der Bridgewater-Leute zu vermeiden, von denen viele sie immer noch wenig schmeichelhaft als „Eiskönigin" in Erinnerung hatten.

Ein weiterer Grund für Stefanova, sich bedeckt zu halten, war, dass ihre Karriere nicht gerade auf Hochtouren lief. Der Hedgefonds Marto, den sie nach ihrem Ausscheiden bei Bridgewater gegründet hatte, lag in Trümmern. Sie hatte den Anlegern ihren Fonds im Wesentlichen als Bridgewater 2.0 vorgestellt, aber auch dieser Fonds hatte jahrelang damit zu kämpfen, wirklich Geld zu verdienen und dümpelte vor sich hin. Marto schrumpfte von respektablen, wenn auch für Hedgefonds-Verhältnisse bescheidenen 235 Millionen Dollar verwaltetem Vermögen im April 2019 auf weniger als 20 Millionen Dollar am Ende des Jahres. Die meisten Mitarbeiter von Marto kündigten oder wurden entlassen.

Als das Unternehmen schrumpfte, machte sich Stefanova einen neuen Charakterzug zu eigen, den sie bei Dalio beobachtet hatte: Übertreibung. In einem Interview mit *Institutional Investor* prahlte sie damit, dass ein einziger, superreicher Investor zugestimmt habe, sich an Marto mit mehr als einer Milliarde Dollar in bar zu beteiligen. Sie wollte den Namen des Investors nicht nennen, behauptete aber, dass das Geld bereits auf den Konten des Unternehmens sei. Als das Magazin um eine weitere Überprüfung bat, winkte sie ab: „Ich möchte nicht über Einzelheiten sprechen. Das Beste für uns ist im Moment, unter dem Radar zu bleiben." Daraufhin schaltete sie einen auf Verleumdungen spezialisierten Anwalt ein, der dem Magazin Unterlassungserklärungen schickte.

Letztendlich kam die Investition nie zustande, ebenso wenig wie eine vollständige Erklärung der geheimnisvollen einen Milliarde Dollar. Stefanova behauptete, dass die Aufmerksamkeit durch den Artikel den Investor verschreckt habe.

Dem Anschein nach unbeirrt erzählte sie Freunden, dass sie immer noch vorhabe, Milliardärin zu werden, offenbar durch Kryptowährungen, wie sie in einer Pressemitteilung ankündigte, in der sie ihre eigene Linie von nicht-fungiblen Token oder NFTs ankündigte, die sie mit einer „Goldmine der virtuellen Realität" verglich. In der Ankündigung wird Stefanova als langjährige Krypto-Anhängerin dargestellt, die zufällig auch CEO von Marto Capital sei. Sie wird darin mit den Worten zitiert: „Marto berät Family Offices und institutionelle Investoren mit beträchtlichem Vermögen."[6]

In der Ankündigung wurde nicht erwähnt, dass sie zuvor bei Bridgewater beschäftigt war.

Dina Powell, auf die Dalio bei ihrer Hochzeitsfeier anstieß, half David McCormick dabei, aus Bridgewater herauszukommen. Als langjährige politische Mitarbeiterin ermutigte Powell ihren Mann, bei den republikanischen Vorwahlen 2022 für das Amt des US-Senators von Pennsylvania zu kandidieren, wo McCormick aufwuchs.

Dalio erschwerte die Kandidatur. In einem Gespräch mit *CNBC* Ende November 2021 beantwortete er eine Frage zu China, die eigentlich eine Routinefrage sein sollte. Das Land war wegen Menschenrechtsproblemen in den Schlagzeilen, und Moderator Andrew Ross Sorkin fragte Dalio, wie er mit solchen Kontroversen bei seinen Investitionen in China umgehe. Es war die Frage der Stunde an einen Mann, der jahrelang seine intime Kenntnis des Landes betont hatte.

Dalio schaute kurz in die Kamera und beteuerte dann seine Unwissenheit. „Ich kann kein Experte für solche Angelegenheiten sein … Die Führung durch die Regierung ist das Wichtigste."

Er schweifte ein wenig ab und schuf, indem er sich lediglich in Satzfragmenten äußerte, eine gewisse Distanz zu diesem Thema, bevor er hinzufügte: „Sollte ich aus anderen Gründen und wegen unserer eigenen Menschenrechtsprobleme nicht in den Vereinigten Staaten investieren?"

„Aber, Ray", antwortete Sorkin, „es gibt manches, das in den Vereinigten Staaten passiert, allerdings denke ich, dass dies anders ist als das, was wir in China sehen. Unsere Regierung lässt keine Menschen verschwinden."

Dalio lachte nervös, dann sagte er, dass er Chinas Vorgehen einfach mit dem eines strengen Elternteils vergleiche.

Weiche Knie bei superreichen Supermächten waren nichts Neues für Dalio, Bridgewater oder McCormick, aber das Interview des Bridgewater-Gründers schlug wie eine Stinkbombe in der aufkeimenden McCormick-Kampagne ein. Der Kandidat sollte sich in das „America First"-Banner hüllen.

Wenige Tage nach Dalios *CNBC*-Interview begann Dina Powell, Reportern eine neue Geschichte anzudrehen. Zwei Redakteure der Finanznachrichtenagentur *Bloomberg* nahmen den Köder auf. Unter der Überschrift „Bridgewater CEO Clashes with Dalio over China Before Senate Race" (Bridgewater-CEO streitet mit Dalio über China vor dem Senatsrennen) berichteten die Redakteure, dass McCormick in einem nicht näher bezeichneten Telefonat mit dem Unternehmen an einem nicht näher bezeichneten Datum „den Mitarbeitern sagte, dass er im Laufe der Jahre viele Auseinandersetzungen mit Dalio über China gehabt habe und dass er mit den Ansichten des Milliardärs nicht einverstanden sei, so Leute, die mit der Angelegenheit vertraut waren".[7] Für viele, die McCormick kannten, war es unglaubwürdig, dass er jemals so offen mit Dalio über dieses Thema gestritten hatte, und schon gar nicht mehr als einmal. McCormick trat einige Wochen später von seinem Posten bei Bridgewater zurück.

In den darauffolgenden Monaten nahm der Kandidat für den US-Senat, David McCormick, der sich selbst einmal als „Ray-Flüsterer" bezeichnete, die Worte Bridgewater oder Dalio kaum noch in den Mund. Bei Wahlkampfauftritten beschrieb er sich selbst als „Geschäftsmann" aus einer „Investmentfirma". Die meiste Aufmerksamkeit erhielt er für seine Zeit bei Bridgewater wegen der mäßigen Renditen, die der Hedgefonds für den staatlichen Schulrentenfonds von Pennsylvania erwirtschaftet hatte, der Bridgewater mehr als 500 Millionen Dollar gezahlt hatte, obwohl die Anlageergebnisse des Hedgefonds hinter den Zielen zurückblieben. „Wir sitzen auf einer Rechnung von einer halben

Milliarde Dollar fest, während er und seine Kollegen eine halbe Milliarde an Gebühren erhalten haben", donnerte sein Gegner, der Fernsehstar Dr. Oz.

Oz gewann die Vorwahlen mit knappem Vorsprung und verlor dann in der Parlamentswahl. McCormick erwog Berichten zufolge eine weitere Kandidatur im Jahr 2024.

Ende 2022 traten zwei bedeutende Ereignisse ein, die Dalio schon seit Jahren vorausgesagt hatte. Am 4. Oktober desselben Jahres gab Bridgewater bekannt, dass der Gründer endlich die Kontrolle über das Unternehmen abgegeben habe. Der neue CEO[8] war Nir Bar Dea, der Mann, der Bob Elliotts Freundin über ihr Sexleben ausgefragt hatte. Die Kosten,[9] die das Unternehmen nie öffentlich bekannt gab: das Äquivalent einer jährlichen Auszahlung von einer Milliarde Dollar von Bridgewater an Dalio, und zwar auf unbestimmte Zeit. Für einen Mann, der bereits mehrfacher Milliardär war, war das eine verdammt hohe Jahresrente. In einer Pressemitteilung teilte das Unternehmen mit, Dalio werde nun lediglich Mentor, Vorstandsmitglied und „ein wichtiger Teil unserer Gemeinschaft" sein. Die Ankündigung löste weltweit eine Lawine von Nachrichten über das Ende von Dalios Karriere aus. Innerhalb von Bridgewater herrschte große Erleichterung.

Es dauerte genau einen Tag, bis Dalio die Ankündigung zurücknahm. „Damit keine Zweifel aufkommen, ich ziehe mich nicht zurück", twitterte er.[10] „Ich werde an den Märkten spekulieren, bis ich sterbe, weil es das Fesselndste ist, was ich getan habe, seit ich zwölf Jahre alt war, und ich werde das, was ich zu bieten habe, durch Mentoring-Aktivitäten und Wohltätigkeit weitergeben, weil das das Sinnvollste ist, was ich tun kann." Weiterhin gab er häufig Interviews für die Medien.

In jenem Herbst kam der globale Wirtschaftszusammenbruch, den Dalio seit seiner Zeit nach dem Studium und danach etwa alle zehn Jahre versprochen hatte. In diesem Fall trugen eine gefährlich heiße Post-Pandemie-Wirtschaft sowie Russlands Einmarsch in die Ukraine zu einer rasant ansteigenden Inflation bei, die Aktien, Anleihen und praktisch alle anderen Finanzanlagen in den Keller schickte. Die US-Aktien traten in einen Bärenmarkt ein. Pure Alpha lag bis Oktober 18 Prozent im Plus.

In einem Moment von ausgleichender Gerechtigkeit erntete Greg Jensen die Lorbeeren als der Mann bei Bridgewater, der die Marktbewegung rechtzeitig erkannt hatte. Ob aus Loyalität zu den Principles, aus echter Hingabe an den Hedgefonds oder einfach aufgrund der höchsten Toleranz gegenüber Bestrafung von allen wechselnden Führungskräften, die bei Bridgewater ein- und ausgingen – Jensen hatte schließlich den Mentor überlebt, der sich gegen ihn gestellt hatte. Dafür wurde er damit belohnt, dass er das Gesicht des größten Hedgefonds der Welt war, als Pure Alpha in die Höhe schoss. In einem Anfang 2022 an die Investoren versandten Brief, der von Freude über die Performance des Fonds geprägt war, erklärte Bridgewater, dass die Nachfrage von Investoren, die Geld anlegen wollten, nun so groß sei, dass man Pure Alpha bald wieder für neue Gelder schließen würde. Ein wichtiger Grund für den neuen Umschwung war laut dem Schreiben ein neuer Investitions-Ausschuss, an dem Dalio nicht direkt beteiligt war.

Jensen schien von Dalio gelernt zu haben, wie man die Investitionen des Unternehmens beschrieb, ohne viel zu sagen. In einem Ende 2021 geführten Interview sagte Jensen: „Die Algorithmen sind eine Kombination aus menschlicher und künstlicher Intelligenz. Jedes Jahr werden Maschinen in diesem Prozess wichtiger – ich würde sagen, das Verhältnis liegt jetzt bei 50 zu 50. Sprechen wir in zehn Jahren darüber, wird der menschliche Teil auf 10 bis 20 Prozent des Prozesses zusammengeschrumpft sein.“ Konkrete Einzelheiten wurden nicht genannt.

Jensens Auftritt im Rampenlicht war das ungetrübte Lob, auf das er offenbar gewartet hatte, seit er als Praktikant bei Bridgewater angefangen hatte, und allem Anschein nach feierte er dies mit Stil. Seine Highschool-Liebe hatte sich von ihm scheiden lassen, nachdem sie von der Abfindung erfahren hatte, die Bridgewater an Samantha Holland gezahlt hatte, aber Jensen sicherte sich die Loyalität der gemeinsamen Kinder und sagte ihnen, dass die Berichte eine Lüge seien. Seine Zwillinge gingen auf das College der Alma Mater ihres Vaters, Dartmouth, wo er weiterhin ein wichtiger Geldgeber war.

Trotz seiner Schwierigkeiten blieb Jensen ein erstaunlich wohlhabender Mann. Als er erneut heiratete, und zwar eine hochkarätige Anwältin, fand die Hochzeit auf Anguilla statt, wo die Gäste mit dem Mannschaftsflugzeug der New York Jets einflogen und in schon bezahlten Zimmern im „Four Seasons" übernachteten. Regelmäßig flog er mit einem Privatjet zu einem Anwesen, das er auf den Thimble Islands, einem exklusiven Archipel vor der Küste von Connecticut, erworben hatte.

Bemerkenswerterweise überlebte auch Bob Prince Dalio und blieb neben Jensen als Co-Chef-Investmentmanager im Amt. Der ältere Mann war einer von Dalios ersten großen Einstellungen gewesen und wurde zum Milliardär. Er zeigte keine Emotionen bezüglich der Geschichte der „heiligen Hallen" der Firma. In den Jahren 2021 und 2022 war Prince damit beschäftigt, ein neues Projekt zu beaufsichtigen: den Verkauf des Bridgewater-Hauptsitzes. Mit Jensen war er sich einig, dass es Zeit für neue, traditionellere Büroräume war. Sie stimmten der Abholzung des berüchtigten Totempfahls zu, der die Geschichte von Bridgewater erzählen sollte und der unter Dalios Aufsicht entworfen worden war. Neu eingestellte Mitarbeiter sollten nicht mehr aufgefordert werden, das Denkmal zu umrunden und ihre Schwächen zu bekennen.

Man konnte aber nicht mit allen Traditionen brechen. Unter Jensen und Prince, den Co-Chef-Investmentmanagern, blieb Bridgewater in den letzten Monaten des Jahres 2022 pessimistisch – und als die globalen Märkte zum Jahresende hin wieder anzogen, gab Pure Alpha all seine Gewinne wieder ab. Er beendete das Jahr mit einem Plus von nur 9,5 Prozent und verlor prompt drei Prozent im ersten Quartal des nächsten Jahres. Die lange Serie von wackeligen Anlageergebnissen war vielleicht Dalios dauerhaftestes Vermächtnis bei Bridgewater.

An einem bedeckten Abend Ende Mai 2022 kamen Ray und Barbara Dalio sichtlich erschöpft am John F. Kennedy International Airport in New York an.

Ein Flug in der Business Class in einem gewöhnlichen Verkehrsflugzeug galt als bescheidenes Reisen, zumindest nach den Maßstäben eines Mannes, dessen Vermögen immer noch mehr als 22 Milliarden Dollar betrug. Aber in den letzten Monaten hatte er nicht mehr den Dalio-Einfluss von früher.

Die Dalios kamen aus der Schweiz zurück nach New York, wo sie am Jahrestreffen des Weltwirtschaftsforums teilgenommen hatten, einer Zusammenkunft der globalen Elite. In den vergangenen Jahren hatte Dalio als Hauptredner vor einem großen Publikum gesprochen; dieses Mal nahm er einen Podcast mit einem einfachen WEF-Mitarbeiter auf. Bei einem Fernsehauftritt in Davos auf *CNBC*[11] gab er seine üblichen Hits zum Besten und sagte voraus, dass sich die Welt in einer Schuldenkrise befinde, die nicht gelöst werden könne, ohne der Wirtschaft das Rückgrat zu brechen.

Ein anderer Davos-Teilnehmer nahm am Rückflug der Dalios aus der Schweiz teil. Als langjähriger Bewunderer von Bridgewater, Leser von „Principles“ und Finanzier war der Mann sehr erfreut, Dalio im selben Flugzeug zu entdecken. Bei der Ankunft in New York war der Teilnehmer noch mehr beeindruckt, als er sah, dass Ray und Barbara nach neun Stunden Flug und kurz vor Mitternacht Züricher Zeit allein an der Gepäckausgabe des Flughafens standen, ohne dass auch nur ein Fahrer zur Stelle gewesen wäre. Während die Dalios auf ihr Gepäck warteten, fummelte Ray an einem nahe gelegenen Automaten herum und versuchte herauszufinden, wie man einen Gepäckwagen für sechs Dollar mieten konnte.

Der Davos-Teilnehmer war von diesem Anblick fasziniert. Soweit er es beurteilen konnte, hatte keiner der anderen erschöpften Reisenden bemerkt, dass sich einer der reichsten Männer der Welt untätig in ihrer Mitte befand. Dalio wirkte einfach wie ein müder 72-Jähriger mit strähnigen Haaren, der neben seiner zierlichen, gut frisierten Frau im Gedränge darauf wartete, dass das Gepäckkarussell in Gang gesetzt wurde. Niemand hätte geahnt, welche Last dieser Mann bereits mit sich herumtrug: den Verlust eines Sohnes, den Verlust seiner zentralen Stellung in seinem Unternehmen und, im Dämmerlicht der Principles, den Verlust seiner Identität.

Auch Dalio konnte nicht wissen, dass ihn jemand beobachtete. Weder Aufnahmegeräte noch Kameras folgten ihm, um die Lektion dieses Tages festzuhalten, und keine Mitarbeiter von Bridgewater standen bereit, um seine Anweisungen auszuführen.

Als das Gepäckband endlich ansprang, nahm Dalio ein paar riesige Koffer vom Band, ächzte ein wenig unter ihrem Gewicht, stellte sie auf den Gepäckwagen und ging hinaus.

Der Teilnehmer aus Davos beobachtete die Szene fasziniert und dachte: „Welch ein bescheidener Mann."

NACHWORT
RAY UND ICH

Sehen Sie es mir nach, doch gleich werden wir über Katzen beim Sex sprechen.

Im Jahr 2010 war ich 23 Jahre alt und lebte in Manhattans East Village in der East Sixth Street, besser bekannt als Curry Row, weil es dort eine Reihe nahezu identischer indischer Restaurants gab. Jedes von ihnen beschäftigte laute, konkurrierende Verkäufer, die draußen vor der Tür standen und ihre Speisekarten anpriesen. Der Lärm verfolgte mich die Treppe hinauf; in meiner 3-Zimmer-Wohnung lebten vier Personen, darunter ein Paar, und es gab mindestens so viele Meinungen darüber, wer zu wenig für seine Lebensmittel ausgab. Ich verbrachte viel Zeit in meinem Schlafzimmer, wo mein Bett drei Wände berührte. Der Blick aus dem Fenster zeigte eine für New York typische finstere Seitengasse, die keinen offensichtlichen Eingang hatte, in der aber ständig etwas los war. Bei Sonnenuntergang ertönte jede Nacht ein Chor beunruhigender Schreie, von denen ich einige Monate lang fälschlicherweise annahm, es handele sich um einen weiteren einsamen Manhattaner oder um die unvermeidlichen Magen und Darm betreffenden Folgen von all dem indischen Essen. Später erfuhr ich, dass die Geräusche von läufigen Katzen stammten.

Es ist heute fast vergessen, aber diese Zeit fühlte sich nicht gerade wie der Beginn eines Aufschwungs an. Viele meiner Freunde – und ihre Eltern – waren arbeitslos. Im Sommer zuvor hatte ich ein Praktikum beim *Wall Street Journal* absolviert, bekam aber kein Jobangebot und zog kurz darauf zurück in die Vorstadt von Connecticut. Ich nahm den einzigen Journalismus-Job an, den ich bekommen konnte, und schrieb Pressemitteilungen und Ähnliches um. Peinlich viel Zeit verbrachte ich in einer nahe gelegenen Bar, die eine Dose der Marke Schäfer mit einem Schuss Ezra Brooks Rye für fünf Dollar verkaufte.

In der Hoffnung, mir eine Wohnung leisten zu können, die den New Yorker Belegungsvorschriften entsprach, bewarb ich mich in jenem Frühjahr auf mindestens 50 Stellen. Neben der üblichen Mischung aus Journalismusjobs versuchte ich es auch bei Banken, Beratungsfirmen, Anwaltskanzleien, mindestens einer Talentagentur und einem Hedgefonds namens Bridgewater Associates.

Ich wünschte, ich könnte mich daran erinnern, warum genau ich mich bewarb, aber der Schaefer-Drink hat offenbar dafür gesorgt, dass dem nicht so ist. Was ich aus meinen gespeicherten E-Mails weiß, ist, dass ich mich im Frühjahr 2010 für eine Einstiegsposition bewarb: „Management Associate" (Mitarbeiter im Management). Ein Personalverantwortlicher von Bridgewater versicherte mir: „Wie Sie denken, wer Sie sind und was Ihnen wichtig ist, ist für uns wichtiger als Ihre spezifischen Fähigkeiten und Fachkenntnisse." Das war ein Glücksfall, denn ich hatte nur wenige der letztgenannten Qualitäten zu bieten.

Ich vereinbarte zwei Telefoninterviews, davon eines für 19:00 Uhr, die Zeit des Auftritts des abendlichen Katzenchors. Vage erinnere ich mich daran, dass ich in meinem Zimmer auf und ab ging und hoffte, dass die Interviewerin das Miauen im Hintergrund nicht erwähnte – was sie nicht tat. Später schickte ich einen Dankesbrief, in dem ich mit beträchtlicher Übertreibung von „zwei wirklich anregenden Gesprächen" schrieb.

Den Job bekam ich dennoch nicht. Zwei Jahre später fügte mich eine meiner Gesprächspartnerinnen als Kontakt auf LinkedIn hinzu. Ich musste meine E-Mails durchsuchen, um mich an ihren Namen zu erinnern.

Zu diesem Zeitpunkt arbeitete ich für *Absolute Return*, eine Fachzeitschrift, die sich mit Hedgefonds befasste, und ich wusste alles über Bridgewater – zumindest dachte ich das. Bridgewater war nicht nur ein weiterer Fonds, sondern der größte Fonds der Welt und vielleicht auch der geheimnisvollste. Der Gründer der Firma, Ray Dalio, war dafür bekannt, dass er ein wenig seltsam war, sogar noch seltsamer, als Milliardäre sonst waren. Meine Zeitschrift, bei der ich angestellt war, befand sich in einem Streit mit Dalio wegen einer investigativen Titelgeschichte, in der ein ehemaliger Bridgewater-Manager mit den Worten zitiert wurde: „Ich bin grundsätzlich davon überzeugt, dass Bridgewater eine Sekte ist. Es ist isoliert, es hat einen charismatischen Führer und es hat sein eigenes Dogma." Der Artikel erhielt wenig Aufmerksamkeit in der breiten Öffentlichkeit.

Kurz vor Weihnachten 2012 erhielt ich einen Anruf von einem anderen Bridgewater-Recruiter. Diesmal bat man mich um ein Vorstellungsgespräch für eine Stelle in der Wirtschaftsforschung. Inzwischen hatte ich gelernt, dass Hedgefonds sehr wettbewerbsintensiv sind und die Chance auf lebensverändernden Reichtum bieten können. Es lohnte sich, einen Versuch zu wagen. Das Verfahren umfasste einen Lektoratstest, einen Myers-Briggs-Persönlichkeitstest, eine „Arbeitsplatz-Persönlichkeits-Bestandsaufnahme" und zwei Besuche in der Bridgewater-Zentrale, die nur wenige Minuten von dem Ort entfernt war, an dem ich aufwuchs.

Mehrere Vorstellungsgespräche später zog ich mich aus dem Rennen zurück. Die Stelle schien eine ständige Anwesenheit in Connecticut zu erfordern, verhieß lange Busfahrten nach und von New York und die Garantie, dass mein soziales Leben einen schweren Schlag erleiden würde. Ich teilte dies der Personalverantwortlichen mit. Sie antwortete: „Das ist zwar eine bedauerliche Nachricht für Bridgewater, aber wir verstehen Ihre Entscheidung und wissen die Zeit, die Sie in das Bewerbungsverfahren investiert haben, sehr zu schätzen."

Ich hätte mir nie vorstellen können, dass die genannten Ereignisse später Ray Dalio in Aufregung versetzen würden.

Mein erstes Gespräch mit Dalio fand Mitte 2015 statt, nachdem ich beim *Wall Street Journal* wieder eingestellt worden war. Ich war Mitverfasser einer Titelgeschichte über seine Ansichten zu China, die unter der recht schlichten Überschrift „Giant Hedge Fund Bridgewater Flips View on China: ‚No Safe Places to Invest'" stand (auf den Artikel wurde weiter oben in diesem Buch Bezug genommen). Unser wichtigstes Quellenmaterial war ein Exemplar der „Daily Observations", die von Bridgewater verschickt und an der Wall Street weithin verbreitet worden waren.

Obwohl ich aus journalistischen Gründen nicht wiedergeben darf, was Dalio nach der Veröffentlichung des Artikels inoffiziell zu mir sagte, kann man mit Fug und Recht behaupten, dass er unangemessen reagierte. Doch das dämpfte nicht meine Stimmung, im Gegenteil, ich war begeistert. Wie so viele andere Journalisten vor und nach mir fühlte ich mich geschmeichelt, dass ein so wichtiger Mann sich überhaupt Zeit für mich nahm.

Mein nächster großer Artikel über seine Firma gefiel ihm offensichtlich noch weniger, ein investigativer Artikel, den ich über seinen Streit mit Greg Jensen geschrieben hatte. So begann ein Pas de deux, bei dem ich Ray nach Details über Dinge fragte, von denen ich Wind bekommen hatte, wie zum Beispiel, dass Bridgewater-Praktikanten angewiesen wurden, zu Stripshows zu gehen, oder dass Vergleiche über sexuelles Fehlverhalten geschlossen wurden, worauf er sowohl mündlich als auch schriftlich mit Bestürzung reagierte. In einer privaten E-Mail bezeichnete Ray meine Texte als „Schund" und schloss ein paar Sätze später mit den Worten: „Ich bedaure, dass unsere Beziehung sich auf diese Art und Weise gestalten muss, obwohl sie auf Gegenseitigkeit hätte beruhen können." Wir sprachen immer wieder miteinander; er konnte offenbar nicht anders.

Auch ich konnte nicht anders. Bridgewater war eine Zeit lang der einfachste Hedgefonds der Welt, über den man berichten konnte, weil so viele der unglaublichen Vorgänge dort aufgezeichnet wurden und innerhalb der Firma weite Kreise zogen. Und was noch wichtiger war: Dalio selbst war die ultimative Quelle für einen Journalisten. Wenn er mich anrief – fast immer mit einem PR-Mitarbeiter in der Leitung – und mich für diesen oder jenen Artikel ausquetschte, erzählte er mir unweigerlich eine neue Tatsache, die zu einem weiteren Artikel führte. Er war es, der Ende 2016 bei einem Interview im Bridgewater-Hauptquartier an einem Whiteboard stand und persönlich die Idee von PriOS erläuterte, indem er sich selbst an der Spitze als Strichmännchen darstellte und Linien zeichnete, die nach unten zeigten, um seine Befehle zu illustrieren.

Jahre später erfuhr ich, dass Paul McDowell in dem Raum neben unserem saß und sich darauf vorbereitete, mir die Kreation vorführen zu dürfen. Doch dazu kam es nie. Dalio redete einfach stundenlang weiter.

Im Januar 2017 begann ich zu vermuten, dass eine Irreführung am Gange war, als Dalio einen LinkedIn-Beitrag über eine Geschichte von mir über PriOS schrieb, auf die ich bereits in diesem Buch eingegangen bin. In seinem Beitrag, der länger war als der ursprüngliche Artikel, bezeichnete er die Geschichte als „Fake News" und brachte mich mit einer Reihe verwirrender, spezifischer Handlungen in Verbindung, die einfach nie passiert waren. Dalio schrieb, mein Co-Autor und ich hätten ihn interviewt und uns darauf geeinigt, „diese Informationen nicht zu verwenden, es sei denn, wir sind uns einig, dass seine Darstellung in dem Artikel korrekt ist". Das war nicht der Fall. Er behauptete, dass mein Co-Autor und ich nie mit bestimmten Personen gesprochen hätten, mit denen wir gesprochen hatten, dass wir nicht „durch die Hallen von Bridgewater" gegangen seien – was ich wirklich getan hatte, und zwar mit Dalio selbst –, und er zitierte mich mit Fragen, die nie aus meinem Mund gekommen waren.

Er beschrieb mich, nicht zum letzten Mal, als einen verärgerten Bewerber, der es bei Bridgewater nicht geschafft habe und auf Rache aus sei.

Damals wurde mir klar, dass, obwohl eines der Principles „Vertrauen in die Wahrheit" lautet, Dalio alles daransetzt, diese zu unterdrücken. Er leitete eine jahrelange Hexenjagd ein, um Leute ausfindig zu machen, die mit mir und anderen Journalisten gesprochen hatten, und gab Unsummen für die Überwachung seiner eigenen Mitarbeiter aus, die meines Wissens nie einen Schuldigen ausfindig machen konnten. Er hatte es darauf abgesehen, mich aus meinem Job zu verdrängen, traf sich mit meinen Herausgebern und drängte darauf, mich von der Berichterstattung über das Unternehmen abzuziehen. Nachdem ich einen recht harmlosen Artikel über eine hochrangige Mitarbeiterin geschrieben hatte, die darauf pochte, unabhängig von ihrem Geschlecht gleich bezahlt zu werden, veröffentlichte er eine manipulierte Korrespondenz zwischen ihr und mir und schrieb: „Das ist ihr Nachrichtenaustausch." Das stimmte jedoch nicht. Was veröffentlicht wurde, war ein bearbeiteter Nachrichtenaustausch, aus dem hervorgehen sollte, dass ich sie gehetzt und ihre Dementis ignoriert hatte. Auf Wunsch meiner Herausgeber, die ein öffentliches Kräftemessen vermeiden wollten, veröffentlichte ich die echten Textnachrichten nicht.

Etwa zur gleichen Zeit bemerkten Freunde von mir, dass sie bezahlte Google-Anzeigen über mich erhielten, die sie auf die Bridgewater-Website leiteten, wo ich in einer Pressemitteilung persönlich angegriffen wurde.

Ich hege keinen Groll gegen Dalio oder irgendjemanden bei Bridgewater. Trotz unseres fast 40-jährigen Altersunterschieds hatten wir angenehme Gespräche über unsere Familien; einmal schenkte er mir in väterlicher Manier eine Cola Light ein, was nach meiner Erfahrung mit Milliardären als nette Geste gilt. Anfang 2020, nach einer weiteren öffentlichen Tirade von ihm über meine Vergangenheit als Bewerber bei Bridgewater, schrieb ich ihm an einem Sonntagmorgen, um die Angelegenheit zu klären: „Da Sie dieser Punkt anscheinend besonders verwirrt hat, hier ein direkter Kommentar von mir." Ich legte die Geschichte meiner Bewerbung um die Stelle des Research-Redakteurs dar. „Wenn ich mich recht entsinne", fügte ich hinzu, „war jeder, mit dem ich bei Bridgewater zu tun hatte, während des gesamten Vorstellungsverfahrens professionell und nett."

45 Minuten später antwortete er, inklusive Tippfehler: „Rob – ich bezog mich auf die Zeit davor, 2010, als Sie versucht haben, eine Stelle als Management-Mitarbeiter zu bekommen und Sie für diese Stelle abgelehnt wurden. Wir haben immer noch die Notizen aus dieser Zeit, die wir gern veröffentlichen würden, wenn wir sie finden können."

Ich freue mich darauf, sie zu lesen.

DANKSAGUNGEN

Zu Beginn meiner Berichterstattung über Bridgewater erhielt ich von einem unbekannten Absender eine ungewöhnlich gut informierte schriftliche Mitteilung. Ich speicherte sie in meinen Unterlagen unter dem geschlechtsneutralen Namen Jamie ab, einem Pseudonym, das ich später in meinen Notizen verwendete, um auf eine ganze Reihe von ungenannten Quellen zu verweisen, deren wahre Identität mir bekannt ist. Hunderte von Jamies sprachen mit mir für dieses Buch, unter großem rechtlichen Risiko, motiviert durch das gemeinsame Anliegen, die ganze Geschichte noch umfassender zu erzählen. Einige Jamies waren erleichtert, sich darüber unterhalten zu können, andere verteidigten sich, einige waren wütend, und einige wenige waren einfach nur amüsiert. Ein Jamie sagte: „Das Tolle an den Bridgewater-Geschichten ist, dass ich kein einziges Detail übertreiben muss, um es total verrückt erscheinen zu lassen." Dieses Buch ist allen Jamies gewidmet.

Mein Ziel war es, jeden, der mit Bridgewater in Verbindung steht, ob in der Vergangenheit oder in der Gegenwart, mit Respekt und Sorgfalt zu behandeln, unabhängig von seinem Beteiligungsgrad an dem Projekt.

Ich kam 2009 als Praktikant zum *Wall Street Journal* und verbrachte den größten Teil meiner beruflichen Laufbahn dort, bevor ich Ende 2022 zur *New York Times* wechselte. Als ich vor ein paar Jahren im Büro des *Journal* in San Francisco arbeitete, hatte ich das Glück, eine weitaus bessere Version meiner selbst kennenzulernen. Nach ihrem Praktikum wurde Abigail Summerville die Rechercheassistentin für dieses Buch, eine Bezeichnung, die ihrer Rolle als Organisatorin, Therapeutin, Pressedezernentin, Stimmungskanone, Autorin und Plausibilitätsprüferin nicht annähernd gerecht wird. Sie brillierte in all diesen Rollen.

Beim *Journal* waren mehr Redakteure, als ich zählen kann, daran beteiligt, sieben Jahre lang Geschichten über Bridgewater zu schreiben. Als Chefredakteur verteidigte Matt Murray unseren Journalismus immer wieder direkt gegenüber den Verantwortlichen von Bridgewater, einschließlich Ray Dalio, der außergewöhnliche Mühen auf sich nahm, um uns von unserer Arbeit abzuhalten. Auf Seite 1 kümmerten sich Rick Brooks, Dan Kelly und Matthew Rose um die kniffligsten Longform-Artikel. Meine Redakteure, mit denen ich unmittelbar zusammenarbeitete – Brad Reagan, Geoff Rogow, Russell Adams und Dan Fitzpatrick –, wurden selten müde, mir immer wieder neue Geschichten über denselben alten Hedgefonds vorzuschlagen. Ihr ehemaliger Chef, Dennis Berman, drängte mich immer wieder, mich nicht zu beschweren (was nie gelang). Emma Moody ist seit meinen College-Tagen eine Mentorin und eine Stütze für mich gewesen. Bei der *Times* standen mir Preeta Das, David Enrich und Maureen Farrell mit klugen Ratschlägen, Ermutigung und Lektorat zur Seite.

Mein erster Schreibpartner in Sachen Bridgewater, Bradley Hope, brachte mich dazu, durchzustarten, und Rachael Levy hielt die Begeisterung dafür lebendig. Beide vermittelten mir Kontakte, die von unschätzbarem Wert waren. Andere Reporter halfen mir, die gelegentlichen Höhen und häufigen Tiefen eines Buchprojekts zu bewältigen, darunter Eliot Brown, Liz Hoffman, Tripp Mickle und Erich

Schwartzel. Jason Zweig, ein hervorragender Student der Finanzgeschichte, korrigierte die ersten Kapitel und gab großzügiges Feedback. Eine Gruppe von Highschool-Freunden – Emily, Jess, Hulli und Sam – ließ es nie an Enthusiasmus fehlen und teilte mir im Vorfeld stets ihre Vorstellungen mit.

Dieser Bericht profitierte in hohem Maße von der originellen journalistischen Arbeit anderer. Dazu gehören meine ehemaligen Kollegen Michelle Celarier und Lawrence Delevingne von *Absolute Return*, Stephen Taub von *Institutional Investor*, John Cassidy von *The New Yorker*, Kevin Roose von *New York*, Alexandra Stevenson und Matt Goldstein von der *New York Times* und Kip McDaniel von scheinbar überallher. Die wissenschaftlichen Bibliothekare der Duke University, meiner Alma Mater, leisteten ebenfalls unschätzbare, kostenlose Hilfe, ebenso wie mein Freund Patrick MacKenzie, ein Absolvent der Harvard Business School mit Online-Archivzugang. Ben Kalin führte über viele Monate hinweg einen sorgfältigen Faktencheck durch.

Mein hervorragender Literaturagent David Larabell von CAA erkannte sofort das Potenzial für eine Blockbuster-Geschichte und hielt mir während einiger Jahre, die ich in der literarischen Wildnis verbrachte, den Rücken frei. David vernetzte mich mit dem Team von St. Martin's Press, das den ganzen Verlag hinter diesem Buch versammelte, darunter Laura Clark, Jen Enderlin, Diana Frost, Gabi Gantz, Tracey Guest, Paul Sleven, Dori Weintraub und George Witte. Ich habe mir nie Sorgen gemacht, ob sie es schaffen würden, dieses Buchprojekt zu Ende zu führen. Der leitende Redakteur Tim Bartlett leistete die meiste Arbeit und trug in mühevoller Kleinarbeit die Anekdoten aus einem halben Jahrhundert zusammen. Pronoy Sarkar war ein früher Befürworter und half dabei, den Titel zu formulieren.

Bei der Berichterstattung über dieses Buch habe ich den Beteiligten oft versichert, dass ich als jüngstes von fünf Kindern eine hohe

Toleranz gegenüber Strafen habe. Meinen Geschwistern Donny, Debby, Deena und Bill schulde ich eine Mischung aus Dankbarkeit und Verärgerung für meine dicke Haut und meine Komplexe. Meinen Eltern, Dr. Arthur und Judy Copeland, schulde ich Dank für etwas viel Größeres: die Courage, das alles zu ignorieren. Ich liebe euch.

Rob Copeland

HINWEIS ZU DEN QUELLEN

Wie jeder andere Autor oder Journalist ziehe ich es vor, so viele Personen wie möglich zu zitieren. Die Vertraulichkeitsvereinbarungen von Bridgewater zwangen mich jedoch, für dieses Buch in vielen Fällen Anonymität zu gewährleisten – selbst denjenigen, die positive oder neutrale Erfahrungen zu berichten hatten. In der 13-seitigen Vereinbarung von Bridgewater, die alle Mitarbeiter unterschreiben müssen, heißt es, dass sie „weder während noch zu irgendeinem Zeitpunkt nach Beendigung des Arbeitsverhältnisses Bridgewater und/oder seine gegenwärtigen oder früheren verbundenen Unternehmen, Direktoren, leitenden Angestellten, Anteilseigner, Mitarbeiter oder Kunden in irgendeiner Weise direkt oder indirekt verunglimpfen dürfen (unabhängig davon, ob dies im Zusammenhang mit den Geschäften von Bridgewater steht oder nicht)".[1] Das Dokument verbietet allen, über „vertrauliche Informationen" zu sprechen, die als „alle nicht öffentlichen Informationen (ob mündlich, schriftlich oder in Computersystemen oder anderen Medien enthalten)" definiert werden. Es ist keine Übertreibung zu sagen, dass Mitarbeiter einen Rechtsstreit riskieren, wenn sie über die Kaffeemarke im Büro sprechen, es sei denn, diese Kaffeebohnen wurden bereits an anderer Stelle erwähnt.

Ein ehemaliger Mitarbeiter bezeichnete die Atmosphäre in einer später beigelegten Klage gegen die Firma als „einen Kessel der Angst und Einschüchterung". Viele andere teilten diese Meinung mit mir unter vier Augen.

Nachdem ich Bridgewater über dieses Buch informiert hatte, erhielten mehrere ehemalige Mitarbeiter meines Wissens nach zusätzliche Zahlungen, um nicht mit mir (oder anderen Journalisten) zu sprechen, und zwar im Rahmen von sogenannten Nichtverleumdungsklauseln. Obwohl Dalio 2014 in einem Interview sagte, dass gegen Bridgewater in der ganzen Unternehmensgeschichte nur drei „belanglose" Klagen eingereicht wurden,[2] sind mir eine Reihe von Vergleichen bekannt, für die das Unternehmen gezahlt hat, um ein Gerichtsverfahren zu vermeiden.

Während der Überprüfung der Fakten und nachdem die Vertreter von Bridgewater die in meinem Manuskript enthaltenen Informationen erhalten hatten, teilte mir eine Reihe von Personen, die in dem Bericht genannt wurden – darunter auch einige, die zuvor zugestimmt hatten, als Interviewpartner für dieses Buch zitiert zu werden –, mit, dass sie unter Druck gesetzt worden seien, ihre Aussagen zu widerrufen, und baten mich, ihre Teilnahme nicht zu erwähnen. In Anbetracht der Gefahr, Menschen, die mir gegenüber so offen waren, zu verletzen, entschied ich mich dafür, in der folgenden Bibliographie keine aktuellen oder ehemaligen Bridgewater-Mitarbeiter als Quellen zu nennen. Die hier genannten Personen stellen nur einen kleinen Teil der für dieses Projekt befragten Personen dar.

Obwohl Ray Dalio sich nicht scheut, Interviews zu geben, lehnte er wiederholt Bitten ab, ein Interview für dieses Buch zu geben. In der Anfangszeit des Buches schrieb er mir: „Ich weiß, dass Sie wissen, dass ich glaube, Sie hätten eine lange und bewährte Erfolgsbilanz, wenn es darum geht, nicht die Wahrheit zu vermitteln, sondern absichtlich dies und das heranzuziehen, um die Geschichte schreiben zu können, die

Sie schreiben wollen, daher nehme ich an, dass Sie das auch tun werden. Ich möchte mich nicht mit Ihnen darüber streiten, ob meine Ansichten über Sie gerechtfertigt sind oder nicht. Ich möchte nur transparent machen, was ich denke und was ich dagegen tun werde."

Kurze Zeit später beauftragten Bridgewater und Dalio nicht nur eine oder zwei, sondern drei Anwaltskanzleien, die meinem Verleger einen Stapel Drohbriefe zu einem noch nicht geschriebenen Buch schickten. Die Briefe enthielten zumeist substanzlose, persönliche Angriffe und verlangten wiederholt Einzelheiten über meine Faktenüberprüfung. Sie drohten mit einer Klage, die mich und meinen Verleger nach ihren Worten mit Milliarden von Dollar zur Rechenschaft ziehen würde. Als mein Faktenprüfer eine umfassende Liste von Fakten an Vertreter von Bridgewater und Dalio schickte, erhielten wir eine Reihe von Antworten, die als vertraulich und nicht zur Veröffentlichung bestimmt gekennzeichnet waren – eine Bedingung, der ich nie zugestimmt hatte. Es genügt zu sagen, dass die Rückfragen reichlich Kritik an mir, dem Faktenprüfer und dem Buch insgesamt enthielten, von denen viele auf die Behauptung hinausliefen, ich sei zu dumm, um Bridgewaters Ruhm zu verstehen. Wir erhielten auch einige direkte, themenbezogene Antworten, die ich in den Text, in die Fußnoten und in die Endnoten einarbeitete, wo es angebracht war.

Dalio hat wiederholt öffentlich erklärt, dass eine seiner Schwächen ein schlechtes „Auswendiglernen" sei. In seinen Rückmeldungen durch seine Anwälte zum Faktencheck für dieses Buch zeigte er jedoch eine angenehme Inkonsistenz. Wenn meine Berichterstattung positive oder neutrale Anekdoten zutage förderte, konnten Dalio und die Vertreter von Bridgewater oft nur deren Richtigkeit bestätigen. Wenn die Fakten jedoch weniger schmeichelhaft waren, behaupteten sie, sie wüssten die Wahrheit und ich hätte mich geirrt – oder sie ignorierten die Fragen einfach ganz und gar. Sie beschwerten sich unablässig darüber, dass ich die langfristige Erfolgsbilanz von Bridgewater nicht ausreichend gewürdigt hätte, und lieferten keine aussagekräftige Antwort bezüglich der weniger beeindruckenden Performance des Fonds in den letzten 14 Jahren – ein Zeitraum, der den größten Teil dieses Buches ausmacht, da er mit dem Aufstieg von Dalios öffentlichem Profil und der schnellen Entwicklung der Principles zusammenfällt.

Die Vertreter von Bridgewater und Dalio (zu denen im Laufe der Berichterstattung über dieses Buch vier verschiedene PR-Firmen gehörten) setzten mich und meinen Verleger auch wiederholt unter Druck, um die Identität meiner Quellen zu erfahren, während sie gleichzeitig aktuelle und ehemalige Mitarbeiter daran erinnerten, dass sie sich in rechtliche Gefahr begeben würden, wenn sie ein Wort sagten.

Soweit ein solches Archiv noch in irgendeiner Form existiert, hat nur Bridgewater Zugang zu seiner Transparenz-Bibliothek, die die Aufzeichnungen der großen und kleinen Ereignisse der Firmengeschichte enthält. In mehreren Fällen wurde ich von Personen, die in diesem Buch erwähnt werden, aufgefordert, Bridgewater um Kopien der Aufzeichnungen zu bitten, damit ich die Ereignisse, die ihnen widerfahren waren, möglichst genau beschreiben könne. Ich bat darum – und erhielt keine Antwort. In einigen wenigen Fällen wies mich Bridgewater an, mir stark bearbeitete Videoclips von Ereignissen anzusehen, die öffentlich zugänglich gemacht worden waren. Bridgewater lehnte auch meine wiederholten Bitten ab, offizielle Interviews mit derzeitigen Mitarbeitern zu vereinbaren. Ich fühle mich an das erinnert, was der Autor Lawrence Wright in „Going Clear", seiner erstaunlichen Geschichte der Scientology-Kirche, schrieb: „Ein Reporter kann nur mit Leuten sprechen, die bereit sind, mit ihm zu reden; was auch immer die Kirche für Beschwerden über meine Berichterstattung haben mag, viele Einschränkungen können auf ihre Entscheidung zurückgeführt werden, meine Interaktionen mit Leuten einzuschränken, die ein günstigeres Zeugnis hätten abgeben können."[3]

Trotz Dalios öffentlicher Angriffe auf mich und meine Arbeit habe ich mich dafür entschieden, mich in diesem Buch über das kurze Nachwort hinaus nicht namentlich als Person aufzuführen. Obwohl eine Handvoll Artikel, die ich geschrieben oder mitverfasst habe, im Text dieses Buches erwähnt werden, habe ich sie nur insofern aufgenommen, als sich Dalios Reaktion als aufschlussreich erwies. Die Beweise zeigen, dass Dalio allgemein über jeden Autor empört ist, dessen Bericht über Bridgewater weniger als lobend ist.

In den letzten zehn Jahren haben sich Dalio und Bridgewater an einer Reihe von Werken beteiligt, die als unabhängige Arbeiten von Wissenschaftlern und Autoren angekündigt waren. Da die daraus resultierenden Werke alle in etwa das gleiche bekannte Terrain abdecken und stark durch Dalios Brille gefiltert sind, fand ich, dass sie in ihrer Gesamtheit weniger Einblicke bieten, als man aufgrund ihrer kumulierten Wortzahl hätte erwarten können. Eine bemerkenswerte Ausnahme ist Edward Hess' „Learn or Die", das eine ausführliche und unparteiische Erläuterung der Ausprägung von Bridgewaters Mitarbeiter-Ranking-Systemen enthält. Darüber hinaus bin ich Maneet Ahujas „The Alpha Masters" für eine Reihe von Details dankbar, die anderswo nicht enthalten sind. Die Bridgewater-Videos, die der Fallstudie der Harvard Business School von 2013 beigefügt sind, stellen ebenfalls faszinierende Momentaufnahmen eines Teils des Unternehmens dar.

Ich hatte nicht vor, ein Buch zu schreiben, das als Subtweet von Dalios Autobiografie aufgefasst werden könnte. Ich betrachte mein Buch als ein eigenständiges Werk. Als primäres Quellenmaterial dienten mir „Principles: Life and Work". Sehr nützlich waren zudem die früheren, im Selbstverlag erschienenen Ausgaben, die einen Zeitraum von fast einem Jahrzehnt abdecken und mir von ehemaligen Bridgewater-Mitarbeitern zur Verfügung gestellt wurden. Sie waren von unschätzbarem Wert, um bestimmte frühe Daten und Zahlen zu bestätigen, allerdings wurde fast alles, was ich an Dalio und Bridgewater faszinierend fand, verschleiert oder noch häufiger ganz weggelassen. Nur zwei von Hunderten von Beispielen: Die Leibs von der Park Avenue bleiben unerwähnt, während der Streit zwischen

Dalio und Jensen – dessen Spuren noch heute in der Firma zu sehen sind – in „Principles" als „Menschen, die Bridgewater liebten und ihre Meinungsverschiedenheiten auf eine ideenmeritokratische Weise austrugen" zusammengefasst wird. Dalio räumt in seinem Werk nicht ein, dass die Anlageergebnisse von Bridgewater in den letzten zehn Jahren alles andere als vorbildlich waren, und seine Beschreibungen der Handelsgeschäfte des Unternehmens sind bezeichnenderweise vage.

Oft werde ich nach meinen Gedanken zu Dalios Schriften gefragt. Ich antworte immer ehrlich, dass „Principles" eine Autobiografie ist; es sollte niemanden überraschen, dass sie sowohl von der alleinigen Perspektive ihres Autors profitiert als auch dadurch begrenzt ist.

ENDNOTEN

Anmerkung des Autors

1. James B. Stewart, Disneywar: Intrigue, Treachery and Deceit in the Magic Kingdom (Simon & Schuster, 2005).

Einführung

1. „Bernanke Talked to Rubin, Others as Credit Crunch Turned Worst in August", *Associated Press*, 3. Oktober 2007.
2. Terry Keenan, „Wall Street Wise Men", *New York Post*, 21. Dezember 2008.
3. John Cassidy, „Mastering the Machine: How Ray Dalio Built the World's Richest and Strangest Hedge Fund", *The New Yorker*, 18. Juli 2011.
4. „*Alpha* Magazine Announces 2009 Hedge Fund 100, the World's Largest Hedge Funds" (Pressemitteilung), 21. April 2009.

Kapitel 1: Ein gottverdammter Ort

1. Cassidy, „Mastering the Machine“.
2. „Deepwater Canyons 2012: Pathways to the Abyss“, National Oceanic and Atmospheric Administration, 10. September 2012.
3. Ray Dalio, „Principles“ (Selbstverlag mit Spiralbindung, 2011).
4. Brian O'Keefe, „Inside the World's Biggest Hedge Fund“, *Fortune*, 19. März 2009.
5. Diese These erwies sich als falsch, und zwar so sehr, dass Dalio das Jahr 2009 in seiner Autobiografie völlig ausblendete und direkt vom Jahr 2008 ins Jahr 2010 sprang.
6. Kevin Roose, „The Billion-Dollar Aphorisms of Hedge-Fund Cult Leader Ray Dalio“, *New York*, 8. April 2011.
7. Anwälte von Dalio und Bridgewater sagen, dass Fallstudien wie die von Stefanova für Mitarbeiter und Bewerber vorgespielt wurden, „um die Kultur von Bridgewater zu vermitteln und allen Mitarbeitern die Möglichkeit zu geben, darüber zu diskutieren und zu debattieren“. Sie fügen hinzu: „Empathie zu zeigen hat nie dazu geführt, dass Menschen schlechte Noten bekommen haben oder als schlecht geeignet angesehen wurden, und Empathie wurde nie als schlechte Eigenschaft betrachtet.“ Gegenwärtige und ehemalige Bridgewater-Führungskräfte, darunter viele aus dem Bereich der Personalbeschaffung, sehen das anders.
8. Ein Anwalt von Dalio erklärt, er könne sich nicht daran erinnern, dass er vor dem Drehen ihres Videos „Pain + Reflection = Progress“ erfahren habe, dass Stefanova schwanger sei.

Kapitel 2: Missy und der Wikinger

1. Barclay Leib, Interviews mit dem Autor.
2. Auktion französischer Möbel, Sotheby's, 2011.
3. „Park Avenue: Money, Power & the American Dream“, Regie Alex Gibney (Jigsaw Productions, 2012).
4. „George Carr Leib; led Banking House“, *New York Times*, 22. Juni 1974.

5. Nachruf, *Palm Beach Post*, 4. September 2002.
6. Ray Dalio, Interview mit Stephen J. Dubner, *Freakonomics Radio*, 8. April 2018.
7. Ray Dalio, „In Depth with Graham Bensinger“, Interview mit Graham Bensinger, 31. Juli 2021.
8. O’Keefe, „Inside the World’s Biggest“.
9. Ray Dalio, „Principles: Life and Work“ (Simon & Schuster, 2017).
10. „Ray Dalio, One of the World’s Wealthiest Men, Got His Start Carrying Clubs“, *Golf*, 15. November 2017.
11. „Long Island Journal“, *New York Times*, 30. September 1984.
12. Jack D. Schwager, „Hedge Fund Market Wizards: How Winning Traders Win“ (John Wiley & Sons, 2012).
13. Ray Dalio, „Masters in Business“, Interview mit Barry Ritholtz, 22. Oktober 2020.
14. Elin McCoy, „How a Wall Street Execute Became the Ultimate Burgundy Wine Collector“, *Bloomberg*, 2. Dezember 2015.
15. Rick Coltrera, Interview mit dem Autor.
16. Barclay Leib (Pseudonym: David von Leib), „Not My Grandfather’s Wall Street: Diaries of a Derivatives Trader“ (American Star Books, 2015).
17. Dalio, „In Depth with Graham Bensinger“.
18. Dalio, „Principles“ (2011).
19. Gary Winnick, Interview mit dem Autor.
20. „Long Island University History“, Long Island University.
21. Maneet Ahuja, „The Alpha Masters” (Wiley, 2012).
22. Dalio, „Principles“ (2011).
23. Cassidy, „Mastering the Machine“.
24. Standesamt von Nassau County, Interview mit dem Autor.
25. Daniel Huang, „Former NYSE Traders Look Back on the Old Days“, *Wall Street Journal*, 1. September 2014.
26. Ahuja, „Alpha Masters“.
27. Schwager, „Hedge Fund Market Wizards“.

28. Ebd.
29. „In Memoriam“, *St. Paul's School Alumni Horae*, Sommer 2018.
30. „Building the Foundation: Business Education for Women at Harvard University: 1937–1970“, Baker Library, HBS.
31. Duff McDonald, „The Golden Passport: Harvard Business School, the Limits of Capitalism and the Moral Failure of the MBA Elite“ (Harper Business, 2017).
32. Ken Freeman, Interview mit Abigail Summerville.
33. Dalio, „Principles“ (2017).
34. Joel Peterson, Interview mit Abigail Summerville.
35. Ebd.
36. Ahuja, „Alpha Masters“.
37. Ray Dalio, „Ray Dalio Breaks Down His ‚Holy Grail‘“, Interview mit *Investopedia*, 27. April 2019.
38. McDonald, „Golden Passport“.
39. Edward D. Hess, „Learn or Die: Using Science to Build a Leading-Edge Learning Organization“ (Columbia Business School Publishing, 2014).
40. Mike Kubin, Interview mit dem Autor.
41. „Class Notes: '73“, zusammengestellt von Wayne R. Vibert, „Harvard Business School Bulletin“, 1974.
42. Ebd.
43. Dalio, „Principles“ (2017).
44. Vartanig G. Vartan, „Dominick to Quit Retail Brokerage“, *New York Times*, 31. Juli 1973.
45. Ray Dalio, Interview an der Stanford Graduate School of Business, 19. April 2019.
46. Ahuja, „Alpha Masters“.
47. Roose, „Billion-Dollar Aphorisms“.
48. Ebd.
49. Dalio, „In Depth with Graham Bensinger“.
50. Ebd.

51. Roose, „Billion-Dollar Aphorisms".
52. Hess, „Learn or Die".
53. Leib, Interviews mit dem Autor.
54. „Ray Dalio: Hedge Fund Master", American Academy of Achievement.
55. „Class Notes: '73", zusammengestellt von Larry Schwoeri, „Harvard Business School Bulletin", 1975.
56. Ebd.
57. Ein Anwalt von Dalio sagt, er habe die Leibs nie um Geld gebeten.
58. Ahuja, „Alpha Masters".
59. Leib, Interviews mit dem Autor.
60. Ray Dalio, Interview mit der American Academy of Achievement, 12. September 2012.
61. Roose, „Billion-Dollar Aphorisms".
62. Dalio, „Principles" (2011).
63. Leib, Interviews mit dem Autor.
64. Enid Nemy, „A Whitney Who Shuns Glamour for a Life of Quiet Satisfaction", *New York Times*, 30. Juni 1974.
65. Dalio, „Principles" (2011).

Kapitel 3: Absolute Gewissheit

1. Ahuja, „Alpha Masters".
2. Dalio, Interview mit der American Academy of Achievement.
3. Dalio, „Principles" (2017).
4. Leib, Interviews mit dem Autor.
5. Nemy, „Whitney Who Shuns".
6. Arthur T. Vanderbilt II, „Fortune's Children: The Fall of the House of Vanderbilt" (William Morrow, 2001).
7. Ahuja, „Alpha Masters".
8. „A Perpetual Motion Machine: An Oral History of Bridgewater Associates' Leadership Transition", *Leaders*, Oktober/November/Dezember 2021.

9. O'Keefe, „Inside the World's Biggest".
10. Hess, „Learn or Die".
11. Schwager, „Hedge Fund Market Wizards".
12. Hess, „Learn or Die".
13. Ahuja, „Alpha Masters".
14. Dalio, „Principles" (2017).
15. „The Unemployment Crisis and Policies for Economic Recovery, Before the Joint Economic Committee, Congress of the United States", 97th Cong., 2nd sess., 15. und 20. Oktober und 24. November 1982, Aussage von Raymond T. Dalio.
16. Laurel Graefe, „Oil Shock of 1978-79", Federal Reserve History, 22. November 2013.
17. Jonathan Fuerbringer, „High Rates Called Drag on Recovery", *New York Times*, 1. März 1982.
18. „Small Business Failures: Hearing Before the Subcommittee on Antitrust and Restraint of Trade Activities Affecting Small Business of the Committee on Small Business", US-Repräsentantenhaus, 97. Kongress, 2. Sitzung, 25. Juni 1982, Aussage von Raymond T. Dalio.
19. „Prior Years' Speakers: 1982", Contrary Opinion Forum.
20. „Barron's Mailbag: Depression or Delusion?", *Barron's*, 19. Oktober 1992.
21. „Unemployment Crisis and Policies", Erklärung von Dalio.
22. Ebd.
23. Ebd., Sprecher: Abgeordneter Parrin J. Mitchell.
24. „Some Analysts See Depression in '83, but Not as Bad as '30s", *Wall Street Journal*, 31. Dezember 1982.
25. Dalio, Interview an der Stanford Graduate School of Business.
26. Tim Sablik, „Recession of 1981-82", Federal Reserve History, 22. November 2013.
27. Cassidy, „Mastering the Machine".

28. Lawrence Delevingne und Michelle Celarier, „Ray Dalio's Radical Truth", *Absolute Return*, 2. März 2011.
29. Hilda Ochoa-Brillembourg, Interview mit dem Autor.
30. Gregory Zuckerman, The Man Who Solved the Market: How Jim Simons Launched the Quant Revolution (Portfolio, 2019).
31. Hilda Ochoa-Brillembourg, Interview mit dem Autor.
32. Robert McGough, „Fair Wind or Foul?", *Financial World*, 2. Mai 1989.
33. Ochoa-Brillembourg, Interview mit dem Autor.
34. Ahuja, „Alpha Masters".
35. Ochoa-Brillembourg, Interview mit dem Autor.

Kapitel 4: Pure Alpha

1. Robert McGough, „Here's a Happy Thought", *Forbes*, 9. Februar 1987.
2. Tim Metz, Alan Murray, Thomas E. Ricks und Beatrice E. Garcia, „The Crash of '87: Stocks Plummet 508 amid Panicky Selling", *Wall Street Journal*, 20. Oktober 1987.
3. Jason Zweig, „Remembering Black Monday: ‚It Was Relentless'", *Wall Street Journal*, 29. September 2017.
4. McGough, „Fair Wind or Foul?"
5. „Lights! Camera! Buy! Sell! ‚Trader' Stars Real Trader", *USA Today*, 24. November 1987.
6. Randall Smith, „After a Dazzling Early Career, a Star Trader Settles Down", New York Times, 5. März 2014.
7. „Lights! Camera! Buy! Sell!"
8. „Foreigners Taking Over America", „Oprah Winfrey Show", Staffel 3, Folge 121.388, 13. Dezember 1988.
9. „Streit Takes Position at Bridgewater Group After Leaving Barnes & Co.", *Securities Week*, 20. Juli 1987.
10. Ein Anwalt von Bridgewater erklärte, die Zahl von 700 Millionen Dollar schließe die Beratungskosten des Unternehmens ein.

11. Peter F. Drucker, „Reckoning with the Pension Fund Revolution“, *Harvard Business Review*, März 1991.
12. Russell L. Olson, „The School of Hard Knocks: The Evolution of Pension Investing at Eastman Kodak“ (RIT Cary Graphic Arts Press, 2005).
13. Ebd.
14. McGough, „Fair Wind or Foul?“
15. Steve Coll, „The Long Shadow of Black Monday“, *Washington Post*, 28. Februar 1988.
16. Jay McCormick, „Expect a Recession? Avoid Stocks“, *USA Today*, 1. Januar 1989.
17. Alan Abelson, „Up & Down Wall Street“, *Barron's*, 5. November 1990.
18. Floyd Norris, „Market Watch: Listening for a Scary Word: Depression“, *New York Times*, 13. Januar 1991.
19. Dan Dorfman, „Modern-Day Version of Depression Looms, Pro Says“, *USA Today*, 2. August 1992.
20. Ray Dalio, „Depression, Not Recession – That Contends a Seasoned Observer, Is What We're In“, *Barron's*, 12. Oktober 1992.
21. Olson, „School of Hard Knocks“.
22. Ahuja, „Alpha Masters“.
23. Cassidy, „Mastering the Machine“.
24. Bruce Currie, Interview mit Abigail Summerville.
25. Ebd.
26. Mark Collins, Interview mit Abigail Summerville.
27. Justin Rohrlich, „Meet the Billionaire Investor Whose Advice Can Make You Really Rich“, *Maxim*, 20. April 2018. Ein Anwalt von Dalio erklärt, dass diese Anekdote von Maxim falsch dargestellt wird.
28. „The All Weather Story“, Bridgewater Associates.
29. „Perpetual Motion Machine“.

30. Bob Prince, „In Depth with Graham Bensinger“, Interview mit Graham Bensinger, 11. November 2020.
31. Ebd.
32. Robert Kegan und Lisa Laskow Lahey, „An Everyone Culture: Becoming a Deliberately Developmental Organization“ (*Harvard Business Review Press*, 2016).
33. Ahuja, „Alpha Masters“.
34. Ein Anwalt von Dalio erklärte, die Firma habe immer „versucht, das Geld so zu verwalten, dass die mit ihren Kunden vereinbarten Benchmarks übertroffen wurden, was auch regelmäßig der Fall war“.
35. Sebastian Mallaby, „More Money Than God: Hedge Funds and the Making of a New Elite“ (Penguin Press, 2011).
36. Ebd.
37. Ebd.
38. Saul Hansell, „A Primer on Hedge Funds: Hush-Hush and for the Rich“, *New York Times*, 14. April 1994.
39. Thomas L. Friedman, „House Panel Given a Lesson in Hedge Funds“, *New York Times*, 14. April 1994.
40. Dalio, „Principles“ (2017).
41. Alpha beinhaltet auch eine komplizierte Risikobereinigung.
42. Es ist zwar unwahrscheinlich, dass Dalio die Verwendung von Alpha in diesem Zusammenhang erfunden hat, aber er war zweifellos einer der Ersten, der es in großem Maßstab vermarktet hat.
43. Ochoa-Brillembourg, Interview mit dem Autor.
44. Der Weltbankfonds investierte schließlich wieder in andere Bridgewater-Produkte.
45. Marc Faber, Interview mit dem Autor.
46. Cassidy, „Mastering the Machine“.
47. Dalio, „Ray Dalio Breaks Down“.
48. Faber, Interview mit dem Autor.

49. Dalio, „Ray Dalio Breaks Down“.
50. Dan Dorfman, „Dollar, Rate Woes Have Bears Sharpening Their Claws“, *USA Today*, 24. Juni 1994.
51. Marlene Givant Star, „U.S. Markets Seen as Peaking“, *Pensions & Investments*, 10. Juli 1995.
52. Sara Webb, Michael Sesit und Sara Cailan, „Industrials Lose 112 Points on Troubles Abroad – Global Stocks Slide on Fears over Economies“, *Wall Street Journal*, 12. August 1998.
53. Dalio, „Principles“ (2017).
54. Larry Summers, Interview mit dem Autor.
55. Aswath Damodaran, „Historical Returns on Stocks, Bonds and Bills: 1928-2020“, NYU Stern School of Business, Januar 2021.
56. Als Prince später an die Universität von Tulsa zurückkehrte, um einen Vortrag zu halten, erklärte er, dass Bridgewater die Handelsmodelle von Burgess übernommen habe, erinnert sich ein Teilnehmer der Veranstaltung.
57. „All Weather Story“.
58. Martin Steward, „Risk Parity: The Truly Balanced Portfolio“, IPE, Juni 2012.
59. Ein Zeichen dafür, wie wohlhabend Dalio wurde: Als sein Gehalt im Jahr 2005 auf 190 Millionen Dollar sank, war dies der niedrigste Betrag, den er in den nächsten 15 Jahren verdiente.
60. Cassidy, „Mastering the Machine“.
61. O’Keefe, „Inside the World’s Biggest“.
62. Ahuja, „Alpha Masters“.
63. Ianthe Jeanne Dugan und Anita Raghavan, „The Atlas of New Money“, *Wall Street Journal*, 16. Dezember 2006.
64. Ebd.
65. „Perpetual Motion Machine“.

Kapitel 5: Die Hauptursache

1. Barry B. Burr, „Harris Exiting Verizon“, *Pensions & Investments*, 15. November 2004.
2. Steven Brull, „Return of the Native“, *Alpha*, 23. Januar 2009.
3. Burr, „Harris Exiting Verizon“.
4. Brull, „Return of the Native“.
5. „Ray Dalio Taps Britt Harris to Fill Newly Created CEO Position at Bridgewater Associates“ (Pressemitteilung), *Business Wire*, 5. November 2004.
6. Burr, „Harris Exiting Verizon“.
7. „The World's Smallest US $74 Billion Manager“, *Global Investor*, Oktober 2004.
8. Brief von Britt Harris, betitelt „Letter From Britt Harris“, undatiert.
9. Brull, „Return of the Native“.
10. Ebd.
11. Craig Karman, „Major Texas Pension Makes a Big Push into Hedge Funds“, *Wall Street Journal*, 14. Juli 2007.
12. Harris sagt, dass seine Arbeit bei Bridgewater „keine Hauptrolle“ bei seiner Depression „gespielt hat, obwohl der fast unvorstellbare Mangel an Mitgefühl ... durch eine kleine Minderheit [dort] sicherlich nicht hilfreich war“.
13. Dalio, „Principles“ (2017).
14. Richard Feloni, „Ray Dalio Started Bridgewater in His Apartment and Built It into the World's Largest Hedge Fund. Here Are 5 Major Lessons He's Learned over the Past 44 Years“, *Business Insider*, 2. Juli 2019.
15. Dalio, „Principles“ (2011).
16. Ebd.
17. Roose, „Billion-Dollar Aphorisms“.
18. Ray Dalio, „Principles“ (im Selbstverlag, 2009).
19. Ebd.

20. Ebd.
21. Ebd.
22. Ebd.
23. Ebd.
24. Hess, „Learn or Die".
25. Dalio, „Principles" (2009).
26. Ebd.
27. Ein Anwalt von Bridgewater erklärt: „Soweit wir wissen, hat niemand jemals die Principles auswendig gelernt, was angesichts der Anzahl der Principles eine große Aufgabe gewesen wäre."

Kapitel 6: Die große Korrektur

1. Chris Cueman, Interview mit dem Autor.
2. Greg Jensen, offizielle Bridgewater-Biografie.
3. Greg Jensen, „‚Unparalleled Excitement' Reigns at Zeta Psi", *Hanover Zete,* Winter 1995.
4. Ryan Victor, „‚Rush Terrorists' Irresponsible", *Dartmouth,* 4. Oktober 1993.
5. Jensen, „Unparalleled Excitement".
6. Dalio, „Principles" (2009).
7. Barbara Hoffman, „I'm a Bipolar Man – and Katie Holmes Is Playing Me in a Movie", *New York Post,* 18. Februar 2016.
8. Chidem Kurdas, „Fed Decision Doesn't Settle Dilemma", *Hedge-World News,* 20. September 2006.
9. Sandra Ward, „Bipolar Disorder", *Barron's,* 13. Juni 2005.
10. Gerry van Wyngen, „Cycle ‚About to Turn'", *Business Review Weekly,* 6. Oktober 2005.
11. Julie Anderson und Julie Creswell, „In the Race for Riches, Hedge Fund Managers Top Titans of Wall Street", *New York Times,* 24. April 2007.
12. David Leonhardt, „Worth a Lot, but Are Hedge Funds Worth It?", *New York Times,* 23. Mai 2007.

13. Sandra Ward, „Liquidity, Leverage and Their Looming Risks", *Barron's*, 28. Mai 2007.
14. Gregory Zuckerman, „'Greatest Trade': How You Can Make $20 Billion", *Wall Street Journal*, 15. November 2009.
15. Alberto Mingardi, „George Soros, Speculator and Proud", EconLog, 15. März 2014.
16. Barry Dunstan, „A Mighty Purge Is Under Way", *Australia Financial Review*, 17. August 2007.
17. Dalio zitierte diese Notiz später nur teilweise in einem von ihm verfassten Buch mit dem Titel „Principles for Navigating Big Debt Crises" in einem Kapitel, in dem er behauptet, die Finanzkrise vorhergesagt zu haben. Dalio lässt die Formulierung „the big one" stehen, lässt aber „this is not an economic crisis" weg.
18. Chidem Kurdas, „Recent Losses No Bloodbath, but Worse May Come", *HedgeWorld News*, 9. August 2007.
19. Dunstan, „Mighty Purge".
20. „Arts, Briefly: Secret Clapton Concert in the Works", *New York Times*, 13. Juni 2007.
21. Cassidy, „Mastering the Machine".
22. „How Bridgewater Navigated the 2008 Financial Crisis", Bridgewater Associates, 2018.
23. Dalio, „Principles" (2017).
24. Als er es einige Monate später für das Weiße Haus arbeitete, stärkte Geithner sein Ansehen bei seinem Chef, indem er auf Dalio zurückgriff. Nachdem Geithners Team öffentliche Zahlen darüber vorgelegt hatte, wie viel Geld zur Stützung großer Finanzinstitute benötigt würde, ging Geithner mit einer Ausgabe der „Daily Observations" ins Oval Office und überreichte sie Präsident Obama. „Wir stimmen zu!", hieß es in der Untersuchung. „Die Aufsichtsbehörden haben hervorragende Arbeit geleistet, indem sie genau erklärt haben, was sie bei diesem Stresstest gemacht haben, und die Zahlen präsentiert haben, die

zu den Ergebnissen geführt haben. Sie haben praktisch genau das getan, was wir getan haben."

25. Cassidy, „Mastering the Machine".
26. „Hedge Funds Took a Serious Hit in 2008", *Associated Press*, 12. Januar 2009.
27. Gregory Meyer, „Managed Futures Gained, Left Hedge Funds in Dust in 2008", *Dow Jones Newswires*, 9. Januar 2009.
28. Louise Story, „Above the Storm: Some Fund Managers Rake It In", *International Herald Tribune*, 26. März 2009.
29. „*Alpha* Magazine announces 2009".

Kapitel 7: Ausschau halten

1. Kathleen O'Grady, „What Ray Dalio Taught Me About Authentic Leadership and Taxidermy", Authentic Leadership Advisors.
2. Eileen Murray, „Things I Didn't Learn in School", Interview mit Paul Podolsky, 27. Januar 2021.

Kapitel 8: Der Vasall

1. Kip McDaniel, „Is Ray Dalio the Steve Jobs of Investing?", *Chief Investment Officer*, 13. Dezember 2011.
2. O'Keefe, „Inside the World's Biggest".
3. Healy benutzte zu dieser Zeit ihren Mädchennamen, Pelzel. Später heiratete sie und nahm den Nachnamen Healy an. Der Einfachheit halber wird sie in diesem Buch nur als Healy bezeichnet.
4. Ein Anwalt von Ray Dalio erklärt, er habe Jen Healy nicht als seine Tochter bezeichnet. Healy sagt auch, sie habe ihn nie diesen Begriff benutzen hören.
5. Healy schrieb in einer E-Mail, dass sie sich an die Diskussion über einen hässlichen Pullover nur als hypothetisches Beispiel erinnert. Zwei Personen, die mit ihr darüber sprachen, widersprachen dem und sagten, es sei eine Reaktion auf das Kleidungsstück eines bestimmten Kollegen gewesen.

6. Alex Howe, „Behold the All-Important Squiggle That Guides the Decisions at the Biggest Hedge Fund in the World“, *Business Insider*, 4. November 2011.
7. Ein Anwalt von Bridgewater erklärt, dass der Verzicht auf kritisches Feedback „praktisch keine Auswirkungen auf die Boni“ hatte.
8. Ray Dalio, Twitter, 11. Juni 2019.
9. Ray Dalio, „Principle of the Day“, LinkedIn.
10. Mary Swift, „Billionaire Ray Dalio Credits Meditation for Success“, *Transcendental Meditation*, 28. November 2014.
11. Richard Feloni, „The World's Largest Hedge Fund Reimburses Employees Half the Cost of $1,000 Meditation Lessons“, *Business Insider*, 10. November 2016.
12. Dalio, „Principles“ (2017).
13. Internes Bridgewater-Dokument.
14. Bess Levin, „Bridgewater Associates Suggests Fate Worse than Firing in Store for Hyenas Caught Cheating on Day-Long Principles Exam“, *Dealbreaker*, April 2012.
15. Devon Scheef, „Deck for Success“, *Training & Development* 47, Nr. 9 (September 1993).
16. Bob Eichinger, E-Mail an Ben Kalin. Eichinger erklärt, dass er aufgrund seines Alters ein schlechtes Gedächtnis habe. Er sagt, die anderen beschriebenen Ereignisse, an denen er beteiligt war, könnten wahr sein, aber er könne sich nicht daran erinnern.
17. Richard Feloni, „These Are the Personality Tests You Take to Get a Job at the World's Largest Hedge Fund“, *Business Insider*, 26. August 2016.
18. Ray Dalio, Twitter, 8. Oktober 2018.
19. Betsy Mikel, „How the Guy Who Designed 1 of Apple's Most Iconic Products Organizes His Office“, *Inc.*, 24. Januar 2018.

20. Eichinger erklärt, er habe nicht gekündigt, sondern Dalio und Bridgewater hätten seine Dienste nicht mehr in Anspruch genommen.
21. Rob Copeland und Bradley Hope, „Bridgewater, World's Largest Hedge Fund, Grapples with Succession", *Wall Street Journal*, 26. März 2016.
22. Randall W. Forsyth, „Will We Be Zimbabwe or Japan?", *Barron's*, 23. Mai 2009.
23. Delevingne und Celarier, „Ray Dalio's Radical Truth".
24. Copeland und Hope, „Bridgewater, World's Largest".
25. Bob Goldsborough, „McKinsey's Julian C. Mack Selling Winnetka Home", *Chicago Breaking Business*, 14. Juni 2020.
26. Ray Dalio, „Company Culture and the Power of Thoughtful Disagreement", Interview mit Andrew Ross Sorkin, *New York Times* DealBook-Konferenz, 12. Dezember 2014.
27. Arnolds „Smoke at Bwater"-E-Mail war sehr ausführlich; Auszüge daraus sind hier enthalten.
28. Die Anwälte von Dalio und Bridgewater behaupten, dass Prince nie „hoch verschuldet" bei Dalio gewesen sei. Sie erklären, Prince habe Optionen zum Kauf von Bridgewater-Aktien gehabt, und um diese auszuüben, habe er sich zehn Millionen Dollar von einer Bank geliehen und den Kredit mit den Dividenden dieser Aktien zurückgezahlt. Ein Vertreter von Prince lehnte es ab, weitere Einzelheiten zu nennen.
29. Ted Loos, „The Spiritual and Spectacular Meet at an Ultramodern Community Center in Connecticut", *New York Times*, 16. Oktober 2015.
30. Russell Sherman, „Bridgewater Fact Check", E-Mail an Rob Copeland, 3. März 2016.
31. Cassidy, „Mastering the Machine".
32. James Comey, „Executive Branch Personnel Public Financial Disclosure Report", U.S. Office of Government Ethics, Juni 2013.

33. Rob Copeland und Bradley Hope, „The World's Largest Hedge Fund Is Building an Algorithmic Model from Its Employees' Brains", *Wall Street Journal*, 22. Dezember 2016.

Kapitel 9: Comey und die Fälle

1. Dan Eggen und Paul Kane, „Gonzales Hospital Episode Detailed", *Washington Post*, 16. Mai 2007.
2. Richard Feloni, „Billionaire Investor Ray Dalio Explains How to Avoid Micromanaging", *Business Insider*, 10. November 2014.
3. Copeland und Hope, „World's Largest Hedge Fund".
4. Ein Anwalt von Dalio bestreitet, Comey jemals einen „Schwätzer" genannt zu haben.
5. Der Direktor fuhr fort: „Ein größerer Prozentsatz der Bevölkerung, als Sie sich vorstellen können, wird betrügen, wenn er die Gelegenheit dazu hat, und die meisten Menschen, die vor die Wahl gestellt werden, ‚fair' zu Ihnen zu sein oder mehr für sich selbst zu nehmen, werden sich dafür entscheiden, mehr für sich selbst zu nehmen. Selbst ein winziges Maß an Betrug ist unerträglich, sodass Ihr Glück und Ihr Erfolg von Ihren Kontrollen abhängen werden. Sicherheitskontrollen sollten als notwendiges Instrument unseres Berufs angesehen werden, nicht als persönlicher Angriff auf die Integrität des Einzelnen."
6. Arthur Cummings, LinkedIn-Profil.
7. *Bridgewater Associates, LP vs. Lawrence Minicone and Zachary Squire*, American Arbitration Association Employment Arbitration Tribunal, Anlage 1, 14. Juli 2020.
8. Alexandra Stevenson und Matthew Goldstein, „Bridgewater's Ray Dalio Spreads His Gospel of ‚Radical Transparency'", *New York Times*, 8. September 2017.
9. Enguerran Loos, „How Selective Are Bain, BCG and McKinsey Through the Application Process", CaseCoach, 5. August 2019.

10. Alexandra Stevenson und Matthew Goldstein, „Bridgewater, World's Biggest Hedge Fund, Is Said to Be Slowing Hiring", *New York Times*, 17. Juli 2016.
11. Delevingne und Celarier, „Ray Dalio's Radical Truth".
12. Courtney Comstock, „Here's Another Example of Ray Dalio's Weird Bridgewater ‚Pursuit of Truth' Management Style", *Business Insider*, 2. März 2011.
13. Copeland und Hope, „Bridgewater, World's Largest".
14. Sam Jones und Dan McCrum, „The Billionaire Ray-man Who Plays by His Own Rules", *Financial Times*, 2. März 2012.
15. Ray Dalio, E-Mail an David Manners-Weber u. a., Mittwoch, 14. September 2011, 16:14 Uhr.

Kapitel 10: Die Offensive

1. Bess Levin, „Bridgewater Associates: Be the Hyena. Attack the Wildebeest", *Dealbreaker*, 10. Mai 2010.
2. Michael Corkery, „Money Talks: A Hedge-Fund King Philosophizes on Truth and Weasels", *Wall Street Journal*, 19. Juni 2010.
3. Michael Corkery, „Big Win for a Big Bear", *Wall Street Journal*, 22. Oktober 2010.
4. Delevingne und Celarier, „Ray Dalio's Radical Truth".
5. Ebd.
6. Cassidy, „Mastering the Machine".
7. Eine dieser Reporterinnen, Carol Loomis von *Fortune*, sprach jahrzehntelang fast täglich mit Buffett und redigierte seine Investorenbriefe, ohne dafür ein Honorar zu verlangen, während sie gleichzeitig Mitarbeiterin des Magazins war.
8. McDaniel, „Is Ray Dalio the Steve Jobs?"
9. Ben Austen, „The Story of Steve Jobs: An Inspiration or a Cautionary Tale?", *Wired*, 23. Juli 2012.

10. Ein Anwalt von Ray Dalio erklärt: „Er hat nie gewollt, dass eine Biografie über ihn geschrieben wird, und er hat Walter Isaacson nicht gebeten, eine zu schreiben."
11. Mehrere ehemalige Bridgewater-Mitarbeiter erklärten, sie hätten gehört, dass Isaacson abgelehnt habe, als er gebeten wurde, Dalios Biografie zu schreiben. Isaacson sagt, er könne sich nicht daran erinnern, dass die Bitte an ihn herangetragen worden sei.
12. „Dalio Philanthropies", InfluenceWatch.
13. „New Trustees Elected to Aspen Institute Board", Aspen Institute, 5. Mai 2010.
14. Walter Isaacson, Interview mit dem Autor.
15. Ray Dalio, interviewt von Charlie Rose, *Charlie Rose*, 20. Oktober 2011.
16. Charlie Rose, Interview mit dem Autor.
17. Ebd.
18. Maneet Ahuja, Interview mit dem Autor. Ahuja sagt, dass sie allen in dem Buch interviewten Personen die gleichen Bedingungen angeboten habe.
19. Ahuja sagte, sie habe anderen Hedgefonds-Managern, die sie für ihr Buch interviewt hatte, die gleichen Bedingungen angeboten.
20. Grant erklärte, er sei zu beschäftigt, um interviewt zu werden. In einer E-Mail schrieb er: „Meine Analyse der Kultur von Bridgewater basiert auf meinem unabhängigen Urteil als Sozialwissenschaftler."
21. Kegan und Laskow Lahey, „Everyone Culture".
22. Adam Grant, „Originals: How Non-Conformists Move the World" (Penguin, 2016).
23. Ebd.

Kapitel 11: Die Wahrheitsfabrik

1. Tony Robbins, „Personal Power: A 1990s Infomercial Featuring Tony Robbins and Fran Tarkenton“, YouTube, 19. April 2021.
2. Cassidy, „Mastering the Machine“.
3. Kent Kuran, E-Mail an HR_ExitInterviews, Vincius Silva, Mittwoch, 4. August 2010, 15:33 Uhr.
4. Karniol-Tambour ist ihr Ehename; sie war zu diesem Zeitpunkt unverheiratet.

Kapitel 12: Sex, Lügen und Video

1. „Financial Aid Office Renamed in Honor of Ken Griffin“, *Harvard Gazette*, 10. Oktober 2014.
2. „Harvard Receives Its Largest Gift“, *Harvard Gazette*, 3. Juni 2015.
3. „HBS History“, Baker Library at Harvard Business School.
4. „The HBS Case Method“, Harvard Business School.
5. Heidi K. Gardner, Interview mit dem Autor.
6. Paul Podolsky, Things I Didn't Learn in School (Podcast), 21. Januar 2021.
7. Ebd.
8. Ray Dalio, Twitter, 19. Oktober 2018.
9. Jeffrey T. Polzer und Heidi K. Gardner, *Bridgewater Associates (Multimedia Case)* (Harvard Business Publishing, 10. Mai 2013).
10. Stevenson und Goldstein, „Bridgewater's Ray Dalio Spreads“.
11. Levin, „Bridgewater Associates Suggests Fate“.
12. Interner Bridgewater-Mitarbeiter-Principles-Test.
13. Ebd.
14. Jim Comey, E-Mail an Bridgewater, 3. Oktober 2012, 13:50 Uhr. Diese E-Mail schickte Comey erstmals am 26. Februar 2012 an einige wenige Abteilungsleiter und erklärte darin, dass es sein letztes Jahr bei Bridgewater sein würde. Nachdem die Entschei-

dung feststand, leitete er sie am 3. Oktober 2012 an das gesamte Unternehmen weiter, um sie allgemein kundzutun.

15. Als Comey als FBI-Direktor vereidigt wurde, waren Dalio, Jensen und McCormick zu der Vereidigungszeremonie eingeladen. Murray war nicht dabei. Dalio sagte damals: „Präsident Obama hätte keinen Mann mit größerer Integrität oder ein leuchtenderes moralisches Vorbild als Jim Comey auswählen können."

Kapitel 13: Die Maschine

1. Paul Volcker, „The World's 100 Most Influential People: 2012", *Time*, 18. April 2012.
2. Kubin, Interview mit dem Autor.
3. William J. Broad, „A New Ship's Mission: Let the Deep Sea Be Seen", *New York Times*, 17. September 2020.
4. „Monster Squid: The Giant Is Real", Regie: Leslie Schwerin (*Discovery Channel* und *NHK*, 2013).
5. Lori Spechler, „Wall Street's Highest Paid Hedge Fund Managers", *CNBC*, 30. März 2012.
6. Ray Dalio, „How the Economic Machine Works", YouTube, 2013.
7. William Skidelsky, „Niall Ferguson: ‚Westerners Don't Understand How Vulnerable Freedom Is'", *Guardian*, 19. Februar 2011.
8. Niall Ferguson, Interview mit dem Autor.
9. Niall Ferguson, „Ghosts in the Machine: Notes on ‚How the Economic Machine Works – Leveragings and Deleveragings'", internes Greenmantle-Dokument, 2012.
10. Tommy Wilkes, „Transport for London Tunnel Cash into Hedge Funds", *Reuters*, 6. Dezember 2012.
11. Juliet Chung, „Bridgewater to Launch New Hedge Fund", *Wall Street Journal*, 4. Februar 2013.
12. Copeland und Hope, „Bridgewater, World's Largest".
13. Hess, „Learn or Die".

14. Lee Su Shyan, „Hedge Fund Boss and His ‚Radical‘ Philosophy“, *Straits Times*, 14. Oktober 2014.
15. „The Face on the Wall Street Milk Carton“, *Grant's Interest Rates Observer*, 6. Oktober 2017.
16. Das Haus wurde laut Personen, die mit dem Verkauf vertraut sind, über eine LLC (entspricht einer GmbH) erworben.
17. Dalio kaufte die Copper Beech Farm über eine LLC, aber es ist nicht klar, ob er jemals eingezogen ist.
18. *CBS This Morning*, 30. Januar 2014.

Kapitel 14: Prince

1. Ben Fox Rubin, „Accretive Health Reaches $2.5 Million Settlement with Minnesota“, *Wall Street Journal*, 30. Juli 2012.
2. Ray Dalio, „Triangulate Your View: Ray and Bridgewater Face Ray's Mortality“, Principles-App, undatiert.
3. Stephen Taub, E-Mail an den Verfasser, 22. Juni 2022.
4. Wie die Schulden von Prince könnten auch die Schulden von Jensen von Bridgewater oder verwandten Unternehmen stammen, die Dalio zu diesem Zeitpunkt mehrheitlich besaß und kontrollierte.
5. Ein Anwalt von Bridgewater erklärte, Jensen habe nie Sicherheiten gestellt, um Kredite zu garantieren, oder sein Haus verpfändet, um dies zu tun. Der Anwalt sagte, „er verpflichtete sich, einen Teil seines Bridgewater-Einkommens durch den Kauf von Bridgewater-Aktien in das Unternehmen zu investieren, als Teil einer breiteren, mehrere Jahrzehnte andauernden Übertragung von Eigentumsrechten von Herrn Dalio an andere“.
6. Corkery, „Money Talks“.
7. Delevingne und Celarier, „Ray Dalio's Radical Truth“.
8. Dalio, „Principles“ (2011).
9. Katherine Burton und Saijel Kishan, „Dalio's Quest to Outlive Himself“, *Bloomberg*, 10. August 2017.

10. Ein Anwalt von Dalio erklärt zum Book of the Future: „Es wurde innerhalb der Firma nicht ständig besprochen … Aus diesem Projekt wurde die App Principles in Action, die monatlich Zehntausende von Nutzern hat und im iOS-App-Store von mehr als 6.000 Bewertern mit 4,9 (von 5) bewertet wurde."
11. Catherine Clifford, „4 Keys to Launching a Successful Business, According to This Entrepreneur Who Sold Siri to Steve Jobs", *CNBC*, 24. Mai 2017.
12. Steve Lohr, „David Ferrucci: Life After Watson", *New York Times*, 6. Mai 2013.
13. Taub, E-Mail an den Autor.
14. Emily Canal, „Why Bridgewater Founder Ray Dalio Believes His Company Is Like an ‚Intellectual Navy SEALs'", *Inc.*, 20. September 2017.
15. Cline sagt, er könne sich an diesen Vorfall nicht erinnern.
16. Rob Copeland, „Bridgewater Paid Over $1 Million to Employee Pushed Out After Relationship with Dalio's Protégé", *Wall Street Journal*, 7. November 2017.
17. Taub, E-Mail an den Autor.

Kapitel 15: „Erschießen Sie die, die Sie lieben"

1. Ein Anwalt von Dalio erklärt, Stefanova habe ihn erst nach ihrer Entlassung von ihrer Anschuldigung gegen Jensen in Kenntnis gesetzt.
2. Jon Prior und Kevin Cirilli, „Leaders Reach Housing Finance Deal", *Politico*, 11. März 2014.
3. Leanna Orr, „The Untold Story of Katina Stefanova's Marto Capital", *Institutional Investor*, 2. März 2020.
4. Ebd.

Kapitel 16: Künstliche Intelligenz

1. Campbell erklärte, die zusammenfassende Darstellung seiner Zeit bei Bridgewater sei in einer Weise ungenau, die er nicht näher erläutern wollte.
2. Danny Fortson, „Palantir, the Tech Spooks Who Found bin Laden, Are Helping BP Find Oil", *Sunday Times*, 26. Oktober 2019.
3. David Ferrucci et al., „Building Watson: An Overview of the DeepQA Project", *AI Magazine*, Herbst 2010.
4. Ferrucci lehnte es ab, interviewt zu werden. Über eine Sprecherin bestritt er, dass er ein Wörterbuch benutzt habe, um die Definitionen der Persönlichkeitsmerkmale nachzuschlagen.
5. Ferruccis Sprecherin schrieb: „Ray und Ferrucci hatten regelmäßig Meinungsverschiedenheiten und diskutierten offen, manchmal fanden sie eine Lösung und manchmal nicht, aber sie respektierten sich und ihre jeweiligen Meinungen und lernten oft voneinander."
6. Will Knight, „Watson's Creator Wants to Teach AI a New Trick: Common Sense", *Wired*, 9. Mai 2020.

Kapitel 17: Prinzipienlos

1. Neil MacLucas und Brian Blackstone, „Swiss Move Roils Global Markets", *Wall Street Journal*, 15. Januar 2015.
2. Katherine Burton, „Swiss Franc Trade Is Said to Wipe Out Everest's Main Fund", *Bloomberg*, 18. Januar 2015.
3. Katy Dowden, „*Absolute Return* Top 40: Januar 2015", *Absolute Return*, 17. Februar 2015.
4. „Bridgewater's 40th Anniversary", Bridgewater Associates, 2018.
5. „Bridgewater Celebrates Its 40th Anniversary", Bridgewater Associates, 4. Oktober 2022.

6. Victoria Cavaliere, „Bridgewater Founder Ray Dalio Says the US Is on the ‚Brink of a Terrible Civil War' Because of Wealth Gaps and Political Partisanship", *Insider*, 24. Januar 2021.
7. Rob Copeland, Bradley Hope und James T. Areddy, „Bridgewater to Launch Big Investment Fund in China, Three Decades in the Making", *Wall Street Journal*, 8. September 2017.
8. Wataru Yoshida, Mayuko Tani und Tomomi Kukuchi, „A Legacy of Controversy and Accomplishment", *Nikkei Asia*, 26. März 2015.
9. Joyce Hooi, „Remembering a True Giant of History", *Business Times*, 24. März 2015.
10. Dalio, „Principles" (2017).
11. Dalio, „In Depth with Graham Bensinger".
12. Gref wurde später auf eine US-Sanktionsliste für russische Oligarchen gesetzt.
13. Ray Dalio, Interview mit Jim Haskel, 6. August 2019.
14. Ray Dalio, „Looking Back on the Last 40 Years of Reforms in China", LinkedIn, 3. Januar 2019.
15. Ebd.
16. Ebd.
17. Es ist nicht klar, wie oder ob Dalio dieses Versprechen einhielt. Im Jahr 2014 gründete Dalio die Beijing Dalio Public Welfare Foundation, deren Finanzen nicht öffentlich sind.
18. Josh Chin und Gillian Wong, „China's New Tool for Social Control: A Credit Rating for Everything", *Wall Street Journal*, 28. November 2016.
19. Stanley Lubman, „China's ‚Social Credit' System: Turning Big Data into Mass Surveillance", *Wall Street Journal*, 20. Dezember 2016.
20. Choi Chi-yuk, „China's Politburo Holds Two-Day Self-Criticism Session as Xi Jinping Garners Fresh Pledges of Fealty", *South China Morning Post*, 27. Dezember 2017.

21. Copeland, Hope und Areddy, „Bridgewater to Launch".
22. Ray Dalio und Mark Dinner, „Daily Observations", 11. März 2015.
23. Stephen Taub, „Bridgewater Funds Suffer Setback in Second Quarter", *Institutional Investor's Alpha*, 21. Juli 2015.
24. Rob Copeland und Mia Lamar, „Giant Hedge Fund Bridgewater Flips View on China: ‚No Safe Places to Invest'", *Wall Street Journal*, 22. Juli 2015.
25. Copeland, Hope und Areddy, „Bridgewater to Launch".
26. Rob Copeland, „Bridgewater Backpedals on China Call", *Wall Street Journal*, 23. Juli 2015.
27. Die Vorschrift über hohe Absätze wurde aufgehoben, nachdem eine Mitarbeiterin darauf hingewiesen hatte, dass sie diskriminierend sein könnte.
28. Culp wurde CEO von General Electric. Er hat nie öffentlich bestätigt, dass er überhaupt bei Bridgewater gearbeitet hat, geschweige denn über diese Erfahrung gesprochen. Der Hedgefonds ist in seiner offiziellen Biografie von General Electric nicht aufgeführt.
29. https://twitter.com/RayDalio/status/1625870916180738051.
30. Copeland und Hope, „World's Largest Hedge Fund".
31. Burton und Kishan, „Dalio's Quest".
32. Ein Anwalt von Dalio erklärt, dass Jensen nicht formell daran gehindert wurde, erneut CEO zu werden.

Kapitel 18: Der Weg des Seins

1. Katie Warren, „A Former Apple and Bridgewater Exec Is Selling His Mexico Mansion for $20 Million", *Insider*, 8. Juli 2019.
2. Walter Isaacson, Steve Jobs (Simon & Schuster, 2011).
3. Ebd.
4. Julia La Roche, „Here's Why the World's Most Successful Hedge Fund Just Hired a Tech Titan as Co-CEO", *Business Insider*, 10. März 2016.

5. Kegan lehnte es ab, interviewt zu werden. Er schrieb in einer E-Mail: „Ich schäme mich nicht, eine bewundernde Haltung gegenüber Bridgewater oder Herrn Dalio eingenommen zu haben."
6. Ray Dalio, Interview mit Robert Kegan, Milken Institute, 2. Mai 2016.
7. Teilnehmernotizen von einem Bridgewater-Kundentreffen.
8. Ebd.

Kapitel 19: Feedback-Schleife

1. Der Schreibtisch von Sweet befand sich in einem der Außenbüros von Bridgewater, nicht im Hauptquartier.

Kapitel 20: Einer von uns

1. Orr, „Untold Story of Katina".
2. Ebd.
3. Sue Chang, „If Recession Strikes, Central Banks Might Be Out of Ammo", *MarketWatch*, 19. Februar 2016.
4. „Voice of Experience: Katina Stefanova, CEO & CIO, Marto Capital", *Glass Hammer*, 26. Mai 2016.
5. Katina Stefanova, „What It's Like to Work for Ray Dalio", *Institutional Investor*, 11. September 2017.
6. Das *Wall Street Journal* berichtete im November 2017 in einem Artikel des Autors dieses Buches, dass Bridgewater einer Frau, die nach einer einvernehmlichen Beziehung mit Jensen aus dem Unternehmen gedrängt wurde, eine Abfindung zahlte und dass Bridgewater danach von einer zweiten Mitarbeiterin erfuhr, dass Jensen sie begrapscht hatte. Jensen sagte in einer Erklärung: „Die Anschuldigungen des *Wall Street Journal* über mein Verhalten sind ungenau und anzüglich", obwohl weder er noch das Unternehmen die angeblichen Unwahrheiten spezifizierten. Das *Journal*, das sich in

seinem Bericht auf „mit der Angelegenheit vertraute Personen" berief, nannte keine der beiden Frauen.

Kapitel 21: „Ray, das ist eine Religion"

1. Robert Landgraf und Frank Wiebe, „Investment Firms; Hedge Fund Staff Head for Door", *Handelsblatt*, 21. Juli 2016.
2. Stephen Taub, „Losses Mount at Bridgewater's Flagship Fund", *Institutional Investor*, 6. Juli 2016.
3. Monate später änderte Dalio seine Meinung und machte Mundie zum Berater. Ein Anwalt von Bridgewater sagte, dass Mundie die ganze Zeit in irgendeiner Funktion ein Mitarbeiter geblieben sei.
4. Ray Dalio, „Changes in Bridgewater's Management Roles", LinkedIn, 1. März 2017.

Kapitel 22: Der Zirkel des Vertrauens

1. U.S. Securities and Exchange Commission, Formular ADV, Bridgewater Associates.
2. Julia La Roche, „Here's Ray Dalio's Attempt at Explaining How He Makes Money", *Business Insider*, 12. Februar 2015.
3. William Alden, „Ackman and Dalio, Two Hedge Fund Titans, Size Each Other Up", *New York Times*, 12. Februar 2015.
4. Michelle Celarier, „Jim Grant Is a Wall Street Cult Hero. Does It Matter If He's Often Wrong?", *Institutional Investor*, 18. September 2019.
5. „Face on the Wall Street Milk Carton".
6. Jim Grant, Interview mit dem Autor.
7. Jim Grant, Interview mit Kelly Evans, *CNBC*, 13. Oktober 2017.
8. *Bloomberg*-Kolumnist Matt Levine reagierte auf Grants Artikel in einem Artikel mit dem Titel „The Case Against Bridgewater Isn't Proven" und kam zu dem Schluss, dass der „Hedgefonds seltsam ist, ja, aber nicht in der Art und Weise, wie er in dem

Newsletter zitiert wird“. Levine merkte an, dass Grant „nicht zu den Ersten gehört, die skeptisch bezüglich dem sind, was Bridgewater vorhat, und vielleicht haben sie recht mit ihren Zweifeln. Aber ihre spezifischen Bedenken scheinen mir größtenteils falsch zu sein.“

9. Paul Kiel, „The World's Largest Hedge Fund Is a Fraud“, ProPublica, 18. Dezember 2008.
10. Ein Sprecher von Einhorn erklärte, seine Erinnerung an dieses Treffen weiche in einer Weise ab, die er nicht näher erläutern wolle.
11. Die Anwälte von Dalio und Bridgewater erklären, dass der Fonds „große Anstrengungen unternimmt, um sein geistiges Eigentum (das heißt seine Geschäfte und Handelsstrategien) zu schützen, das zu seinen wertvollsten Vermögenswerten gehört, dem Unternehmen einen Wettbewerbsvorteil verschafft und es in die Lage versetzt, einen Mehrwert für seine Kunden zu schaffen“. Es sei irreführend zu behaupten, dass die Größe der Gruppe irgendetwas „Zwielichtiges und Unheimliches“ an sich habe und dass Bridgewater „verantwortungsvolle, dem Industriestandard entsprechende Geschäftspraktiken“ anwende, die seine Kunden erwarten und verlangen.
12. Die Anwälte von Dalio und Bridgewater erklären, dass Jensen sich nicht daran erinnern kann, diese Äußerung getätigt zu haben, „und keine vernünftige Person könnte glauben, dass er es getan hat, da die Aussage offenkundig absurd ist“. Sie fügen hinzu, dass „die Systeme von Bridgewater auf einer fortschrittlichen Software mit hochkomplexer Datenverarbeitung laufen, die Millionen von Datenreihen verarbeitet, die niemals ‚auf einem einzigen Tabellenblatt‘ repliziert werden könnten“.
13. In einem vernichtenden Urteil aus dem Jahr 2020 gegen Bridgewater in einem Fall, den der Hedgefonds gegen zwei ehemalige Investmentmitarbeiter angestrengt hatte, stellte ein

Schiedsgericht des Staates New York fest, dass Bridgewaters Investment-Ansatz „vage" war. Das Gremium schrieb, dass Bridgewater „argumentierte, dass sein wirtschaftlicher Erfolg als Hedgefonds seine Behauptungen stützt, dass es wertvolle Geschäftsgeheimnisse hatte und hat, aber … keine Beweise für eine ‚Methodik' vorlegte." Was Bridgewater als seine Geschäftsgeheimnisse bezeichnete, waren „öffentlich zugängliche Informationen oder solche, die Fachleuten in der Branche allgemein zugänglich sind". Das Gremium, das Jensen unter Eid anhörte, kam zu dem Schluss: „Bridgewater erwartet, dass Mitarbeiter auf dem Niveau der Beklagten ihre gesamte Karriere bei Bridgewater bleiben, und betrachtet es als Verrat, das Unternehmen zu verlassen."

14. Ein Anwalt von Dalio sagt, das Handelsspiel „ermöglichte es Investment-Analysten aller Erfahrungsstufen, die Qualität ihrer Ideen zu demonstrieren, ohne Geld zu riskieren. Alle drei Co-CIOs standen dahinter und keiner von ihnen war der Ansicht, dass es widerspiegelt, „wie wenig [sie] von den Mitarbeitern hielten".
15. Dalio beendete das Spiel schließlich, nachdem er mehrere Millionen Dollar verloren hatte.
16. Ein Anwalt von Dalio erklärt: „Bridgewaters Entscheidungen an den Märkten sind zu 98 Prozent systematisiert und in den seltenen Fällen, in denen es Abweichungen von den Systemen gibt, werden die Gründe für die Abweichungen aufgezeichnet und geprüft."
17. Ein Anwalt von Dalio erklärt: „Es stimmt zwar, dass sich Herr Dalio mit hochrangigen Regierungsbeamten getroffen hat, aber solche Interaktionen zwischen Privatpersonen und hochrangigen Regierungsbeamten sind in allen Branchen üblich und folgen Protokollen, die verhindern, dass die Regierungsbeamten Informationen preisgeben, die sie nicht preisgeben sollten

– und die verhindern, dass der Privatsektor von solchen Informationen profitiert. Die Kontrollen von Bridgewater für diese Treffen werden von der SEC gründlich geprüft."

18. Die Anwälte von Dalio und Bridgewater erklären: „Der Wettbewerbsvorteil von Bridgewater liegt in der Qualität seiner Forschung und seinem Verständnis der globalen Volkswirtschaften und Märkte, die es dann in systematische Investitionsstrategien umsetzt. In den letzten 20 Jahren hatte Öl einen relativ geringen Anteil am Pure-Alpha-Risikobudget von Bridgewater (weniger als zwei Prozent) und an den historischen Renditen (weniger als fünf Prozent). Darüber hinaus sind die Ölhandelsstrategien von Bridgewater, wie die gesamten Systeme von Bridgewater, systematisch und basieren auf öffentlich zugänglichen Daten."
19. Siehe Endnote 17 zu den Treffen mit hochrangigen Regierungsbeamten.
20. Die Anwälte von Dalio und Bridgewater erklärten, dass keine Studie zu Dalios Geschäften in Auftrag gegeben wurde und kein Treffen stattfand, um sie zu besprechen.
21. Die Anwälte von Dalio und Bridgewater erklären: „Es ist definitiv nicht wahr, dass Investitions-Entscheidungen in Höhe von Milliarden von Dollar nur aufgrund von Rays ‚Instinkt und Ideen' getroffen wurden."

Kapitel 23: Das Geschenk

1. Copeland und Hope, „World's Largest Hedge Fund".
2. Die E-Mail von McCormick war an den Autor dieses Buches gerichtet, der den Artikel im *Journal* mitverfasst hat.
3. Mit 2.698 Wörtern war Dalios LinkedIn-Beitrag deutlich länger als der beanstandete Artikel selbst. Ray Dalio, „The Fake and Distorted News Epidemic and Bridgewater's Recent Experience with *The Wall Street Journal*", LinkedIn, 3. Januar 2017.

4. Henry Blodget, „*Business Insider* Interview: Ray Dalio“, *Business Insider*, 7. Januar 2017.
5. In einem aufschlussreichen Schreibfehler wurde die Unterkategorie „Denkqualitäten“ als Unterkategorie „Praktisches Denken“ bezeichnet.
6. Ein Anwalt von Dalio erklärte, dass er ursprünglich keine Autobiografie in das Buch aufnehmen wollte – er zog es vor, nur über die Principles zu schreiben –, aber von seinem Lektor überzeugt wurde, sie aufzunehmen.
7. Alexandra Stevenson und Matthew Goldstein, „Principles: Ray Dalio“, *New York Times*, 8. September 2017.
8. Trotz oder vielleicht gerade wegen der Abwesenheit von Dalio schafften die Bridgewater-Fonds die Wende in einem Jahr, das sich als Verlustjahr abzeichnete. Das Flaggschiff Pure Alpha schloss mit einem Plus von etwa einem Prozent ab und hielt so die Serie der nicht negativen Jahre des Unternehmens aufrecht.
9. Josh Glancy, „Interview: I Got It All Wrong … and Made Billions, Says Ray Dalio“, *Sunday Times*, 24. Dezember 2017.

Kapitel 24: Die Partnerschaft

1. In einem Interview mit dem Podcaster Lex Fridman im April 2022, nach dem Einmarsch Russlands in die Ukraine, sagte Dalio, Putin sei „sehr beliebt, er hat demokratische Wahlen gewonnen, weil er eine starke Führungspersönlichkeit ist und Russland nach dem Zusammenbruch der Sowjetunion Frieden und Stabilität gebracht hat. Er ist eine starke Führungspersönlichkeit, die die Interessen des Landes in einer Weise verfolgt, in der Russland zwar keine bedeutende Wirtschaftsmacht, aber eine bedeutende Militärmacht ist.“
2. Ein Anwalt von Dalio erklärt, er habe keine Rolle bei Karniol-Tambours Beförderung oder den darauffolgenden Medienauftritten gespielt.

3. Ein Anwalt von Dalio bestritt diese Summen.
4. Ein Anwalt von Dalio lehnte es ab, Fragen zu den finanziellen Parametern der Partnerschaft zu beantworten. Er sagt, dass „es nie Strukturen gab, in denen Bridgewater-Mitarbeiter bei Herrn Dalio verschuldet waren".
5. Jensens Stellvertreter erklärt in einer E-Mail, dass er eine verbale Konfrontation mit Elliott und seiner Freundin hatte, weil er den Verdacht hatte, dass die beiden zusammen waren. Er sagt, er sei ihr nach einer offiziellen Veranstaltung von Bridgewater gefolgt, weil er eine nicht gemeldete Beziehung zwischen ihr und Elliott, ihrem gemeinsamen Vorgesetzten, vermutete (Elliott sagte Bridgewater später, die Beziehung habe erst später begonnen). Jensens Stellvertreter erklärt, er sei von der Firma beurlaubt worden, habe aber keine Therapie machen müssen.
6. Elliotts damalige Freundin verließ das Unternehmen mit einer Abfindung und einem Vergleich, der ihr verbot, über ihre Erfahrungen zu sprechen. Kurz vor ihrer Abreise erhielt sie außerdem einen unerwarteten persönlichen Besuch von David McCormick, dem Co-Geschäftsführer von Bridgewater. Er teilte ihr mit, dass sie, sollte sie jemals gegen die Vereinbarung verstoßen, für den Rest ihres Lebens vor Gericht stehen würde.

Kapitel 25: Alles, was er will

1. Gregg Schoenberg, „Citizen Ray: Bridgewater's Ray Dalio Is the Wise Uncle You Wished You Had", *TechCrunch*, 1. August 2019.
2. Katherine Burton, „Ray Dalio's Hedge Fund Dumped by Tiny County Fed Up by Fees Sapping Return", *Bloomberg News*, 24. Januar 2019.
3. In einem Antwortschreiben an die Treuhänder der Pensionskasse räumte Bridgewater ein, dass es „in den letzten Jahren eine schwache Phase" erlebt habe, warnte aber vor „gefährlichen

Umständen" am Horizont. Der Pensionsfonds hat seine Investition in den Pure Alpha trotzdem zurückgezogen.
4. UOB Private Bank: David Ramli, „Dalio's Bridgewater Falls Out of Favor at UOB Private Bank ", *Bloomberg*, 3. Dezember 2019.
5. Diese Ansicht blieb haften; Dalio verfasste Ende 2009 einen öffentlichen Beitrag auf LinkedIn mit dem Titel „The World Has Gone Mad and the System Is Broken". Der Beitrag wurde von den internationalen Medien weithin zitiert.
6. Die Partnerschaft wurde nach weniger als einem Jahr aufgelöst, nachdem Ray Dalio in einem Telefongespräch der Erzieherin, die mit der Leitung der Initiative betraut war, gesagt haben soll, sie solle „aufhören, zu reden" und nur das tun, was Barbara Dalio ihr sage, so die Klage, die die Erzieherin gegen die Organisation einreichte.
7. Drei Monate später schrieb Dalio auf Twitter: „Sean (Diddy) Combs ist einer meiner Helden."

Kapitel 26: Keine Helden

1. Die Polizei von Greenwich hielt den Tod für einen Unfall.
2. Rachael Levy und Rob Copeland, „Ray Dalio Is Still Driving His $160 Billion Hedge-Fund Machine", *Wall Street Journal*, 31. Januar 2020.
3. Ray Dalio, „*The Wall Street Journal*'s Fake and Distorted News", LinkedIn, 2. Februar 2020.
4. Ray Dalio, „Our Early Thinking on the Coronavirus and Pandemics", LinkedIn, 30. Januar 2020.
5. Bradley Saacks, „Read the 2-page note billionaire Ray Dalio just sent investors laying out his coronavirus game plan", *Business Insider*, 18. März 2020.
6. Brian Armstrong, Twitter, 10. Juni 2022.
7. Ray Dalio, Twitter, 27. August 2020.
8. Ray Dalio, Twitter, 23. September 2020.

9. Matt Egan, „This Billionaire Warns That America's Massive Wealth Gap Could Lead to Conflict", *CNN*, 22. Dezember 2020.
10. „A conversation with Ray Dalio and Tom Friedman", YouTube, 12. Oktober 2020, Milken Global Conference.

Epilog

1. Rob Copeland und Maureen Farrell, „Hedge Fund Billionaire Extract Billions More to Retire", *New York Times*, 21. Februar 2023.
2. Steve Friess, „From the Poker Table to Wall Street", *New York Times*, 27. Juli 2018.
3. Später, als es Barclay Leib finanziell noch schlechter ging, schrieb er Dalio erneut eine E-Mail und fragte, ob der milliardenschwere Firmengründer daran interessiert sei, ein etwa 75 Jahre altes Ölgemälde der Trinity Church zu kaufen, einer historischen Gemeinde in Lower Manhattan, die als Teil der Wall-Street-Geschichte gilt. Dalio erklärte sich bereit, das Gemälde zu kaufen, und bezeichnete dies als einen Gefallen.
4. Emily Smith, „Billionaire Ray Dalio in Legal Brawl over Penthouse", *New York Post*, 10. März 2022.
5. In Comeys 2018 erschienenem Bestseller „A Higher Loyalty: Truth, Lies, and Leadership" schrieb er Dalio zu, dass er dem ehemaligen FBI-Direktor beigebracht habe, wie man eine bessere Führungskraft wird: „Indem ich schwierigen Gesprächen aus dem Weg ging und den Leuten nicht sagte, wo sie Probleme hatten und wie sie sich verbessern konnten, habe ich ihnen die Chance genommen, zu wachsen. Meine Überempfindlichkeit war nicht nur feige, sondern auch egoistisch."
6. Marto-Pressemitteilung, 30. Mai 2022.

7. Sridhar Natarajan und Katherine Burton, „Bridgewater CEO Clashes with Dalio over China Before Senate Race“, *Bloomberg*, 4. Dezember 2021.
8. Bar Dea war kurzzeitig Co-CEO mit einer anderen Führungskraft, die kurze Zeit später im Rahmen eines von Bridgewater als geplant bezeichneten Übergangs das Unternehmen verließ.
9. Rob Copeland und Maureen Farrell, „Hedge Fund Billionaire Extracts Billions“.
10. Ray Dalio, Twitter, 5. Oktober 2022.
11. „‚Cash is still trash‘, says Bridgewater Associates’ Ray Dalio“, *CNBC*, 24. Mai 2022.

Hinweis zu den Quellen

1. Bridgewater vs. Minicone and Squire, American Arbitration Association Employment Arbitration Tribunal, Beilage 1, 14. Juli 2020.
2. William Alden, „Bridgewater’s Ray Dalio Says Taping Employees Has Legal Benefits“, *New York Times*, 11. Dezember 2014.
3. Lawrence Wright, Going Clear: Scientology, Hollywood, and the Prison of Belief (Knopf, 2013).